湖北省档案馆　编

汉冶萍公司档案汇编（六）

荆楚文库

荆楚文库编纂出版委员会
华中科技大学出版社

本册目录

（九）龙山铁矿

安徽实业厅通知

民国十年三月二十四日(1921.3.24)

为通知事。

查该商请探当涂县西南乡龙山铁矿一案,现经本厅呈奉农商部核发探字第八百二十七号探矿执照到厅,除饬科于本年三月四日注入芜湖道区探矿权册第三十五号并检发印图令行当涂县知事备案保护外,合将注册事项抄单连同矿图、执照暨补掣第一期税票一并随文发给该商领执,仍将领到日期先行呈报查考,一面遵照矿例细则第四十四条迅即组设矿业事务所,将地点与开办日期及重要办事员名接续报查。切切此知。

计发探照一纸、印图一纸、注册事项抄单一纸、税票一纸。

右通知矿商夏偕复。准此。

[附件] 安徽实业厅矿案注册事项抄单

安徽省芜湖道区探矿权册第三十五号

探矿权者:夏偕复请领当涂县龙山铁矿矿区

一、注册名义人

姓名 夏偕复 籍贯 浙江杭县 住址 上海极司非而路

二、矿区所在地 安徽省芜湖道当涂县西南乡龙山

三、矿区面积 二百八十亩九分六厘

四、矿质 铁

五、注册之目的 探矿权之设立

六、收文时日 九年六月十二日

中华民国十年三月四日注册

汉冶萍公司呈安徽实业厅文

民国十年四月四日(1921.4.4)

呈为奉到探照并报明事。

接奉钧厅四零号通知内开:查该商请探当涂县西南乡龙山铁矿一案(云云至)接续报查等因,并附发探照一纸、印图一纸、注册事项抄单一纸、税票一纸过处。遵照矿例,在龙山桥镇组设矿业事务所,派席德炯为工程师,拟于四月二十日开办,为此呈报,即请鉴核备案。谨呈
安徽实业厅

汉冶萍煤铁厂矿有限公司总经理　夏偕复

席德炯①致夏偕复、盛恩颐函

民国十年八月四日(1921.8.4)

总、副经理钧鉴:

敬肃者,龙山铁矿开工日期业经函禀在案。迄今两月有奇,其开窿口八处。其第一、第三号窿在山之东面山顶;第二号窿在山之西面山顶,工作月余未见矿质;旋于山之东西偏北山腰开第四、第五号窿,浮面略有矿质,入内又系坚岩;第六、第七号窿在山之东面偏南山腰,初为浮土,次遇坚岩;现在初入手之第八号窿,在山之东面偏北山腰,矿质尚佳,惟内部若何,刻尚难以预料。拟就已开各窿择其须继续工作者,再开平巷二三处,以探究竟。所有龙山开工以来各情形,理合陈报,伏乞察核施行,肃此。敬请
钧安

席德炯谨肃

---

① 席德炯(1894—1950):字鸣九,江苏吴县(今苏州)人。时任公司当涂铁矿工程师。

夏偕复、盛恩颐致丁应午①函

民国十年十二月十六日(1921.12.16)

专复者:

接十一日函陈龙山矿区使用各地业主藉口未得公司利益,竟纠聚多人上山滋扰,以及刘委调解各情形,均悉。前拟按照矿例使用他人地亩,给予相当偿金,并经拟具草约,先给许可洋三千元各办法。正审核间,不意发生此次阻工风潮。查该矿蕴藏既未丰富,似无开采价值,现既有此波折,应即暂行停工。惟使用地亩已有时日,姑给各业主相当代价,总数以六、七百元为限,此款即希就近在当矿经费项下借拨,望即妥速结束,陈报备案。至前订草约应仍保留,如将来龙矿仍须开工之时,再行继续磋议,此项所付代价仍须并算,俾此款不致竟无着落。相应复希查照办理。此致
龙矿丁总务员

总、副经理

(十) 海城镁矿

席德炯、李景昌致夏偕复函

民国七年七月十一日(1918.7.11)

经理钧鉴:

窃德炯、景昌前奉面谕,赴奉天一带选购镁质矿山一二处,遵即驰抵奉天之海城县。当访前经查勘之陈家堡矿山山主,磋商价值,始知该山系属地方公众之产,因之商购手续颇形困难。盖奉省习惯,凡荒山坐落某村者,此山即系某村之公山,每村皆有一会,名之公会,在会干事者名之会首,并无定额。自前年设立清丈局后,各处荒山准令坐落处所之公会首先报领管

---

① 丁应午(1877—?):字玉樵,江苏江宁(今南京)人。时任当涂铁矿总务员。

业;如该处公会不愿报领管业,则必须出具不愿报领甘结,然后他人方能报领管业。近年海城县一带经营矿务者颇不乏人,然能领到矿照者则十无一二。盖因各矿山属于公会者居多,而会中干事者各有党派,甲派代表公会名义,立据与张某开采,而乙派亦能代表公会名义,立据与李某开采,迨张与李向财政厅请领矿区,经官厅派员查勘,始知张与李所请之矿区同属一山。于是彼此涉讼,经年累月,纠葛不清,而矿区永无成立之期。故德炯、景昌首先即调查此弊。当与陈家堡公会磋商之始,即要求该会将地主权完全移转。一再商议,终未允洽,不得已改为租采六十年,共计租金小洋一万三千元,言明地方上如有发生纠葛情事,均归该会代表担负完全责任。商议就绪,仍恐另有枝节,故再往财政厅详细调查。讵知所议之山果已有张姓呈请财政厅报领开采在先,虽因地主不允,故财政厅未批准。然闻张某方面内中尚有奥援,将来势必地主与张姓涉讼,鹿死谁手,尚难预卜,故所议只能作罢。复向厂人沟矿山山主磋商,该村公会既不允售,又不允租,只允归我公司开采,每吨抽银数角。且查该公会各干事甚形复杂,商议多日,毫无实在办法,不得已另向杨家甸、庙耳沟等处山主磋商,讵调查内容纠葛更多。正在进退为难之际,适遇奉天财政厅科员王趾仁君,谈及海城公益公司同事中尚有此项矿山,遂由王君介绍该公司协理李滋普君,经该公司派人引领查勘各山。旋查得杨甸子村及麻耳峪村两处矿山,皆系镁质,成分与他山仿佛,估计面积约在二千亩左右,足敷开采。遂询李君该山来历,据答以上两山一为康姓管业,一为孙姓管业,均有清丈局、财政部执照为凭,确有完全之地主权,是纠葛一层可无顾虑。惟查阅各执照上所载地亩,仅有一百五十九亩二分,而照四至面积计算,确有一千八百余亩。质之李君,据云:奉天清丈局设立之始,反对风潮甚烈,该局无法,只得私行变通,准其以多报少,故凡报领清丈局执照之地,其实在面积与照上登载之数皆不相符。探之舆论,众口一词。遂托王、李两君向前途磋商购买,始尚不允售绝,经王、李两君一再磋磨,始议定杜绝卖价小洋九千元,另加中保人佣金五百元。德炯、景昌均以为尚属合宜,遂于六月二十一日电请汇款。惟是矿山地亩虽已议妥,而请领矿区,会同官厅委员查勘取具,四邻切结,种种手续尚多，且至速亦非三四个月时期不能办妥，而德炯、景昌均势难常留奉天，故与李、王两君及原业主康、孙两君商明，所有一切请领矿区手续均由四君代为办理，俟将矿照领到后，再由我公司派员前往开采。双方议妥，遂于六月二十五日立契付款，并交呈王趾仁君处代办，请领矿区一切经费小洋五百元，交代清楚。复折回海城，往山地测量绘图，并将卖契向海城县公署过户税契，一切手续大致就绪。至转运经费以及税捐等等，均与采矿有密切关系，当往营口、大连分别调查，亦复具有端倪。兹拟就出矿成本预算书一纸，连同契照一并呈请察阅。除将用款细帐另呈外，所有奉委购矿各缘由，理合缕晰陈明，伏乞钧核。专肃。敬请

钧安。

席德炯　李景昌谨上

附呈

抄契一纸（原卖契已送海城县署过户税契）

县公署印收一纸　草图二张

财政部执照四纸　审判厅登记证书四纸

王趾仁君收据一纸　开采成本预算一纸

[附件一]　杜绝卖山荒地契

立杜绝卖山荒地契康世勋、孙其琛。

今立杜绝卖山荒地契文约，缘因正用将康世勋名下报领奉天海城县坐落杨家甸子村西沟北山山荒地五十九亩二分，又将孙其琛名下报领奉天海城县坐落麻耳峪村北山山荒地一百亩，其四至均分列后方，各有部照暨登记书为凭。浼中出卖与汉冶萍公司为业，议定时值卖价奉省通用小洋九千元正，其价笔下交清，并不短欠。此山荒地两处，卖主有完全所有权，自绝卖之后，恁凭受主更名投税自由管业，与卖主脱离关系。倘因面积四至不符发生纠葛，由中保人担负清理责任，此系两相情愿，三面妥洽，并无他人争执，不得藉端翻悔。恐后无凭，立此杜绝卖山荒地契，永远存照。

计开：

杨甸子山荒地四至：东至沟、于家坟沟；西至道沟；南至山根地、民地；北至戴家沟分水、分水。

麻耳峪山荒地四至：东至山根、山根；西至分水岭、沟；南至山根、山根；北至大隈分水沟、定字七十九号。

随带部照四张　登记证书四张

中华民国七年六月二十四日立卖山荒地契

康世勋(印)

孙其琛(印)

中保人　李芳洲(印)

谢施(印)

陶豫顺(印)

王寿坤(印)

代书人　　谢施(印)

［附件二］　海城镁矿开采成本暨运费预算

谨拟奉天海城县镁矿开采成本暨运费预算呈请鉴核。

每年开采一万吨之计算：

一、工价　每吨洋八角

查奉省工价，平均每工合大洋二角五分，采矿一吨，连挑土搬运，约计三工，合洋七角五分，又管工头目洋五分。

二、材料　每吨洋一角五分

查年采矿石一万吨，约计需用钢铁器具六百元，竹木器具五百元，火药炸药二百元，杂项二百元，共计洋一千五百元。每吨合洋一角五分。

三、办公费　每吨洋六角

员司薪水五千元，房租三百元，文具二百元，邮电一百元，旅费二百元，共计洋六千元。每吨合洋六角。

四、税捐　每吨洋三角六分

查矿区税每亩洋一角五分，以五百亩计，每年应纳正税及附税共洋一百元。出产税每吨作价三元,以五厘抽税,每吨应纳一角五分。海关税作价四元,纳税二角。共计洋三千六百元。每吨合洋三角六分。

五、利息　每吨洋一角六分

查购买矿山、布置矿区以及种种器具,约需洋二万元,年息八厘,计洋一千六百元。每吨合洋一角六分。

六、骡车运费　每吨洋二元

查矿山距离火车站计三十五里,用骡车装运,平均价夏秋季每百斤一角三分,春冬季每百斤一角,常年合计每吨洋二元。

七、火车运费　每吨洋八角三分

查南满火车,由海城车站运至营口车站每吨洋六角八分,装车运费每吨洋一角五分,共洋八角三分。

八、营口转运费　每吨洋七角

火车由车站送至同孚堆栈每吨洋五分,卸车费每吨一角五分,栈租四十天,每吨一角,由堆栈挑运至船面每吨三角,报关及照料费一角,共计洋七角。

以上开采成本及矿税并运至营口船面交货,共计每吨合洋五元六角。

汉冶萍公司呈奉天财政厅文
民国七年九月十日(1918.9.10)

具呈人汉冶萍煤铁厂矿有限公司。

为呈请开采苦土石矿事。

今公司在奉天省海城县东南乡麻耳峪、杨家甸二处发现苦土石矿,愿在麻耳峪村北山坡领矿区一百亩为第一段,杨家甸西北沟北山坡领矿区五十九亩二分为第二段,从事开采,用特绘具矿图及矿床说明书,呈请查核施行。再,该地均系本公司所有权,其契据在海城县署纳税,未给户管,合并声明。谨呈奉天财政厅。

计呈

矿图五纸

矿床说明书二份

呈文费大洋三十元

呈部文一件

呈请人:汉冶萍煤铁厂矿有限公司

　　　　上海四川路三十六号

代表人:夏偕复

　　　　职业:汉冶萍公司总经理

　　　　原籍:浙江杭县

　　　　年龄:四十五岁

　　　　住址:上海愚园路十号

代书人:周苐

　　　　职业:汉冶萍公司秘书

　　　　原籍:江苏吴县

　　　　住址:上海四川路三十六号

连署人:盛恩颐

　　　　职业:汉冶萍公司副经理

　　　　原籍:江苏武进县

　　　　住址:上海静安寺路一百十号

[附件]　矿床说明书

　　谨将报领麻耳峪、杨家甸等处苦土矿各矿床缮具说明书,呈请查核。

　　查该二段苦土石矿隔一山冈,相距四百丈左右。第一段:麻耳峪村北山坡,在中间露出矿产,自东略斜向北,层积深厚。第二段:杨家甸西北沟北山坡,亦于中间露有矿产,自东北斜向西南,其矿质较麻耳峪尤佳。至两段均系普山矿脉,无方向位置可言,山西微有浮土,下即矿质,其色白而有结晶光泽,内含多分镁素,可供制铁炼钢之用。除施工方法俟后另行计划具书送核外,特将二段矿床说明大略如右。

奉天财政厅布告

民国七年十一月十九日（1918.11.19）

奉天财政厅布告第 3427 号。

前据汉冶萍煤铁矿公司代表夏偕复请采海城县麻耳峪、杨家甸等处苦土矿，业经令据海城县勘明，图地相符，并无妨害纠葛，与各邻矿均无包套之处，该处土地确为该公司所有等情，自应准予报领。合行布告知照，仰即备具设备计划书二份，连同注册费现大洋二百元一并呈送，以凭核转。特此布告。

右仰汉冶萍公司代表夏偕复知照

中华民国七年十一月十九日

厅长　王

张德勋致夏偕复、盛恩颐函

民国八年九月十一日（1919.9.11）

总、副经理钧鉴：

敬启者，勋前奉到海字二号钧示内开：函悉。开办苦土矿，应行报厅一节，查于去年奉到奉天财政厅布告后，当于十二月呈报在案。兹将呈文并计划书照抄一份，寄请台阅，俾便接洽，此复。等因。奉此，奉到后，即与同益公康、谢两君研究，对于此间开办日期并开办事人员，按照矿业条例施行细则第四十四条规定办法，仍应由总公司呈报实业厅备案以后，例行公事，由勋处呈报，以符定例。兹附呈谢君代拟呈稿一件，是否可行，敬请钧裁为幸。专肃。敬候

大安

主任　张德勋谨禀

［附件］　公司呈实业厅文

具呈汉冶萍煤铁公司。

呈为领采海城县苦土矿,设立事务所,派员开办,报请查核备案事。

案查公司报领奉天海城县杨家甸、麻耳峪等处苦土矿,前经拟具设备计划书并措备注册费,呈蒙奉天财政厅转呈农商部颁发采矿执照,由厅布告给领,并核缴本年上季采矿区税在案。兹查矿业条例施行细则第四十四条规定,矿业开始之时矿业权者须设立事务所,并将开办日期及重要办事人员一律呈报等语。公司遵于　月　日在海城县城内设立事务所,委派张德勋为主任,并由公司刊发木质图记一颗,文曰"汉冶萍公司海城苦土矿事务所",图记由该主任领用,以资信守。嗣后应行呈报事件,即由该事务所直接办理,以省周折。一面分报公司备查。除饬该主任将施工情形随时报查外,所有海城苦土矿设立事务所,派员开办缘由,理合检同图记式样,具文呈请鉴核备案。谨呈

奉天财政厅

　　　计送图记式样一纸

　　　呈请人　汉冶萍煤铁有限公司

　　　代表人

　　　代书人

　　　连署人

中华民国八年　月　日

盛恩颐致海城税捐局函

民国二十八年二月六日(1939.2.6)

敬启者:

　　接奉征一第一号台函内开:关于海城县杨家甸之第一〇三号矿区之矿业权者,原代表人系夏偕复,现在该矿业权者为上海汉冶萍煤铁厂矿有限公司,究竟该公司之代表人为谁,并该矿权是否为该公司所有,抑或代人办理,并现在对于该矿之处置等项,本局亟有调查之必要,希依另表格式,填报本局,再应委托于本局管内有住所之人为纳税管理人,一并申报为要等因,并附发表式一纸,祗悉。

查敝公司所有海城县杨家甸第一〇三号矿区之矿业权,系于民国八年十月,由奉天财政厅呈奉农商部核准,填发采字第五百九十一号采矿执照,转发收执,原代表人夏偕复,即系当时汉冶萍公司总经理。嗣夏君离职,即由继任总经理盛恩颐为该矿业权之代表人,因路远不能亲自管理,曾于前年六月,呈明奉天矿业监督署长,依法选任现居奉天大西关陶然里十七号之胡宗瀛君为矿业代理人,现在仍由胡君代理。历年应缴矿区税照章缴纳,均掣有收据,此敝公司所得采矿权及呈派代理人之经过情形也。除依式填表,随函附致外,为此谨复

海城税捐局长

附表一纸

汉冶萍煤铁厂矿有限公司代表　总经理

[附件]　关于海城县杨家甸之第 103 号矿区之矿业权者调查表

姓名　汉冶萍公司总经理盛恩颐

住所　上海四川路三十三号

职业　商

矿业权所得之经过　敝公司所有海城县杨家甸第一〇三号矿区之矿业权系于民国八年二月在奉天财政厅注册,领有农商部五百九十一号采矿执照,并呈明奉天矿业监督署选派矿业权代理人,历年依法纳税在案。

现在对于该矿之处置　拟俟战事平定后开炉炼钢,即行继续采掘。

汉冶萍公司致李敬三、孙善一函

民国二十八年五月九日(1939.5.9)

径启者:

敝公司于民国八年在奉天省海城县东南三十五里麻耳峪北山及杨家甸西北沟北山坡地方,领有苦土矿区,面积计为一百五十九亩二分,业于本年四月出卖于满洲工务所李敬三、孙善一两君名下为业,除立有杜绝卖矿山地契据一纸外,另附交苦土矿业权让渡契约书二份及矿业权之移转登记

声请书五份,款已收清。特此证明,即希查照。此致

李敬三、孙善一君

汉冶萍煤铁厂矿有限公司

盛恩颐致胡宗瀛函

民国二十九年一月十日(1940.1.10)

径启者:

前承执事为公司海城苦土矿矿业代理人,于兹三载,感纫实深。该矿业于二十八年四月出卖于满洲工务所李敬三、孙善一为业。兹接满洲矿业开发株式会社理事长竹内德亥通知,已于康德六年十二月二十七日登录完毕,移转于满洲矿业开发株式会社为业,执事代理职务因即解除。窃念执事为公司尽义务历有年所,兹汇上夫马费二百元,聊以酬其劳,尚祈查收见复为荷。此致

胡宗瀛先生

总经理

(十一) 龙烟铁矿

公司董事会临时议案

民国七年十月二十三日(1918.10.23)

盛副经理报告:鄙人此次在京,曾由龙烟铁矿有限公司督办陆君交来该公司简章,劝募附股。查该公司系属官商合办,原定股额五百万元,每股五百元,官商各占一半。现在商股尚有余额,本公司可否附搭若干,以示联络,而免竞争之处,请核议。

公议:欲振兴国内之铁业,必结合多数之团体,龙烟公司以采矿制铁为业,与本公司性质相同,理应彼此辅助,公议以汉冶萍公司名义附搭股银三十万元,以资联络。

盛副经理报告:本公司汉阳铁厂现有化铁炉四座,因原料不继,只开其三,所余一炉日久停炼,不但呆搁本息,且恐机件锈损,殊属非计。日前孙会长莅沪,曾云龙烟公司开采之烟筒山铁矿业已出砂,而炼厂尚未建设,若以彼之砂由我代炼,在彼售铁既较售砂有利,在我则免得机炉搁置,且可利益均沾,实属一举两得。先经面商,双方赞可。此次鄙人随同会长晋京,复与龙烟铁矿公司督、会办详加磋商,议订草合同十条。大致以汉阳铁厂暂不日用之二百五十吨化铁炉一座代龙烟公司试炼铁矿,自民国八年三月起至次年二月底止,以一年为期;由龙烟公司预先一月将烟筒山所产之铁砂及另购之焦炭运交,汉厂供给灰石锰矿及其他化铁所需之煤水等项物料,代为炼成铣铁;所有龙烟公司关于采砂、购焦、运输、装卸、堆存、地租一切费用,汉厂关于供给物料、人工及化铁炉折旧等项费用,均各自垫付,专立帐目,彼此互派查帐员一人,分驻烟筒山、汉阳厂查察,每月结算一次;除双方实用成本外,售价所得盈余,汉冶萍公司与龙烟公司各得其半,并无论汉冶萍经手代售或龙烟自售均由龙烟公司付给汉冶萍佣钱二百分之一,惟售铁应由龙烟出名,而售价必须互相商定,以免竞争各等语。于本月十五日由孙会长暨鄙人与龙烟铁矿公司陆督办、丁会办及见立人吴健签字盖章,分别存执。所议各条是否妥协,兹特提出交会核议,如荷通过,即当照约于二十日之内双方互换正式合同,遵照履行。

公议:汉厂以多出生铁为主要,前因燃料不充,未能四炉齐开,现有龙烟铁矿公司愿以所采铁砂,并另购焦炭自运汉厂,就炉代铸铣铁,所售铁价盈余各半均分,洵属双方交益,本会极所赞同。孙会长、盛副经理与该公司所订合同条理精密,并有吴厂长在座见立,尤属面面俱到,即就此速缮正合同,双方存执,刻期履行。

代炼龙烟铁矿公司铁矿合同

民国七年十一月十七日(1918.11.17)

立合同汉冶萍煤铁厂矿有限公司、龙烟铁矿有限公司,今因汉冶萍煤铁厂矿有限公司(下文简称曰汉冶萍)之汉阳铁厂有化铁炉四座,内有二百

五十吨之化铁炉一座暂不自用,愿代龙烟铁矿有限公司(下文简称曰龙烟)试炼烟筒山所产之铁砂,特定双方遵守条款如下:

一、龙烟允将烟筒山所产之铁砂及另购之焦炭(铁砂及焦炭之性质由双方工程师商定之)运交汉冶萍汉阳铁厂试炼铣铁。此项应用铁砂及焦炭龙烟应尽中华民国八年二月起陆续先行运交汉阳铁厂预为存储,以至少足以储一个月敷炼之数为度,如因汉阳铁厂空地无多,不敷存储一个月应用之铁砂或焦炭,龙烟允在汉口或汉阳厂附近自觅空地存储,以便运交应用。所有关于龙烟方面之采砂、购焦及运输装卸一切费用暨堆存地租等,均由龙烟公司专立帐目,自行垫付。

二、汉冶萍允将汉阳铁厂暂不自用之二百五十吨化铁炉一座代龙烟试炼铣铁,并供给灰石、锰砂及其他化铁所需之煤水等物料,员司工人薪水暨代炼之化铁炉之折旧等费用,均由汉冶萍专立帐目,自行垫付。

三、汉冶萍、龙烟双方彼此互派查帐员一员,互相分驻烟筒山及汉阳铁厂,查察彼此关于本合同所发生之帐目。

四、本合同以中华民国八年三月起至次年二月底止,为汉冶萍代龙烟依本合同炼铣铁时期。在此代炼时期之内,如汉冶萍之汉阳铁厂用以自炼之化铁炉三座有一座发生障碍,必须将本合同所订之代炼化铁炉一座暂为替汉冶萍自炼,汉冶萍应将替出自炼之时期再为龙烟代炼,以补足本合同所订之实在时期为限。其因龙烟运交砂焦迟延以致停炉者,自无另行补足时期之必要。

五、汉冶萍代龙烟所炼成之铣铁,应由龙烟出名售诸市场,但售价应彼此互相商定,以免竞争。出售时无论由汉冶萍经手代售或龙烟自售,均由龙烟付给汉冶萍佣钱二百分之一(即一千分之五)。

六、为龙烟铁砂及焦炭在汉阳铁厂码头装卸快利起见,龙烟允汉冶萍于本合同执行期内另向江汉南关租借码头一处,以利进行。

七、因本合同炼成之铣铁所得之售价,除去双方依本合同所费之实在成本外,所有实在盈余,由汉冶萍、龙烟各得其半。

八、于本合同代炼时期内,如有一方面欲取消合同者,须于三个月前正式通告第二方面,得其同意。

九、本合同缮成两份,汉冶萍、龙烟各执一份。如因合同文字有发生解释情事,应双方各请专家一人为公断人,再由请出之公断人二人另行商请公断人一人,共三人,公同评断。

中华民国七年十一月十七日

汉冶萍煤铁厂矿有限公司　　　　　　　　会长　孙(署名盖章)

　　　　　　　　　　　　　　　　　　总经理　夏(署名盖章)

　　　　　　　　　　　　　　　　　　副经理　盛(署名盖章)

龙烟铁矿有限公司　　　　　　　　　　督办　陆宗舆(署名盖章)

　　　　　　　　　　　　　　　　　　会办　丁士源(署名盖章)

立见人

农商部致龙烟铁矿公司函

民国八年三月十一日(1919.3.11)

准咨呈称:本公司简章业经呈请核准施行在案,兹为鼓励投资起见,拟请添一附则于该简章第四章第十条第四项:余十四成,官商按股匀分内,另提二成作为商股之优先股红利,其余十二成仍官商按股。均分,凡在阳历三月内交股之商股均为优先股。至官股方面,目下铁价陡落,获利恐不及预计之厚,政府报效金已定为二成,似不宜再有优先名目等因前来。查该公司原报简章第十四条所订办法,系以二十成之十四官商按股均分,前系国务会议公决,此次变更前议自应仍由院议取决,当经本总长于本月八日国务会议席上提出报告,议决照准。除咨呈国务院查照备案外,相应函复查照办理。

　　此致

龙烟铁矿公司督办

龙烟铁矿公司致盛恩颐函

民国八年三月三十日(1919.3.30)

敬启者:

本月二十九日本公司开股东成立总会,选举董、监事,执事得一千六百

四十四权,已当选为本公司董事。合亟奉闻。此致
盛泽承先生

龙烟铁矿公司谨启

陆宗舆①、丁士源②致汉冶萍公司函

民国八年四月二十三日(1919.4.23)

径复者:

接准贵厂四月二十一日函开:第四号化铁炉本月十六日晨开炉,十七日出铁甚好等因。实深欣慰。敝公司此次奉请代炼,拟暂以三个月为期,所有派驻贵厂之孙工程师系令研究关于敝公司所运交之铁砂及焦炭,暨其他贵公司所供给之工料、操作及一切化炼情形,尚望随时开诚指示,能将每日化铁股之报告照送该工程司一份,尤所盼祷。又如铁质尚佳,乞代炼 Basic peg iron 三四千吨之谱,其余均制 First grade foundry iron,至纫公谊。此致
汉冶萍煤铁厂矿公司

龙烟铁矿公司　陆宗舆　丁士源

夏偕复、盛恩颐致吴健函

民国八年四月二十六日(1919.4.26)

径复者:

接七十一号函,以汉厂代龙烟炼铁,照合同第二条所规定,有应予垫付之款项,会计所估计每日夜出铁二百吨,每月须垫十万元之巨。此项垫款如何归还,其未归还时间,是否由龙烟认利,合同未经订及,应否向其提议,请核示等情具悉。查代炼合同第五条:汉冶萍代龙烟所炼成之铣铁应由龙烟出名售诸市场,但售价应彼此互相商定,以免竞争;出售时,无论由汉冶萍经手代售或龙烟自售,均由龙烟付给汉冶萍佣钱二百分之一分。又第七

---

① 陆宗舆(1876—1941):字润生,浙江海宁人。时任龙烟铁矿公司督办。
② 丁士源(1879—1945):字问槎,浙江吴兴(今湖州)人。时任龙烟铁矿公司会办。

条:因本合同炼成之铣铁所得之售价,除去双方依本合同所费之实在成本外,所有实在盈余由汉冶萍、龙烟各得其半各等语。是本公司因代炼所垫之款,即我一方之实在成本,既经订明在所得售价内扣除,而售价又由彼此商定,则本息自必加入在内,自无所谓归还,亦无所谓认息,盖此系合资营业之性质,并非借贷之问题也。若据以提议,殊与订约不符,来函所云是否于该合同第二条规定之外,尚有别项垫款之处,希即详示意见,以凭核夺为盼。此复

汉阳铁厂吴厂长

总、副经理

陆宗舆、丁士源致汉冶萍公司函
民国八年五月十二日(1919.5.12)

径启者:

接准函开:代炼时期系规定一年,兹拟暂行缩短,与订约不符,乞示原因,俾资商榷等因。查合同诚系双方遵守之信件,但迄今铁价大跌,曾接贵公司来函谓只能少认亏折。夫有利则同享,有亏则共算,乃凡合伙营业之原则,今贵公司已欲变更此根本原则,敝公司亦自不能不及早预计,万一亏折过巨,即贵公司愿为均摊,敝公司亦不可不预为之。所因是拟缩短期限,以三个月为期,吨数以两万吨为度,尚祈俯赐赞同,不胜盼祷。此致

汉冶萍煤铁厂矿公司

陆宗舆　丁士源

汉冶萍公司致龙烟铁矿公司函
民国八年五月二十一日(1919.5.21)

敬启者:

接准五月十二日六十三号公函,祗悉一是。敝公司代炼贵公司铁砂,满期如约履行,均沾利益,不意铁价大跌,非始料所及。兹贵公司为双方兼顾起见,商将炼期缩短,以三个月为期,吨数以两万吨为度,深表赞同。已

函知汉厂照办矣。此致
龙烟铁矿公司

陆宗舆、丁士源致汉冶萍公司函
民国八年六月十四日(1919.6.14)

敬复者:

　　接奉台函开:据汉厂吴厂长函称,查四号炉代龙烟炼铁,每日夜仅出一百六、七十吨,三个月期满,不克有二万吨之数,前途所定三个月炼二万吨者,系以日出二百五十吨计算,不知所来矿砂含铁较轻,含矽过重,致渣滓多,而出数绌,际此夏令,用焦尤费,拟请以三个月为期,不必斤斤于二万吨,函请核示等语。查贵公司缩短炼期,原以铁市价低销滞,预防两方亏折起见,兹该厂长以每日出铁吨数,预计不能适如限度,请计时期,不计吨数,核与贵公司缩短炼期用意正符,似可照办。用特函商,如荷赞同,请即示复,以便转饬遵照等因。此事前接吴厂长函同前因,当经复以代炼生铁一节,自以三个月期满时,核计敝公司采存矿焦剩余之数若干,仍尽数炼尽为宜。准函前因,合再奉达,即希查照为荷。此复
汉冶萍公司

陆宗舆　丁士源启

陆宗舆、丁士源致盛恩颐函
民国八年八月十四日(1919.8.14)

泽翁先生阁下:

　　龙烟炼成之铁,迩来五金各行颇来商购,但吴厂长曾谓敝公司如自由买卖,恐有彼此争价之嫌,以后汉厂应与龙烟对于中国国内之买卖以四六分售为定,即汉六龙四云云。同人等颇韪此议,如尊意赞成,此后应请饬汉厂于国内售铁时以汉六龙四搭售。至纫公谊,仍希见复施行为荷。顺颂
台绥

　　祇候回玉。

弟陆宗舆　丁士源

龙烟铁矿公司致汉冶萍公司函

民国八年九月二日（1919.9.2）

径复者：

接奉本月①十五日贵公司函开,本公司所购汉厂钢轨一批,计价汉平银四万三千四百三十四两有零,划作股款,折合银元,填寄收据,并商售存铁等因。准此。除售铁一节,另行函达外,所有该项轨价计共汉平银四万三千四百三十四两三钱八分,按照本月九日汉银结价七钱一分一厘五,共合洋六万一千零四十六元二角一分,兹特填具六万一千元股款收据一纸暨四十六元二角一分支票一纸,专函寄送,希请察收示复。至轨价收条应请一并交下,以便入帐而资清结,是所至祷。此致

汉冶萍煤铁厂矿有限公司

龙烟铁矿公司启

附股款收据一纸,上海支票一纸,水单一纸。

附启者,敝公司优先股早于今年三月底截,惟种承贵公司帮忙,关系不同,因将贵公司所认而未缴之二十万元股份,均已预列优先股额,以示优异。合行附闻。

陆宗舆、丁士源致夏偕复、盛恩颐函

民国八年十月二十四日（1919.10.24）

敬启者：

接奉台函,祇悉种切。敝公司托炼之铁,销售办法本与贵公司订有合同,迄今已半年有余,未见贵公司销售一吨之数,嗣复提议汉六龙四分成搭销办法,未得贵公司确实办法,故在上海一方,委托永盛公司试为代售,似尚未成同业竞争之嫌,亦决非故抑市价,以求争胜。前贵公司泽承兄复函谓,上海市价五六十两,现在究系若干,果能确定分成搭销之办法,则永盛

---

① 似为"八月"之误。

一方自可停止试销。用特函达,即请酌核见复,不胜盼切之至。专复。顺颂

棣三、泽承仁兄先生公绥

陆宗舆　丁士源

夏偕复、盛恩颐致陆宗舆、丁士源函

民国八年十二月三十日(1919.12.30)

敬启者:

敝公司汉厂代炼贵公司龙烟生铁,业经告竣,所有敝汉厂代炼费用、材料、机电、人工等项应即核算明确,以为代炼成本。兹饬由汉厂自民国八年三月起十月止,开送洋文细帐前来,复核无异。相应送请查核见复为荷。

此致

龙烟铁矿公司督办陆、会办丁

汉冶萍公司总、副经理

[附件]　汉阳钢铁厂民国八年三月至十月代龙烟公司炼铁帐说明

(一)原料　龙烟借用原料,如白石、锰矿等,悉照购价,惟外加厂运五角为转堆起卸及码头折旧之费。

(二)工食　凡工食能直接出四号炉帐者,则出该炉帐,其他不能指定之工食,则由三、四号两炉平摊。

(三)修理　凡修理能直接出四号炉帐者,如上料场、出铁场等,则出该炉帐,其他若出渣处、打风房、打水房等,皆为三、四号所共有,其修理费则由两炉平摊。

(四)用料及工具　以上两项与修理同一办法。

(五)管理费　照各炉规定出铁吨数摊负。

(六)折旧　按四号炉炉价周年七厘计算。

(七)利息　按四号炉炉价周年八厘计算。

(八)吨税　每出铁一吨,应缴吨税一两。

（九）装卸费用　车务处代运矿石、生铁、煤焦每吨运费二角二分，自三月起至九月止，计共运矿石四万零九百七十五吨九百十二千分零五，计洋九千零十四元七角，外加驾车工食二百四十元二角七分；运焦煤五百七十四吨一百七十四千分，计洋一百二十六元三角一分八厘，外加驾车工食七元一角八分二厘；运生铁二万二千七百九十六吨零三十四千分，计洋五千零十五元一角二分七厘，外加驾车工食三百七十六元七角三分三厘。分三项列入九月份帐。至出渣一项，系用化铁股自有渣车，唯向车务处租用车头拖运三、四号两炉铁渣，计每日租费十八元，因四号炉出渣较多，应摊租费三分之二，即每日十二元。

（十）特别费用计分三项如左：

（甲）运铁铁路　专为龙烟运堆生铁而设，其路价应由龙烟担负一半。

（乙）运渣铁路　四号炉开工，原有运渣铁路不敷应用，故特添修此路，以运三、四号两炉渣铁，以四号炉出渣较多，应以路价三分之二归龙烟担负。

按照本厂出铁额数，原有路轨足敷应用，毋庸另行添造，以上两项路轨确因龙烟专设，今龙烟停炼，路轨虽存若废，按上列成数归龙烟担负或不为过。

（丙）公事房　厂区狭窄，龙烟焦堆放无地，故将原有化铁股公事房拆卸，腾空为龙烟堆焦之用。该公事房原值约五千元，应以半价由龙烟任偿。

（十一）本厂代龙烟炼铁计四月十五起至八月十五止，三、九两月只有装运及预备开工之费用，所有全厂公摊费及折旧、利息三项，八月份仅摊半月，四月份则全摊，因四号炉开工虽在月中，而筹措布置已于三月底开始矣。

（十二）截至九月底止，龙烟生铁之存厂者尚有一万八千三百七十吨零七百三十千分，预计每吨车运须费二角二分，驾车工食一分二厘五，全计洋四千二百七十一元一角九分；又码堆下河装舱拔筹等费每吨钱二百四十五文，合计约须钱四千五百串，折洋三千一百六十九元零一分。两共洋七千四百四十元零二角。暂列十月份帐，俟存铁运完后再按交支付实数找算。

陆宗舆、丁士源致夏偕复、盛恩颐函

民国九年一月九日(1920.1.9)

敬复者:

接准函开,龙烟公司现委汉口协丰公司经理武汉分销事宜,头号生铁价只五十六两,查汉口零售市价每吨可至七十两,似此廉价兜售,殊于敝公司销路有碍。兹为销除竞争起见,拟请贵公司尊重原订合同,将代炼之铁全归敝公司代售,每售一千吨,以敝公司生铁搭售七成,贵公司生铁搭售三成等因。准此,查生铁分售原非得已,实因开炼以来,贵公司未肯代售,姑采此权宜之办法,以期将汉厂存铁速行结束,虽合同所载原有自售之权,而在汉售价亦未至五十六两之低廉,惟彼此时起烦言,终非善法,兹准前因,既可速销,又得美价,实所欢迎,惟前次本定汉六龙四,自应仍照此办理,更易售罄。沪汉两处售铁之帐,当由敝公司派员时常查看,以资接洽。又,汉厂存铁报单所载系约计之数,实数实不止此,出厂之时仍须由敝公司派人眼同过磅,溢出之数应归入敝公司之帐。其销售外国之铁,当由敝公司自理。将来售价及售出吨数,请每月结算一次,敝公司应得铁价请交由敝公司或所派之人收存。至炼费成本等项,应俟彼此核算清楚,另行议结,请勿与铁价售得之款牵混,以杜纷纠。再,在协商未定以前,敝公司仍有在国内自售之权,函开应俟协商定后再行交付等因,敝公司万难承认,应请函知汉厂,将前命撤销,以示彼此和衷之雅为幸。统希鉴核赐复,是为至盼。此致
总经理夏
副经理盛

陆宗舆　丁士源谨启

盛恩颐致陆宗舆函

民国九年十月二十七日(1920.10.27)

闰生督办大鉴:

接奉总字六八五号台函,以核减炼费及摊认损失两问题,同时提经贵董事会议决,炼费减去十万四千元,最后损失摊认四分之一,专函见示等因

祇悉。查代炼生铁,因种种设备,其生产各费实较自炼为多,兹将炼费照实开数目核减十万四千元,委属亏损过巨,祇以损失问题承台端顾全交谊,陈经贵董会通过,准照垫本摊认损失四分之一,聊弥炼亏,自当仰体盛情,转告敝董会遵议结束,以副雅嘱。手复道感。祇颂

勋绥

盛恩颐

龙烟铁矿公司致汉冶萍公司函

民国九年十一月十日(1920.11.10)

径启者:

前承尊处所认龙烟股款共计三十万元,除已填奉股票计洋十六万一千元外,其余十三万九千元之股款业于十月五日电达台端,请在敝公司帐内扣算。旋奉复示,核与在京面商办法相符,当照办等因。兹特填奉烟字第三十八号、三十九号一百股股票两张,铁字第十四号五十股股票一张,矿字第二百号、二百零一号十股股票两张,公字第三十二号五股股票一张,司字第一百六十二号、一百六十三号、一百六十四号一股股票三张,共二百七十八股,计洋十三万九千元,并各附红折一扣,托由姚文敷监督带上,即祈察收见复,并由贵公司赐给收到炼费十三万九千元之收条为荷。

再,此项股票因双方之关系,仍照上年八月寄奉一函,特作为优先股,以示优异,但优先股额已于上年三月杪截止,故年月特为填早,而填发股票之日期实为本年十月五日,合并声明。此致

汉冶萍公司盛副经理

附股票九张红折九扣

龙烟铁矿公司启

夏偕复、盛恩颐致赵兴昌、金忠瓒函

民国十年六月十三日(1921.6.13)

径启者:

案查本公司为龙烟公司代炼生铁,所有垫用炼费,前据汉厂开送洋文细帐,并附说明,业经函寄该公司查照,并以一份函送贵所存查在案。嗣准龙烟来函,以该细帐总额共约银四十八万元,出铁二万吨,每吨扯计二十四元,与预算相差甚巨,复核其中有特别费二万四千元,利息六万四千元,折旧一万六千元,共十万四千元,均不应列入炼费之中,不能承认,要求删除。迭经辩论,该公司以吴厂长初开炼费每吨扯计为十六元,今请将十万四千元减去,每吨尚扯合十九元,已属格外退步,坚请减让。后经一再协议,该公司允以最后损失照成本摊分本公司四分之一,以为交换。为顾全交谊起见,遂将炼费复允照减十万四千元,以资结束。相应查案函达,即希接洽。

此致

会计所赵署所长、金副所长

总、副经理

龙烟铁矿公司致盛恩颐函

民国十一年四月十八日(1922.4.18)

敬启者:

本月十四日本公司开第八次董事会,除报告公司帐略暨炼厂工程将竣暨京绥新运价已奉部准等案外,当以公司目下经费支绌,经通过发行公司公债四百万元,以资周转一案,又经董事会提议,以际此金融枯寂,非优予经佣,不足以广招徕。遂议定此项公债,章程上定为九七收款,而实际上一律以九五折左右收款,业于呈部文中附带陈明。相应函达并附上本公司募集公债简章一本,即祈察照为荷。此上

盛泽丞先生

龙烟铁矿公司谨启

[附件] 龙烟铁矿公司募集公债简章

第一条 本公司因筹集活动资本并兼办副产物事业,经呈奉农商部核准发行公债,名曰龙烟铁矿公司公债。

第二条 本公债总额定为四百万元。

第三条 本公债以本公司财产为担保品。

第四条 本公债债券共一万二千一百号,分万元、千元、百元三种,甲种一百号,乙种二千号,丙种一万号,只列号数,概不记名。

第五条 本公债年息一分二厘,每年分六月、十二月两期发息。

第六条 本公债自民国十一年　　月一日起,以七年为期,第一、第二两年只付利息不还本银,自第三年起分五年抽签偿还,每年还本八十万元,至民国十八年　　月底止全数偿清,并自第三年起每年执行抽签还本一次。

第七条 本公债按九七收款。

第八条 本公债除照本简章第五条按期付息外,如本公司营业获利,得加红利一厘,即为年息一分三厘。

第九条 凡购本公债,悉用市面通用货币,其他之有价证券概不收受。

第十条 凡购本公债,均一次缴足,由本公司先行给予收据,以凭换取债券。

第十一条 本公债除本公司直接募集外,并得委托他机关及各银行经理本公债发行还本付息各事务。

指定各银行如下:①

北京　银行　银行　银行　银行
　　　银行　银行　银行　银行
天津　银行　银行　银行　银行
上海　银行　银行

_____

① 原件银行名称未写。

第十二条　凡经本公司承认代募本公债者,得按代募债额给予百分之一之酬金。

第十三条　本公债如有遗失情形,不得向本公司挂号。

龙烟铁矿公司致盛恩颐函

民国十一年六月三十日(1922.6.30)

敬启者:

本公司近因旧租黄兽医胡同之总管理处不便办公,已于本月二十八日迁至东总布胡同内之顶银胡同门牌一号,所有关防、帐目、图书、文卷暨一切物件亦均悉数搬往新居,现已照常办公,赶速进行公司事务。知关垂注,用特奉闻,即祈察照为荷。

此致

盛泽丞先生

龙烟铁矿公司谨启

盛恩颐致龙烟铁矿公司电

民国十一年七月二十九日(1922.7.29)

北京。龙烟铁矿公司:宥电奉悉,公举张国淦君为督办,表示赞同。盛恩颐。艳。

龙烟铁矿公司第十次董事、监察员联席会议议事录

民国十二年二月四日(1923.2.4)

民国十二年二月四日(星期四)下午二时在化石桥本公司开第十次董事会。莅会:周董事、翁董事、劳董事(陆渭渔代)、权董事、李董事、曹董事(杨临斋代)、徐董事(薛松坪代)、盛董事(张新吾代)、薛监察员(秦幼勋代)、靳监察员(吴镜予代)、杨监察员、朱会办(严慈约代)。是日官商股董事、监察员、会办出席,共十二人,严理事代表朱会办,公推会办代表主席。三时半开会。

一、主席报告

（一）传观上年七月十二日董事会议决录。

（二）传观炼厂预算表,并说明炼厂工程原订十年四月开工至十一年四月工竣,惟至期未能完工,上年十月又作一预算,按现在情形,照预算所列,仍须推缓两月,约至本年阳历六月可以完工。

（三）传观开炉前应需各项经常费预算表。

（四）传观帐略。

（五）传观负债表、铁价预算表。

二、主席报告本日有一重要问题请诸公商议,现接多数股东来函,请废止督会办,改用董事制,该函首由股东黎大德堂签字。该函大意以本公司近因督会办受政治影响,屡次更迭,致公司营业亦常受影响,故请废止督会办。当由主席宣读来函。

权董事谓:此项重要问题是否董事会可以决定?

主席谓:来函具名之股东已过商股半数,加以本日到会之官商股董事、监察员可以代表官商各股,似可决定此事。

翁董事、周董事谓:修改公司章程,按照部章似应经股东大会决定。

权董事谓:此项问题关系重大,似以开股东会决定为宜。

李董事谓:照本公司简章,董事会亦可决定。此事因系为维持现状起见,欲求一负责之人,若不设法补救,恐长此以往,公司将陷于无办法之境,故此事纯为事实问题,不能绳以严格之法律。

翁董事谓:可否折衷提出两个问题,一设法维持现状问题,二修改章程问题。

李董事谓:先请官股东方面表示是否赞同此项改章问题,然后再召集股东大会。

翁董事谓:本席代表农商部,部中事前未先接洽,未便表决。

权董事谓:交通部亦然。

于是周、翁董事等请保留赞同权,一面向部请示,一面请赶速召集股东会。

权董事谓:目下督办既万难产生,会办又不在京,可否由董事会推举起草员数人修改章程,再请股东大会决定。至公司现状亦由董事会推举数人共同维持。

李董事谓:督、会办问题不能解决,公司增加许多困难。

杨监察员谓:维持方法可否请求张国淦同意,请张维持现状。

权董事谓:恐多生枝节。

主席问:股东公函是否俟开股东会后再行据情呈部?

权董事谓:当然俟股东会开会后再呈。

李董事谓:应请官股董事先将股东公意转达大部。

主席谓:本席代表朱会办声明,如董事会主张即日呈部,会办当然辞职,否则仍当维持至股东会决定批准之日为止。

李董事谓:查章程,督、会办职权甚大,但皆系董事会所付之职权,可否暂由董事会执行督、会办职权。又谓:现在董监诸公对于股东公函意见究属如何?

权董事谓:本日在座所主张者约分二说:(甲)说,一面据股东公函先呈农商部,一面由董事会推举起草员数人修正章程,定期开股东会通过,再呈部核准。(乙)说,公司暂不呈部,先推举起草员修正章程,俟开股东会通过再行呈部。

李董事谓:现在督、会办问题亟须解决,据本席意见将股东公意报告农商部。至修改章程应俟股东大会定之。

周董事谓:现值青黄不接时代,应请会办负责,如会办不能负责,由会办委托董事一、二人帮同负责。

主席谓:应添丙、丁两说。(丙)说,目下会办如不能负责,由会办指定一人负责。(丁)、会办如不负责,由董事会推举一人负责。

当由主席先将甲、乙、丙说请大众表决。赞成(乙)说者八人,通过。并议决章程未经核准以前,仍请会办负责暨赶紧召集股东大会,决定阴历正月十七日即阳历三月四日开股东大会,阴历正月初五日即阳历二月二十八日再开董事会。又通过周董事谓推举起草员应由会办代表指定三人或五人。主席推举周董事、李董事、杨监察员为修正章程起草员。众赞成。当由周、李、杨三君说明起草标准,以督会办职权分别与董事会及理事,再由董事会推举二、三人负责,例如,专务董事、常务董事或主任董事等名目,并定于下星期日起草完竣。

杨监察员谓:现在股东会既已定期,此期间内公司一切事务均由会办负责主持办理。众赞成。

劳董事代表谓:按照农商部有官董二人,交通部占官股之半,亦应添官股董事一人。

李董事谓:当时定章官董额数较少者,原系政府维持实业之意。

主席谓:再若添设官股董事,则官股董事亦常受政治影响,屡经更动,于公司办事不无窒碍云云。

三、主席提出讨论财政问题

(一)年关需款。

(二)工程用款。

(三)开炉后应用流动款项。经众议决,俟股东会开会后再定办法,现仍由会办完全负责维持现状。

主席谓:负责虽由会办,筹款问题可否于今日董事会席上讨论,并个人对于筹款问题略有意见:(一)请中国银行界协助;(二)续招股本;(三)推行公债;(四)提售厂中所存不用之铁轨等。

李董事谓:以上各节曾经议过。

主席谓:对于续招股本一节,以前并未议过。

李董事谓:现在需款甚巨,是否仍候股东会解决,维持现状请会办负责。

主席谓:对于维持现状筹款问题,似不能不与银行界发生关系,以资协助,可否延聘银行界要人为公司顾问或咨议,备送夫马费。

众谓:现在公司财政困难,不如暂时聘为名誉职,将来公司营业发达,再图酬报。

主席谓:应否决定何项名目?

众谓:以顾问名义为宜。此事即由会办办理。

主席谓:不过略举银行界名人,如岳乾斋、周作民、谈丹崖、胡笔江、叶揆初等诸君,以为何如?

众谓:此数人当然赞同。此外,应聘何人,由会办负责。

张理事报告:严理事自上年七月以来薪水未定。

经众议决:以到公司之日起照张理事薪水数目开支。

周董事谓:会商章程草案应请张、严两理事列席。

七时散会。

龙烟矿务局致盛恩颐函

民国十七年七月二十六日(1928.7.26)

径启者:

兹奉国民政府农矿部第一二一号令开:兹派黎世蘅为本部直辖龙烟矿务局局长。此令。等因。世蘅奉此遵即克日视事,查台端为前龙烟铁矿公司董事、希即由贵董事会尽十日以内推举代表携带旧日公司全部卷宗、帐册前来本局(北平东城乾面胡同八十七号),以便会同点收所有一切财产,实为公便。除登报通告外,特此函达,请烦查照为荷。此致

前龙烟铁矿公司董事盛泽丞先生

龙烟矿务局启

公司致清查龙烟铁矿官商股本委员办事处函

民国十八年一月五日(1929.1.5)

径启者:

接准大函,以奉国府农矿部令委清查龙烟铁矿公司官商股本委员,设处办公,依据《农矿部清查各矿冶业公司股本暂行条例》第十条之规定,于十七年十月三日起开始登记,函送条例一分,嘱即来处遵查登记等因。查敝公司投入龙烟铁矿公司股份系用本公司经理盛泽承户名,共计六百股。兹将该股票号数股数及填票年月另列详细清单,备函送请查照登记为荷。此致

国民政府农矿部清查龙烟铁矿公司官商股本委员办事处

汉冶萍公司谨启

［附件］ 龙烟公司股票息折目录（节录）

共计一百股票折三套，五十股票折五套，十股票折四套，一股票折五套，五股票折一套，合六百股，计洋三十万圆正。[①]

（十二）鄱乐煤矿

周开基致夏偕复函

民国八年三月四日（1919.3.4）

经理钧鉴：

二月十三日奉命偕陈矿师来赣查勘鄱乐公司所属之鄱阳，乐平两处煤矿，现已将次勘毕。其矿区虽广，然节其大要可分为四：其在乐平方面者，只有鸣山及老山一带煤层；其在鄱阳方面者，一为望树岭及泂源岭一带煤层，二为老窖头及洪门口一带煤层，三为罗汉冲一带煤层。其中以老窖头及洪门一带煤层最可令人注意，因其钻岩机之结果，均探得煤层，确有二层以上，每层平均煤厚均有五尺以上，且地面倾向平原，煤层可少断裂或波折之虞，煤质皆属烟煤，能否炼焦，须待化验。近日因为雨阻，未能进行，一俟天晴，当再将矿区附近紧要地点详加察勘，其煤层有无接续至尚未钻探各处之希望，并运道之大概，即行启程返沪，与陈矿师分别缮具报告书送呈钧览。恐劳廑注，特先奉闻。又，所取煤样一项，应否由基在九江就近送赴汉厂化验，以免往返需日，尚乞电示九江裕昌煤号为叩。专肃。谨请
公安

周开基谨上

---

① 此系汉冶萍公司投入龙烟铁矿公司的股份。股票号数略。

公司董事会致夏偕复、盛恩颐函

民国八年三月二十五日(1919.3.25)

总、副经理均鉴:

本年三月二十二日董事临时会,据贵经理报告:谢蔺牖君请有鄱阳、乐平两县煤矿,愿与本公司合办,可否,请公决等语。当经公议,长江流域之好煤矿极为难得,计算萍乡焦炭尚不足供应六炉之用,谢君所办鄱乐煤矿,应如经理所议,收为本公司所有,另立鄱乐公司,纠合新旧股东,公同组织。惟炼成焦炭后,能否合熔铁之用,为此事之大问题。应一面先与定实,给付定银十万两,俟汉厂电复,实能炼铁,再由经理与订详细合同,交会公同复核。惟查谢君所索按吨报酬,计数太巨,应再切实核减,是为至要云云。用特专函布达,即希查照办理。顺颂

均绥

董事会启

公司董事会致夏偕复、盛恩颐函

民国八年四月三日(1919.4.3)

总、副经理均鉴:

本年四月一日董事常会,由贵经理到会报告,鄱乐矿煤化验灰分稍多,如能炼铁,利益固大,不能炼铁,亦能炼钢,较之萍煤尚觉合算,现已将报酬数目商减,拟具正式合股议约一件,又永远售煤垫款契约一件,送请核议等语。当经公议,鄱乐煤矿前议请经理商减报酬之数,兹据报告业已议减,并送合股议约一份,计十四条,逐条挂审,均极详妥,内惟第十一条汉冶萍垫款作为酬金,毋庸偿还一节,又售煤垫款契约第四条垫款毋庸偿还一节,均应删去云云。相应专函布达,即希查照办理。顺颂

均绥

董事会启

鄱乐煤矿合股议约

民国八年四月十七日(1919.4.17)

立正式合股议约,鄱乐煤矿公司旧股东代表谢天锡,新股东代表夏偕复、盛恩颐。缘鄱乐煤矿公司于民国八年二月由旧股东依据公司条例、矿业条例集股组织,原定股本银元一百万元,现经股东会议,为发达矿务扩充营业起见,决议集合新股,增加资本,由旧股东代表谢天锡与新股东代表夏偕复、盛恩颐协商,议自新股加入后资本总额改为银元六百万元,并酌定修改章程要点及巩固业务计划,复经双方全体股东同意授权代表订立正式合股议约,列举条款如左:

一、本公司由新旧股东共同组织之。

二、本公司所有之煤矿,系由谢天锡报领探采之江西省浔阳道鄱阳县属泗源岭、老窑头、公孙岭老窑头、大吉张家洪门口、炉田岭瑞象峰、罗汉冲六区,又同省同道乐平县属鸣山、社令桥、底脑三区,又鄱阳县境内已测将领之矿区七区或八区。

三、本公司资本总额改定为银圆六百万元,旧股东居三分之一,新股东居三分之二,并加红股十五万元,分别填给股票,各自收执。本款所载股本总额议定永不加增,如不敷应用,依第十一款规定办理。

四、旧股东所持本公司股票计额面银圆一百万元,现因实际价格超过额面,双方认为应值银圆二百万元,当于公司从新填给股票时将旧股票全数注销,换给新股票二百万元,以为前款规定旧股东所缴之股本。

五、旧股东代表谢天锡于创办时筹垫各种费用,现经新旧股东协议,由公司股款内拨还规银五十万两,以清界限。该款于议约成立日付清半数,尚余规银念五万两,定于议约成立后十日内如数付清。

六、公司所存矿照等各种证明权利文书暨一切要件,应于本议约成立时双方会同点明,委托确实银行妥为保管,并开单记明,分别收执,俟新董事会成立交由董事会保管。

七、本议约成立以前如有违反法令或其他纠葛情事,虽经合组,仍由旧股东代表谢天锡完全负责。但矿区内对于私掘之讼务应由公司继续办理。

八、本公司董事及监察人之选举，以单记法逐次投票选举之。

九、本公司所得纯利，即属煤款项下成本外按吨增加之收入，暨自行售煤所得之利益。每年分配二次，除以二十分之一提存公积，二十分之一为董事、监察人暨办事人等报酬，四十分之一派给十五万元之红股，其余二十分之十七分半，按股派给各股东。

十、本公司章程自改定后，非经股东五分之四同意不得议决修改，如发生与其他公司合并情事亦依此办理。但与股东在本公司所享权利暨一切利益绝无抵触时，不在此限。

十一、双方议决，为巩固本公司业务起见，于议约成立后一个月内与汉冶萍公司订立永远售煤垫款契约，如本公司自有资本外不敷应用时，汉冶萍公司须应本公司之需要，不拘银数若干，永远照付，不得迟误。其所垫之款永不计息，在本公司所有各矿区采掘未尽时，汉冶萍公司不得要求偿还。但是项垫款所置之财产及因此项财产而变生之财产，应另制目录，提交汉冶萍公司，作为垫款之抵押品。至本公司所有各矿区采掘净尽时，此项抵押财产依照目录移转为汉冶萍公司所有，汉冶萍公司之债权即同时消灭。惟本公司所有矿区暨原有资本所置之财产均不在所指垫款抵押之内，并于本公司与汉冶萍公司所缔结之永远售煤垫款契约详细载明。

十二、本公司售煤与汉冶萍公司之价格及其成数，依左列规定办理。

甲、价格

所售煤价，除以本公司成本及全部一切开支估计外，再以每日产额多寡分别增加。

子、每日出净煤一千吨以内，每吨加通用银元二元七角正。

丑、每日出净煤二千吨以内，每吨加通用银元二元一角正。

寅、每日出净煤三千吨以内，每吨加通用银元一元六角五分正，超过三千吨时亦以此计算。

本款所定产额计算，如每日出数在规定吨数之间，在一千五百吨以内时，以一千吨以内之每吨价格计算；在一千五百零一吨以外时，以二千吨以内之每吨价格计算；在二千五百吨以内时，以二千吨以内之每吨价格计算；在二千五百零一吨以外时，以三千吨以内之每吨价格计算。

乙、成数，于每日所产净煤总额中除公司留存百分之十五自行销售外，其余全由汉冶萍公司购买。

十三、前二款所定本公司与汉冶萍公司订立之售煤垫款契约，先经新旧股东议定条款附载本约，并由本公司全权代表与汉冶萍公司全权代表依法订立，如有修改该契约内容或废止该契约时，须经全体股东出席会议，得五分之四之同意方始有效。

十四、本议约缮就同式四份，双方各执一份，证明律师各执一份。

十五、本议约自签字之日起发生效力。

立合股议约　鄱乐煤矿公司旧股东代表　谢天锡

新股东代表　夏偕复

新股东代表　盛恩颐

介绍人　厉树雄

证明律师　周成

证明律师　秦联奎

中华民国八年四月十七日

公司董事会致夏偕复、盛恩颐函

民国八年五月五日（1919.5.5）

总、副经理均鉴：

本年五月一日第八次董事常会，由贵经理到会报告鄱乐煤矿公司成立及开会议事各情形，并续请担保银行欠款一节，当经本会公议，鄱乐新公司与汉冶萍关系之要键在销煤合同，应请总、副经理详细与订，送会通过，再行签字。至续请公司代谢君个人担保欠款银十万两，应请谢君将已经出租之顺昌轮船知照第一押款银行，承认此轮作为汉冶萍第二次抵押品，并另觅殷保二人至公司承认，以完手续云云。用特备函布达，即希查照办理。此颂

均绥

董事会启

汉冶萍公司与鄱乐煤矿公司订立永远购煤垫款契约

民国八年五月十八日(1919.5.18)

立永远购煤垫款契约汉冶萍煤铁厂矿公司(以下称甲公司)、鄱乐煤矿公司(以下称乙公司),今由双方合意订立永远购煤垫款契约如左:

一、乙公司所有各矿区之每日产煤,除依后款所定留存自销外,悉数由甲公司永远购买。

二、前款所定留存永远自销煤额,以每日出产总额百分之十五为度。

三、所售煤价,不问市价高下,先以乙公司所需成本及一切开支比例核算定一单位,再以下列增加标准按吨定价。例如每日出煤一千吨以内,按照普通计算,每吨所需成本开支,合银五元,加入二元七角,每吨售价应作为七元七角。兹将双方议定除成本开支外,应增加之标准列举如下:

子、每日出净煤一千以内,每吨加通用银元二元七角正。

丑、每日出净煤二千以内,每吨加通用银元二元一角正。

寅、每日出净煤三千吨以内,每吨加通用银元一元六角五分正。超过三千吨时,亦依此计算。

前项产额计算,如每日出数在规定吨数之间,在一千五百吨以内时,以一千吨以内之每吨价格计算;在二千五百吨以内时,以二千吨以内之每吨价格计算;在二千五百零一吨以外时,以三千吨以内之每吨价格计算。

四、交煤地点:定于乙公司所筑铁路终点之河边码头,双方派人过磅交煤。

五、乙公司如因增加产额,扩充设备,除原有资本外,不敷应用时,甲公司须应乙公司之需要,不拘银数若干,永远垫付,不得迟误。其所垫之款,永不计息。在乙公司所有各矿区采掘未尽时,甲公司不得要求偿还。但是项垫款所置之财产及因此项财产而变生之财产,应另制目录,提交甲公司作为垫款之抵押品,至乙公司所有各矿区采掘净尽时,此项抵押财产依照目录移转为甲公司所有。甲公司不得以财物磨灭损旧主张异议,甲公司之债权即同时消灭。惟乙公司所有矿区暨原有资本所置之财产,均不在所指垫款抵押之内。

六、乙公司之矿地,如开采时遇天灾事变或其他不可抗之事故,以致产煤中止,甲公司不得藉此要求赔偿损失。

七、甲公司得随时派员调查乙公司成本帐目。

八、煤价帐目按月结算一次,所有煤款应于结帐时,由甲公司如数付清。

九、本契约经甲乙两公司全权代表依法订立,如须修改内容或废止时,非经甲乙两公司各本公司章程议决,不生效力。

十、本契约缮就同式五份,甲乙两公司各执一份,以一份交与见证人收执,其余两份由证明律师分别保存。

十一、本契约自签字之日起,发生效力。

十二、本契约由上海总商会会长见议订立,以昭慎重。

> 立契约人　汉冶萍煤铁厂矿公司
> 右全权代表　孙宝琦
> 立契约人　鄱乐煤矿公司
> 右全权代表　谢天锡
> 见议人　上海总商会
> 右会长　朱佩珍
> 证明律师　周　成
> 证明律师　秦联奎

中华民国八年五月十八日

夏偕复致公司董事会函

民国十二年六月二十八日(1923.6.28)

董事会公鉴:

查本公司前与谢君天锡订立鄱乐煤矿合约及购煤垫款契约,以前经派矿师调查报告,所估开采资本,以每年出煤十万吨计,共需投资银四百万元;关于谢君利益,议定采煤一吨得提给洋九角。合议既定,本无另立公司之必要,因彼时赣省官绅正与萍矿发生交涉,且鄱乐矿区均为谢君个人具名,请领注册,骤请移转,恐召反感,故仍沿用谢君原定之鄱乐公司名义,但谢君应得每吨九角之利益,不便载明章程,因议改谢君股额之数作为二百万元,本公司投资之数作为四百万元,共合六百万元,照此修正章程,另行注册。是名义虽为另立公司,按之实际确为本公司所属厂矿之一,故当组织董事会时,即以本公司总、副经理兼为会长及常务董事,执行全部一切事项;兼以矿区恐有纠葛,因并推谢君为常务董事。属于行政范围,当然由本公司负责措理。

该矿接办以来,迭遭兵匪之乱,一再阻碍进行。迨去年五月所辟鸣山窿工到达煤槽,正拟敷设铁道,规画运输,乃鄱阳土匪假响应南军为名,聚众图劫鸣矿,甫经地方官厅派队戡定,又被赣东溃兵窜扰,工场机件多半毁损,员司工人被难星散。当经派专员往查,据报,所缺机器、材料甚多,必须重行购配,方能继续施工,维时正值公司经济奇绌,力难兼顾,因饬暂停。上月谢君方面来函,请开临时董事会,席间提议应将本公司所投股款另储银行,并要求计算从前存息;又增设常务董事,召集股东会改选董监等项。现在鄱乐股东会定于七月四日举行,左列四项,想开会时必有提议,本公司一方面应有预备,俾应有权利不致损失。兹谨附说明如下:

一、股款另储 查鄱乐股额名为六百万元,谢君方面所占二百万元,实系虚股性质,其余现资四百万元,完全为本公司所担负,以本公司担负之资本,仍储存于本公司,于事于理并无不合,况本公司正值经济困难,现时骤提大宗款项,亦实万不可能之事。

一、股款存息 查现金股款既为本公司所独负,而合约载明将来股本不敷时,无论多寡,应由本公司负责垫款,永不计息,是垫款既不计息,所有存款当然不能计息。又,鄱乐所出之煤均由本公司承销,照本给价,并加给利益,鄱乐永无亏折之虞。因以上本公司特予鄱乐之利益,故不能照普通存款之给予存息,且给息与否,与谢君一方面之利益毫无抵触。是以历年以来,均系如此办理,谢君一方面并无异言,今忽提议及此,本公司万不能不竣拒者也。

一、增设常务董事　查鄱乐煤矿虽系另立公司名目,实为本公司附属事业之一部分,指挥调度为总、副经理应有职权,故会长及常务董事,即为本公司总、副经理所兼任。惟因合约载明矿区纠葛应归谢君负责,爰加入谢君为常务董事。现在谢君要求增设常务董事,如增为五人,本公司仅居其三,则本公司应有三分之二之权利即为丧失,如居其四,则本公司亦不愿侵害谢君一方面应有之权利,或谓增为六人,则实际上无须如许多人,故增设之理由实难成立。

一、改选董监　查鄱乐董额定为九人,本公司股权居三分之二,应出董事六人,故上届即推举本公司董事四人,总、副经理二人,而以总经理为会长,副经理为常务董事,以一事权,而资处理。现在本公司董事及经理均未易人,似可不必纷更。如必须容纳谢君一方面改选主张,则下届董监拟举何人,应先内定。

以上问题于本公司利益上事实上所关至重,权利所在,绝对不能放任,应请贵会慎重核议,以凭对付。无任企祷。专肃。敬颂
公绥

总经理　夏偕复

夏偕复致公司董事会函

民国十二年六月二十八日(1923.6.28)

董事会公鉴:

查本公司经营鄱乐煤矿,前于民国八年先后陈经贵会核准,与谢君天锡签订正式合股议约,及永远售煤垫款契约后,节经遴派矿长及工程、会计人员,就鄱阳洪门口,乐平鸣山两矿区,敷设矿场,分头布置。甫具端倪,忽于九年七月洪门口痞匪勾结,大帮肆行扰乱,全部所有被毁无余,经年交涉,并无结果,不得已更于十年冬初,专从鸣山方面施工。去年五月到达煤槽,正拟积极进行,讵六月间,鄱阳土匪复大举犯鸣,甫经军警戡定,而赣东

溃兵又接踵窜扰,机料强半损毁,工人亦多离散,不得不暂行停工。综计接办以来,历年购置机料,开凿窿工,建筑矿场、房屋、堆栈、码头,收买土矿,缴纳矿税,结纳官绅,并董监夫马、员司俸薪、工役工食暨两次事变损失,截至本年五月底止,计动支洋七十九万八千余元,连同偿付谢君创办费用银五十万两,合洋六十八万九千余元,两共合洋一百四十八万七千余元。上月谢君来函,以矿地秩序已复,催促开工,本公司投资既达如此巨数,且已达到煤层槽,自未便日久恝置。爰于本月二日召集鄱乐临时董会,公同计议,当由同人推举夏君履平先往实地调查,再定办法。惟夏君办理煤矿虽有经验,但于地质上技术上究鲜研求,因与服部顾问商榷,遴聘专家协同调查,以期周密。服部顾问之意,以审阅该矿历次勘查煤量煤槽各项报告,互有详略,但于实在情形究欠明了,不如姑向制铁所商借矿学人才,偕往考察,较为简易。兹承函商制铁所,得复允派正副矿师各一人担任是役,并声明不受津酬。兹事为确定鄱乐根本设施起见,是否可行,应请贵会核议见复是祷。专肃。敬颂

公绥

总经理　夏偕复

夏偕复致公司董事会函

民国十二年七月六日(1923.7.6)

董事会公鉴:

前以鄱乐公司将开股东会,会中恐须提议股款提储、计算存息、改选董监、增设常务董事四项,当将不能承认理由备具六十号函陈达。兹事关系本公司权利极重,必荷贵会慎重考虑。兹有前函所未及者,谨为贵会详切陈之。

查此提议四项之用意,盖欲将管理鄱乐公司之权完全由汉冶萍股东手中划出,另组团体行使职权;至于款项则照合同由汉冶萍担任,予取予求,莫能过问;将来出煤之成本若何,营业之利钝若何,皆非所计,故以改选董监、增设常务董事为达其目的之方法。我公司徒供巨大之牺牲,转丧失固

有之权利。贵会以保护公司权利为职志,想断无忍令丧失之理,无庸经理渎陈。唯区区之愚亦仅附于心所谓危,不敢不告之义。兹再郑重声明:一、股款不可提备;二、存息不可计算;三、常务董事不可增设;四、改选董监,我公司方面董事应悉用旧人,即有更动,我董事或职员必须占有六人,监察一人,而必以总经理任会长,副经理任常务董事。其所以龈龈争持者,与偕个人毫无关系,亦毫无利益,只凭良心之主张,为公司保此权利。贵会诸公代表股东,则利害更为切身,应有同情之表示。如荷毅力主持,际此公司各事为难之际,偕必坚忍筹维,为公司效死。倘不蒙容纳,致使权利丧失,则偕亦断无再事贵会之理,对于本公司全局之事即不能再负责任,此后进退将于此股东会之结果定之。愚戆陈词,尚乞鉴察为幸。专肃。祗颂
公安

总经理　夏偕复

夏偕复、盛恩颐致孙宝琦电

民国十三年三月六日(1924.3.6)

北京。孙会长钧鉴:鄱乐公司现定八日开股东会,从前一切纠纷问题悉已解除。议举傅董为副会长,添设总会计,以傅品圭承任,月送薪夫一千元。担任轻息长期二十万之借款,此为汉冶萍开股东会之先声。伯老已赞同,钧意如何,乞即电复。偕复、恩颐。鱼。

孙宝琦致夏偕复、盛恩颐电

民国十三年三月八日(1924.3.8)

夏、盛经理:会密。鱼电悉。鄱矿开会,并议借款,与公司大有关系,伯老赞同,琦亦同意,即希进行。琦。齐。

夏偕复致吉川函

民国十三年四月二十四日(1924.4.24)

吉川顾问大鉴:

奉展三月二十八日惠翰,关于鄱乐煤矿事,尊意以为照前函计画,比之

日本同类同程度者太觉有利,列举疑点四项,嘱为答复等因。查前述计画及预算系参照制铁所工程师汤浅、濑川两君去年十二月三日之实地调查报告,并证诸历任该矿矿师之预测,大致尚属相近。缘该矿历年设备,已具规模,此时只须简单添置便可实施工作,故汤浅、濑川两君预拟诸费,约定为十万元。本公司以该矿前已见煤,非无希望,不得不作进一步之试探,但恐资金不足,仍有再行支绌之虞,兹故扩展预备之费为二十万两,约合洋二十八万元。此项资金之支配仍暂以十万元作为标准数目,如试探结果确有开采价值,自当积极进行,倘竟无甚把握,此款即可不再动用,以免平添耗费。至每日出煤二百吨之时期,自开工后约历一年有半,亦为汤浅、濑川两君之所预拟,当可办到,并以附复,尚希察览。

再,前托服部顾问代觅富有学验之矿师一人,尚祈催询为荷。敬颂

公祉

夏偕复启

公司董事会致盛恩颐函

民国十四年八月十八日(1925.8.18)

兼代总经理台鉴:

接第四十二号来函,以前代谢蘅牕君担保银行钱庄借款,曾由谢君交来国库券九十五万元作为转保之担保品,现在此券已奉部令销废,商由谢君另以鄱乐煤矿股票六十万元抽换,是否可行,请公决等因。兹于民国十四年八月十五日第十三次董事常会提出,公议:准照总经理所请,即以鄱乐股票调换可也。相应函复,即希查照办理。此颂

台祺

董事会启

公司董事会致盛恩颐函

民国十五年四月二日(1926.4.2)

本会于民国十五年三月三十一日开第三次董事常会,经众公议:本公

司经济状况甚形困难,殊觉穷于挹注,所欠缴鄱乐股款实非一时所能拨付。查鄱乐矿地业已出煤,对外信用自较本公司为优,当此鄱乐另辟新井,需款孔殷,似应将鄱乐划归独立,俾可自由腾挪款项,藉资发展。所有本公司欠缴股款,可由本公司另出存折,交与鄱乐收存,注明利息照外国银行通例,以长年二厘计算,俟本公司经济充裕时,陆续拨还。如此办理,划清界限,各自树立信用,既著措施较易,殊于双方均有裨益。即函请经理转致鄱乐公司董事会查照办理,并请由傅会长另觅相当地点,移设总事务所云云。相应备函布达,即希查照办理。此颂

均祺

董事会启

公司董事会致盛恩颐、潘灏芬函

民国十七年十月三十日(1928.10.30)

总、副经理均鉴:

接第九号来函,以鄱乐公司请拨还存款,拟将前代谢蘅牕君担保欠款本息全数划归鄱乐作用,可否,请议复等因。兹于民国十七年十月二十七日第六次临时会提出,公议:本公司对于鄱乐公司投资既巨,自应竭力维持;惟本公司筹现为难,经理所请以从前代谢蘅牕君担保之款全数划归鄱乐公司,作为本公司拨付鄱乐存款之一部分,系为双方兼顾起见,应准照行。惟谢君如何筹还鄱乐之处,应由总经理先与谢君商定确实办法,报告本会核夺,并由总经理与会计顾问及各方面妥为接洽办理云云。查此案重在谢君债款移拨于鄱乐公司必须确有着落,俾可救济,免成画饼。会计顾问方面亦宜先行接洽筹商,日后方生效力,不至碍阻。相应函复,即希执事详慎应付,随时报告本会核夺,是为至要。此颂

均绥

董事会启

汉冶萍公司代鄱乐公司用款总结单
民国十七年(1928)

民国八年份　洋七十七万七千一百九十九元八角九分。

民国九年份　洋三十万六千七百九十六元七角二分。

民国十年份　洋二十一万二千零三十五元八角。

民国十一年份　洋十六万三千三百零一元九角六分。

民国十二年份　洋九万二千八百六十一元八角。

民国十三年份　洋十六万一千一百三十元零八分。

民国十四年份　洋三十一万二千四百七十六元九角六分。

民国十五年份　洋四万一千七百八十元一角六分。

民国十六年份　洋四万五千六百十九元九角八分。

共计付洋二百十一万三千二百零三元三角五分。

鄱乐煤矿公司致汉冶萍公司函
民国二十三年二月二十日(1934.2.20)

径启者:

　　查敝公司迭以经济窘迫,损失不赀,函面恳请贵公司拨付存款,乃迄未荷惠拨,致敝矿现状不克维持,且豫成索欠无从应付,因受不利判决,执行封矿,凡此危迫均已刻不容缓,近复引起地方觊觎份子藉词工人生计或债权关系,群谋攘夺。询属山穷水尽之际,迫不得已,经敝董事会向实业部请求援助,幸蒙部长俯准所请,但依法定手续,必须有相当担保品。经一再商洽,准以本公司股票票面一百万元呈存实业部,为借款之担保品。本日敝董事会特召集紧急临时会议,当经议决两案,内开:(一)向实业部请求借款以资救济案,议决:本件前经本会呈请并已由谢常董请求实业部,经过接洽,大要就绪,现又奉到蒋委员长批令,亦认为应行救济,并蒙函请实业部妥为设法等因,自应从速进行。兹授权谢常董,准以本公司股票一百万元向部请求抵借银元五十万元,其余条件及签订契约由谢常董负责迅速办理。(二)前项作担保之本公司股票,拟向汉冶萍公司借用案,议决:查本公司所以至于今日之窘迫,实由于汉冶萍公司不付存款所致,但汉冶萍公司所以如此,亦由于经济不裕之故,自亦实情。然现款固有事实困难,今则只须股票,当可借用;且是项存款本系股款移存,则以借用股票暂代提取存款,于法于理两均允洽。应即由本会沥述现况,函请汉冶萍公司即日召集董事会,允予借用本公司股票一百万元,并请即日交由本会代表谢常董持送实业部,立约抵借。又,将来部发收据,亦仍可交汉冶萍收存(去函稿当场拟就,公阅通过)。至此项去函及借用股票之收据,除用本会名义并盖本会印章外,均授权谢常董代表签印各等语在录。除即交谢常务董事遵议执行外,相应函请贵会俯念敝矿为难实情,允予借给本公司股票一百万元,当由敝常务董事以本会名义掣奉收据为凭,并可俟呈部后,将实业部收据交存贵公司,以完手续,此实万不得已之最后救济办法。倘或贵公司对于上项办法及借用股票不予照准,则请贵公司即将敝公司存款项下拨付五十万元,以应急需,否则敝矿因经济关系无法维持,以致矿权被夺,一切损失均应由贵公司完全担负。专肃驰恳。祗颂

汉冶萍煤铁厂矿股份有限公司傅副会长、董事会、盛总经理公祉

鄱乐煤矿股份有限公司董事会　　　谢天锡
右议决授权代表常务董事

公司董事会致盛恩颐函

民国二十三年三月二日(1934.3.2)

总经理台鉴:

　　接第一号来函,以借给鄱乐股票与该公司核与理法不背,并拟订保障办法请核示等因,兹于民国二十三年三月一日第五次董事常会提出,公议:鄱乐公司商借本公司所执鄱乐股票票面一百万元,抵押借款,既据总经理核复,以鄱乐有存储股款关系,借给鄱乐股票,于法无所抵触。查鄱乐困难已极,本公司与有休戚之谊,自应扶助救济,事属可行,即请总经理照办云云。相应函达,请烦查照办理为荷。专此,顺颂

台绥

董事会启

鄱乐煤矿公司致汉冶萍公司函

民国二十三年十月八日(1934.10.8)

径启者:

案查本公司存在贵公司往来户款,兹经结算本年六月底止,本息共达银元三百六十八万九千零七十八元四角九分之巨,其息系照前贵董事会议案年息四厘,且尚只按每年除支残额,年末单息计算,附奉揭单,至希台核登册为荷。是项存款为敝矿唯一基金,近数年来因贵公司之挪付,致敝矿于困窘,工程采运诸室进行,历年迭次函面请拨,均未获命。款既分文不拨,函亦片纸无复,视同秦越,殊深遗憾。现在敝矿以迭遭匪劫,无款回复,及两次水淹,损失不赀,而井工失修,危险尤属万状,亟需巨款整理修葺,若再延稽,后不堪想。加以豫成债务诉讼失利,业经执行封矿勒追,损害尤巨,以及其他各债均非速予付偿,无可了结。且如贵公司早付存款,则敝公司何致负债至百五十余万。兼之既有巨额存款债权,以此为的,索迫尤烈,依法且不能破产,故凡债欠之迫,绝对无法应付,实皆出于贵公司所赐也。迫不得已,为此再行函达,即希查照,务恳顾念往谊,熟筹利害,惠将是项存款本息迅予备足,即日如数拨付,以济燃眉而解倒悬。否则,敝矿因无款所致一切损害,均当由贵公司担负完全责任,法例事理无可逭也。各股东亦皆有函,以此损害赔偿相责问,幸注意焉。诸祈亮鉴,鹄候复玉。此致。

顺颂

汉冶萍煤铁厂矿股份有限公司诸位董事先生、董事会长傅、总经理盛公祉

鄱乐煤矿股份有限公司

右法定代理人常务董事　谢天锡

公司董事会致盛恩颐、赵兴昌函

民国二十四年一月十八日(1935.1.18)

总经理、襄理均鉴:

接第七号来函,以奉函准予鄱乐公司商借本公司所执鄱乐股票一百万

元,遵即照办,陈请鉴核等因。经于民国二十四年一月十五日第一次董事常会提经公议,金以此项股票于借给鄱乐公司时,系据该公司声称向实业部抵押借款,现查该公司此项借款既未成立,为慎重本公司资产计,应请总经理、襄理迅将原股票即日收回云云。相应录案函达,即希查照办理为荷。
顺颂
均祺

董事会启

盛恩颐致公司董事会函

民国二十四年六月七日(1935.6.7)

董事会公鉴:

叠奉发交鄱乐煤矿公司来函,为将所存本公司款项按年息四厘结算,至本年五月底止,共计本息三百八十四万七千六百七十九元四分,要求即予如数拨付,否则亦当有结束解决办法,仍候函复等由一件,附结算表一纸。

查该项存款确为事实,惟存息依照十五年三月三十一日贵会议案,则系年息二厘,然未有与该公司协定之文件,而本公司帐上历年俱未加计息金,故只有本金记载数额,与来表本金栏所结尚属相符。又鄱乐公司来函所述,该公司节次来函索付,本公司均未置答,并近年该公司迭遭匪劫、水火等灾,损失不赀等情,稽诸卷牍,委属实在。又谓因本公司不付存款,以致该公司负债累累,耗息尤巨,以及防卫乏力,井工失修,债权迫索,筹资困难,目下情势益急,需款孔殷,故请本公司速将存款本息各数拨付云云。虽拨付存款在该公司或系必要,然以本公司现在情形而论,则又事实难成。经理管见以为若长此以往,久稽莫决,双方交受其害。本公司与该公司初谊颇厚,即使一时未必发生重大纠纷,但该公司负债既巨,营业无款,自难发展,则因债权之迫索,发生讼事,势或当然,上年豫成封矿即其一例。倘诉讼蔓延,驯至破产,清算辗转,影响或且牵及本公司,似亦难保其必无。按本公司当初投资鄱乐,系因其时主扩大计划利在用煤冶炼。今时势变迁,昔日设计既不能实施,即在本公司业务上已无经营鄱乐煤矿之必要,且该公司历蒙巨损,其资本折阅不少,则该公司之股份已成为无甚价值之证券资产,而原来合作目的殊已不复存在。兼之本公司前与订立之无限垫款专买合同,本系取得权利者,或将反归履行义务之累。经理考虑再四,为解除永久纠纷计,拟请即予处分本公司持有之鄱乐股份,以其变价所得拨还是项存款本息,用资了结。盖与其永负日益增加之数百万,给付是项存款,现照二厘年利结算,至本年五月底止,计本息二百六十七万九千四百十七元九角七分。如再延迟,即每年须加五六万元,伊于胡底,并担负无限垫款之契约义务,而仅持有此数年来并不生利之股票,固不如早为解决,处分股票,拨付存款,取消契约,以免损失加增之为愈也。

又查该公司常董谢蘅牕君前于十年份起,曾借欠本公司代为保付银行欠款规银,合银元三十四万四千余元,并历年代支欠息,结至本年五月底,共欠本息银元一百六十一万二千五百四十八元一角八分,亦因是项存款不能拨付之故,未能索偿。如此次解决存款,拟即要求先予扣拨,则余欠存款本息(照年息二厘算)不过一百零六万九千余元,如该公司股份面额四百万元能于三折左右计算出售,约可售得拨还存款本息余额之数。惟该公司现状不佳,巨额股份以受主恐不易得,拟即托该公司代为招受,并拟声明先扣还蘅记欠款本息及代觅股份受主出售股份为拨付存款之时间及条件。如此庶可一方收欠,一方付存,多年宿案藉资解决。至存息是否即照本公司议定二厘计算,及蘅记欠息是否照银行拆息逐月滚计,则须俟奉议准后与该公司协议,方能确定也。合附声明。

右拟处分股份收回欠款以解决鄱乐存款办法,理合检同鄱乐公司最后来函及结算表,签陈钧察。是否有当,即乞贵会核议示遵。专颂
公祺

总经理

盛恩颐致公司董事会函

民国二十四年六月二十日(1935.6.20)

董事会公鉴:

敬陈者,前因鄱乐公司函请拨付存款本息,当经拟具解决办法,连同原

函并附表件陈请贵会核示。嗣奉贵会第九号函开,兹于民国二十四年六月八日第六次董事临时会提出,经众公议:本会对于总经理函中所言之原则可表同意,惟为慎重起见,未列席之实业部官股董事黄清溪先生及盛蘋臣董事,应请总经理征询其意见,俟全体通过后,再由总经理商同法律专家拟定办法,报会核夺等因。当即遵照贵会指示,备述函开各节,分致黄、盛两董事,征询其意见,旋于本月十五日接准黄董事函开:查酃乐公司索付存款一案,既经董事临时会公议,对于尊处所提意见可表同意,鄙人自亦可表示赞同,惟如全体通过后,仍应请尊处与法律专家研究拟定妥善办法,再行提交董事会核夺,以昭慎重等因。又于本月十九日准盛董事函开:总经理所拟处分酃乐公司股份,收回欠款,以解决酃乐公司存款办法,经六月八日第六次董事会提出,经众公议对于总经理函所言之原则可表同意,并承征询蘋臣,自当附从众议,相应具复表示同意等因。理合抄录原函陈报贵会,谨祈查照为荷。敬颂

公祺

总经理　盛恩颐

徐士浩[①]致汉冶萍公司函

民国二十四年六月二十四日(1935.6.24)

承交下酃乐煤矿有限公司致贵公司催付存款函一件,嘱就法理研究,提出意见。兹将鄙见缕陈如次:

甲、查贵公司所欠酃乐款项,既系存款名义,记在存款帐户,未定限期,则依法酃乐自得随时索偿,而贵公司亦自有随时给付义务,殊鲜拒付理由。

乙、按民法第二百三十一条,债务人迟延者,债权人得请求其赔偿因迟延而生之损害。贵公司对酃乐之债务如给付迟延,则酃乐来函所述因此举债耗息之种种损失如果确有其事,而能举出相当证据,则其要求赔偿殊难谓为毫无理由,虽贵公司不乏辩词,究难免贻彼口实而成为法律问题也。

丙、酃乐来函所称,无限垫款购煤合同,其内容条款敝律师未曾寓目,

---

① 徐士浩(1899—1961):字静安,江苏昆山人。时任上海律师公会律师。

无从论列。惟如确有此约,则贵公司自有履行之义务,而对方因不履行所生之损害,亦均有发生赔偿纠纷之可能。

丁、依照该公司来函,该公司登记注册手续尚未办理,如果属实,则该公司虽有限其名而因未经合法登记,股东责任仍不能视为有限,一旦发生事端,董事对外均须连带负责,甚且可以涉及刑事责任。

据上情形,鄙见认为贵公司对于是项存款及契约,均有速事解决之必要,不宜再延,否则殊虞纠纷。贵公司如能将鄱乐股票折价出售,将售得之款偿还债务,如尚不敷,再以蘅记所欠贵公司之款,用三面协商方法抵拨划帐,同时并将前订垫款购煤合同作废,则双方债权债务皆可藉以消除,而贵公司对于鄱乐公司之义务即可全部解决矣。此致

汉冶萍煤铁矿厂股份有限公司

律师　徐士浩

盛恩颐致公司董事会函

民国二十四年八月二十九日(1935.8.29)

窃查本年五月奉发交鄱乐公司催提存款来函,情词迫切,当由经理缕陈管见,陈请贵会核议。旋奉函示,对于所陈原则可表同意,惟应由总经理征询未列席之官股黄董事及盛蘋臣董事之意见,俟全体通过后再由总经理商同法律专家拟定办法,报会核夺等因。遵即分函征询黄、盛两董事意见,先后接准函复同意,乃将全案原委就商于公司法律顾问徐士浩律师,请其详为研究。旋据徐顾问律师依法拟具意见书见复,历经录陈贵会核示。嗣奉函示,此事既据徐顾问律师意见有解决之必要,且于法律无所障碍,应即解决,惟其存款利息应照本会民国十五年间议定原案,以年息二厘结算,准即速觅受主,一俟该股份买卖成交,即行清偿存款,同时协商将前订购煤垫款合同一并取消。至谢蘅记欠公司一款之本息,应于此时一并偿清,不得再行拖欠。即请总经理再与法律专家详加研究,妥为办理等因。指示周详,莫名钦佩。谨译此案既有股份上权利义务之关系,又有彼此债权债务之纠纷,遵即约同法律顾问徐士浩律师、童诗闻会计师依据法规详加研究,仍按照贵会指示各节,酌拟办法,然后与鄱乐公司常务董事谢天锡君接洽

就绪,均不出贵会指示范围之外,乃先进行于出售股份。

查本公司所有鄱乐公司股份,原为票面四百万元,计四千股,内除送陈前督办三十四股,计票面三万四千元外,实存三千九百六十六股,票面三百九十六万六千元。惟鄱乐公司历蒙巨损,其资本折阅不少,其股份在市面上已无甚价值,加之商业凋残,巨额投资更难其人,爰商由双方招致受主。旋由谢天锡君觅得承受人张啸林、姚慕莲、袁履登三君,股份价值几经磋商,以二. 四六折率定议。计张君承受一千五百股,票面一百五十万元,折率二. 四六,合实银三十六万九千元;姚君承受一千三百六十六股,票面一百三十六万六千元,折率二. 四六,合实银三十三万六千零三十六元;袁君承受一千一百股,票面一百十万元,折率二. 四六,合实银二十七万零六百元。共计实银九十七万五千六百三十六元,约定于七月二十七日在谢天锡君宅成交,并清算了结存欠各款,及依法完成一切手续。届期经理偕赵襄理携带股票文件,约同徐律师、童会计师前赴谢宅,谢天锡君与张、姚、袁三承受人均在座,先行交割股票,收清售款,即由本公司函致鄱乐公司依法过户讫,随将民国八年四月十七日本公司与鄱乐公司所订正式合股议约全文并附载之购煤垫款契约全文一并涂销,有徐律师、童会计师在场见证。股票既已出让,契约既已涂销,本公司之鄱乐公司股东资格不复存在,前此本公司代表被选为鄱乐公司之董事、监察人,其资格亦因之消失,即由原当选之董事、监察函致鄱乐公司辞去董监各职,解除责任。查本公司前与合股时,鄱乐公司曾交存本公司鄱阳、乐平地契一百五十八张,探矿照四纸,采矿照三纸,亦于当日检出交还谢天锡君照收。又由双方会函市商会,声明双方契约解除,请将订约时抄送该会备案之契约全份注销,已准市商会函复在案。此当日交割股票、涂销原订合股契约及垫款购煤契约之详细情形也。

查本公司存入鄱乐公司总额为四百万元,除该公司历年支取及提货外,尚存本银一百八十四万五千三百五十八元四角四分,若照该公司来函,以年息四厘,半年一结计算,则有存息银二百万零二千三百二十元零六角,本息共计银三百八十四万七千六百七十九元零四分。经理遵照十五年贵会议案,以年息二厘计算,与谢君磋商,久乃照允,计息银八十一万九千五百九十二元四角七分,本息共计银二百六十六万四千九百五十元九角一分,此为本公司对于鄱乐公司之债务。鄱乐公司有欠本公司为薷记代还押款及历年利息一款,本息共计银一百六十八万八千四百九十八元一角六分,此为本公司对于鄱乐公司之债权。当议本公司代该公司还薷记押款本息全数,即在本公司存入该公司之款本息总数内扣还,尚结欠该公司九十七万六千四百五十二元七角五分,即以此次收入股票售价全数银九十七万五千六百三十六元拨偿,尚不足尾数八百十六元七角,当即找清,由谢天锡君出具正式收据,载明抵还收现各款细数,收据上并有童会计师签名为证。所有债务、债权一并了清,毫无拖欠。此当日清算了结存欠各款之详细情形也。

　　经理迭奉贵会指示,承办处分本公司所有鄱乐公司股份,并与该公司协商解除契约、了清存欠各款,所有方法未敢逾越指示范围,现在办理完竣,理合将详细经过情形陈报贵会备案。

（十三）聚庆源公司

刘庆恩致夏偕复函

民国七年五月十九日(1918.5.19)

棣三先生亮鉴:

　　日前大姊莅汉,畅谈甚快。乃荷偕游冶矿,俾扩眼界,尤增感幸。别后正深苏系,昨奉赐电,藉悉台从安抵沪滨,至以为慰。承询聚庆源厂招股章程一节,查创办伊始,弟本刊有简章,以招股本,兹检一张奉阅。嗣因契友多人,或谓无须如此,可由我侪合资办理,是以草章未用,拟俟股东开会之日,应如何拟订永远章程,再当公议决定,以资遵守。用以实告,即希垂察是幸。专复。祇颂

筹祺

愚弟刘庆恩拜启

[附件] 聚庆源机器制造股份有限公司招股简章

一、本公司以制售普通用最新机器物品,并承造官商各厂所需机器为营业之目的。

一、本公司机器厂拟择购武汉适宜地址建设,定名曰"聚庆源机器制造股份有限公司"。

一、本公司所置一切机器,应有尽有,式样俱新,功用极优,系由美国名厂以廉价购运来华,减轻基本。

一、本公司为股份有限营业,由经理人担负完全责任,并禀农商部注册立案。

一、本公司股本以集通用银币二十万元为限,由创办人共出十万元,添招十万元,足数为止。此全数二十万元中,以先交之十五万元为优先股,后交之五万元为普通股。

一、本公司股本分为整零两种,整股每张一百元,零股每张壹拾元,均交汉口中国银行,于交银之次日起息,并掣给收据,俟开股东大会后换给股票股折。

一、本公司官利长年六厘。

一、本公司盈余按十分匀计,以二分摊给优先股特别红利,以五分摊给众股红利(优先股、普通股并括在内),以一分提存公积金,以二分作诸执事暨工人酬劳金。

一、本公司营业情形帐略按年结清,报告各股东查核。

一、本公司详细章程俟开股东大会规定,以资遵守。

创办人　　沈凤铭　何锡蕃　刘锡广　卢金山　王占元

蒋延梓　方先亮　朱廷燦　任成章　刘人祥

刘述基　刘存仁　李维城　刘庆恩　敖廷铨

洪　中　韩秉谦　刘日典　刘述员　刘述泉

洪宪元年一月　日

公司董事会致夏偕复、盛恩颐函

民国七年六月六日(1918.6.6)

总、副经理均鉴:

前接七年五月二十二日第四十七号来函,请入湖北聚庆源机器制造有限公司股份一万元一案,兹于七年六月一日提出,公议:赞成附股。相应录案奉览,即希查照为荷。此颂

日祉

董事会启

刘庆恩致夏偕复函

民国七年七月十七日(1918.7.17)

棣三先生大鉴:

接颂台函,敬悉一是。聚庆源机器厂入股事,承以贵公司名义附股一万元,足征吾公提倡工业具有热诚,曷胜感佩。昨由吴任之兄将股款如数送到,当经照收,填给收据,托其转致矣。专此奉复。敬颂

台绥

弟刘庆恩拜启

吴健致夏偕复、盛恩颐函

民国十年二月二十一日(1921.2.21)

经理钧鉴:

接奉钧函,以汉口聚庆源公司本月二十日假武昌抱冰堂开股东会,令健代表公司到会,一切情形详报等因。本应遵令躬亲代表赴会,第以全国急赈募捐,汉阳方面公推健为领袖,亦定于是日假汉阳商会为第一次公集筹议进行劝募办法,健必须到会,未克分身,当委托许志澄君代赴抱冰堂与会。据许君返报大要情形如下:

一、股本共三十万元,刘庆恩君自股十五万元,各外股十五万元。

一、各股计共五十二户,到会者仅十五户,均代表。

一、据刘庆恩君报称:地基房屋合洋六万五千元,烟囱合洋五千五百元,机器等合洋十七万九千一百十四元,库房存料合洋三万六千五百二十六元,公司存货合洋五万四千九百十七元,共洋三十四万一千一百零七元,除开支洋约一万一千余元,约净利洋三万元。

又据刘君言:本公司如继续进行,伊现抱病,当辞职,应请各股东举人接替,并添入股本。如停闭,则当变卖一切。但今日股东未到齐,恐未能解决。容当具意见书并详细帐略,分寄各股东核阅,以凭公决云云。相应据情转报,仰乞鉴察为幸。专肃。敬颂

崇安

厂长 吴健谨肃

(十四) 汉昌炭铁公司

吴健致夏偕复、盛恩颐函

民国七年四月十三日(1918.4.13)

总、副经理钧鉴:

刻奉教言,垂询造锅一节。窃以中国冶铸食锅之事,非所素习,不敢臆度,既蒙下问,谨就管见所及,条对于后:

一、焦炼与炭炼,其性质是否有殊? 按古时炼铁,惟炭是赖。焦炭固有纯者,而于磷硫二质,终不及木炭之纯,故欲求质纯之铁,则以炭炼为多。然焦炼、炭炼系就燃料而言,犹不能定铁之质纯与否。盖于燃料而外,又须视矿石之质地纯洁,是为要点。且制铁之风有冷有热,若炭炉所用大抵具系冷风,然亦间有用热风者,用冷风则所出之铁成为冷铁,冷铁即白铁也,从而为熟铁及器械钢之原料,甚属合宜。总言之,炭炼钢其矽硫质较少于焦炼耳。此炭炼与焦炼区别之大略也。

二、炭炼之铁,是否仅能作锅镬之用,能否制他项货品? 按炭炼钢之作

用,可以为熟铁及器械之原料,已如上所述矣。兹再以热风制成者言之,并可以供翻砂品之用,但不合算,姑不细论。此炭炼冷风热风皆有合用之处之大略也。

三、冶矿堆置含铜矿砂及遗弃之碎砂是否合土炉炭炼之用?按土炉所用之矿本欲求其碎,即有大块者,亦必锤之使碎,方能冶炼,今欲合制锅之用者,当视所含之质地如何,块之大小,可不具论。兹以土炉与洋炉出铁之成分比较之,则土炉所冶出者,仅及洋炉一半。汉阳所产之铁,因磷质太少,即以翻制寻常细件之物,如花色栏杆等,尚且不适于用,若移而造锅镬,恐更难于奏功矣。然则内地之铁何以宜于造锅之用,殊不知若种铁类,其所含之磷锰二质甚富,磷锰二质既富,则铁之热度纵减,尚不致瞬尔凝结,故其为造锅也咸能适用;假使易于凝结,必不能四溢而成全锅,非特厚薄之不得其匀也。无已阳新锰矿试之或可得法,但其所含磷质,仍恐有不足之虑。此碎砂应用与否及陈述功用得失之大略也。

所有承询之处,理合具函条答,敬候钧裁。肃此奉复。并叩
大安

厂长　吴健谨启

夏偕复、盛恩颐致季厚堃函
民国七年五月九日(1918.5.9)

径复者:

接二十二号函送汉昌公司增加辅本合同附件三份,请签字等情。查合同第二、第三矿额及矿之大小两条,应即删去,余尚妥协。兹将该件附还,即希转致沈君查照另缮,再寄下签字可也。此复
大冶铁矿季矿长

总、副经理

[附件]　合办汉昌公司合同附件①

（汉冶萍公司下称公司，亦昌下称亦昌，汉昌公司下称汉昌）

一、矿价　矿苗送到胜洋港汉昌堆存地点交货，每吨价洋三元正。

一、资本　原定正本五千元，今再添辅本三千元，由公司担任庄款二千元，亦昌担任庄款一千元，庄款拆息由汉昌营业内担任。

一、司帐　公司自派冶矿收支为汉昌收支外，另由冶矿就近添派司帐一员，兼办帐册，月薪由公司开支，汉昌不另给薪。

一、运费　汉昌土炉出货，由公司矿驳带运至汉，由公司汉平等轮船带运至沪，其运费照公司成例作九折算，关税由汉昌自认。

一、地租　公司借与汉昌应需地亩，年定租金一百五十元，限每年年底一次清缴。

一、此附件一式三纸，各执一纸为凭。

汉冶萍公司　夏偕复（印）

亦昌　沈和甫（印）

中华民国八年　月　日

合办汉昌炭铁公司合同

民国七年八月十三日（1918.8.13）

汉冶萍公司今与沈亦昌锅厂，合资在大冶地方设厂，购用冶矿矿砂炭炼板铁，为制锅原料，兹由双方协议条件，订具合同，以昭信守。

一、本公司定名为汉昌炭铁公司。

二、本公司系合资公司，汉冶萍公司居六股，沈亦昌锅厂厂主沈和甫居四股，共计十股。自开办之后，非经双方同意，不得单独解约。

三、本公司资本金，暂定为银圆五千元，流动金需用时，再行照股酌添，惟须双方先行协议。

---

① 原件注：本附件已按公司总、副经理意见修正。

四、本公司所需矿砂、白石,由汉冶萍大冶矿山供给,砂价照本结算。

五、本公司炼铁专用土炉炭炼,以为制锅原料,先设两炉试炼。

六、本公司开办炼铁各事,议归沈和甫担任经理,汉冶萍公司派司帐一员,综核银钱出纳。至销售,由汉冶萍公司代理。

七、本公司为维持实业起见,所有沈亦昌锅厂需用之板铁,议定照成本加息一分计算,每年所需吨数,只以足敷沈亦昌锅厂自用制锅之需为限,不得于自用锅铁外,另为他人包买。

八、本公司仿照西洋公司规则,不计官息,年终核有盈余,次年正月照派余利。

九、本公司办事细则另定之。

十、本公司合同一式两纸,汉冶萍公司与沈和甫各执一纸。

十一、如有未尽事宜,得由双方协议再订。

汉冶萍公司总经理　夏偕复
沈亦昌锅厂　沈和甫

中华民国七年八月十三日

季厚堃致夏偕复、盛恩颐函

民国七年九月三十日(1918.9.30)

总、副经理钧鉴:

日前由沈和甫面交本年八月十三日谕函,并汉昌公司合同一件,敬悉。当与沈君商酌一切,厚堃意见,先定炉基地点,再筹化炼。现经沈君择定本矿租与水泥厂之余地,约十五亩零,与本矿码头起卸,均属无碍,惟汉昌公司另是一业,应否酌收租金,并沈君照合同第九则,拟具办事细则七条,缮呈钧座,均乞察核,示复遵行。专肃。恭叩
崇安

季厚堃谨启

[附件]　汉昌公司办事规则

第一则　本公司设总理一员,经理一员,司帐一员,办事员若干人。总

理不常驻厂,厂务由经理商承总理驻厂办理。

第二则　本公司收发货款以及银洋出入,均须总理或经理签字为凭。

第三则　总理、经理以下薪金,均按月三十号发给,平时不得浮支预借。

第四则　本公司立四柱清单,逐月报告总理,年终造成年总一册,报告股东。

第五则　总理—经理—职员:工务一人(暂不设,由庶务兼),会计一人,收发货料一人(学生二人),书记一人,采办一人,庶务一人。

一、会计责任:

甲、管理各项帐目以及进出银洋,保存折据、凭单等件。

乙、制造年月报册,呈总理、经理查核。

丙、核对帐目,发给领款。

丁、流水各帐均须一日一清,不得耽误。

戊、各处支款均由总理或经理签字,方照付给。

一、采办责任:

甲、派往各埠收办白炭以及报关运送等事,其价目及担位须预先商承经理照办。

乙、炭价及上下川资运力,开单由经理签字,向会计处支付。

一、收发货料责任(附学生):

甲、管收矿料、白炭进出过磅,须记明数目,不得忽略。

乙、管收所出生铁以及出运等事。

丙、每日须造表,报告用矿及炭若干,出铁若干,送呈经理,以便核算。

丁、附添学生两人,由该员管束,帮同过磅、发筹等事。

一、庶务责任:

甲、管理一切杂务及购办本公司应用物件。

乙、公司零用款项由庶务预领银钱,按旬结清一次,报告会计转帐。惟预领款项不得过三十元,领单须由经理签字,方可照付,然必须一旬一清,不得过延。

丙、凡购物须取切实发票储存,以便查对。

一、工务责任(暂不设,由庶务兼):

甲、监督各工认真办事,按日照工记帐,不得错误。

乙、工人本月工资,归出月五号发给,所有工帐支条,须在五号以前造就,交会计核复。共计工资若干,具字领出,按名发给,不得朦混,若有差误,归该员认赔。

丙、凡在公司工作匠人,不到班者,不得记工。

一、书记责任:

甲、专司来往信札,保存紧要函稿、证据。

第六则　分红、花红终年结算,综计一年得利若干,分十四成,以十成归股东,一成酬总理,半成酬经理,一成公积,余一成半酬同人,按薪水大小摊派。

第七则　本规则自开办之日实行,所有未尽善者,得随时删改之。

夏偕复、盛恩颐致季厚堃函

民国七年十月三日(1918.10.3)

冠山矿长鉴:

接七十一号来函并汉昌公司办事规则七条,具已聆悉。炉基地点,沈君择定本矿租与水泥厂之余地约十五亩零,既与本矿码头起卸无碍,准即租给。惟汉昌另是一业,自应酌收租金。所拟办事规则,尚属可行,应先作为试办。此复。即颂

台祉

总、副经理

季厚堃致夏偕复、盛恩颐函

民国八年十月九日(1919.10.9)

总、副经理钧鉴:

汉昌公司前沈亦昌冶坊与公司合办土炉化铁,正本辅本共集八千元,

以为建筑及周转费用,历奉饬知在案。前月该炉告成,试炼三日,不能出铁,遂即停止,用款已达八千元以外,推原其故,皆因创始不得其人,而造炉工匠由湖南招来,又不内行,致无结果。前日该公司经理沈和甫君派代表陈焕如君来冶调查一切,真相已经明晰。陈君向业江浙冶坊生意,于土法化铁颇有经验,闻回沪后,拟筹继续进行方法,想沈君当来接洽。知关垂厪,理合具函陈报。专肃。恭叩

钧安

季厚堃谨启

夏偕复、盛恩颐致季厚堃函
民国八年十月十五日(1919.10.15)

径启者:

接七十一号来函,具悉。本公司前与汉昌合办土铁,固出亦昌之请求,亦欲为冶铁另辟销场,以应需要。初不料着手之,即遭失败也。已与沈和甫君商明,解除合同,即行停办,所有正本辅本,实用若干,查算明确,分我六彼四分认,并将余存木炭变价分抵,土炉保存,不必拆毁。即希查照办理,仍望将结束情形,分认损失数目,具报备查,此致

冶矿季矿长

总、副经理

(十五)仙居铁矿

季厚堃致夏偕复、盛恩颐函
民国七年六月十一日(1918.6.11)

总、副经理钧鉴:

昨奉谕函,并抄城门山矿契底一册、护照一件,均已领悉。近闻该山树木因购买之后十余年无人过问,均被樵采,界址亦亟须清理。厚堃拟日内带同侯君等赴浔先行清查,再令测绘,并亲谒德化县知事,请查旧案,出示

保护,拟就该地绅士,择一二可靠之人,每年酌送津贴若干,请县发给谕帖,托其照管,以免日久侵占纠葛。蔡工程师前次测勘矿量报告及草图,又汉厂新近分化该山矿质单各一纸寄呈,伏乞察核是幸。专肃。恭叩

钧安

季厚堃谨启

[附件]　九江城门铁矿报告书

城门在九江之东北,计程约五十里。自九江乘南浔火车三十里达沙河车站,由沙河旱道二十里即进城门。九江抵城门须超四句钟之谱。

城门一带山峰层叠,山际多成流域,因昔地质时代经水蚀之作用,故成此种流域,近代流域极洼处已在湖形。城门地质之构造与大冶之矿山相敷,大料此矿来脉与大冶之铁矿相承,此地带有火成石,有石灰石,有水成石各种,矿质为红色。铁成于火成石之旁,他种矿质甚微,而硫磺体矿质尤为绝少。矿床之来,原证著者所见,概由地中喷出,据表面之露头而论,矿砂颇佳,又似与大冶之矿稍逊,将来开至底处或能与冶矿相媲亦未可知。著者携带矿砂数式,随付汉阳铁厂处化炼,俟炼后何如,再行续报。考求矿面情状,测量露头阔直,料此处矿砂不下两千万吨,如能设法复加试探,则他日之预算更为确焉。

转运矿办矿关系甚大,此矿离扬子江约二十里地,相距之中有湖一面,矿砂转运当从此湖经过,所幸者湖不甚深,亦可建筑铁道,不过工程稍大,筑费亦较冶矿略巨耳。

报告书外附草图一纸,注明汉冶萍矿区状况,此况之四围一面绕水,余三面均被江西实业司矿区所环,视此形势,日后开办不无阻碍之虞,则又在酌画之问题上也。

蔡翔谨上

ANALYSIS OF IRON ORE(九江城门山)

	Fe	SiO$_2$	Mn	S	P
铁门坎	61.77	7.62	0.21	0.056	0.050

续表

	Fe	SiO$_2$	Mn	S	P
铁门坎	60.11	9.99	0.24	0.060	0.054
窑坡山	46.98	15.04	0.37	0.051	0.046
窑坡山	33.90	49.52	0.31	0.059	0.050
油纸山	64.69	3.04	0.24	0.082	0.148
油纸山	60.53	3.96	0.21	0.096	0.156
烧火山	54.70	20.31	0.18	0.044	0.050
烧火山	40.14	41.36	0.21	0.052	0.054
金鸡山	61.98	5.20	0.37	0.052	0.060

Hangyang 24th May, 1918 Laboratory Department

夏偕复、盛恩颐致公司董事会函

民国七年七月四日(1918.7.4)

董事会公鉴:

前据冶矿季矿长函称:奉孙会长电饬,派员赴九江城门山查勘矿量,业派蔡翔往勘,并将报告、草图寄京,兹拟再派侯德均前往测绘,亲身同往调查,请将该矿山圈购年月及户名查抄见示等语。当向广仁堂借来该矿契底册照抄,并在松沪护军使公署请领旅行护照一并寄冶去后,兹据复称,六月十七日赴城门山调查,于二十四日回冶,查城门山距九江县城五十里,抵浔后即赴该处,当时购山绅董四人,现仅存黄绅儒芬号锦轩一人,据云,光绪三十二年汪岂孙君圈购后,虽派农人赵姓看山,其人早故,该山每年树木出息被土棍谭德和占为己有,并乡民偷矿以作石料等语。李烈钧督赣,四周购买,幸原立界石至今尚在。黄绅只知盛前会长所购,告以现售广仁善堂,并托其切实照料,渠亦允许。该山每年采薪出息约二三十千文,拟即托另雇妥人看山,除给辛工外,即作黄绅照料公费。黄姓世代科第,前清出仕甚众,以后须请广仁堂每年通信,以示联络而恳照应。此城门矿山方面之情形也。抵浔适道尹傅君丁忧,汪知事代理道尹接印,次日往晤汪君。据云,城门矿山赣政府非常注重,两月前实业厅将李督购山全卷吊省,今春省长又派委员到山踏勘,最好请公司赶紧函达省长,申明地主权,以备存案。当告以矿山早拨归广仁堂,前清已过户税契,民国以后呈部有案。此次公司代广仁堂派员来浔测绘,领有松沪护军使护照,所以特来当面呈请饬警照料,以免地方误会。窃思该矿转售广仁堂,虽经报部,赣省尚未备案,现实业厅正在调查。汪知事所云,似与地主权颇有关系,又承抄寄原契,民国似尚未验过,现在验契早经截止,如果未办,尚须补验。所有赴浔调查情形,伏乞酌夺办理等语前来。

查城门山矿产系前清光绪三十三年六月间,汉阳铁厂转售与南洋筹办义振广仁善堂名下管业,契纸均经税印。复于民国三年七月间,派员赴赣投验萍矿契纸时,一并带往验讫,自可勿庸补验。惟季矿长函称各节理合据情转陈贵会。祗颂

公绥

总经理　夏偕复

副经理　盛恩颐

[附件]　盛宣怀致汉阳铁厂函①

径启者:

鄙人前在上海创建广仁善堂,广置基业,为举办各项慈善之用,于光绪三十三年以善士捐款价买九江德化县大城门城方铁矿山地,共计五百五十九亩五厘八毫,向地方官印税过户,领有江西藩台印照八纸,归堂董掌管。当时为慈善事业经费永久起见,拟将该矿铁砂按吨售与汉阳铁厂。嗣于次年即明治四十一年六月,汉冶萍公司因需款造炉向上海正金银行筹借日金,鄙人系该善堂创建之人,商明以该矿山作为借款之担保品,合同第五款声明此矿山系鄙人创办之产业,不拘何时,可以自行开采,因汉厂目下无须该矿铁砂,是以尚未筹款开办。比闻有人拟在该矿采铁,并赴日本雇聘矿师,实行测勘。广仁善堂各董以东方需购铁砂之处在华只汉阳铁厂,在日

---

① 原函未署受文者,此系根据内容判定。

只若松及北海道两厂,深恐未知该矿惟上海广仁善堂得有执业开采之主权,请由鄙人分函布告声明主权所属,将来向该矿购铁之人必须与执有该矿主权者两方协商,方有效果。除分致横滨正金银行暨若松、北海道两制铁所外,特此函达,即希贵厂查照为荷。此颂

日祉

上海广仁善堂创办人盛宣怀启

壬子年十一月二十九日

季厚堃致夏偕复、盛恩颐函

民国七年十月二十三日(1918.10.23)

总、副经理钧鉴:

昨奉钧电,敬悉。城门山矿床说明书已嘱侯德均君拟就,缮具清折寄呈,伏乞垂察为幸。除电复外,肃函。恭叩

钧安

季厚堃谨启

附呈清折一扣

[附件] 九江城门山矿床说明书

为具呈矿床说明书事。

城门山在九江县之西南,距县治约三十里,共有铁矿露头三处,一在大窑坡,一在烧火山,一在金鸡嘴,彼此虽不连接,然距离甚近,其地质结构亦属相同。考其矿床之生成,此三处皆属接触矿床类 Contact Iron Ore Deposit,因此三处皆生于火成岩与灰石岩接触处故也。在大窑坡者长约二千尺,宽约六百尺;在烧火山者长约五百尺,宽约三百尺;在金鸡嘴者长约七百尺,宽约三百尺,矿苗为赤铁矿 Hematite,含铁约百分之五十五分。矿量矿质既如上述,其运道虽由湖中经过,然距扬子江仅长十七里,湖水冬涸,修筑尚易。总其全体计之,城门山铁矿开采当有利益云。须至说明书者。

孙宝琦致盛恩颐函

民国七年十一月一日(1918.11.1)

泽承贤婿执事：

顷接来函，并附请领城门山矿区呈文及图说各件，均经阅悉。查城门山矿请领矿区凭照事，足下及夏地翁均经言明，拟以个人名义具呈请领，鄙人极为赞成，日前又复电达在案。今接阅图呈，仍用公司名义具呈，断难邀部批准。且赣省官绅已来接洽合办手续，此时呈递，亦同具文，应暂搁起。倘必欲先期呈部备案，须将图呈改换用个人名义办理，以免发生枝节。除将原呈及图暂存外，特此函复，请烦查酌办理。专此。即颂
日祺

孙宝琦

仙居铁矿公司呈农商部文

民国七年十二月十九日(1918.12.19)

具呈人：仙居铁矿有限公司。为呈请组织股份有限公司，开采江西九江县仙居乡城门山铁矿恳祈批准事。

窃查江西仙居乡城门山，号称铁质富饶之区，创办人等现组织有限公司定名为仙居铁矿公司，拟请承领该地矿区，从事开采，谨按照大部修正探采铁矿暂行办法及公司条例、矿业条例，草具仙居铁矿有限公司章程二十一条，并备具矿床说明书，呈请大部核定批准施行。再，创办人等筹集股本二百四十万元，现已收足四分之一，并请大部派员查验，以便即时开工。伏维鉴夺。附呈呈文费三十元，并请饬收。谨呈
农商部

附呈公司章程一件、矿床说明书二件、矿区图五纸、呈文费三十元。

具呈人　仙居铁矿有限公司

创办人　孙孟晋　王石耕　李木庵　李伯行

陈迪斋　曾孟遽　夏棣三　臧盈生

夏谨生　吴　矿　饶庸庵　盛泽承

代书人　于凤池

中华民国七年十二月十九日

　　　　　［附件］　仙居铁矿有限公司章程

　　第一条　本公司为开采江西九江县仙居乡城门山铁矿,呈请农商部特准,由商人集资组织有限公司,作为官督商办,定名为仙居铁矿有限公司。按照公司条例及矿业条例探采铁矿暂行办法办理。

　　第二条　本公司暂定股本二百四十万元,分为二千四百股,每股一千元,分四期缴足股本。应俟缴足四分之一时,本公司即行开采。

　　第三条　本公司使用土地,按照矿业条例第五十九条办理。

　　第四条　本公司设董事九人,由股东选任之。

　　第五条　本公司设董事长一人,由董事互选之。

　　第六条　本公司设监察员三人,由股东选任之。

　　第七条　本公司设经理一人,由董事会聘任之。

　　第八条　本公司设总务、会计、营业、技术、运输各课,其课长由董事会任用之。

　　第九条　本公司每会计年度终,由经理缮具次年度之计划书及概算书,经由董事会核定,报告于股东大会。

　　第十条　本公司营业状况及收支情形,由董事会督率经理及各课人员,每月终缮具月报,每年终缮具年报,经监察审查后,报告于股东大会。

　　第十一条　本公司赢利,分作三十成。以三成报效农商部,为提倡实业之用,以二成为公积金,三成为办理地方公益,十八成为股东红利,二成为创办人奖励金,二成为办事人奖励金。

　　第十二条　本公司用记名股票,以本国人为限。

　　第十三条　本公司股票及一切契约,须经董事长或董事三人以上之签字,方生效力。

　　第十四条　本公司股票不能提取股本,股东欲将股票转售时,须由双方盖章连署,将该股票与其转售契交由本公司允许,并经过户手续,始生效力。股票之抵押时亦同。

第十五条　本公司股票有遗失时,得由原股东邀同妥实保人具书签名盖章,报明本公司,一面自费登京沪赣各报声明,逾三个月无人干涉,得换给新股票,每张收费一元。

第十六条　本公司每年阳历三月开股东大会一次,报告上届会计年度及营业情形。

第十七条　本公司有股东议决权三分之二以上之要求,或董事会有特别重大事件之报告,得召集临时股东会。

第十八条　本公司股东议事权,每二十股有一议决权。

第十九条　本公司章程有增改时　须有股东三分之二以上之议决权,经由董事会修改,呈请农商部核准。

第二十条　城门山附近一带如有其他铁矿之发现,得由本公司尽先报领作为扩充之矿区。

第二十一条　本公司章程自农商部批准之日执行。

(查此案于民国八年一月四日,经国务会议通过,六日在京开仙居铁矿公司创立大会,并票举董事、监察人)①

夏偕复致公司董事会函

民国八年一月七日(1919.1.7)

董事会公鉴:

城门山矿事前经抄录呈稿章程专函报告在案,此事已于上星期六即一月四日经国务会议通过,当于一月六日开仙居铁矿公司创立大会,所有我方面票举董事、监察人姓名业以虞电奉呈,计先邀览。

查昨日开会举出董事后,当即商定于十日开董事会议,推举会长,并由慕老当场声明,拟以夏履平君为经理。追席散后复由偕复与各方面接洽,

---

①　原件此处注:抄时查注。

必先将会长拟举何人互商融洽，以便十日开会照举。据饶孟任君云，会长一席，政界原拟举徐树铮君，嗣以徐君声名太大，改拟举王揖唐君为会长。偕复当答以会长一席，非慕老不可。渠云慕老为汉冶萍会长，恐生误会，转多不便，故不如举王为宜。旋由夏谨生君以江西方面宁愿牺牲权利，双方调处，即以会长经理两席由政界与汉冶萍各占其一，慕老所云拟聘夏履平君为经理，当场虽未赞成，然亦无人反对。十日开会似可即举王君为会长，以夏君为经理，免得事尚未办，先起冲突云云。偕复与慕老面商，慕老之意，经理为办事之人，既归汉冶萍选任，可将会长虚名让与王君，而江西方面似亦不可令其脱空。将来仙居公司董事会必设在京，当举办事董事两人，拟以慕老与饶孟任君为驻京办事董事，如此庶可面面圆通，而于我公司权利亦未稍放弃。至工程之事亦经偕复与彼方言明，以杨华燕为技术课课长，仍照原薪月支银四百两。即请泽翁转告杨君预备前赴九江城门山，将矿山应如何开采、铁路应如何修筑，详加测量，切实计划，造具报告预算呈候查核，总以规模远大，至少年采矿砂四十万吨为标准，一俟仙居委任书到，即可成行。杨君虽到仙居公司仍与在汉冶萍无异。汉冶萍或异以顾问名目，如有花红仍照分给，并请转告李建德君一同前往筹办，将来即以李君为技术课课员，以资佐理。除俟十日董事会议如何情形另再报闻外，兹先将举定仙居公司董事监察人名单录奉台览。再，江西股本暂时借资于我，日内当于商拟借款草合同陈候卓夺。专此。敬颂

公绥

夏偕复

[附件] 仙居铁矿公司董事监察人名单

董事九位：

孙孟晋君　李伯行君　盛泽承君　王揖唐君　徐树铮君　曾毓隽君
陈迪斋君　李木庵君　饶庸庵君

监察人三位：

夏棣三君　臧硕秋君　夏谨生君

夏偕复致公司董事会函

民国八年一月十七日(1919.1.17)

董事会公鉴:

　　仙居铁矿公司董事会议决各节,叠经撮要电陈,知已邀鉴。兹再将连日会议情形专函报告,以备查核。

　　查一月十日第一次开会时举定王揖唐为会长,后随提出我处所拟办事简章并经理问题。徐君有贞谓,用人须先定一章程方能议及,当答以可先拟章程,惟章程一时难拟,而所拟办事简章,众谓亦须细商,大众即欲散会。偕复当以余拟十五日出京,慕老又不在此,以后会议不知当在何时,故今日必须将办事董事及经理举定,并须将公司简章通过,以便入手办事。王君揖唐云,若办事董事与经理不用汉冶萍公司之人,岂汉冶萍即不与我合办乎?当答以此话并说不到,余既为汉冶萍公司代表,汉冶萍曾颁有训条,自不能不遵照训条将各事议妥,以尽其责;如实不能议定,惟有报告汉冶萍公司,请汉冶萍当选董事亲自来京再行会议,但因此而生停顿,殊非大众之利云云。嗣由李木斋调停订于十二日再开一会,先于十一日由饶孟任前来疏通,以办事董事不如改为办事员。当告以名目不妨稍改,若不举慕老在公司办事,不用汉冶萍之人为经理,势恐难和。故十二日开会时饶君即照此意提出,遂议定设办事员三人。又提议以夏履平为经理,邓遐龄为副经理,杨华燕、吴矿为工程师,现公司尚未正式开办,均与以筹备员名目先赴矿山筹办一切。并将公司简章讨论修改订为三十八条。因时已晚,复订于十四日再行开会,推定办事之员。旋于十四日开会,重复议决,设总主任办事员一人,推定慕老;又主任办事员二人,推定饶孟任、臧硐秋两君。筹备员夏、邓两君昨亦到会见过,议俟日内农商部批准,即行赴山调查计画。又议定开办经费先集九千元,各出三分之一,计三千元。此外,并议定总公司用度及筹备员川资各数目。又总公司办事细则六条,均经通过。此连日三次会议之大概情形也。

　　兹将仙居公司送到一月六日创立大会议事录一件,又十日、十二日、十四日第一、二、三三次董会议事录三件及公司简章一分、办事规则、总公司用度清单二纸，又致杨筹备员书一封，一并寄请查阅，即祈转嘱杨华燕君从速预备。夏、邓、吴诸君拟由汉赴赣，询问杨华燕君何时可以前往，祈径函知饶君可也。李建德可令与杨君同行，帮助办理。偕复业与仙居言明工程师可自酌带帮助及测量人员也。所需开办费三千元，并请饬知会计所迅即电汇到京，交由本公司驻京事务所王荩生君转给应用，是所盼祷。专此。

顺颂

公绥

附议事录、章程等件，又杨华燕信一封。

夏偕复

[附件一] 董事会议事录

(一)

六号　创立会议决各事件议事录

到会者：孙慕韩君，徐又铮君，王揖唐君，曾云沛君，李木斋君，陈吉斋君，臧硕秋君，夏谨生君，饶敬伯君，夏地山君。公推孙慕韩君为临时主席，报告本公司经过情形，并提议选举董事及监察员。众赞成。开票结果：

徐又铮君　得票三百五十权

王揖唐君　得票三百五十权

孙慕韩君　得票三百四十权

李木斋君　得票三百四十权

曾云沛君　得票三百四十权

陈吉斋君　得票三百二十五权

李伯行君　得票三百二十五权

盛泽臣君　得票三百二十五权

饶敬伯君　得票三百二十五权

以上九君当选为董事。

夏地山君　得票三百三十权

臧碉秋君　得票三百三十权

夏谨生君　得票三百三十权

以上三君当选为监察员。

(二)
十号　第一次董事会议事录

到会者:徐董事又铮,王董事揖唐,李董事木斋,陈董事吉斋,曾董事云沛,饶董事敬伯,夏监察员谨生,臧监察员碉秋,代表董事夏监察员地山。公推李董事木斋为临时主席。

众询问股份总数已否招足。众谓股份已经创办人各认足数。

众询问第一次当缴之股银已否缴足,众谓已缴四分之一。

众询问发起人当受利益是否正当,议决查照公司章程,所定创办人之利益尚属正当。

众提议互选董事会会长,当场选定王董事揖唐为本会会长。

夏代表董事提议总公司地点应设何地,议决设于北京。

众提议本公司是否应规定特别调查经费,议决每月应筹五千元。

众询股本应存何种银行,议决分存各种银行。

夏代表董事谓,鄙人十五号必须出京,如有会议事,从速决定。议决十二号再开董事会议。

(三)
十二号　第二次董事会议事录

到会者:王董事长揖唐,徐董事又铮,李董事木斋,陈董事吉斋,曾董事云沛,饶董事敬伯,夏监察员谨生,臧监察员碉秋,代表董事夏监察员地山。王董事长揖唐主席。

徐董事提出修改本办事简章,请逐条讨论,议决简章三十八条。

李、孙董事推荐夏循坦君为经理,杨华燕君为工程师。

徐董事推荐邓遐龄君为副经理。

曾董事推荐吴矿君为工程师。

众谓公司尚未开办,一切名称未便遽定,一律改为筹备员,先行赴矿山筹备。众赞成。

夏代表董事谓总公司似宜有人办事，以免隔阂。

饶董事谓办事董事查日本先例亦不过公司一种常任事务员而已。总公司若从节省经费起见，又不至侵越董事权限，可设主任事务员一人，副主任事务员二人，办理公司事务，众赞成。

夏代表董事提议草定总公司办事规则，众推饶董事起草。

饶董事提出用人规则，议决加入简章。

审查各董事推荐书，议决先推定筹备员先行筹备。

众议十四号再开董事会议。

（四）

十四号 第三次董事会议事录

王董事会长主席。

饶董事报告夏筹备员、邓筹备员、吴筹备员均已到本会接洽，川资旅费应付多少。议决每员四百元正。

饶董事提出总公司办事细则。

徐董事提出修正正主任事务员改为总主任事务员，副主任事务员删除副字，文牍庶务薪水增给五十元，缮写增给二十元。

李董事提出总公司经常经费。议决总公司每月经常费估计三百五十元，仍按照决算实支实销。

众推孙董事慕韩为总主任事务员，饶董事伯敬与臧监察员砌秋为主任事务员。

众议决推饶董事起草董事会办事细则。

[附件二] 仙居铁矿有限公司简章

第一章 董事及董事会

第一条 本公司设董事九人，由股东选任之；任期三年，任满后若再被选为董事时得继续连任。

第二条 年满二十岁以上而有本公司股份一百股以上之股东得被选

为董事。

第三条　董事会由董事全体组织之,会所设于北京总公司内。

第四条　董事会会长由董事九人中互选之。

第五条　董事会召集如左:1.常会;2.临时会。

第六条　董事会常会每月召集一次,于月之十五日行之,审议营业进行等事项。临时会无定期,由董事三人以上或股东五十人以上具名召集之,审议临时发生重要事件。

第七条　董事会有代表公司及监督公司全部事务之权,但遇有必要得提出股东会议决之。

第八条　董事会按照本公司一切章程及通行法令处理各事,如有违背,对于本公司应负全责;若使本公司有重大之损失时,另由股东召集会议解除其职任。

第九条　董事会非有董事七人以上列席,不得开议;如董事因事不能列席,得委托其他董事或监察人列席。

第十条　董事会以会长为主席;会议事项以列席过半数议决之,可否同数,取决于会长。

第十一条　凡公司经常及特别用款,应由经理将应支数目编制预算书先行提出董事会议决,并经监察人审定后,始得照数动支。

第十二条　每届董事会议应将议决事项编制议事录。

第二章　监察人

第十三条　监察人三人,由股东选任之;任期三年,任满复如再被选,仍得连任。

第十四条　年满二十五岁以上而有本公司股份五十股以上之股东,得被选为监察员。

第十五条　监察人有监视公司一切营业财务之权,并得列席董事会发表意见,但无表决之权。

第十六条　监察人无论何时得请求董事会报告公司业务情形,调阅公司簿册信件、财产收据及董事会、股东会议事录。

第十七条　监察人核复董事会所具各项簿册，如有不符，得提出驳正之。

第十八条　监察人认为必须开股东会特别会时，得要求董事会许可，定期召集。

第十九条　本章第八条之规定监察人亦适用之。

第二十条　董事、监察人均不支薪俸，由公司酌送夫马费每月一百元，董事长倍之（未开办之前暂不支给）。

第三章　经理

第二十一条　本公司设经理一人，副经理一人，由董事会聘任之。

第二十二条　经理、副经理受董事会之指挥、监督，督率各课人员管理公司全部事务。

第二十三条　各课课长由董事会任用之，但须受经理、副经理之指挥监督。课长以下人员之进退，由经理、副经理按照简章协商各课长行之，仍随时报告董事会。

第二十四条　凡公司用款，先由经理、副经理按照本章第十一条办法经董事会议决，随时动支，但须经理、副经理、会计课长共同签字方生效力。

第二十五条　经理、副经理对于公司业务认为有扩充工程增加股本及订定大宗□售合同时，须先具意见书及合同草案提交董事会议决，并经监察人审定后施行之。

第二十六条　凡公司营业状况及款目之出入，每届月终应由经理分别列表报告于董事会，每年终由董事会报告于股东大会。

第四章　各课

第二十七条　总务课长一人（暂由副经理兼摄），管理本公司重要文件，订立合同，缮写各种契据帐目清单，接洽各课应办事件。

文牍员一人，管理重要案牍典籍，收发来往函件，编制统计报告，典守图章钤记，记录职员进退，撰辑不属各课之文件。

庶务员一人，管理本公司所有公产公物，办理本公司一切杂项杂务及其他不属各课事务。

采办员一人,管理购置机器、简择材料、制置器皿等事项。

第二十八条　会计课长一人,管理款项之收入支出,营业所存之现金,调拨、综核各课用度,编查统计比较,计理各款之划汇转帐及提存簿记之登载。

收支员一人,管理本公司各项银钱往来,接洽各银行银号事件。

稽核员一人,管理出入帐目综核事项,簿记册报计算书及各种稽查事项,编造预算决算各项表册。

第二十九条　营业课课长一人,管理本公司矿铁矿砂零售趸售各项买卖及营业各附属事件,并招徕□货事项。

材料员一人,管理各种机器材料及工厂所用各项零琐物料各种材料之购买及保管,各项材料之收发及输送。

运输员一人或二人,管理本公司自行运输事件,行车一切设备及改良调查事项,特别运输、联络运输、调拨运输及船舶运输事项。

调查员一人或二人,管理调查各矿务公司之营业、各矿务公司之发展、各矿务公司之经营、各矿务公司之变迁。

第五章　工程师

第三十条　总工程师、副总工程师各一人,工程师四人至十人,受经理、副经理之指挥监督,管理本公司一切工程事务。

第六章　重要职员之选任

第三十一条　课长以上各员之选任,分列于左:1. 各专门及大学校毕业或确有矿业知识者;2. 曾办各种矿业两年以上确有成绩者。

第七章　职员之考成分列于左:

第三十二条　甲、职员能按照办事章程促进公司发达,或有特别计画,能使公司获利益者为最优等,得给奖励金。乙、职员能确守法律范围,不沾染外务而恪供其职务者为优等,得进级。丙、职员能于所司各务尚不至陨越者为中等。丁、职员不守本公司办事章程确有遗误,经董事会发觉或经该管首领举劾,其情节重者免职,轻者扣薪。戊、职员监守自盗或因他种过失使公司受重大之损失者,推荐人负赔偿之责任。

第八章　职员之权限

第三十三条　经理、副经理、课长以上各员受董事会之指挥监督，并由董事会考核其成绩优劣而进退之；课长以下由经理、副经理、课长按月胪列其办事之勤怠，报告于董事会而定其等级，其情形重大不及报告董事会时得由经理、副经理自行处置后，再函报其情形。

第九章　附则

第三十四条　各课办事细则由各课长会同经理、副经理详细拟定，函报董事会核定之。

第三十五条　工程师及职员之等级均按照合同所订办理。

第三十六条　司事写生由经理、副经理会同各课长酌拟函报核定之。

第三十七条　本简章自董事会议决之日施行。

第三十八条　本简章如有未尽妥善之处，由董事三人提议修改之。

［附件三］　总公司办事细则

第一条　总公司设总主任办事员一人，主任办事员二人，处理本公司董事会议决之事项，接洽一切交际应酬，保管各项来往文电，由董事或监察人兼任时不另支薪。

第二条　总公司设文牍一员，收发文件，保管册籍，编纂议事录，撰述本公司所有之函牍，月支薪水五十元。

第三条　总公司设庶务一员，管理一切庶务，月支薪水五十元。

第四条　总公司设缮写一员，誊录所有一切文件，月支薪水二十元。

第五条　本公司办公时间除星期及例假外，每日上午自九时至十一时半，下午自一时半至五时半。

第六条　本细则未尽事宜随时修改之。

夏偕复致李经方、盛恩颐函

民国八年一月十七日（1919.1.17）

伯行会长、泽承经理钧鉴：

仙居铁矿公司股份，江西绅士四人所认缴之二十万元暂由我垫，但江

西绅士愿由正金出名,自亦可以照办。兹将与饶君商定借款条件大概录下:

总额二十万元,四人出名,分借各五万元。

年息一分,逐年付清(自实付款日起算)。

仙居股票二十万元作抵。

还本期限二十年,自第一年起逐年还本二十分之一,如愿提前清还,可照办。

以上系商定大概,祈嘱由律师代拟汉文借款合同,陈请董会通过后,函寄饶君阅看,同意后再交北京正金银行斟酌,即由北京正金出名与之订定,此节已商允北京正金矣。至我应缴之股本及出借江西之款,公司现时财力,想尚难自行支付,已嘱笠原函致井上,照弟在东京时所议办理,大约阳历本年三月间此款须实行支付矣。专此。敬请

台绥

夏偕复

公司董事会致夏偕复、盛恩颐函

民国八年二月七日(1919.2.7)

总、副经理均鉴:

前接贵总经理八年一月十七日由京来函,报告仙居铁矿公司董事会历次会议,推定会长、经理、办事主任、工程司及修订该公司简章各情形,并请将开办费三千元饬即电汇到京等因。嗣又接一月十七日来函,以我公司应先缴仙居之股本二十万元与出借赣绅应缴仙居之股本二十万元,已嘱由笠原函致井上,照经理在东京时所议办理等语,先后到会。兹于本年一月三十日董事常会提出,公议:仙居铁矿公司组织成立,推举会长、董事、事务主任、经理、工程司诸君,本会均极赞同。汉冶萍应认股本三分之一,即照夏经理在东所拟办法实行。应汇筹备费三千元即由会计所汇京应用云云。除筹备费三千元业先函请转知会计所电汇外,相应录案布达,即希查照办

理。顺颂

均祺

董事会启

夏偕复、盛恩颐致公司董事会函

民国八年三月四日(1919.3.4)

董事会大鉴:

案查本公司附入仙居公司股份三分之一,应筹二十万元,及先付三千元,以资筹备各节,业经陈奉贵会核准在案。兹付该公司上项股份洋一万元,连前共计本公司已交股本洋一万三千元。合亟先行陈报,俟该公司股票印齐交到,再当送请鉴察。专此。敬颂

公绥

总、副经理

公司董事会致孙宝琦函

民国八年四月十日(1919.4.10)

慕公会长阁下:

接奉京字第三十一号尊函,以仙居铁矿公司董事会议决股款,三方面各先拨十万元,月底交齐。江西方面请由安福与汉冶萍各借五万,一年为期,利息候金城银行酌定,嘱即备款候拨,并将股票应填人名酌定,函复等因。查此事前奉支电,当即与总、副经理商酌。兹经商定,所有本公司应缴股款十万元,除先已拨交一万三千元外,其余之款遵当如期交纳。至江西方面借垫之五万元,我处承允在先,自应照数拨借,现已饬由会计所一并筹备,听候届期拨交应用。惟江西方面借垫之款现尚不能订立合同,自当令其出立借据,以股票作为担保,想安福借给之款亦必如此办法,即请会长与之商酌,一律办理。至本公司方面应填股票户名银数,兹酌拟一单寄请查核,如荷赞同,即祈转交仙居公司按户照填。此次所拟各人专为将来可以赴京预备选举董事、监察人地步,合并陈明。矿照何日领到,赣省风潮疏通

以后如何情形,仍祈随时赐示为盼。专复。敬颂

勋绥

董事会谨启

[附件] 仙居股票拟填户名银数单

孙孟晋　十五万元

李伯行　十万元

盛泽承　十万元

夏棣三　十万元

傅筱庵　十万元

陶兰泉　十万元

吴任之　五万元

倪燮臣　五万元

凌潜夫　五万元

公司董事会致夏偕复、盛恩颐函

民国八年四月十二日(1919.4.12)

总、副经理均鉴:

接奉孙会长京字第三十一号来函,以仙居铁矿公司董事会议决股款三方面各先拨十万元,月底交齐。江西方面请由安福与汉冶萍各借五万元,一年为期,利息候金城银行酌定。请即备款候拨,并将股票应填人名酌定函复等因。查此事前奉孙会长支电,业经抄送查照在案。兹准前因,除函复孙会长,本公司应缴股款及江西借垫之款,遵当如期照数拨交,并拟具股票户名、银数单寄请查核,转交仙居公司照填外,合将来往函稿照录奉览,即希查照,转饬会计所照数筹备,听候拨交。专此。顺颂

均绥

董事会启

附抄函

［附件］ 孙宝琦致公司董事会函

董事会诸位先生均鉴：

仙居铁矿公司董事会昨开临时会议，所有议决各事大概情形业于支电先行电达查照在案。兹将议决详情胪列如左：

一、股款根据前次议案，三方面各先拨款十万元，月底交齐，前次已交之款在内照扣。李木斋言，省会反对外债风潮正急，致江西方面筹款之事未能进行，请由安福及我处各借垫五万元，一年为期。曾云沛言，首先承允，惟云款向金城转借，利息若干，候商之该行再定。我处本允全借，现即分担，故亦一致允诺。设届期江西借款不成，无款归欠，其股票固亦我处所乐受也。

一、议决股款拨定存放金城银行，支用时支票由会长签字，以杜公司中有个人自由挪动之事。

一、矿照尚未领到，迭晤农商部总次长，均主持甚坚，电赣发照。现电夏厅长，如不敢负责，即寄部交公司承领。省会方面现正设法疏通，或尚不难了结。惟方张之焰宜稍敛避。张定武曾以此意相嘱，并允遣伊弟代为疏通，故经理等行期议决暂缓一月，冀免冲突。

一、经理等拟具概算，请第一批拨交十万元，议决于经理行时先拨五万元。经理等初意，颇虑拨款未定，办理掣肘为难，现既将三十万元拨存银行，当可无虞矣。

一、饶敬伯提议延聘谌湛溪为副工程师，议决月薪二百元。闻此君自高身价，此数未必乐就。若江西方面别有用意，或取他种手腕，则未可知耳。

一、现议填发股票，我处应填几人名氏，即请酌定开单，从速函复，以便照填。

以上议决各项，分别六条，相应函达诸公查核，即请将款项筹备，月底听拨，并希迅将应填股票人名酌定函复为盼。专此。即颂

日祺

孙宝琦

八年四月六日

孙宝琦致公司董事会函

民国十年六月九日(1921.6.9)

董事会诸位先生均鉴:

　　前接酉字第八号来函,以仙居铁矿既经停搁不办,所有该矿一切案据及填就股票等项,关系甚重,应如何设法查明,收回取消,以杜后患;又本公司拨交饶君敬伯之仙居开办经费一万三千元,究竟用存若干,嘱酌度情形,指示王隶生妥为办理等因。经饬王隶生就近与饶君接洽办理,兹将仙居铁矿所有案据文件及已填户名之股票,均经会同饶君点存北京汇丰银行,由该行出有收条,交琦保管,如果须取该件时,必须会同饶君同往该行提取。在饶君意,不愿完全交出,拟保存彼方面及另一方面之权利耳。总之,仙居铁矿开办以来,所印股票虽有已填户名者,而股款并未照交,将来如呈部取销前案,则该矿一切案据,当然作为无效。至用款帐目,据饶君交来收支各款四柱清册,详加察核,用款未免太滥,应否驳令分别办理,相应将原四柱清册附寄,即希查照见复是荷。专此。即颂

日祺

孙宝琦启

公司董事会致孙宝琦函

民国十年六月十六日(1921.6.16)

慕公会长阁下:

　　接奉京字第五十一号尊函并仙居公司收支册一本,敬悉。查仙居公司系民国八年一月成立,是年四月即因矿照扣发,议决从缓进行,今册支经费竟开至本年四月,若不赶紧饬令停止,此后难保不仍前继续开支。兹经本会于民国十年六月十五日第九次常会提出,公议:除仙居公司月支经费应请会长转致饶敬伯君即日停止外,其报册过于简略,特送请会长交该公司

监察人检齐帐据,逐款详查,以重公款。为此备函奉复,敬祈查核办理为荷。祇颂

勋绥

董事会谨启

公司董事会致夏偕复、盛恩颐函
民国十年六月十七日(1921.6.17)

总、副经理均鉴:

前奉孙会长函嘱,疏通赣省,合办仙居铁矿公司,并与饶敬伯君清算从前开办用款帐目。当经函知,并委任驻京事务所王所长晋孙与之清算,一面函请孙会长就近指示王所长妥为办理在案。兹据王所长两次函报接洽情形,并奉孙会长函送饶君开来仙居公司收支四柱册一本到会。经于民国十年六月十五日第九次常会提出,公议:除函请孙会长转致饶敬伯君,先将仙居公司月支经费即日停止外,此项报册过于简略,并即送请孙会长交该公司监察人检齐帐据,逐款详查,以重公款。所有来往函稿特照录奉览,即希查照。此颂

均绥

董事会启

(十六) 振冶铁矿

公司董事会致夏偕复、盛恩颐函
民国七年二月十六日(1918.2.16)

总、副经理均鉴:

前接七年二月九日第十八号来函称:有振冶公司方聘商在当涂领有铁矿矿区,议归公司租采,出砂一吨给银币一元一节。兹于七年二月十五日董事常会提出,公议:租当涂矿山,补大冶之不足,事属可行。惟出砂一吨,

再四商减连特别税仍须租金一元,统计不在少处,应由总、副经理与方君继续商减云云。特以奉闻。请查照为荷。顺颂

日祉

董事会启

汉冶萍公司与振冶公司订立买卖矿砂合同

民国七年三月六日(1918.3.6)

立合同汉冶萍公司(以下称甲)、振冶公司(以下称乙)议定买卖矿砂合同,条件于左:

一、甲公司熔铁量日渐扩张,大冶铁砂不敷分配,议购乙公司矿区内所产铁砂,以资补助。

一、矿砂在山交数,所有转运敷设、关税等项,均由甲公司自理,甲公司得于矿山相宜地点设立运砂处。

一、铁砂价目,议除开采工资、建设矿税等费,应按实开之数算定,由甲公司付给外,每吨另给乙公司办公费银洋五角,净利五角。惟每岁所购如在十万吨以上,除十万吨仍照每吨公费五角、净利五角外,其自十万吨以上至二十万吨,每吨应核减公费一角,至二十万吨以上,每吨再减公费一角,过此不再核减。

一、关于矿山之交涉及地方公益善举等费,均由乙公司担任料理。

一、按照农商部第一百三十号执照给与乙公司之矿区内,所有各山除前钟山由乙公司自备采炼外,其矿区内之后钟山、钓鱼山、姑山、前后和睦山及观音庵前后等山,均由甲公司认购,乙公司不得另售与他人。

一、本合同签定后,甲公司先付订洋二万元,着手布置后一个月付四万元,工程过半时付四万元,由乙公司另给收条为凭。此款俟交货时在于砂价、净利、公费内提出五成扣还。惟最后一期之订洋如乙公司有需用紧急时,倘工程尚未过半,亦可向甲公司协商办理。

一、本合同如发生特别障碍及因故不能进行时,其所付之订洋应照已收之数由乙公司缴还。

一、订购以后,甲公司认为合用,不愿停购时,乙公司不得停售。

一、该矿区内铁质,经甲公司采取化验约得六十一分以上,如将来不足六十一分以上时,甲公司不愿购时,乙公司不得勉强。

一、铁砂价银,应按所运之数,逐次计数,其款每季先付二成,余俟年终统算给清,倘每季应付之二成,届时不能付足,仍可协商办理。

一、乙公司开采所售铁砂时,须用总工程司一员,应商由甲公司推荐,以资熟手。该总工程司负工程上用人、用款完全责任。

一、未尽事宜由甲乙两公司随时协商定之。

一、本合同照缮二份,甲乙两公司各执一份。

汉冶萍煤铁厂矿有限公司　总经理

安徽当涂县振冶公司代表　经理

中华民国七年三月六日

丁应午致夏偕复函

民国七年八月三十日(1918.8.30)

总经理钧鉴:

敬肃者,日前在沪患病,辱蒙屈尊下视,莫名感泐。应午于二十二日由沪启程,二十四日抵芜,沿途颇赖虞司事照料,幸托平安。惟到芜后,病仍未脱,不能到山,除将所带仪器等件就近在芜面交周矿师点收外,一面并函知魏、方二君来芜面洽一切,并将钧单给与方君月卿阅看,伊亦深感激。现在孤山各坟,询之魏君,声称已迁去三百六十余棺,其未迁者仅许姓坟数冢,刻正催促办理,不日当可告竣。和睦山虽经发生交涉,闻已由振冶设法疏通,可望了结,该山坟墓现已迁去三十余棺,业由魏君派令彭司事前往监视,自应赓续进行。查查家祠堂房屋本属无多,现周矿师既已到山试探,并已带有工头人等,势必不敷居住,经应午与魏君等互相商酌,拟将查家祠堂暂行让出,作为工程处,迁坟一部分人员即移住和睦山之夏家祠堂,藉便照料。不过一移动间,以多费一布置耳。

至甲乙两公司划分一节,亦经应午面嘱魏君自阳历九月一日实行,其未划分以前所用之款,应结自七月十五日起至实行划分日止,共该款目若干,另行开报,如何划拨再行请示办理。所有振冶前次垫用之款,玉山先生昨亦到芜,意欲先行酌拨若干,并开有办法数条,云已抄送与钧处接洽。应午阅悉之下,当答以前项垫款须候有钧示再拨,前途亦尚无异言。该项办法究竟是否可行,伏候核定示遵。

再,应午前因患病,面恳俟抵芜后魏君接洽,即行回皖调养等情,荷蒙允诺。现于二十七日返舍,当经延医诊治,据云暑湿内伏,兼之病久体亏,幸服药数剂,尚觉平平,应请俯准给假两星期,一俟调理稍痊,即当赶速回山,决不敢稍事延误,以期仰副厪怀。除另禀副经理外,肃此鸣谢。敬请
钧安

丁应午谨肃

夏偕复致方履中①函

民国七年九月十日(1918.9.10)

玉山先生台鉴:

昨据派探当矿之周矿师电称:各山手续均未清,乙要求停工,请示办法等语。正拟致函奉询,适接函开:顷月卿来省谈及姑山现拟试探,周君亟欲开工,惟动工之先必与地方接洽,方免惊疑,商之周君暂缓数日等因。是与周矿师电告语气各殊,而不能即行开工则已证实。并据周矿师来沪面称:当矿情形对内对外倍极困难。一、倪都督对于皖矿向持干涉主义,凡未领照之矿,固收归官有,即已领照者,仍思乘机收并。因而地方好事者流,即不免希风承恉暗施阻力,必须乙公司向倪督处设法疏通,请由督署令行该地方官出示保护。有此一举则群嚣自息,即欲阻挠者亦无所施其计矣。一、地方人民见于动工在即,要求红利者有之,要求公益捐者有之,逐之眈眈,群思染指。查合同第四条订明,矿山交涉、地方公益善举由乙公司完全担任,应请乙公司将应行联络地方之处,及早与之议定,勿过吝惜,俾地方

---

① 方履中(1864—1932):字玉山,安徽桐城(今枞阳)人。时任振冶铁矿公司总经理。

得以相安,自无掣肘之患。以上系专指对外而言,至对内一层,甲乙两方办事职权本订明合同及附件中,以资遵守。惟乙公司办事人每以主体属乙,致有误会之处,深虑日久由误会而生龃龉,致伤感情,殊非两利之道。应请乙公司转告该办事人和衷共济,即有问题发生为原订条件所未备者,亦应协商办法呈候两方当事核定遵行,以昭平允。并以方君月卿经手事多,不能常川驻山,遇有地方交涉发生,无人料理,每多停顿,应请乙公司添派一人驻山,以辅方君所不及等语。

查敝公司前与贵公司订购矿砂合同,原属通工易事,两有裨益,此次派周矿师试探,限于两三个月内将各山探竣,成分如果优美,即大举开采。该矿师所陈各节,系根据原订条件及参酌地方情势,为双方筹画祛其障碍,速其进行,彼此均利。务祈查照所陈各事,迅予照行,是所感盼。敝公司派员到山,原以外部纠纷恃有贵公司预为解决,冀可办事顺利,兹一经停顿,损失滋多,即希速与筹维,俾得刻日开办,并声明嗣后如再发生阻滞,以致停工,所有损失,应由贵公司赔偿也。专此奉布,伫候示复。祗颂
台安

夏偕复

方履中、夏偕复致周开基等函

民国七年九月十七日(1918.9.17)

子建、月卿、贞度、玉樵、景纯诸君公鉴:

周、魏二君来电已悉。我等公同商议,此次所派诸君对外皆系振冶工程办事之人,对内则各人分担职务,不必争论主体及甲乙界限。兹将职务及大略办法开列于后:

周君子建任工程,凡工程设施及指挥工人等事皆属之。

丁君玉樵、魏君贞度任办理迁坟事宜及工程处会计、庶务,凡银钱出入及一切杂务皆属之。

方君月卿任外交,凡迁坟交涉及因工程有与地方交涉等事皆属之。

姚君景纯原系担任办事处会计事务,但月卿现因迁坟交涉仍须往来各

处,倘工程有须与地方接洽而月卿不在山时,亦可代为料理,如有必须月卿接洽者,届时可送信知照。

一、外交各事有与会计或工程有关系者,须协商办理。

一、查家祠堂门首可悬一木牌,名曰"振冶公司工程处",以释群疑。

一、大冶所来工人须认为振冶公司向大冶雇来指导工人者(并须使工人及地方人共明此意),已来之人,如足敷指导之用,即可不必再添,将来包工亦宜就地取材,不可令其失望。

一、县署、商会、本段警察,凡前次单开常年应送交际费者,到月即行致送,不宜稽迟。

一、凡地方人士有来工程处者,烟茶、饭食,照常接待,不宜疏慢。

一、除工程处员役薪资、伙食、杂费及因工程办理交涉等费,应由甲公司付给外,其他如常年交际费、购置地亩费、地方客饭费,均另行登记,送由上海核夺。

一、工程处出入清帐一样造具二份。

以上所述职权及办法,皆特举其大略,其未尽者仍望诸君遇事协商,相机应付,以期归于至当。总之,对外宜慎密和平,对内宜和衷共济,勿以小费而启龃龉,勿以细故而生意见。须知利害关系双方至为密切,初无彼此之分,诸君幸共体此意焉。肃颂

近佳

方履中　夏偕复

方履中致夏偕复、盛恩颐函

民国七年十月八日(1918.10.8)

棣山、泽臣先生左右:

顷接周矿师来函略谓,姑钓两山左近有田地一百余亩,亟须购置,前曾函陈左右,嗣接复函谓,应由乙公司购置等语。

查合同载明,矿砂在山交数,则附件所谓开采必需之地亩,自系指山上而言,词意甚为明晰。前在沪上公订工程处办法,函内载有购置地亩等费,

均另行登记,送由上海核夺一条,盖虑办事人互相推诿,迟误事机,故令工程处随时购置,迟再核夺,以免往返解释,致多周折也。此次周矿师所指应购之田地,既非山上,当然由甲出资,如公等对于条文尚有疑义,即请知照工程处,嗣凡需用地亩,均查照前函办理,由工程处给资购置,另行登记,再由上海核夺,暂不必区分甲乙,俾免歧误,幸甚幸甚。现当开办之初,百端草创,凡迁坟工程等事,均赖两公主持指示,俾办事人有所遵循,消融意见,共赴事机,毋任企盼。肃此奉达。敬颂

公绥

弟履中拜启

泾矿事已否议决,并望示悉。

周开基致夏偕复、盛恩颐函

民国七年十一月三日(1918.11.3)

总、副经理台鉴:

顷奉十月二十八日公函,藉悉炸药一项,手续繁难,只有仍令将土药试放,藉资进行。兹将十月份工程报告书缮陈台阅。所列各端,乃系仅就本月工程进行而言,嗣后仍当按月报告,以纾廑注。专肃。敬请

钧安

周开基敬上

附:十月份工程报告书一份

[附件] 试探当涂振冶铁矿十月份报告书

谨将试探当涂振冶铁矿十月份报告书缮陈鉴核:

一、试探事前之筹备

当涂振冶铁矿,自今春履勘,拣送矿质,经汉阳铁厂化验后,因于矿质成分颇有缺点,究属有无开采之价值,乃为一大问题,故不得不先行从事试探,以资解决。遂于八月中奉委,赴大冶铁矿商借器械及拨用工头等事,往返程途将及半月,及抵当矿时已九月初旬矣。矿工一项,本拟就地取材,惟

到山考察，当地矿工多不合用，是以于附近裕繁、宝兴各矿区设法招致三十余人，因尚不足分布，复经函致冶矿拨用矿工两组，计二十余人，合共五十余人。正在准备开工间，讵料钓姑两山，忽起风潮，旋经多方调停，始就范围，以致延至十月一日开工。此事前筹备之大概情形也。

二、试探工程之施设

查振冶矿区所属矿山，除前钟外，有姑山、钓鱼山、前后和睦山及观音山等五处，现前后和睦山及观音山等处，均因交涉未清不能着手进行，故只姑钓两山先行从事试探，但姑钓两山浮面砂样前已拣送化验，似无再取之必要，是以此次须以采取窿内砂样为目的。现姑山已开有窿口三处，均就地平而入。其第一号窿口之位置，在山之东南向，向矿床露头处入手采挖，现深有一丈，已能随时敲砂取样。第三号窿口之位置，乃在山之西北向，与第一号窿口成一直径，因窿外堆积浮石过多，此时方得砂苗，进窿不过二尺有余。第二号窿口之位置，乃由山腰横截而入，与第一、第三两窿口成一垂径，窿外均属浮土，尚未达到矿床。以上三处窿口，倘能深入矿床在三丈以外，其所采砂样必可得其平均。惟所开窿口均在地平线以上，恐于地底砂苗仍少把握，故又在山之南角，另开竖井一口，所获砂样尚佳，业已深有一丈余矣。此试探姑山工程之情形也。

钓鱼山距姑山二里，面积不及姑山之半，该山于未开工以前，已派有工头阮柏林等，从事挖取浮土，然因其时无工程人员指挥，其所耗工作，无补实际。现已依照姑山所开窿口方向，开采窿口两处，其在西北方向者，属于山背，乃为腐烂石质，现已深入六丈，尚未达到砂苗；其在东南向者，属于山前，浮土较少，现已深入有七尺。此外，尚有明窿一处，已采出铁砂百余吨。以上所取砂样均已连同姑山砂样寄汉化验。此试探钓鱼山工程之情形也。

三、工人住屋之支配

姑、钓两山开工以来，筹备工人住屋颇为困难，因沿山周围并无相当地点便于构造，矿区以内，遍山均有矿质，在山建屋，更不相宜，所幸事方试探，雇用工人无多，暂就姑山之麓，筑平地基一方，造屋十余间，以作工人安宿之所。至钓鱼山工人住屋，系就原有工头阮柏林等移交之茅屋八间，稍加修葺，另又添造厨屋两间，尚能敷用。此外，另建有存储硝药房一所，姑钓两山铁作各一座。而工程处员司人等，现仍以查家祠堂为办公寄宿之地。惟该祠屋朽坏不堪，前已请准购地建屋，现正设法议购。此支配住屋之大概情形也。

四、编制矿工之现状

凡一矿初创，招集工人，不得不取严格主义，以杜将来之流弊。况当矿现方试探，所雇矿工编制之法，尤当能以随时进退为目的。现暂以每矿工十名为一组，每组以工头一名管理之。又每工头二三名，派监工一名督率之。各工头有约束工人听从号令及维持矿场秩序之责。各监工有指挥工人进行及考察工人勤惰之责。现钓姑两山，只有工头五名，工人五十余名，监工日夜班各两名。此为现时矿工编制之情形也。

五、暂定包工之办法

目前试探工程均用包工办法，所雇各工头并须负包工之责，故又名包头。包工分窿工及土石工两种。窿工以丈尺计算，土石工以土方计算。尺码以农商部颁尺为标准。包价以石质之坚松及出土之远近为增减。所有工人工食及灯油杂费，一律须归包头自备。住屋、铁器等类，准其向工程处借用，但倘有损耗、遗失，均须由包头担负赔偿，在包价内扣除。此暂订包工办法之情形也。

六、试探开支之预算

试探期内，除探矿项下以外，诸宜力求搏节，以期款不虚糜。此后每月开支，约计包工项下六百元，员司薪水及工匠工食项下三百元，各项材料项下四百元，购置及杂支项下二百元，以上共约计洋一千五百元。此款无可再省，如有临时建筑及购置器械等项发生，则须另行筹备，不在此数。倘前后和睦、观音等山，一旦开工，包工项下即须酌加。此以后每月开支预算之大概情形也。

七、关于工程进行之困难

自试探以来，工程虽极力进行，而其中困难之点，举其大要，厥有二端：一为土药之不适于用也。钓姑两山，石质均属坚性，土药轰炸之力较为单薄,是以颇难奏效。现土药每次所炸石量仅及炸药十分之一,且土药最忌潮湿,一遇天雨或窿内发现水份,即难施放,此于试探前途不无困难者,一也。二为矿区周围田屋未购之交涉也。查接近钓姑两山矿区,均属田亩,并有居民住屋多所,公司并未购得,一经开工试探,时有飞砂走石流入附近田屋,防不胜防,以致常有居民前来公司吵嚷,并有阻挠工程情事,虽屡经多方劝导,然各该田屋受其损害者,究未便过于苛责。况尚有山边地点数处,亟应动工试探,因与居民田房过于接近,恐发生他项交涉,转致有碍进行,以故尚未着手。此于试探前途不无困难者,二也。

八、关于工程未来之计划

试探时期限以三月,今已一月于兹矣。钓姑两山砂样虽已寄汉一次,而和睦、观音等山,则尚未开工,瞬届三月,为期甚促,倘该山仍不能进行,则未来之工程将继续试探乎?抑即就姑钓两山化验之成分而解决开采问题乎?此不可不虑者,一也。即使和睦山日内能可试探,得于三月期间结果圆满,但开采工程非一日所可布置,购置器械非一日所能达到,且购置地亩、修筑运道更非一日所能解决。以上各项,应于第一、第二两期化验成分后,即略事筹备,仰俟三月试探完竣而再行磋议,事关未来工程,似不得不预为计划。此又不可不虑者,一也。

周开基谨呈

周开基致夏偕复、盛恩颐函

民国七年十二月二十四日(1918.12.24)

总、副经理钧鉴:

奉十二月十二日公函,嘱将钓姑两山作一小结束,并转知丁、魏两君知照等因。自应遵办,并已转知丁、魏两君知照矣。

查钓姑两山试探,以三个月为限,现已届期,原可作一小结束,但姑山范围较诸钓鱼山为广,且石质坚硬,试探多有未竟之处,该山如能多探一日,即多收一日之效果,且闻和睦山交涉,据方君月卿函称,亦可不日了结。将来和睦山兴工,所有工匠人等,届时即可就姑山方面移往,勿须再行招集,以免耗费需时。基拟一方面缮具报告,筹备结束;一方面仍令姑山工匠继续进行,似于工程前途,不无裨益。是否有当,伏候核夺,并乞迅示祇遵。专此。敬请

公安

周开基敬启

盛恩颐批:照办。

周开基致夏偕复、盛恩颐函

民国七年十二月二十七日(1918.12.27)

经理钧鉴:

窃基奉委到山试探以来,所有钓姑两山先后探取两次砂样,均经解赴汉厂化验,业由吴厂长将化验单径寄呈核,并由基按月具陈报告各在案。现已届三月期满,自应将已探得矿床之结构,矿质之成分,以及矿量之估计,另具英文报告,送呈钧览,不再渎陈。

查钓鱼山范围较小,砂样已经迭次化验,所得成分似可确定,宜无再探之必要,拟令将该山试探事宜先行收束,暂将工人一律遣回。而姑山试探,现尚有未竟之处,前已于具复奉谕暂作结束函内略述梗概,谅邀台核。惟查钓姑两山,化验成分俱在五成以上,矿量就现探得之约数,合计可达四百万吨以上,比之大冶固属稍次,然以寻常铁矿而论,亦不无可取。此系仅就试探三月之结果,据实陈报,至应否继续试探暨关于将来开采前途,究应如何取决之处,伏候钧裁,核示祇遵,无任翘首待命之至。专此。敬请

钧安

周开基敬启

振冶公司协商售砂条件声明书

民国九年二月十日(1920.2.10)

敬启者:

本公司与贵公司商订买卖矿砂合同,本公司议推总理方君玉山与贵公

司协商条件,方君对于协商事件有完全主权,无论公司内部何人,不能干涉。如有其他股东不承认此项合同,竟致不生效力时,所有已付之定洋,及所付开采设备、物料费用,并转运设备、物件费用,均由下署名人方聘商、方履中承认偿还。如因其他发生事故,按照以后所订合同办理,不在此例。再,此项售砂呈报合同内,应用代表方聘商名义签订,系本公司授权方总理代签,方总理既经协议并代签名,虽自未签名亦应负其责任。特此声明。此致

汉冶萍公司台照

当涂振冶铁矿公司(印)

代表　方聘商(印)

总理　方履中(印)

中华民国九年二月十日

振冶公司与汉冶萍公司协定售砂合同

民国九年二月二十日(1920.2.20)

汉冶萍公司(以下称甲公司)因矿砂不敷分配,议购振冶公司(以下称乙公司)安徽省当涂县内所领矿区内铁砂,以资补助。业经双方同意,订立合同如左:

一、甲公司于乙公司所领农商部一百三十一号执照矿区内指定钓鱼山、后钟山、和睦山、姑山、观音庵前后山所出矿砂,由甲公司认购,乙公司不得另售与人。如各山内矿砂甲公司有认为不合用者,或停购时,乙公司得另行采售。

二、铁砂在山交货,所有转运敷设、关税等项,均由甲公司自理,甲公司得于矿山左近相宜地点,设立运砂处。

三、铁砂价格由双方协议定之。

四、一切交货付款手续细则,由双方协定之。

五、乙公司开采所售矿砂时,应由甲公司推荐总工程师一人,以资熟手。

六、未尽事宜由双方随时协商定之。

七、本合同照缮四份,一呈农商部,一呈实业厅,甲乙各执一份。

中华民国九年二月二十日

汉冶萍公司总经理　夏偕复(印)

副经理　盛恩颐(印)

当涂振冶铁矿公司代表　方聘商(印)

见证人

汉冶萍公司与振冶公司协订售价付款合同

民国九年二月二十五日(1920.2.25)

汉冶萍公司(以后称甲公司)、振冶公司(以后称乙公司)为依据前订售砂合同三、四两条,赓续协定售价付款事宜,业经双方同意订定合同如左:

一、铁砂价目议除开采工资、建设矿税等费,应按实开之数算定,由甲公司付给外,每吨另给乙公司净利银洋一元。惟每岁所购如在十万吨以上,除十万吨仍照每吨净利洋一元外,其自十万吨以上至二十万吨,每吨应核减净利洋一角;至二十万吨以上,每吨再减净利洋一角,过此不再核减。

二、本合同签定后,甲公司先付订洋十万元,由乙公司另给收条为凭。此款俟交货时,在砂价净利内按年提出五成(即十分之五)扣还。

三、本合同如发生特别障碍及因故不能进行时,其所付之订洋应照已收之数由乙公司缴还。

四、铁砂价银除开采工资、建设矿税等费及附合同内规定由甲公司应付一切用费,随时由甲公司付给外,其净利一项,应按照所运之数,每季先付二成,余俟年终统算给清,倘每季应付之二成届时不能付足,仍可协商办理。

五、甲公司所推荐之总工程师,其办事权限,由总工程师与乙公司订定之,其薪金、用费,于总工程处开采工资内,由甲公司付给;如乙公司有须撤换之时,应由甲公司另荐,其权限等事仍照前任总工程师所订合同办理。

六、甲、乙两公司于民国七年三月六日所订合同及附件,自此项合同签定后即行作废。

七、未尽事宜由甲、乙两公司随时协商定之。

八、本合同照缮两份,甲、乙两公司各执一份。

中华民国九年二月二十五日

汉冶萍公司总经理　夏偕复(印)

副经理　盛恩颐(印)

当涂振冶铁矿公司代表　方聘商(印)

总理　方履中(印)

汉冶萍公司与振冶公司协订售价付款附合同

民国九年二月二十五日(1920.2.25)

汉冶萍公司(以下称甲公司)、振冶公司(以下称乙公司),因前订之售价付款合同有未尽事宜须行订定,业经双方同意订立附合同如左:

一、因原约产生之工程处及由该处分设各机关,所有员司、工役薪水伙食及一切杂用,均按实用之数由甲公司付给。

二、工程处对外交涉费,除因矿权及矿山地亩、路港发生交涉,所有需〔费〕用,由乙公司另付外,其余因工程发生交涉及因工程上之必需,如迁移坟墓、收买房屋、地基等事及因其他事宜发生之一切交涉,所有费用,均按实用之数,由甲公司付给。

三、凡关于常年津贴、临时交际联络等费,应由处员随时开单报告总理及总工程师核定,由甲、乙两公司平均分任。

四、本处范围内进出款目各报册,应按年制造同样二份,分送甲、乙公司。

五、工程处范围内各山所出铁砂,应由处员随时报由乙公司派员核明吨数,交与甲公司收运,取具收单,以便凭单另由甲公司照约算给净利。

六、关于矿山之交涉及地方公益善举等费,均由乙公司担任料理。

关于开采工程必须添置之地亩,由乙公司出资购置;关于转运必须之地亩,由甲公司出资购置。

售价付款合同内第一条内称建设费,由甲公司付给,此项建设物,既由甲公司付款,应为甲公司所有。

七、本合同照缮二份,甲、乙各执一份。

中华民国九年二月二十五日

汉冶萍公司总经理　夏偕复(印)

副经理　盛恩颐(印)

当涂振冶铁矿公司代表　方聘商(印)

总理　方履中(印)

振冶公司延聘总工程师合同

民国九年三月六日(1920.3.6)

振冶公司姑钓和观后钟工程处经汉冶萍推荐周厚坤为总工程师,兹由本公司延聘订立合同如左:

一、重大事务由总理主持。

二、工程处设总工程师一人,执行本处范围以内工程上用人用款一切事务。

工程处总务员及各股员之任用,均由总工程师定之;交际股员之任用,应商由总理选定,须听总工程师节制;各股内部之组织及详细办事规则,视工程进行之程度,由总工程师随时订定,报告公司。

工程处应刊图记一颗,文曰"姑钓和观后钟工程处",由总工程师收执,凡对本处内部文件加盖此项图记为凭。

三、总务员一人,常驻矿山,受总工程师之指挥,督率处员办理工程处一切事务。

工程、会计、交际各员,如有不能尽职之时,得由总务员报告总工程师撤换之,但交际股员有应撤换时,除由总务员报告总工程师外,并报告于总理。

四、工程股工程师一人,受工程处总工程师之指挥,并商承总务员办理采矿工程一切事务。

五、会计股员一人,受工程处总工程师之指挥,并商承总务员办理会计一切事务。

六、交际股员一人,受工程处总工程师之指挥,并商承总务员办理交际一切事务。

七、文牍兼庶务股员一人,受总务员之指挥,办理文牍及庶务一切事务。

八、凡关于矿权、山权之交涉,应由交际员报告总理核办。

九、凡因工程而于地方发生交涉及其他重要交涉事件,应由总务员报告于总工程师,并报告总理,函商核办。

十、本合同内办事细则,在荐用期内均适用之。

十一、总工程师薪金用费等项,依据售价付款合同在工程处开采工资内,由汉冶萍公司付给。

十二、本合同照缮两份,公司与工程师各执一份。

中华民国九年三月六日

当涂振冶铁矿公司代表　方聘商(印)

总理　方履中(印)

总工程师　周厚坤(印)

夏偕复、盛恩颐致公司董事会函

民国九年三月十七日(1920.3.17)

董事会公鉴:

案查七年二月间,经友人介绍,振冶公司方聘商君在安徽当涂县南乡领有铁矿矿区八百二十余亩,计为钓鱼山、钟山、和睦山、姑山、观音庵前后等山,领有部照,取得矿权,愿将该矿区租与本公司开采,当派矿师王观英履勘。据其报告,矿质成色尚优,距江复近,开出矿砂以之搭交日矿,尚形便利,即可腾出冶矿,以供自用。遂与该公司方君迭商购砂办法,大要矿山由本公司出资采掘,所有敷设转运,以及开矿各税,亦由本公司自理,每出砂一吨,该公司要求给予租价银币一圆等情,当经陈请贵会核议。旋奉复开：二月十五日董事常会提出，公议：租当涂矿山补大冶之不足，事属可行，惟出砂一吨再四商减连特别税仍须租金一元，统计不在少数，应由总副经理与方君继续商减等因。遵与方君协议购砂价目，磋商再四，定为每年所购如在十万吨以上，除十万吨仍照每吨给予净利一元外，其自十万吨以上至二十万吨，每吨核减一角；至二十万吨以上，每吨再减一角，过此不再核减。并将办事手续订立草约，遴派矿师、办事员司，并选调冶矿工人及拨用器械驻山先行试探。属以迁坟购地，事涉繁难，又地方时有交涉，进行不无延滞，直至上年之终，始将钓、钟、和、姑、观音等山一律探竣。历次探出样砂送经汉厂化验，成分尚佳，尚有开采之价值。因即委派技术课长周厚坤赴该矿查看运道，并筹备开工一应事宜，一面根据原订草约与该振冶公司代表人方君聘商修订售砂及售价付款正式各合同，并由振冶代表人函推方君玉山为总理，本公司则推荐周君厚坤为总工程师，其付款合同内订明先付订洋十万元。查自七年三月至九年一月先后共付过九万元，业将历次收据掉换本年二月二十六日总数九万元收据一纸送交会计所存案，手续均已完备，现只筹款以备次第进行。理合将当矿试探已竣，现拟继续开采情形具函陈报，并将修订售砂合同、售价付款合同又附合同，并延订总工程师合同及振冶代表总理来函一并录送，即祈贵会鉴核备案。祗颂
公安

总、副经理

夏偕复、盛恩颐致席德炯等函

民国九年三月二十七日（1920.3.27）

径启者：

本公司前在振冶公司当涂铁矿试探矿砂，成分尚佳，现拟筹备开采。兹与振冶公司改订合同，重行组织，定名曰：振冶公司姑钓和观后钟工程处。由该公司代表人方聘商君推定方玉山君为总理；本公司荐举周厚坤君为总工程师，由振冶公司订定聘任合同，执行工程处范围以内工程上用人用款一切事务。所有从前探矿所设事务所，应即取消，并将探出矿砂、购置

地亩及现存款项文卷器具什物并所有员司,一并移交该工程处接收,以备改组进行。合行函知,即希查照移交,具报备查。此致

当矿席矿司德炯、丁办事员应午、魏办事员允治

总、副经理

姑钓和观后钟工程处办事权限大纲

民国九年五月八日(1920.5.8)

一、凡关于工程上发生之一切交涉,由总务员亲自或委托交际员向官厅及地方接洽。

二、凡关于矿权山权之交涉,由交际员代表总理办理之,但该项事件有与其他交涉间接关系者,须与总务员会商。

三、凡对外一切文件由总务员署名。

四、凡关于工程处一切事务及员司之任用免除,又薪水之规定变更与总工程师来往函件,由总务员一人署名,惟会计不在内。

五、凡关于工程上计画等事与总工程师来往函件,由工程师一人署名,直接寄递。

六、凡关于会计上一切用人行政与总工程师来往函件,由会计员一人署名,直接寄递。

振冶公司与汉冶萍公司协订售砂合同

民国十年七月五日(1921.7.5)

汉冶萍公司(以下称甲公司)因铁砂不敷分配,议购振冶公司(以下称乙公司)安徽省当涂县所领矿区内铁砂,以资补助。业经双方同意,订立合同如左:

一、甲公司指定在于乙公司所领农商部采字第一百三十一号执照矿区内和睦山、观音庵前后山所出矿砂,认购二十五万吨,由甲公司选运,其不合者得剔除之,至每年购运若干吨,双方协议定后呈报官厅。

二、矿砂在当涂县龙门大河龙山桥码头交货,所有装运费用及关税厘

金等项,由甲公司自理。

三、铁砂价格每年由双方协议呈报官厅。

四、砂价照公司实收吨数,每季一结,其款在上海或芜湖付给之。

五、本合同有效期以自官厅批准后,五年为限,期限未满以前,甲公司指定之山所出矿砂,乙公司不得另售与人,甲公司亦不得借情推却,迟误乙公司之进行。

六、本合同期满后,双方如欲继续买卖,愿照本合同各条,继续签订,再行呈请官厅核准。

七、如有未尽事宜,随时由双方协议定之。

八、本合同一样四份,一呈农商部,一呈实业厅,甲乙各执一份。

汉冶萍煤铁厂矿有限公司总经理　夏偕复(印)
副经理　盛恩颐(印)
当涂振冶铁矿公司代表　方聘商(印)

中华民国十年七月五日

汉冶萍公司与振冶公司订定矿区基点声明书

民国十年七月五日(1921.7.5)

兹因售砂合同所指定和睦山、观音庵前后山,其山名系按照矿区图所载书写,但界限不甚明了,特加声明如左:指定购砂之山自前和睦山仙姑庙基点二十二号起,经过燕窝山、观音庵前后山、龙卵山至后和睦山土名田子墓,再向前至基点第五号止。

再,和观工程处在第九号基点附近施工,如有碍及后钟山工程时,双方得协议办理,但退让不得逾基点第十二号。

汉冶萍煤铁厂矿有限公司总经理　夏偕复(印)
副经理　盛恩颐(印)
当涂振冶铁矿公司代表　方聘商(印)
总理　方履中(印)

中华民国十年七月五日

汉冶萍公司与振冶公司订立售砂议价标准及收付款项契约

民国十年七月五日(1921.7.5)

汉冶萍公司(以下称甲公司)与振冶公司(以下称乙公司)因十年七月五日双方所订售砂合同尚有未尽事宜,兹经双方同意订立契约如左:

一、售砂合同第三条所载,铁砂价格每年双方协议呈报一节,此项价格应以下列各项费用总计之,以为议价之标准。

甲、关于售砂合同内所指各山工程处及由该处分设各机关,所有员司工役薪工伙食及一切川资杂用等费。

乙、关于矿砂开采、转运、工资等费。

丙、关于官厅所收矿产捐税等项,惟矿区税不在内。

丁、关于因工程发生交涉及因工程上之必需,如迁移坟墓、收买房屋地基等事,及因其他事宜发生之一切交涉等费。

戊、关于购置沿山使用地亩及开采所用建筑设备等费。

己、关于转运建筑设备等费。

庚、关于常年津贴、临时交际联络之半费,其余一半由乙公司担任,不算入价内。

辛、除以上各费均算入价内,由甲公司照数付给外,每吨另给乙公司净利壹元正。

二、甲、乙、丙、丁、戊、己、庚七项加入辛项为议价之标准,但上七项虽因工料价格之高下而有增减,然辛项净利常是壹元,不得增减。

三、交砂收砂、付款收款详细办法及手续另由甲乙两公司订定之。

四、第一条第戊项所列购地建筑设备等物,倘将来合同期满后双方不愿继续买卖时,乙公司应照实用之数备款购用,但该价中乙公司得照每吨折耗减少付与。如系地亩,每吨减少大洋二分,如系建筑设备,每吨亦减少大洋二分。但如乙公司不能备价购用时,此项购置各物当继续为甲公司所有。

关于上条己项所列转运建筑设备等费,既由甲公司付给,将来合同期满时双方如不继续买卖此项运道,除振冶矿山沿山一带之运道仍归振冶公司购用,按照上项办理外,其自振冶龙卵山矿区北线界外三十尺平行处起,至龙山桥河边止之运道,如甲公司不欲使用时,得由乙公司备价购用。

五、除第一条所列各项费用由甲公司付给外,其因矿权、矿山、地亩、路港发生交涉,以及地方公益善举等费,均由乙公司料理付给,不摊入价内。

六、甲公司于合同签字之日,应预付乙公司订洋银币十四万元,由乙公司出具收条为凭。

七、第六条之预付订洋,其偿还方法,系以售砂合同所订甲公司应付矿砂价值内乙公司应得净利每吨一元项下,乙公司交砂一吨,甲公司扣还国币银洋八角正,但至交额已达十万吨扣款已达八万元之时,其每吨所扣银数当减为每吨七角正,至扣尽为止。扣足后,乙公司每交砂一吨,甲公司付与乙公司净利一元正。上项详细办法于另件中详细规定之。

八、如该售砂合同官厅不能批准,或有特别障碍发生,或有事故不能进行,因以上三项之一,以致合同失效时,所有预付订洋一经甲公司知照,乙公司允以现款偿还,该款于上海或安庆交付之。

如有上项情事发生,在指定诸山内,凡由甲公司付款所购地亩、所建房屋、所置设备物品,均归乙公司用现款偿还。又有由甲公司付款所采出之铁砂,按照市价由乙公司收售,亦以现款归还甲公司。在前项各款未付清以前,甲公司得派人在山收取之。

九、乙公司向甲公司聘请工务长一人,主持售砂合同内各山工程之用人用款事务,其详细办事权限由乙公司与工务长另订合同订定之。乙公司如有充分理由并得甲公司同意,得将工务长辞退之,但其继任人仍由甲公司推荐,其办事权限等事仍照前任工务长所订合同办理。

十、工务长所管范围内进出款目各报册,应按单制造同样两份,送甲、乙两公司。

十一、本契约有效期以签字之日起五年为限,但若售砂合同延迟批准,应照延迟时间展长之。

十二、本契约一式两纸,甲、乙两公司各执一纸。

汉冶萍公司总经理　夏偕复(印)

副经理　盛恩颐(印)

振冶公司代表　方聘商(印)

总理　方履中(印)

中华民国十年七月五日

振冶公司订聘工务长合同

民国十年七月五日(1921.7.5)

振冶公司和观工程处经汉冶萍公司推荐周厚坤为工务长,兹由本公司延聘,订立合同如左:

一、重大事务由总理主持。

二、工程处设工务长一人,执行本处范围内工程上用人用款一切事务。

三、工程处内部之组织及员司之任用,除交际员外,均视工程之需要,由工务长随时订定,报告公司。

四、交际员之任用,应商由总理选定,并受工务长之节制,如交际员有不称职时,工务长得辞退之,仍由总理另选。

五、工程处应刊图记一颗,文曰"和观工程处",由工务长收执。

凡对本处内部文件加盖此图记为凭。

六、凡因工程而与地方发生交涉及其他重要交涉事件,应由工务长与总理函商核办。

七、本合同内办事细则,在荐用期内均适用之,如有修改,须经双方同意,方生效力。

八、工务长薪金用费等,在工程处开采工资内,由汉冶萍公司付给。

九、本合同有效期以自振冶与汉冶萍所订之售砂合同批准后,五年为限。

十、本合同照缮两份,公司与工务长各执一份。

振冶公司　方履中(印)

工务长　周厚坤(印)

中华民国十年七月五日

丁应午致周厚坤函

民国二十六年十二月三日(1937.12.3)

总工程师钧鉴:

　　敬肃者,奉十月二十一日钧函内开:以姑钓和观后钟工程处久经停办,应予裁撤,所有各职员佣工一并于本月内裁撤,职员各给予裁薪三个月,佣工给予工食一个月,士绅津贴送至十月为止;房屋即行退租。令即于函到后妥速办理完竣,与该处所有地产田租、历年粮券、捐票及各山存砂,一并造册备文具报核夺等因。并准会计所将裁薪等汇到,业经具报在案。现已遵将职处结束事宜分别办理完竣,所有各员役薪工及士绅等津贴,均截至十月为止。该员役等已陆续遣散,房屋亦已退租。惟姑山公司房屋向系按季付租,业与该经管人商洽,暂将公司现有家俱存放,俟来年春季再作计议。至前购姑钓两山田亩,原系二百四十九亩八分三厘,兹查所领土地管业执照,仅熟田二百四十七亩一分六厘,与原有亩数计少二亩六分七厘。询据县府换照事务所云,从前田亩多连沟荡在内,今已划分,除上项熟田外,另有水荡四亩五分,合之实有增无减,于业权并无变更。又原购基地划为宅地四十三亩,均已填发执照,共一百零六张。此项执照本应随文呈缴,只以田产重要之件现时邮局包裹又已停顿,拟仍暂行保存,容再寄呈。

　　再,姑钓各山存砂前奉电到沪筹商运输计划,当经函饬张司事四维查报,计共三万余吨,另折具呈在案。现既奉令结束,自不得不详加复查。是以连日以来,督同张司事亲至各堆砂地点,查姑山十九堆,钓鱼山四堆,和睦山三十五堆,观音山十二堆,每堆按高宽长面积,用英尺丈量,平均以点零五五六五五计算,约共三万一千四百余吨,核与前报砂数,大致尚属相符。刻已饬人妥为照料,在总公司未验收以前仍暂由午负责。此办理结束之大概情形也。

　　除将每月报册另文呈送外,理合先将亩数、砂数及历年粮券、捐票分别

造具表册送请鉴核,伏候酌夺训示祗遵。肃此。敬请

钧安

总事务兼会计员　丁应午谨肃

(十七) 泾县煤矿

夏偕复、盛恩颐致公司董事会函

民国七年七月五日(1918.7.5)

董事会公鉴:

奉五十六号函开:前以泾县煤矿应否购办,陈请核议一案,兹于本年七月一日常会公议:应先询问承勘之杨华燕君,照学理估计,泾县煤矿量何以有一百万吨,须确有把握,再行核议,函希查照等因。

查杨矿师查勘该矿具有洋文报告,其论矿量一层,以煤筋厚约三尺之三产煤处以半数计之,约二千亩,可得煤一百万吨,若再拓广四里,可得十里至十二方里之产,每处每年开二十五万吨,可至十五年及二十年等语。兹将该报告译汉另纸录呈并先派王冠英查勘该矿之报告一并抄附,以备参考。即祈贵会鉴核示遵。祗颂

公绥

总、副经理

方履中致汉冶萍公司函

民国七年七月九日(1918.7.9)

敬启者:

顷闻贵公司对于泾县转运问题有所研究,兹就鄙人夙筹计划,绘具图说送请公鉴,藉备采择。肃颂

均安

[附件]　运道办法说明书

一、拟设屯煤总栈于凉滩。三厂所出之煤以轻便铁轨运至凉滩;由凉

滩用高线运至西河,西河以下,用小轮拖运甚为便利。且贵公司以炼焦为主,转运尤为轻便。目前实无建筑铁路之必要(此项计划系就矿量丰富而言,若仅以一二百万吨计算,只须轻便铁轨至西河,足资转运矣)。

一、平地设高线,每里不过四千余元。由凉滩至西河,只需二十余万元,即由凉滩直达芜湖,亦只须五十余万元。成本既轻,且省购地交涉。每日可运二千吨以上(若炼焦则合生煤四千余吨矣),自以先设高线为宜。

一、宁湘路线由本矿区直达芜湖,此段路成,尤为便利,即暂不能成工,上项计划亦足自立。

总以上各计划,虽日炼焦二千吨,亦无建筑大铁路之必要。前闻王矿师原有主用高线之说,昨与杨矿师面谈,渠亦赞成此议。是此项计划本甚简易,按之事实亦甚明了,更无派人调查之必要。且兹事当上年十月间开议时,即请先派矿师调查,再行集议办法,自王矿师调查报告后,至本年正月始与夏经理磋商数次,已将一切办法逐条议定。夏经理为格外慎重起见,面商再派矿师赴山一次,详筹计画,约以四十日为期,即行照议决定。嗣经杨矿师调查报告,彼此因事牵率,至本月始行来沪,距初次集议时已八阅月矣。当兹煤铁竞争之际,若以此矿为合用,自应速行决议,合力进行,一面推广矿区,一面严密购地,所有手续均可积极筹备,利害出入关系甚大。至运道情形,本公司筹之已熟,但查照上项办法,决无问题,若再派人调查,所得仍不过如此,辗转迁延,又不知何日能定。于事既无丝毫之益,徒阻碍双方之进行,此中情形明达当能鉴及。鄙人创办此矿,颇历艰辛,轻弃既所不安,拓张又复不易,贵公司既以此矿合于炼焦之用,鄙人亦因此可稍卸仔肩。关系既切,自应知无不言,若仍一再稽延,近时事势一日万殊,甚非彼此前途之利。肝膈之言,诸祈亮察。

公司董事会致夏偕复、盛恩颐函

民国七年十月二日(1918.10.2)

总、副经理均鉴:

案查前准来函请租探泾县煤矿一案,上届临时会未经议决,兹于本年九月三十日特开临时会提出,公议:泾县煤矿,现据夏总经理到会报告,借给之款确有把握,应即准如总、副经理前函所请,先行租探一年,以定行止;六河沟煤矿仍应赶速续议云云。相应函知,即希查照办理。顺颂

公绥

董事会启

夏偕复、盛恩颐致公司董事会函

民国八年三月四日(1919.3.4)

董事会大鉴:

案查上年十月间,本公司提议租探泾铜公司泾县煤矿一年,以定行止,业将双方所拟议约具陈贵会核准在案。现在照约付租金一万元外,另应付该公司借款五万元,以符原议。除函会计所如数照付该公司,取具收据备查外,相应具函报告,即祈鉴察备案为荷。此致

公绥

总、副经理

盛恩颐致方履中函

民国十四年二月二十日(1925.2.20)

玉山先生台鉴:

屡劳枉顾,事冗未能多晤为歉。承交泾矿计划,业嘱敝公司专门人员将历次报告详细研究。据称:就各报告所载,该矿各种煤样所含灰分及硫磺成分太高,以之炼焦、炼铁,恐难收良好之效果云云。该矿之质既不合用,且矿量亦不丰富,敝公司目前经济又形竭蹶,是以暂时无意开采。特此奉达,即祈察照。祗颂

台祺

汉冶萍公司代总经理　盛恩颐

六、原材料供应

（一）外购土铁矿石

1. 振豫土铁

汉冶萍公司与振豫公司订立购买山西平盂昔土炉铁合同

民国七年九月七日（1918.9.7）

汉冶萍煤铁厂矿有限公司（以下简称汉冶萍）、振豫公司代表人周圭璋（以下简称振豫），今因汉冶萍向振豫订购山西平盂昔产出之土炉铁，双方订立合同，其条件如下：

计开：

一、定货数目　振豫售与汉冶萍土炉铁一万吨，惟声明振豫倘有短解数目，不得过总数十分之一。

一、订购价值　订明每吨一应在内净价天津公砝银七十五两正。

一、交货限期　自合同签定之日起准三个月以内振豫将承定之货一律交清，遇有天灾兵祸，非人力所能挽救之事，不在此例。倘因汉冶萍所发之三联运货单迟延若干日，则上列交货限期亦应照扣若干日。

一、交货地点　在天津轮船码头栈房会磅交货，由汉冶萍接收后，其栈租归汉冶萍担任。

一、定银担保　合同成立以后，汉冶萍先付振豫定银计天津公砝银二万两，振豫收到此项定银时须觅取殷实银行保证，以担保此项定银。

一、反悔议罚　倘合同签字后，无论汉冶萍或振豫如有一方面不能履行合同,须罚公砝银二万两。例如汉冶萍不能履行合同,即将定银公砝银二万两充作罚款;如振豫不能履行合同,则除交还汉冶萍定银二万两外,应另行罚公砝银二万两。

一、付价次序　振豫每次运货到天津在轮船码头栈房会磅交货后,汉冶萍应照磅见数目实收货物若干付给价银若干,所有汉冶萍已付之定银天津公砝银二万两在末次应付价银内扣算结清。

一、运货费用　振豫由出产地起运至天津轮船码头栈房内止,一切运费搬力均归振豫自认,惟三联单及关税等费归汉冶萍担负。

一、货物质地　汉冶萍磅收货物,倘临时发现不合式,物质与原样离奇,或有夹沙抹泥等件,汉冶萍准要当场剔退,振豫不得推诿。

一、收货磅秤　以法磅为准,合中国规定之秤一千六百八十斤为一吨。

一、起运确期　振豫何时起运及何时可以抵津埠,应预先电知汉冶萍接洽,以便汉冶萍届时派员磅收。

一、合同分执　本合同用华文照缮两份,双方各执一份为据,倘双方对于本合同有所争执之处,照仲裁例由双方各举公正人,以仲裁判定。

汉冶萍煤铁厂矿有限公司　盛恩颐

振豫公司代表人　周圭璋

中华民国七年九月七日

[附件]

汉冶萍煤铁厂矿有限公司(以下简称汉冶萍)与振豫公司(以下简称振豫)于中华民国七年九月七日订立买卖土炉铁合同内,有反悔议罚一条载明,如汉冶萍不能履行合同,即将定银公砝银二万两充作罚款,如振豫不能履行合同,则除交还汉冶萍定银二万两外,应另行罚公砝银二万两等语。是汉冶萍已有付出之现银作为罚款之保证,而振豫承认受罚之公砝银二万两若无担保,难资信守,惟合同取保又须将原文披露,现双方不愿将此项买卖合同宣示第三方面,特由振豫交出价值二万两之保证品(是项保证品限于殷实地产、相当股票),作为振豫受罚之保证,双方同意,特于正合同外附件证明。

计开：

中国通商银行股票二百股，股票、息折各十套（元记六十股，亨记八十股、利记六十股）。

汉冶萍煤铁厂矿股票一百股，股票、息单各十八套（敬慎堂二股票十套，敬慎堂十股票八套）。

苏五属建平县盐引票二百引，二纸（余庆福正引一百引、帑引一百引）。

以上共作公砝银二万两正。

汉冶萍煤铁厂矿有限公司　盛恩颐

振豫公司代表人　周圭璋

中华民国七年九月十一日

夏偕复、盛恩颐致公司董事会函

民国七年九月十一日（1918.9.11）

董事会公鉴：

据商务所倪代所长函称：现向山西振豫公司订购山西平盂昔所产土铁一万吨，准三个月内交货。由平定州出产地分批起运，系从正太铁路转入京汉，因该路运兵不能径达汉口，至石家庄再转京奉到津卸货，轮运到沪，转运至汉。其间转辗运输，运脚已属不赀，若再照完税厘，所费尤巨，手续亦繁。拟恳转请税务处援案发给免税护照，以利运行等语。查本公司购买华洋料物向无免税专案，惟此次购运山西土铁辗转运输，舟车互易，若沿途照完税厘，实所费甚巨。查前清奏定专章，华商机器仿造洋式货，于出口时经过第一关完纳值百抽五正税一道，沿途概免重征等因。宣统元年正月铁厂订购唐山洋灰公司所造火砖、水泥，经税务处复准于出口时由津海关征收正税，给发运单，沿途概免重征，进口时江汉关应查验放行，免征复进口税，咨行在案。购运土铁情事相同，拟请贵会函陈税务处特别通融，准其援照办理，以恤商艰而示提倡。祗颂

公安

总、副经理

倪锡纯致夏偕复、盛恩颐函

民国七年十月五日(1918.10.5)

总、副经理钧鉴:

　　前以振豫公司土铁待运,由吴股长焕荣商据振豫代表,拟由振豫借用三联运单,先行起运,所有应纳关税等费由公司照约担负等情,已于上月二十四日陈请核办在案。兹复据吴股长称:振豫代表已接到山西平定州起运之信,不日可抵津埠,惟此次借用联单,万分困难,抵津以后非有熟悉关税情形堪与洋关交接之员前往办理,恐多留难,拟请本公司即日遴派妥员赴津等语。查货到津埠,对于洋关事宜,须择熟悉洋务者前往担任,而会磅接收又须有能辨货质精于磅算之人,事关收货,责任匪轻,此两项人员均不可少。理合陈请鉴核,迅赐遴派妥员二名,速赴天津,分别办理,以免误事。专肃。敬颂

台绥

　　　　　　　　　　　　　　　　　　　　兼代所长　倪锡纯谨启

　　盛恩颐批:派宋子文办理关税,刁承祖监磅。两员均须克日赴津。

盛恩颐致宋子文函

民国七年十月二十三日(1918.10.23)

专启者:

　　据商务所函称:振豫土铁自津运沪,如何订定运船及监视提货、督饬起运,凡关于运输各项手续,请加派妥员,以专责任而昭郑重等语。合亟加委执事兼管运输事宜,即希查照。此致

宋子文先生

　　　　　　　　　　　　　　　　　　　　　　　副经理　盛

倪锡纯致夏偕复、盛恩颐函

民国七年十一月十四日(1918.11.14)

总、副经理钧鉴：

敬肃者,据宋君子文函称:上月初旬奉经理委派赴津承办振豫土铁运津联单及关税等事,迭经将办理情形陈请转报在案。嗣奉加委办理土铁由津而沪运输事宜,当以事繁费重,措置不易,禀承传谕,总以速运到沪为是,遂觅定裕记公司包运到沪,自天津出栈,扛力、驳力、关税、保险,至上海太古码头交货,一应在内,每吨计天津银十四两。准封河前运到三千吨至五千吨为度,其余俟开河后陆续接运,并由该公司出具揽载合同,订明一切。现计装运来沪已有多批,大致均属妥贴。尚有续办各事,有刁君承祖在津接洽,继续进行,子文于十一日回沪销差,并呈裕记包运合同陈请转报等情。

查该员办理土铁关税及联单事宜早经据情转报,至土铁由津而沪由裕记订约承运各节,办理均尚妥贴,以后刁君承祖在津接洽自不难循序进行。惟可否准予销差,加委刁承祖继续办理,以重责任之处,理合陈请鉴核示遵。专肃。祗颂

钧绥

兼代商务所长　倪锡纯谨启

盛恩颐批:宋子文准予销差,运输事归刁承祖兼办。

2. 宝华铁矿石

宝华公司与汉冶萍公司订立售砂合同

民国九年六月二十八日(1920.6.28)

汉冶萍公司(以下称甲公司)因铁矿不敷分配,议购宝华公司(以下称乙公司)安徽省繁昌县内所领矿区内铁砂,以资补助。业经双方同意订立合同如左:

一、乙公司允将所领农商部采字第八百十五号采矿执照矿区内箬帽岭、善峰山、稻堆山、横岭冲、金牛荡、野山、团山所出铁砂一百万吨,售卖与甲公司。该数未交足前,乙公司允不另售与人,甲公司亦不得借情推却,迟缓乙公司之进行。

二、铁砂含铁成分须以百分之六十分为标准,或百分之六十分以上,其不足标准之数者,甲公司仍有购买之优先权。

三、铁砂每年交数由双方协议定后,呈报官厅。

四、铁砂在江边码头过磅交货,所有装船费用及关税等项由甲公司自理,每百吨外加补耗二吨半。

五、铁砂价格由每年双方协议定后,呈报官厅。

六、砂价照甲公司实收吨数每季一结,其款于上海付给之。

七、本合同有效期以十五年为限。

八、本合同期满后双方愿照本合同各条继续签订,呈请官厅核准。

九、如有未尽事宜,随时由双方协商定之。

十、本合同照缮四份,一呈农商部,一呈实业厅,甲、乙公司各执一份。

汉冶萍煤铁厂矿有限公司总经理　夏偕复

安徽宝华铁矿有限公司总董　王石耕

经理　夏毓璜

中华民国九年六月二十八日

宝华公司与汉冶萍公司订立售砂合同解释条文

民国九年六月二十八日(1920.6.28)

汉冶萍公司与宝华公司因九[六]月二十八日双方所订售砂合同内各条有须解释之处,兹经双方同意解释如左:

一、售砂合同内第五条所云价格,系包括包工处一切用款外,另加宝华每吨净利银洋一元而言。惟每岁所购如在十万吨以上,除十万吨仍照每吨净利洋一元外,其自十万吨以上至二十万吨,每吨应核减净利洋一角;至二十万吨以上,每吨再减净利洋一角,过此不再核减。再,矿砂过磅应除去水分计算。

二、上条所订砂价付给办法，其中净利一项应按实收之数每季统算结清，倘汉冶萍届时不能付足，或宝华须先期预支，均可协商办理。

三、汉冶萍为表示诚意起见，允出订洋五万元，于合同经官厅批准后付二万元，于着手开工时付二万元，于出砂时再付一万元，每次由宝华另给收条为凭。此款俟交货时在砂价净利内按吨抽还国币大洋三角。

四、汉冶萍所推荐之包工，其办事权限由包工人与宝华订定之。其包工处一切责任由汉冶萍完全担负，如包工办理不合必须撤换时，仍由汉冶萍另荐，继续前包工合同办理。

五、如售砂合同所定吨数交足后，标准成分之砂尚未采尽时，又如售砂合同期满，吨数尚未交足时，双方愿依第一次批准售砂合同各条，除吨数另议外，签订第二次售砂合同，并照本解释条文签订第二次解释条文，惟该新订文件有效时期至少以五年为限。

六、本条文一样二纸，汉冶萍、宝华各执一纸。

汉冶萍煤铁厂矿有限公司总经理　夏偕复

安徽宝华铁矿有限公司总董　王石耕

经理　夏毓璜

中华民国九年六月二十八日

汉冶萍公司与宝华公司协定第一号交砂吨数价格书

民国九年六月二十八日（1920.6.28）

汉冶萍公司与宝华公司于九年六月二十八日所订售砂合同内第三、第五两条有每年交数及铁砂价格随时互相协定之规定，兹特双方同意订立第一号协定如左：

一、本协定有效时间自民国九年八月一日起至民国十年八月一日止，共计一年。

二、该年交数为二万吨。

三、该二万吨价格为每吨国币大洋四元正。

四、本协定一式三纸,一纸呈实业厅,汉冶萍、宝华各执一纸。

汉冶萍煤铁厂矿有限公司总经理　夏偕复

安徽宝华铁矿有限公司总董　王石耕

经理　夏毓璜

中华民国九年六月二十八日

宝华铁矿有限公司与宝华包工处订立包工合同

民国九年七月二十五日(1920.7.25)

宝华公司(以下称公司)与汉冶萍所荐之包工处(以下称包工)双方同意订立合同如左:

一、公司所领农商部采字第八百十五号采矿执照矿区内箬帽岭、善峰山、稻堆山、横岭冲、金牛荡、野山、团山铁砂约一百万吨,归包工包采,并转运至江边。

二、包价随工料市价之高下随时议定之。

三、一切费用先由包工垫付,每季由包工处向汉冶萍直接清算付给,其详细款目,于第八条规定之。

四、包工所采之砂,须在江边堆齐一处,由公司或公司矿砂买客派人单独或会同过磅点收,将逐日收数每季汇齐结算之。

五、包工所采矿砂,含铁成分以百分之六十分为标准,其不及标准之数者及块量直径英寸六寸以上,买客不收,公司不收。

六、公司允设法使矿权、山权及地方公益等事不发生纠葛,或有纠葛亦设法料理清楚,总使工程上不生障碍,包工得以自由施工。如包工须建筑运道,公司允以至诚之意,于购地等事极力协助。

七、公司所有房屋、工具、器件、地面、图样及已完之工程,允借与包工使用,不取代价。

八、包工应垫之款如下:

甲、法律上规定费用:矿区税及矿产税。

乙、工程上直接费用:开采所需一切设备、薪工,又转运所需一切设备、薪工。

丙、工程上间接费用:因工程转运发生交涉之全费,常年津贴、临时交际联络等费之半费。

丁、不动产之购置:关于转运必需之地价。

九、公司应出之款如下:

矿权、矿山、地亩、路港发生交涉之全费,常年津贴、临时交际联络等费之半费,地方公益善举等费之全费。关于开采必需之地亩,归公司备价购置。

十、公司与汉冶萍所订售砂合同,经官厅批准后,包工即须进行开采,不得延缓。

十一、本合同年限以吨数采足为止。

十二、本合同有效时间除天灾人祸外,如有矿权矿区及公司方面发生障碍,无论何种性质以致合同不能履行之时,所有包工已垫之款归公司完全偿还。

十三、本合同期满后,如该矿量超过原订吨数者,本合同得继续有效,以砂尽为止。

十四、本合同一式二纸,公司、包工各执一纸。

安徽宝华铁矿有限公司总董　王石耕

经理　夏毓璜

宝华包工处代表　刘朗

中华民国九年七月二十五日

宝华包工处与宝华铁矿有限公司订立第一次包价合同

民国九年七月二十八日(1920.7.28)

宝华与宝华包工处于九年七月二十五日双方所订包工合同第二条有包价随工料市价随时议定之规定,今双方议定民国九年八月一日至十年八月一日止,一年内每吨包价为国币大洋三元正。

宝华包工处代表　刘朗

安徽宝华铁矿有限公司总董　王石耕

经理　夏毓璜

中华民国九年七月二十八日

3. 象鼻山铁矿石

夏偕复、盛恩颐致公司董事会函

民国十年五月十三日(1921.5.13)

董事会公鉴:

　　查本年应交日本制铁所矿额,内有象鼻山矿石五万吨,该所购价定为每吨银币三元五角,当经陈明该价能否照购,应俟与湖北官矿公署磋商后,方能定准,一面即函汉厂吴厂长先向官矿议价,屡经接洽,照该所定价之数万难就绪,由三元五角累加至三元八角,官矿似已首肯。嗣以扬子公司等处售价均系四元一角,闻此价值较廉,群疑官矿受贿,竞腾异说,官矿深恐议会出而干涉,因而中止。而本年交额既经订有象矿五万吨,价不议妥,即无从购交,虽对于制铁所并不负责,然议不成交,适示本公司能力之薄弱。因于上月间,偕同会计顾问赴汉与官矿何督办晤商,先议砂价,后议成分,磋商历匝月之久,始行定议本年购矿五万吨,嗣后每年二十万吨,以五年为限。砂价本年五万吨,十一年二十万吨,均照四元一角,九五折实为三元八九五,嗣后则照普通市价,于每年一月议订一次。成分以含铁百分之六十分至六十二分为标准,其在六十分以下及在六十二分以上,每多少在百分之一,则每吨矿价增减一角,如在五十分以下者,不收。偕复当以所议成分虽已迭次磋商,尚有未尽惬意之处,然在此一月之中,会议屡有反复,暂置不议,未尝不可稍得善果。而会计顾问以为,此次如不即订,夜长梦多,或致别生枝节,妨害公司政策。所言不为无见,因即照此订约,于五月七日签订合同。

　　查制铁所购本公司矿价为日金三元八角,兹订价为银币三元八九五,金价低昂原难预定,若以金贱相衡,则此订价似未为廉,然为保障公司计,其利有三：制铁所以近年我之交不足额，势将破坏合同，自购他矿，如本年之购桃冲矿石，即其见端。兹有五年订有一百万吨，嗣后交额资以补助，即可抵制该所之外求，即以保障合同之权利，其利一；我公司对于鄂省具有历史关系，兹复订约购砂，又进而为交易，嗣后如有相需之处，形迹较为接近，即情谊易于疏通，其利二；汉冶并炼，需矿日多，冶产本不丰富，开拓又属困难，今订此约，不啻为本矿保存一百万吨之产，其利三。有此三利，即订价稍昂，似以无形之裨益，补此有形之损失而有余矣。

理合将订购象矿情形具报，并照抄合同一通，送请鉴核备案。肃颂
公绥

总经理　夏偕复

［附件］　订购象鼻山铁砂合同

汉冶萍煤铁厂矿有限公司与湖北官矿公署订购象鼻山铁砂，双方订定条约如左：

一、售砂吨数及交货期限　民国十年份售矿砂五万吨，嗣后每年售砂二十万吨，以五年为限。每年订售之矿砂，均于每年十月前交足，至每月交砂若干，嗣后得随时商定。倘五年之内，或因天灾地变，以及各种不可抗力，不能开采，以致不能交砂时，得双方协议办理。

二、交货地点　沈家营江边官矿署码头会磅，船上交货。嗣后如须在他处交货，得再行商议。

三、成色　另定成色标准清单附后。

四、化验　交货时彼此派人会同取样化验，另外将样封储两匣，一存汉冶萍公司，一存象鼻山矿局，如因化验分数争执时，即将封存之两匣小样，交双方选定之局外化验师定断。

五、水分　按照化验之结果，除去水分，以干量为准数。

六、价值　十年份之五万吨、十一年份之二十万吨，定价每吨四元一角，九五折扣，计实价洋三元八九五；嗣后每年定价于本年阳历一月议订一次，其议价标准比照普通市价斟酌定之，但每年订购之砂，应俟议定砂价后

开始交付。

七、付价　按照每月交收矿砂吨数,一月一结,凡上月交收之货,于下月十五日在汉口照付价银。但汉冶萍公司应预付全年砂价十分之一为定银,此项定款,即在每月所交砂价内按十分之一扣还。

八、加耗　每百吨矿砂另外多交二吨半,作为沿途转运之亏耗。

附象鼻山铁砂成色标准清单:

铁,矿砂每一百分之内以有铁六十分至六十二分为标准,均得一律交收,于议定价值不得有所增减;但矿砂所含之铁如在六十分以下,则每少一百分之一,每吨减价一角;如在六十二分以上,则每多一百分之一,每吨增价一角。

矿砂含铁在一百分之五十以下者,一概不交。

锰,矿砂每一千分之内,以有锰不过五分为准色,但矿砂所含之锰如多于上定准色,则每多一千分之五,每吨加价一角。

矽,矿砂每一百分之内以含矽不过十分为准色,但矿砂所含之矽如多于上定准色,则每多一百分之一,每吨减价半角。

矿砂含矽在一百分之二十以上者,一概不交。

磷,矿砂每一千分之内,以含磷不过三分半为准色,但矿砂所含之磷如少于上定准色,则每少一千分之一,每吨加价一角;如多于上定准色,则每多一千分之一,每吨减价一角。

矿砂含磷在一千分之五以上者,一概不交。

硫,矿砂每一千分之内,以含硫不过一分为准色,但矿砂所含之硫如多于上定准色,则每多一千分之一,每吨减价半角。

矿砂含硫在一千分之五以上者,一概不交。

铜,矿砂每一千分之内,含铜过二分以上者,一概不交。

以上增减数目,依小数计算之,譬如铁之成分为百分之五八.五五,则减价一角四分五厘;又如铁之成分为百分之六二.二五,则增价零角二分五厘。上下增减数目,以此类推,其余各项成分均仿此计算。

矿块大小　每一矿块最大不得过四十磅重。

本合同缮具三份，汉冶萍公司一份，湖北官矿公署二份。

湖北官矿公署督办　何佩瑢（印）

汉冶萍公司总经理　夏偕复（印）

中华民国十年五月七日

夏偕复、盛恩颐致吴健函

民国十二年三月十日（1923.3.10）

径复者：

接二十三、二十四两号来函，以象矿采砂不多，恐误厂用，函准官矿署复询月需交砂若干，及付款办法，抄函祈示，以便转复等情，具悉。查本年冶矿产额，预定四十五万吨，以二十五万吨交制铁所，余二十万吨供汉冶两厂，约尚不足十四万吨上下，此十四万吨或由冶采，或用象砂，计尚未定，已两电官矿署，询其能交实数，再定计画，现尚未准复到，即希尊处再询其能交实数，得复后示知，以便定断。至付款办法，即复以照合同办理，最为冠冕。此时汉厂需砂，应先尽冶矿运用，以免延误也。官矿署来去电抄附查阅。此致

汉厂吴厂长

总、副经理

何佩瑢致夏偕复、盛恩颐函

民国十二年八月二十四日（1923.8.24）

棣山、泽承仁兄经理阁下：

接奉惠书，诵悉种切，新秋气爽，履祉百宜为颂。承示各节，尚有待商之处，兹逐条答复，即祈垂察。

一、砂价　每吨三元六角，既经双方迭次商议，自可照办。

一、铁分　按照合同及迭次声明，应以双方会同取样化验之平均成分为标准，前据贵汉厂化验股长黄锡桂暨敝署化验主任方家耀于八月十一日会同报告，象鼻山铁砂据双方逐日所得铁分水分之化验表，用学术上之平

均法,取其平均铁分,得百分之五九.七七,水分得百分之七.七四,彼此俱无异议云云。是铁分既经双方会同检定,当然以五九.七七为标准。前敝署复吴任之君函,本有砂价每吨三元六角,再于成分或水分设法弥补,以一角为度之声明,刻经双方会同报告化验之平均数,嗣后铁砂成分应即作五十八分七七计算。

一、水分 既经双方会同检定为七.七四,应即作为七.七四计算。

一、雨天收砂 查原订合同业经载明扣除水分,以干量为准,雨天收砂毫无影响,自无再行加耗之理。贵公司与制铁所订合同规定不同,自难援以为例,如必须照贵公司交制铁所办法,则原合同扣除水分一节应即删去,以免重复。

一、加耗 查二.五加耗,合同上原载明为补沿途之损耗,初交之五万吨系在贵汉厂磅收,沿途之损耗已由敝署认之,当然不能再行加耗,致敝署受加倍之损失。至云截至本年五月止尚有磅亏四千余吨,此层按之手续事实,敝署均不能负责,应仍照磅收数目结算,以昭公允。

一、交额 按照合同,贵公司每年购砂二十万吨,系以五年为期,兹为变通起见,拟自明年起定一确数,以便双方遵守,自无不可商量。但贵公司明年拟收之数须与合同原定之数相差未能太远,且于规定全年砂数应按月摊收,以免敝署受意外之损失。

一、付价 应查照迭次声明,以咨部核准减价之日起,每吨作三元六角计算,以前交之砂仍应照合同原价结算,以符原议。嗣后付价须照合同规定,上月所收之砂于下月十五日结算付款,如贵公司不能按期付款,须照汉口市面借款例认息,以弥补敝署挪款认息之损失。

以上各节,敝署因与贵公司交易有年,格外通融,藉全交谊,务祈迅予惠复,以便依据进行,不胜企盼之至。专此。敬颂
台绥

弟何制佩璿拜启

夏偕复、盛恩颐致何佩瑢函

民国十二年九月十三日(1923.9.13)

韵珊督办阁下：

接奉八月二十四日赐复，祗悉。前函商恳各件，尚有未蒙谅解之处，兹再陈复如下：

一、铁分　平均化验，得百分之五九.七七为标准，既承允于每吨三元六角之外，再于铁分弥补一角，嗣后铁砂成分，即作五八.七七计算，自应遵照办理。

一、水分　照七.七四计算。

一、雨天收砂　虽未载明合同，然亦事所恒有，敝公司交制铁所矿石，即有雨天加耗之成例，自可援照办理。好在雨天多半停工，即收砂亦属少数，此层应请保留，以便讨论。

一、加耗　查自会磅以来，截至本年五月底止，实亏磅四千余吨，敝处为郑重合同起见，自不能于应行加耗之外，再有请益。至初交之五万吨，虽在汉厂磅收，实为贵矿磅秤未成之故，应请照加，以符合同，而免亏耗。

一、交额　自明年起，由敝公司预算实用确数，知照贵公署，作为一岁应交之额，但须按月摊收，自可遵办。

一、付价　在本年一月一日起，所收之砂即照此次议定减价算付；其在本年一月以前交者，自照原价结算，此节务祈照允。至上月所收砂数，应于下月十五日结算，如有愆期，认付八厘利息，以资贴补，惟定银则请免除。以上各节，实系仰体维持，格外克己，务恳俯赐鉴纳，如请施行，不胜感荷之至。专复。祗颂

勋安

汉冶萍公司总、副经理

何佩瑢致夏偕复、盛恩颐函

民国十二年九月二十七日(1923.9.27)

棣山、泽承仁兄经理阁下：

　　接诵九月十三日台函,敬悉一切。铁分水分既系双方派员检定,减价一角一层,亦系双方同意,彼此自无异议。雨天收砂一节,暂为保留,亦可照办。惟加耗一节,敝署迭次声明,仍未蒙贵公司谅解。查加耗系弥补沿途损失,所有初交之五万吨,既经运至贵汉厂然后磅收,则沿途之损失已为敝署所负担,自无再补之必要。且原合阿曾载明,交货地点有变更时,得双方议定之之语,敝象矿磅台未成,虽蒙贵公司通融暂为磅收,然仍无违反合同之处,且扬子公司收砂亦在该公司码头过磅数年之久,该公司毫无异议,自未便因贵公司之要求又贻扬子公司以口实,碍难之处,尚祈亮察。

　　至付价愆期认息八厘一层,查敝署向市场通融款项,照行市认息,总在一分五厘以上,贵公司认息八厘,是敝署明受亏累,此层拟改为如有愆期,照市认息,以昭公允。

　　又定银一层,合同已经载明,各公司罔不如是,且系商场交易之定例,碍难免除。至减价日期,原议以咨部核准之日为始,惟事实上来日无多,自应特别通融,拟请部中准以吴厂长来敝署商定之日为始,似此办法,较为妥善。

　　总之,敝署与贵公司交易日久,无不格外通融,惟敝署系官营业,上有政府之督责,下有人民之监察,若让步逾于范围之外,斯诽谤集于一人之身。此种困难,谅在洞鉴之中,诸希原谅。即请查照,迅予示复为荷。专复。敬颂

台绥

弟何制佩瑢拜启

夏偕复、盛恩颐致何佩瑢函

民国十二年十一月十九日（1923.11.19）

韵珊督办阁下：

月之十四日，渤奉一缄，计登签掌。前接本月二日台函，以敝处所请减价起算日期，及恖期认息各节，为极正当之理由，极诚恳之表示，仍未蒙垂谅，觫望殊深，谨再渎陈，尚乞鉴察。

查此次商请减价，因铁市疲滞，砂价过昂，愈形亏累，既荷维持，酌予减让，自应从本年一月起算，既可划清界限，藉以稍纾困难。此系特别情商，本非普通习惯，亦无先例可援，尚乞格外通融，俯允照准，是所感祷。

至付价恖期认息一节，前函已经声明，如遇金融圆活之时，本属不成问题。兹因力顾信用起见，不得不仰副尊意，勉认八厘，实属格外克己。来示必责以照市认息，并定金不予免除，惩处未免过严。盖定金虽可扣回，然系整付零扣，月须负息，担负益形加重，实属力有未胜。仍恳垂念为难情形，准照八厘之请，并免付定金。此事往返函商，已历数月之久，长此迁延，终无结束。务祈俯赐容纳，俾得早日解决，依据进行，双方均感便利。夙承关注，当荷鉴俞。专渤。祗颂

勋绥

不具

汉冶萍公司总经理

副经理　假

李裕致夏偕复函

民国十二年十一月二十八日（1923.11.28）

经理钧鉴：

敬启者，象鼻山方面派其矿山主任方家耀君携西泽介绍书来制铁所与长官直接交涉，贩卖矿石。长官谓须得汉冶萍方面之了解方能直接谈判，方君又拟向各方面活动，务求贩路。方君本裕旧日相识友人，此次偶然同

船而来,又求裕介绍往晤制铁当局,是以裕得知其详。裕想此事关系非小,稍不注意,即演成桃冲第二,则公司前途又生一阻碍矣。制铁所表面意志与官矿交涉,似属有碍萍公司条约,然间接谈判则购物唯利是视,当亦不之拒却也。方君意谓官矿受萍公司垄断,诸多不便,即间接能成交易,亦不惜减价出售。第一着拟直接与制铁所交涉,直接既不能成功矣,第二着拟求经理谅解,允其向制铁所直接贩卖。第二着不行,则第三拟与三菱、三井或东亚通商交涉,间接售于八幡。方君云,长官谓经理不久当东来,拟俟经理来时当面交涉。现在专从第三着进行。情形如此,望经理早图画之。然此非裕分内所关,以其影响于公司者颇巨,是以不敢含默,用将详细奉闻。专此。即叩

钧安

李裕谨上

夏偕复致何佩瑢函

民国十二年十二月十日(1923.12.10)

韵珊督办阁下:

　　敬复者,刘君谦来沪,出示惠缄,并述尊意,祗承一是。贵公署拟与八幡制铁所订售矿砂一节,事关变更契约,关系重要,非复等权力所能提议。至敝公司订购贵矿铁砂,岁为二十万吨,本系应尽之义务,只以年来经济困难,未能如数购足,至深抱歉。前议砂额隔年预定,已承惠允,兹将十三年度购额准定二十万吨,一切悉照合同办理,预为报明,即祈鉴察。惟砂价系一年一议,目下铁市极疲,砂价自应减小,祈照十二年度允减之数再予减让若干,示知协定,并请将本年减价起算日期查照前请,即赐复准,俾便清结,是所感荷。专复。祗颂

勋安

汉冶萍公司总经理

夏偕复、盛恩颐致何佩瑢函

民国十三年三月二十一日（1924.3.21）

韵珊督办阁下：

　　春日载阳，敬惟勋履延厘，荩筹益懋，慰如远颂。购砂议价各事，据吴厂长旋沪报告谒商情形，具荷关垂，至纫雅谊。兹将议有就绪，及尚待磋商者，分条函达，即祈鉴察。

　　一、本年砂价，购额二十万吨，颐前在东时，与贵矿方主任议明，统照日本购价为本年价率，当由方主任电奉复示，交日砂价照允，自用则须另议。此次吴厂长就商，承以十万吨以内，每吨为三元三角；十万吨以外，全数为三元二角，具征关爱。惟查中日汇兑涨落无定，如以一时之汇率定为价格，将来双方互有受损之处。敝公司所需矿石，蒙贵公署允售，为数匪细，且系久远之局，非若一二次之交易，虽有损失，可无大碍，故必为双方互益之计。敝公司抱斯宗旨，是以议所得于日本一方面之价，献为贵公署供给敝处之价，不于其中牟有丝毫之利。即以市价而论，敝公司所得于日本方面之价，尚不为少，并非使贵公署故示贬抑，凡此微衷，亮蒙垂察。近年铁市低疲，敝公司经济异常困难，如使所购之价高于所售之价，则万难办到，用敢竭诚奉商，仍祈俯予维持，准照原议，统照日价计算，铭感无既。

　　一、十二年减价起算日期及最初五万吨加耗两事，已据吴厂长商承惠允减价，自是年阴历正月初一日起算，五万吨加耗，各认其半，谨遵照办理。

　　一、雨天运矿扣水，请照制铁所雨天收矿办法一节，刻已函饬冶矿查案具复，俟复到，另再送请核夺。

　　一、据吴厂长报称，官矿山厂，用以卸矿于火车之滚板，计分两种，卸扬子矿石时用板较好等语。彼此同属购户，自应同一待遇，应请转谕矿山主任，将此项滚板改为一式，以昭公允。

　　以上各节，敬祈查照示复，即便定议进行，无任感荷。专肃。祇颂
台安

汉冶萍公司总、副经理

夏偕复、盛恩颐致公司会计所函

民国十三年四月二十六日(1924.4.26)

径启者:

本公司购用象矿铁砂,十二年度砂价议定减为三元六角,再于成分内扣去一角,实减为三元五角。惟减价起算日期及最初之五万吨加耗,与官矿何督办迭次磋商,兹已解决。减价起算日期以十二年阴历正月初一日起算,最初五万吨加耗,各认其半。用特函知,希由贵所函告汉厂会计处查照上项两事,与官矿署将十一、十二两年砂价结算清楚具报,以清界限。除函汉厂长接洽外,此致
会计所赵所长、金副所长

总、副经理

周厚坤致夏偕复、盛恩颐函

民国十三年五月十一日(1924.5.11)

总、副经理钧鉴:

象砂交日方法,迭据官矿派员来商,或由该矿自备车辆运至石灰窑,或由该矿运至詹本陆与我方接轨地点,再由我方派车头拖运。照第一方法,应由该矿认我铁路及码头费。照第二方法,是以一车头可以直达者乃用二车头,且卸后空车仍须送回。此两办法,均嫌复杂。再三磋商,惟有在沈家营或山厂交货较为便捷。如在山厂交货,我车自运至石灰窑上船,只须于矿价内酌扣运费起卸费,并略补该矿路费,我方于一星期内即可有十五小车前往装运,俟一月后,该矿山厂码头完工,则大车亦可装载。所有与官矿磋商运交日砂情形,除电陈外,合再函报,伏祈鉴核是幸。

再,象矿质地较松,存沈家营汉矿两万余吨已历多时,难免亏耗,现改作日矿,原系通融办法,其亏耗责任不能由我方担负,故函致官矿刘处长叔光郑重声明,虽经其口头允诺,然迄今尚无书面回答,谨将函底电底四纸附

呈垂察。恭叩

钧安

季厚堃谨启　周厚坤代

何佩瑢致盛恩颐函

民国十三年十二月十三日（1924.12.13）

泽丞仁兄经理阁下：

　　前奉十月四日惠函，当经函知敝署现时驻东方主任家耀与贵公司叶所长商办。昨奉十二月五日台缄，诵悉一切。查敝署与贵公司所定之售砂合同重量原定在沈家营过磅，外加二五耗，历年照办无异。嗣因代交八幡之砂，贵公司不愿照此办理。旋接夏经理函附白仁长官二项意见前来，敝署因恐水尺出入太大，故只得采用八幡磅见方法试办一年，以便斟酌损益，再定将来之办法，当经函复在案。不料贵公司又停砂不收。嗣接夏经理来电，以水尺加二五耗办法为有利。敝署因恐停收过久，江水日浅，恐影响于运输，故特派员赴港与西泽君、季厂矿长面商，以期迅速解决。当由三面议定，暂以八幡磅见为准试办一年，然沈家营磅台之数及水尺彼此均须详加登记，以供参考，为来年确定办法之基础，并函复季厂矿长，请其转达夏经理在案。惟迭接贵公司叶所长及方主任代述贵公司之意，均以水尺加二五耗为有利，然敝署就叶所长所交之八幡砂价表详加审查，似觉无甚差别，且白仁长官提案只言水尺未言二五耗，究不知此中有遗漏否？总而言之，敝署既以八幡磅见方法试办一年函复在先，自应维持原议，以固信用。至嗣后之办法，昨日函饬驻东方主任就近与叶所长商定，因此间对于水尺之种种疑窦不能解决，只要有利无损，敝署固无不乐从也。专此奉复。即颂

台绥

愚弟何佩瑢拜启

民国十四年度交砂议定书①

民国十四年五月五日(1925.5.5)

一、本年度代交制铁所矿砂吨数,仍照正式合同购用二十万吨,至少须收足十五万吨,不得短缩,如汉冶两厂自用,亦可随时照拨。

一、本年度交制铁所砂价,每吨日金三圆八十钱,内以每吨十钱为汉冶萍东京事务所手续料,每吨十八钱五厘为汉冶萍总公司手续料,官矿净得每吨日金三圆五十一钱五厘。

一、本年度付款办法,于每船装至制铁所复磅后,计算砂价,应交现金全额十分之六,并由日本正金银行收入官矿署户记,以便随时由汉口正金银行支店提用。余数每月终结算清楚,由汉冶萍照数出具三个月期票,到期照兑。倘延期不交,应由汉冶萍负责办理。

一、本年度预付定金日金六万圆或国币四万五千圆(照兑款时按正金市价折合日金),由汉冶萍分书六、七、八三个月期票(交付时另书收据),由现金六成砂价项下分七、八、九三个月扣清。

一、交砂过磅先由双方会磅,次由双方同量水尺计算概数,最后由八幡复磅以凭核算,但本年度内会磅、水尺、复磅之三种吨数无大差异时,嗣后再继续照此办理,设三种吨数相差过巨时,再由双方另议办法。

一、本年度交制铁所之砂既以复磅为凭,所有前订之加耗及除水分两项应即取消。至成分照汉冶萍自交八幡办法办理,如汉冶两厂拨用之砂,所有加耗除水,仍照上届议定办理。

一、本年度内汉冶萍收砂数量如能收足二十万吨,官矿当予汉冶萍日金五千圆之报酬;如汉冶萍不能收足二十万吨之数,汉冶萍当予官矿日金五千圆之津贴;如官矿不能交足二十万吨时,则官矿亦当予汉冶萍日金五千圆之津贴。

一、官矿运道如不敷用,商由汉冶萍代运者,每吨须收运费国币七角

---

① 自民国十四年四月一日起至十五年三月三十一日止。

五分。

一、本议定书自双方签字后发生效力，各执一纸为据。

汉冶萍公司总经理　盛恩颐

湖北官矿公署督办　郑万瞻（方家耀代）

中华民国十四年五月五日

汉冶萍公司与湖北官矿公署订定交砂办法

民国十四年五月五日（1925.5.5）

一、十四年度汉冶两厂拨用之砂价，照制铁所扣付官矿署净得之数计算。

二、十四年度交制铁所之砂另分堆一处，归官矿负责照交，所有上届拨用沈家营码头汉厂之砂，上船亏耗归前年度结算照除。

三、十四年度汉厂用砂沈家营磅收之时，如遇雨天，此砂即改堆存制铁所一处，俾免汉厂吃亏水耗。

四、十四年度照议定书所议办法，如有相当成绩，来年自用砂价项下当较本年度净得价格酌减若干，以示优异。

汉冶萍公司总经理　盛恩颐

湖北官矿公署督办　郑万瞻（方家耀代）

中华民国十四年五月五日

赵兴昌致盛恩颐函

民国十四年十月二十四日（1925.10.24）

总经理钧鉴：

谨启者，此次兴昌与制铁所磋商加价已有眉目之际，与吉川顾问谈及东方公司本年份应交制铁所之象砂五万吨，按照合同每吨本公司仅取佣日金五十钱，所有其余加得若干仍须照给东方，如此东方竟不费丝毫心力，坐享其利，未免便宜太甚。似应与公司相商，于此项加价之内分润本公司若干，以昭公道。兴昌当时因吉川顾问原系该合同内中证人之一，即恳托其于加价数目未决定以前先与东方公司磋商,俾易解决,吉川顾问亦允承商此事。后加价日有把握,兴昌又与吉川顾问一再提及此事,察其态度似非有总经理之正式委托,不愿多事,故特发文电请钧座委托其与东方公司磋商。及十五日加价之事定议而钧处关于此事尚无示复,兴昌正虑此事如羁日过久,加价数目为东方探悉,即不易磋商,适于此际叶所长因事东上,兴昌因叶君亦系该合同内中证人之一,当即托其与东方相商。拟定姑先予以去年之价格,如东方不允,则以达到所加之价彼此各半匀分为标准。不意相商之下,东方竟能就我范围,遂立以书面与该公司订定本年价格为每吨日金三圆八十钱。此事兴昌因恐时机一失,交涉较难,故未及俟奉到钧处复电,即遽与定议也。嗣后东方又屡来要求,象矿之砂可否先尽该公司装运,并该砂价商由正金银行按批在东京直接拨付等情。兴昌告以装运先后之权不在本公司,该公司可自商之象矿;至于交付价款办法,由银行按批直接拨付,银行定不允照办。用特具函知照该公司,声明每批砂价船开行后,本公司收到制铁所付款时,即先付八成,余二成俟制铁所磅收付款后再照磅见实数找足,该项款价均在沪以日金支票付给。东方对此亦甚满意。

所有此次兴昌与东方公司前后交涉情形,理合详细陈报,并将致该公司订价原函译文附及付价办法洋文函抄稿各一件,呈请鉴察备案是幸。专肃。恭叩

公绥

赵兴昌谨启

季厚垫致盛恩颐函

民国十四年十一月五日(1925.11.5)

总经理钧鉴:

奉九二号函谕:本年交制铁所象砂十万吨,至九月底止,除已交外,尚欠二万四千余吨,又向东亚移转象砂五万吨,一并转商官矿速交等因。

查本年四月起,至十月底止,已交制铁所象砂九万六千八百八十四吨二百五十千份,再加沈家营码头现存二千余吨,所差仅约一千吨,三四日即

可交清,自可勿须再催。惟东亚移转之五万吨,制铁所大冶出张所亦派员面请转催,即经一并函达官矿运矿股长,兹接复称,续订象砂五万吨,如系由东亚转交,则应由贵公司会同东亚收砂员三面会磅,即堆存于东亚码头。如仍直接交八幡,则应请贵公司收砂员会磅,即可堆存于八幡码头。而将来由东亚装运,此须请贵公司与东亚或八幡商妥后,通知敝矿照办。现在八幡、东亚两码头存矿均只一二千吨,容易退出,若另腾码头,势难做到。鄙意似以堆存东亚码头为宜,尚希酌裁。再,现距封江之期不远,如该公司能继续来船,不至脱档,大约可交运二万吨之谱。至原订十万吨之数交足后,应否停交,亦请迅速示知等语。按钧函内开:关于东亚方面,派船出砂等事,据东亚代表云,可自向制铁所、官矿分别接洽,则交砂一层,似已可不再经东亚之手。且东亚购砂向以沈家营会磅以数为准,我公司则以八幡复磅为准,如此次五万吨照该矿来函堆存东亚码头,将来八幡复磅设有短少,谁负其责。因函复官矿即堆存八幡码头,从速交货,并声明与该公司直接订购之十万吨,同一办法,由八幡磅见为凭,惟不知矿能否同意。又,该矿所询十万吨交足后,应否停交一节,经答以俟东亚五万吨交清后,再行函达。此五万吨大约明春可以交足,以后应否续收,以备来年交额,仍祈赐复。所有与官矿接洽交砂情形,理合函陈。伏祈垂察是幸。恭叩

钧安

季厚垄谨启

盛恩颐、潘灏芬致何佩瑢函

民国十四年十二月十八日(1925.12.18)

韵珊先生阁下:

迭奉惠缄,嘱将十三年度交砂付款详开细帐,以凭结算而清手续等因。当饬会计所结算,兹据开送自十三年一月份起截至十四年三月底止,台端任内交砂付款详细帐目到处,撮其大要,条列如左,即祈鉴察。

一、交砂计分三起,一交沈家营运汉厂之砂,一交冶厂之砂,一交运日制铁所之砂。

一、交砂数目　查交汉厂毛砂六万一千二百八十五吨二百五十千分，其中除运日二万六千八百零三吨七百五十千分外，计三万四千四百八十一吨五百千分，折合净砂三万一千零三十六吨七百十四千分三。交冶厂毛砂一万八千四百九十八吨五百七十七千分，折合净砂一万六千六百五十吨五百二十四千分。运日砂连耗八万九千六百八十七吨五百千分，磅见净收八万四千八百七十一吨五百七十千分。总计净砂十三万二千五百五十八吨八百零八千分三。

一、砂价　上年砂价，议定照制铁所付给敝公司之价结算。查制铁所所给砂价，上半年每吨日金三圆五十二钱，七月起，每吨日金三圆八十钱。是年上半年交毛砂五万零四百四十八吨九百七十五千分，其中八月内运日一万五千九百六十七吨四百七十五千分，系在上半年交到，理应照上半年价格计算，合并入下半年运日砂内，照日金三圆八十钱算价，以表优待。

一、价目　以上三项砂价，共计日金四十八万九千一百六十七圆五十九钱三厘，折合银洋三十五万二千八百四十六元六角七分。除交冶厂砂系由该厂放车自运，照议定每吨扣运费洋七角，共扣运费洋一万一千六百五十五元三角六分七厘外，计净洋三十四万一千一百九十一元三角零三厘。

一、汇率　上年议定每月交汉冶砂价，按月一结，照该月十五日日金兑挂牌行市折合银洋，运日砂价，按每月实收制铁所款数，照该月半汇率折合，所有十三年一月起至本年七月止，每月十五日汇率，由大阪事务所向正金总行查抄挂牌行市，开单寄沪。兹并附送，以昭核实。

一、付款　计自十三年一月起至目前结帐止，历次付现并已兑期票，共计付过洋三十四万九千九百八十五元四角九分三厘，实透付洋八千七百九十四元一角九分，应请将未兑期票七万元退还注销，并将透付之款如数清还，以清款目。

兹再将详细帐目另纸开送察核。除将未兑期票七万元函知汉厂止兑外，相应函达，即祈查照，将透付未兑期票迅予退回，并将透支现款八千七百余元如数找还，以清手续而资结束。至深感盼。专泐。祗颂

台安

汉冶萍公司总、副经理

盛恩颐、潘灏芬致中井函

民国十五年三月十九日(1926.3.19)

制铁所中井长官阁下：

敬启者，敝公司代东方公司转交象矿铁砂，本年应交吨数，已交过二万零七百八十吨，该项价款，已由贵所交付正金银行，为其全数扣留，敝公司经济因之异常困难，除设法略予支付外，目下约尚欠日金七万圆。东方公司因象矿催付价款，屡来迫索，敝公司实无法应付。为此函恳贵长官，可否转商正金银行通融，在敝公司所存砂价内，量予拨给。同深感荷，专恳。祇颂

台祺

并候见复。

汉冶萍公司总、副经理

愿　　书

大正十五年八月九日(1926.8.9)

敝公司近以财政困难，事业之成绩未能依预定而举，其应交贵所矿砂之数量亦因之发生多大之不足，致令贵所受累，歉疚殊深。兹愿将去年度供给协定象砂之欠数三万吨，以前年度价即沈家营交货每吨日金四圆五十钱，由该砂供给人东亚通商株式会社直接奉交，以期尽量减少对于贵所供给数量之不足。特请查照接收是幸。一俟上述以三万吨为限之数直接由该会社成交后，即请贵所派运矿船前往装载之，敝公司、敝会社并又约定自今以后，凡在两方未先合意申请贵所之时，东亚不得擅行不经敝公司而直接供给之事，合并声明。统希谅鉴。

再者，关于授受矿砂之规格以及交付价款等之办理，概准敝公司矿砂供给之例，亦并申请。此上

制铁所长官中井励作阁下
大正十五年八月九日

汉冶萍煤铁厂矿有限公司总经理　盛恩颐
代理　费敏士
东亚通商株式会社常务取缔役　水野猿
立会人　吉川雄辅

费敏士致盛恩颐、潘灏芬函

民国十五年八月十三日(1926.8.13)

总、副经理钧鉴：

敬肃者,在东京时接奉冬日钧电开示:东亚去年未交象砂三万吨,现拟直接交与制铁所,冀得现款,所有本公司应得利益,仍归本公司收受,本公司初未应允,嗣据吉川顾问电称,东亚愿提交文据,以此次三万吨为限,并称制铁所恪守象砂非经公司承认,不由他方购进之口约各等语。为顾全交谊,及解决各方困难起见,只得通融照允。所有对于制铁所、东亚应行手续,即委托执事就近办理,希与吉川顾问接洽,并向吉川顾问取阅迭次往返电文,商酌办理。总以制铁所非得公司承认不由他方购进象砂之口约为归宿。其暂时仍照去年价格一节,亦系特别办法,并向制铁所声明为要等因。祗悉。当即遵照钧意,先与吉川顾问接洽应行一切手续,旋为提出愿书事,与制铁所、东亚讨论多日,始将底稿议妥,正式愿书已于本月九日面交制铁所总务部长矣。至于公司应得三万吨象砂利益,亦得东亚口约,嗣后每逢制铁所付给东亚砂价时,即由每吨四圆五十钱内提出七十钱之半数付给公司,其余半数作还公司前欠东亚之款,大约彼方当可履行,不致失信。东京存钢全部约二零八吨已脱售,每吨扯价五十五圆五十钱,因过磅及一切手续未完,货款大约下星期方可收到。兹因总经理来日川资不敷,特在本地银行借得日金五千圆,昨日由住友银行电汇总所,略济眉急,该款度已收到。

东所收束事,大部分业经告竣,准于本月二十日前后将事务所撤销,所有历年帐册、案卷等物,悉行装箱运回保存;家俱、什器等全部在此拍卖;此间所员、雇员、仆役等,除周学镇、戚昭声(该员已于十四年一月二十五日因病请假回国疗养)两所员调回总所呈请录用外,余均裁遣。至于解职人员恩饷数目,另表附呈,敬请钧察,并希照准为祷。东所本月为止,所有帐目嗣后当可陆续结出,再行呈报,以后倘有信件等,请寄日本神奈川县鹤见花月园旅馆为荷。专肃。顺颂

公绥

大阪事务所　费敏士谨肃

[附件]　大阪事务所裁遣人员恩饷数目表

人名	职务	在职年数	恩饷数目
大岛菊之介	所员	五年	日金七七零圆
篠山春	打字员	二年	日金一零零圆
井上隆弘	事务所茶房	二年	日金四零圆
徐阿林	宿舍茶房	一年	日金二五圆
合计			日金九三五圆

4. 长程铁矿石

夏偕复、盛恩颐致公司董事会函

民国十年六月二十七日(1921.6.27)

董事会公鉴:

前以东方公司高木陆郎短欠货款移转长程铁矿债权一案,奉复照准后,即与长程公司议定将前贷高木日金十五万元,并查明另欠日人森恪银币四万三千七百余元,一并移转,共折合银币十三万元,作为长程预支本公司砂价,拟订售砂包工及预支扣还各办法合同,于九年九月十三日抄稿具函陈报,十月六日奉贵会议复,准由经理照此签订,切实办理等因在案。遵

与长程公司矿权代表吴秉钧、总理沈英斋,销售矿砂全权代表兼副经理韩强士,于本年一月二十二日先将售砂合同正式签订,由该公司呈厅转部。嗣因该合同第七第八两条奉部令指驳,商明遵照更正。兹准该公司来函,售砂合同呈经实业厅转奉农商部令,分别照准,照抄呈文厅令送请备案前来。是售砂合同业经成立,则联带所订各件亦俱发生效力,应即筹备兴工。理合照录呈文厅令并抄签订合同三份,送请贵会鉴核备案。惟查上年与该公司议订售砂时,该公司因清偿零星债务,即要求再借现洋二万元,当允俟售砂合同批准后再行商办,并于上年九月十三日函内附陈在案。兹该公司复申前请,经与协商,拟具预借砂价续合同稿送请贵会核议示复,以便照订是荷。肃颂

公安

总经理　夏偕复

副经理　盛恩颐

［附件一］　售砂合同

汉冶萍公司(以下称汉冶萍)因自产铁砂不敷应用,特向长程公司(以下称长程)订购铁砂,其各项条件业经双方同意订定如左:

一、长程允将所领农商部第四七九号采矿执照矿区内所藏铁质矿砂五十万吨售卖与汉冶萍,该数未交足前,长程不得以区内矿砂另售与人。

二、铁矿品质以含铁成分百分之五十为准,矿砂大小以直径一英尺为准,品质高下,价格均不增减。

三、铁砂每年交数由双方协议定后,呈报官厅备案。

四、铁砂在李家巷相宜地点汉冶萍所设运砂处过磅交货。

五、铁砂价格由每年双方协议定后,呈报官厅备案。

六、砂价照汉冶萍实收吨数每季一结,其款于上海付给之。

七、本合同有效期以九年为限。

八、本合同期满后双方得继续订约,但仍须呈请农商部、浙江实业厅核准,方生效力。

九、如有未尽事宜，随时由双方协商定之。

十、本合同照缮四份，一呈农商部，一呈实业厅，汉冶萍、长程各执一份。

中华民国十年一月二十二日

> 长程铁矿公司矿权代表、总理
> 销售矿砂全权代表兼副经理
> 汉冶萍煤铁厂矿有限公司总经理

［附件二］　售砂合同解释条文

汉冶萍公司与长程公司因一月二十二日双方所订售砂合同内各条有须解释之处，兹经双方同意解释如左：

售砂合同内第五条所云价格，系依照长程应付包工费用及一切税捐费用，除矿区税外再加国币一元，为每吨价格，按季照交吨数由汉冶萍在上海付给，长程出具收条为凭，惟交砂至十七万五千吨时，汉冶萍得在应付之砂价中每吨扣还国币四角，但长程所出收条应仍作前条每吨价格计算，汉冶萍同时当出每吨四角偿款之收条交与长程。本条文一式两纸，汉冶萍、长程各执一纸。

> 长程铁矿公司代表
> 汉冶萍煤铁厂矿有限公司总经理

民国十年一月二十二日

［附件三］　预借砂价合同

长程公司（以下称长程）向汉冶萍公司（以下称汉冶萍）预借砂价，以便开采铁矿，履行十年一月二十二日双方所订之售砂合同，业经双方同意订立合同如左：

一、汉冶萍借与长程砂价总数国币十三万元，于本合同签字之日交付，由长程出具收条为凭。

二、本合同借款偿还方法，以售砂合同所订汉冶萍应付矿砂价值内至交砂十七万五千吨时,每长程交砂一吨,汉冶萍扣付国币大洋四角正,抵还借款。

三、长程允以长程矿区内所藏铁砂作为此项借款之第一担保,抵押于汉冶萍。

四、第二条所云矿砂价值,于同日所订售砂合同解释条文内详细规定之。

五、长程如欲提前归还欠款亦可照办,惟售砂合同效力毫不致有妨碍。

六、长程以后如须继续借款,须先向汉冶萍磋商。

七、本合同一样两纸,长程、汉冶萍各执一纸。

中华民国十年一月二十二日

长程铁矿公司

汉冶萍煤铁厂矿有限公司总经理

汉冶萍公司与长程公司订立预借砂价续合同

民国十年七月九日(1921.7.9)

长程公司因民国十年一月二十二日所订预借砂价合同之数,尚不敷开采铁矿履行售砂合同之用,兹向汉冶萍公司续借砂价,业经双方同意订立合同如左:

一、汉冶萍借与长程现金国币二万元,由长程出具收条为凭。

二、本合同借款偿还方法,以售砂合同所订汉冶萍应付矿砂价值内,每长程交砂一吨,汉冶萍扣付国币大洋五角正,抵还借款。

三、长程允以长程矿区内所藏铁砂,作为此项借款及十年一月二十二日所订预借砂价合同之共同第一担保,抵押于汉冶萍。

四、第二条所云矿砂价值,于同日所订售砂合同解释条文内详细规定之。

五、长程如欲提前归还欠款,亦可照办。惟售砂合同效力毫不致有妨碍。

六、本合同一样两纸,长程、汉冶萍各执一纸。

汉冶萍煤铁厂矿有限公司总经理　夏偕复

长程铁矿公司代表　韩强士

中华民国十年七月九日

盛恩颐致韩强士[①]函

民国十四年四月三日（1925.4.3）

强士先生大鉴：

接展阴历三月初七日台函，以长程购砂合同久未履行，拟续订清付垫款办法等因祗悉。查前与贵公司订立购砂合同，业经借与巨款，自应及早履行，只以金融支绌，兼顾未遑，容俟财力稍充，即当开办。至矿山租税，贵公司矿权所在，为当然应尽之义务，与敝公司无涉，不得谓之垫款，即无所谓清偿，承嘱一节，碍难遵照，诸希亮察为幸。此复。祗颂

大安

汉冶萍公司兼代总经理

（二）外购煤焦

陆宗舆致夏偕复函

民国六年八月二十二日（1917.8.22）

地山先生阁下：

汉冶萍矿以合同受亏，遇此铁价大长之年不能获利，凡在股东无不扼腕。今春二月宗舆赴日之初，曾与孙会长讨论及此，抵东后，舆以前公使资格，备受各当道欢迎，仲小路农商务大臣，尤于两国实业联络，再三致意。舆以汉冶萍三万余元股本之关系，乃乘机说以汉冶萍生铁及矿砂等原定售价吃亏太甚，当此昂价年岁，惟视人坐收其利，不但吾侪股东之叹惜，凡在

---

① 韩强士（生卒年不详）：浙江绍兴人。时任长程铁矿公司副经理。

实业界关系之人,莫不激昂愤慨,痛诋前人之失,而极论借资之非计,但以两国经济上亲善而言,似不可不于法外论情,而图补济之策,鄙见所及,如贵国真有实业上亲善之意,不妨先从隗始,应将汉矿之生铁、矿砂照市加价,表示无一家永久垄利之意,则不但汉矿关系人之感激,即其他实业界当无不闻风兴感,是则贵国制铁厂牺牲若干之利益,而以好感关系实可生无穷之效果,是在两国当局有法以奖劝而玉成之耳。而农商务大臣大为感动,乃谓君言甚有至理,余必为相当之尽力,且闻汉冶萍矿局亦将派员来东也。舆答以汉矿来员当系李君,既蒙贵大臣慨允尽力,可否即以此旨达章公使,以便将来接洽一是。渠云既言尽力,决非虚语,章公使当亦乐闻之云云。舆于是归告章公使,令与李君接洽,今果日本制铁所允加我汉矿铁价年至四百余万,此固汉矿专员交涉之能,非舆所敢掠美,但舆之渡日亦非尽个人关系,其预先表示好意,实因汉矿之适逢其会,舆以股东关系,当然为汉矿尽力,而同时为六河沟煤矿之董事,与该矿有财产密接之关系,今六矿为售煤事,正有求于汉矿,所望推念宗舆为汉矿尽力之微劳,而酌量宽加六河矿之煤利,则又六矿同人所不胜祷叩者也。附六矿售焦说略一扣,并希垂察照办,不胜感荷。此颂

台祺

乡弟陆宗舆顿首

［附件］ 供汉冶萍用焦大纲

拟供汉冶萍用焦大纲如下:

一、拟自民国八年一月起,每月供焦二万吨,在汉口六矿所设厂栈内交收,应用厂地由汉厂拨给。

二、拟定焦价,每吨洋例银八两五钱。

(说明)预计扩充出煤及炼焦装车一切设置并换筑枝路,诸事完备后,焦价净本可至四元七角六分(约合洋例银三两四钱三分),加以装卸运费等项,合洋十元零九角四分(约合洋例银七两八钱八分),尚有厂费、杂费等项未算在内。兹仍从减拟定为每吨焦价八两五钱。查汉厂已允照七两八钱

八分,加百分之二计算焦价,合银八两零四分。

三、拟预支焦价一百万元(或七十万两),按常年八厘计算,每月于应付焦价内分五年扣还。

(说明)预算扩充工程及改修枝路需款至少一百万元,故拟由焦价内预支此数,每月于焦价内约扣还一万六千余元(或约一万二千两)。查汉厂已允借款,惟数目未定。

四、拟由汉厂供给六矿应需与京汉路同式铁轨及附属铁件约十五英里,以备改筑枝路之用,轨件等价分五年于每月应付之焦价内扣还。

(说明)六矿非改筑枝路,运焦不能确有把握,故须由汉厂供给轨件,以便兴筑。

查汉厂已允供给铁轨等项,惟轨价及分还办法尚未议订。

五、拟以上预支焦价及铁轨等件,务须于民国六年内交齐。

(说明)此项需款及材料,非于本年内交齐,恐工程需时有误定期。

六、拟现定焦价于每年终双方察度情形另行商订一次,次年即照新订之价计算。订价时双方如有意见不同之处,应各举公证人一人,秉公核订为准。

(说明)现定焦价系以扩充工程皆可照预算计划完全收效为根据,将来各项计划若稍有失算,即难免赔折,故须一年后另行商订,俾资平允而免亏折。

七、拟付价办法,按月结帐,除应扣还欠款及轨价外,一律于下月十五日以前陆续付清。

(说明)照此办法,本矿压本已至三四十万元,断难延长付款,以免积压不能周转之弊。

八、拟供焦期限定为五年。

(说明)期限只能定为五年,因焦价内为利太薄,期内余利无多,营业难以发达,倘将来核计,焦价余利稍丰,期满仍可另商续定合同也。

夏偕复批注:孙会长来信言订六河沟焦事,内有陆宗舆一信,先复以一函,称其疏通之功,俾达到加价目的,至购焦当照来件提出董会公议。

夏偕复致陆宗舆函

民国六年八月二十七日(1917.8.27)

闰生先生阁下:

久违芝采,时切葭思。日前由孙慕老转到大函,展诵之余,不胜感佩。此次公司与东邻商议加价,非有台端因势利导,先入之言,曷克臻此,就事论功首推执事,此固不独汉冶萍之幸,抑亦中国实业前途之幸也。承示六矿售焦办法,俟由董事会公议后,当将所议情形奉闻。先此函复。敬颂

台绥

愚弟夏偕复同启

夏偕复致盛恩颐函(节录)

民国六年十二月十九日(1917.12.19)

(上略)六河沟焦炭事,弟到京后,与该公司董事曹润田、陆闰生两君当面谈论。陆闰翁总以日本矿铁加价为彼所运动之功,藉口要求公司以六河沟之事为报酬,弟则以论个人之感情,理当酬谢,然此事双方均系公司,不能以个人之感情而论驳之,故陆君改拟一小办法,请汉厂借给钢轨,六河沟每日供给焦炭二百吨,每吨作价十两以上。弟又以前次开价八两五钱,公司尚不应允,今涨至十两以上,核与萍焦每吨九两相差甚多,此法如何能成答之。而曹君亦不以此法为然,仍主从前借给一百五十万之大办法。弟又详加调查,该公司组织甚属单薄,前议借款,以五十万还债,以一百万扩充工程,今查得该公司还债实需百万之巨,按照此时款已借去,将来不能照数供焦,误我厂需,又将如何。故一再筹思,公司如必需六河沟焦炭,只有买回自办之一法。否则,大办法既不敢与之订议,而曹、陆两君又均在政界,与公司时有交接,似又未便拒之太甚,不得已惟有就陆君所拟之小办法,与之磋减焦价,并给借钢轨,以略示酬应而已。(下略)

夏偕复、盛恩颐致吴健函

民国六年十二月二十八日（1917.12.28）

任之厂长鉴：

接一百六十号来函，陈述缺煤困难情形，并以钢厂应否停工，抑且忍痛观望，请示办法等情。具悉。时局不宁，商业首蒙损失，而我厂煤源假道湘境，一有儳扰，即虞断炊，三复手缄，曷胜扼腕，当即持商李会长，奉谕：吴厂长所请，商买井陉煤四、五千吨，自应照准。钢厂停一日，即有一日损失，非至万不得已，无先停之理，只有如该厂长函称，且忍痛观望，以冀时局不至延长不定等因。用特转复，即祈查照办理为盼。顺颂

台祺

总、副经理

夏偕复致盛恩颐函

民国七年一月十日（1918.1.10）

泽承四兄大人惠察：

弟前日赴津，与中兴、井陉、六河沟三煤矿公司接洽焦炭之事，兹略述如左：

六河沟　经理李组绅牟利之心甚重，而无切实办事之心意，曹、陆皆系外行，协议终难就绪。矿上纠葛甚多，有马楫与李组绅之交涉，又有吴荫廷与李组绅之交涉。吴荫廷有股约三十余万两，订有合同，由李组绅承认，分作三期归还，另酬谢十万元。第一期还款之期已到，而李不能付，吴则大愤，欲与李解约。弟因托人告吴，有人欲购此矿，何妨自卖。吴虽以股票不在手中为虑，然李既无款归还，若此刻有人与吴切实议购，则吴必可与李交涉解约，吴、李一经解约，则自卖之议成矣。所以必欲向吴购买者，因前曾与曹、陆微露购买之意，讵渠等欲索价三数百万之巨，若与吴议购，大约总共不过一百数十万两而已。但此事不便由公司出面，一则恐伤曹、陆之感情，二则因公司有日人关系，恐生地方之反对。鄙见莫若由林薇阁君出面，

速即由沪派人前赴天津,与吴荫廷磋商购买,所需资本或即由阁下与林君各半担认,每位不过数十万,一俟买妥,即租与公司开采,每吨酌取租费二三角,以年采一百万吨计算,可得年息一分,并可免去日人交涉,实属一举数善备焉。惟此乃弟之私见,未知尊意以为何如。

中兴　中兴现仅日出煤一千二百吨,如供给本公司焦炭,须另开新井,亦须借用本公司之资本。据其公司人云,新井出煤为期约须三年,则缓不济急,且津浦车运殊无把握,一则车辆甚少,二则遇有事变,运货全行停滞,现时其明效大验也。至焦价远过于八两五钱,此事恐亦徒托空议。

井陉　系汉纳根所办,较为可靠。

第一,焦炭是否合炼铁之用。汉纳根云,可先送三百吨至汉厂试用,如将来能订长合同,此三百吨不算焦价,但取运费;如不能订立长合同,焦价亦从廉收取,约每吨十三元。弟已允人送至汉厂试用,除另函知照吴厂长外,特以奉闻。

第二,焦价。弟告以汉口交货,每吨不能超过八两五钱,汉云恐难办到。渠建议该矿仅供给煤,由本公司在石家庄自建肥料炉炼焦,年出三十余万吨,仅需资本约百万两。弟谓恐不敷用,渠答以惟渠能办得到,如本公司自办,恐非二百余万两不可。弟未敢深信其言,已嘱其开一预算,俟其开来,再行酌核,余容续布。敬请

台安

夏偕复

吴健致夏偕复函

民国七年一月十四日(1918.1.14)

经理钧鉴:

敬肃者,战事缠延,萍煤转运阻滞,汉厂需煤情形先后函陈钧聪。查上游煤路断绝数月,汉上无论军民、商号轮舶,烧用各煤异常缺乏,价值飞腾,昂贵已达极点,而来源不继,以故汉市煤荒倍于往昔。如江西煤现价十一两,井陉煤十二两零,开滦煤十三两零,我厂新订买之大迁煤为日金四十

元,在汉交货,此目前汉市煤价之大略。近日东方公司来兜揽供煤,言能运二万吨,每吨并水脚日金三十六元,健以此价太昂却之。健愚意以为,如在北方设法,若能与铁路机关接洽,运购一、二万吨,谅亦不难,或惟经济问题为难耳。昨函钧座,请与汉纳根订购井陉煤二万吨,以资接济,盖现时各地煤荒,零购较贵,趸购必略便宜,总以维持厂需,不致停工,则万幸矣。健终日于煤荒问题四处设法,限以职权,不敢放胆擅专,尚祈钧座毅力主持,不使汉厂有待煤之虞,汉厂幸甚。合将汉上煤荒情形缕以驰陈,伏乞钧鉴,迅予裁夺施行,并候训示祗遵。谨此。恭颂

崇绥

厂长　吴健谨肃

夏偕复、盛恩颐致公司董事会函

民国七年五月三十日(1918.5.30)

董事会公鉴:

　　此次湘省兵祸延长,萍株交通断绝。偕复前到汉调查,知厂存及岳长所有焦炭仅足供厂炉月余之需,而时局混沌,战事能否即停,秩序能否即复,殊不可知,而厂需紧要,断不能以运事棘手坐视停炉。因与吴厂长商议,拟购开煤十万吨,运往大冶,用土炉炼焦,接济厂用。吴厂长亦深表同意。返沪后因与商务所筹购运之法,值兹煤价昂贵,运道艰难之际,尚无一定成议,然可望办到此购煤炼焦之计划也。日前接萍乡来电,知萍株现已通运,惟日仅通车一次,所运不过二百余吨,较平时减少十之七八,稍迟当能恢复原状,似购煤炼焦之计划可以不用;然大局未定,交通是否不至复断,殊难逆料。有备无患,鄙见似以仍继续进行为妥。盖此项计划不仅为目前筹备缓急,就令运道大通,回复原状,而萍焦只能供应三炉,有此冶炼之焦,可为开办四炉之用,即或四号炉因有别项关系仍不能开,亦可留为新厂燃料,决无嫌多废弃之理。矧目前之缺乏在即者耶。且上次订购开焦,中途解约,此次复议而不购,设此后再有所需,恐难与商。惟筹办此举亦有二难:(一)购煤十万吨,照预算价即需银一百三十万两(约每吨十三两,运

冶费在内),虽尽力搜罗尚可筹措,但本公司经济本非充裕之时,骤以大宗款项供此用途,则厂矿经常经费将感受困难。(二)煤本十余两,加以炼费,成焦一吨其成本必视萍焦加倍。用特缕晰奉陈,提请贵会核议,是否赞成,即祈议复遵办。祗颂

公绥

总、副经理

公司董事会致夏偕复、盛恩颐函

民国七年六月六日(1918.6.6)

总、副经理均鉴:

前接七年五月三十一日第五十二号来函,拟购开煤十万吨运往大冶炼焦,提请核议一案,兹于七年六月一日董事常会提出,公议:本会以不停炉为宗旨,现在萍株路运并无把握,总、副经理所请购煤炼焦,其势不能不办,惟与开平订立合同,必须说明自七月起每月交足二万五千吨,由秦皇岛运至大冶交货,以四个月为期,过期不交或交不足数,公司只将交到之煤按吨给价,其余合同条款概行作废。然公司总希望开平能如期交足,以免停炉损失云云。相应录案奉览,即希查照为荷。此颂

日祉

董事会启

孙宝琛^①致夏偕复函

民国九年七月十日(1920.7.10)

经理钧鉴:

六月二十三日接奉钧函内开:本公司冶厂工程将次告竣,开炉冶炼,为期匪遥,预算萍矿燃料分给汉冶两厂,尚须预筹外购,以应要需,查开滦矿局所产煤焦,夙称富有,且合于冶铁之用。特派宝琛前往该矿将所产煤焦

---

① 孙宝琛(1863—?):号莲荪,浙江杭县(今杭州)人。时任公司会计所产业股股长。

成本及当地市价分别调查,至转运到汉每吨实需若干,一并查明,详晰具复,以凭核夺。再,开滦矿次月前曾有罢工之举,目前劳动问题关系实业至为重要,该矿罢工原因及消弭方法并现在工作状况望并加详查报告,俾资讨论等因。奉此,宝琛遵即于二十四日起程,前赴津沽,迭往晤开滦局代表言仲远君、洋总理杨嘉立君、华协理王邵廉君详询一切。据云:该矿焦炭分特别、普通两种,特别焦每吨价洋十五元,普通焦每吨价洋十二元,此系就天津当地出售市价而言,运往他处另加运费。若运至汉阳交货,则该矿船只到汉交卸后须放空回津,运费过巨,不若我公司由秦皇岛自己装船起运较为合算。惟该矿向无洋炉,所出焦炭均系土炉所炼,出数不多,而销路颇广,每每供不应求,如须购用,非预定不可。至每吨成本,该矿严守秘密,未能对外人宣布。再询以该矿工人罢工一节,据云:该矿向系由工头包工,每工每天给铜元三十八枚,近来米珠薪桂,生计艰难,工人屡次要求加给工资,罢工已非一次。惟向来仅一小部分,当责成工头催令工人上工,此次竟至全体罢工,势不能不先允加工资,每工加给铜元六枚,现已照常工作。惟恐此后生活程度日高一日,各工人从此以罢工为要挟地步,急拟筹善后对付方法,现尚未研究妥协等语。宝琛调查事竣,即于七月二日附轮车返申,三日亥刻到沪销差。所有奉饬赴津调查各缘由,理合备函呈复,仰祈察核。专肃。恭叩

勋安

孙宝琛敬肃

赵时骧、严恩棫致夏偕复函

民国十二年九月二十六日(1923.9.26)

经理钧鉴:

前奉八月三十一日第六十四号函开:兹交汉平寄上开滦矿局日本煤屑五吨,希检交化验股悉心化验。其所谓日本煤屑者,系开平屑日本用以炼焦故名。原来分析表水分〇.六八,发挥性二七.七七,固定炭质五三.五五,灰分一八.〇〇。水分于是之低,必系久存干货,所含灰分是否符合,尤须

注意者,灰内磷硫二质究属如何,化后请将成分表寄示为荷等因。汉平运到,遵饬化验股悉心化验,兹据送该化验报告一纸前来,谨即函寄,仰祈收阅。敬颂

秋绥

　　附化验报告一件

　　　　　　　　　　　　　　　　　　　　赵时骧、严恩棫谨肃

　　　　　　[附件]　汉阳铁厂化验报告表

　　今将化验开平煤屑五吨,成分开列于后:

　　水　4.33

　　灰　17.67

　　挥发性　27.85

　　固定炭质　50.15

　　硫　0.95

　　磷　0.03

　　此煤结焦质甚松,裂性大;固定炭质上下因水分之差;水分上下因取样时干湿不同。

叶绪耕致夏偕复、盛恩颐函

民国十二年十月二十六日(1923.10.26)

总、副经理钧鉴:

　　敬肃者,关于焦炭给价事,兹接十月二十日制铁所来函,略称亮察公司情形,允由所订锰矿未收数八千四百七十一吨有零之货款内扣抵,惟彼应付之锰矿货款只约计日金十万圆,而应收之焦炭价约合日金三十一万元,其不足之数仍请设法等语。推其用意,似欲我另外订售锰矿二三万吨。查其上次出价虽不甚高,而吾锰矿以交由冶厂,其进厂出厂之费在所耗损,致吃亏加巨,惟今后火砖焦炭方须仰给彼方,鄙意际此汉冶两厂出铁紧急之秋,于锰矿上每吨略亏日金一圆,其总数亦不过日金二三万圆,权量轻重,

敢请转商服部顾问准其议价订购锰矿二三万吨,以计两便,倘蒙俯纳,不胜幸甚。今特抄呈彼方来书,以备钧察。其十月一日仓字二六二四号之二函还请酌夺赐复为祷。专此。敬颂

公绥

东京事务所所长　叶绪耕敬肃

夏偕复致季厚垫、郭承恩函

民国十二年十一月六日(1923.11.6)

径复者:

接一一三号函,陈报云海丸第一次运来焦炭磅见数目,惟加耗扣水,如何计算,请颁示合同,俾便遵行,并将该炭化验列表附呈等情具悉。查此次托制铁所代制焦炭,前接该所来函谓每百吨加耗三吨,每法吨价为日金二十元九十三钱,不加耗则为日金二十元三十二钱,是加耗与否,原无出入。云海丸每一批运焦原数为二千二百五十九吨,而磅见二千三百零五吨有零,较原数溢出四十余吨,足见制铁所此次代炼纯出帮忙之意,并无因以为利之心,且前曾言明以该所之磅数为准,至扣水本未议及。至成分一节,制铁所于代炼之前即经声明不如萍焦,只以萍运梗阻,深虞停炉,不得不迁就应急。此次云海丸交数即由尊处出具正式收条,照原运之数填给,所出临时收条撤回,以后收焦可照原运数目填给收条,加耗扣水可不必提及也。兹将制铁所焦炭议价来函抄附查阅。此复

冶厂季代厂长、郭代副厂长

总经理

夏偕复、盛恩颐致服部、吉川电

民国十三年四月二十三日(1924.4.23)

东京。叶所长转服部、吉川两顾问鉴:现因整顿萍矿,吴厂长来东,行时嘱商请制铁所代炼焦炭五万吨,以备缓急。兹据吴厂长电称,制铁所可允如数代炼,惟因我无付价方法,未便进行,请示前来。当复以本年度交铁

十二万吨外,多交生铁二万五千吨作抵焦价,嘱为转商等语。但虑制铁所以多交铁价抵焦不能照允,则燃料缺乏,并应交之十二万吨亦难足额,尚祈两君切商制铁所,并请减让焦价,感盼无既。偕、恩。漾。

赵时骧、严恩械致夏偕复函

民国十三年七月八日(1924.7.8)

经理钧鉴:

敬肃者,湘水暴发,萍焦运阻,退水尚有待,而厂中存焦立即告罄,焦灼万分。虽电荷东京复允将惠山丸装来日焦二千吨,改归汉用,惟该轮系六号自东解缆,估计十三号始克到汉。现虽已减少用炭,中间尚虞停待,以是一面电冶乞予拨济若干,一面向扬子厂商购六河沟焦炭,渠现尚在停修期间,储炭可八千余吨。晤经理袁君樾青,即荷应允,随时可向取用,并言伊原拟储焦万吨,约此月底开炉,如我方须焦,彼情愿暂缓开炉,将焦售我,照原价每吨十二两五钱,外加驳耗等费银二两云。如定实购用时,想尚稍可减让,但必取现金耳。正肃函间,接大冶复电,略云存焦不足一星期之需,勉拨五百吨,分装五木驳,请商运输所速放二轮往拖,即经与潘所长妥洽矣。看来六河沟焦炭现在尚可不用。所有萍焦运阻,奔走救济经过情形,理合函详,仰祈俯赐鉴察是幸。潘所长告据湘鄂路言,水退后,即令湘东桥不大损坏,而去污泥、修枕木等事,非三星期后不能通车。照此六河沟焦炭实用得着,但须现金购取,应否议购之处,伏候裁酌电示祗遵。专肃。敬叩

崇安

赵时骧　严恩械谨肃

公司关于原料资源之意见

民国十三年七月(1924.7)

本公司所需原料为矿石为煤。关于矿石之需要额,客年致正金银行第二次书中已列表说明,本公司自有之额不足,则收买以补充。兹再论列如下:

（一）大冶铁矿　此为本公司第一矿砂来源,现在所经营者为铁山、得道湾、纱帽翅等山,然矿内虽已开采,而尚有未悉其底蕴之处,最稳健之方法计算,约有一千七百万吨,但需要支配额只须一千六百五十一万吨,故尚剩余四十九万吨。大冶一县遍处是铁,即大冶县署地下亦发现矿石,故除本公司所有铁矿以外,尚有其他铁矿所产矿石,足资公司收买。

此类铁山之最大者,首推

（二）象鼻山　该矿即在本公司得道湾矿山之东南,地相毗连,矿质与得道湾所产之矿相同,目下该矿自有铁道运至江边,将来本公司拟与改订在山交货,由本公司自运,则该项矿石一经装入矿车,可以直接运至公司江边码头或炼厂,用于熔矿炉或以之外销,其便利与自有之得道湾矿石相同,本公司已与订有成约。据矿学家报告,该矿矿量实有一千一百万吨,本公司拟收买之数量不过一千万吨,尚余一百万吨。

距大冶县约六十里有

（三）纪家洛矿山　此矿质地极佳,蕴藏甚富,惜矿照尚未领到,因湖北地方官绅以不许开采此矿为清理汉厂官款之利器,故靳而不与。将来结果恐须与湖北合办,另外设一新公司,由我公司与新公司订一购砂合同,只须管理,系我主政,矿砂由我收买,原料为我所用,即属美满。前此谈判本已到此地步,不幸因事中辍,以后拟仍根据此次原则重开谈判,大约解决之期不远矣。此矿据矿学家报告,实有三千五百万吨,但本公司之购买量不过一千三百七十八万七千三百九十五吨,故尚余二千一百二十一万二千六百零五吨。此不过就纪家洛西部而言,若纪家洛东部,尚有数百万吨,将来如归新公司开采,或由他公司开采转售于我公司,由公司自运至江边应用。证以地势之关系必能办到者也。

大冶邻境,公司尚有一小铁矿,名

（四）银山头　约有四十二万吨,优点为含磷特少,现在尚未开采,预计支配额为四十二万吨。

以上诸矿均近大冶,本公司原料惟此是赖。然为久远计,并在扬子江下游觅得数矿,以距离冶厂论,当以

（五）城门山　为最近。该矿在江西之内，面积一方里二百七十一亩。前清时以广仁堂名义购得山地，复于民国八年三月领得矿照，归公司与江西士绅入股合办。目下铁市不振，无开采之必要。预算蕴藏量二百十八万吨，需用额一百七十万吨，可余四十八万吨。

循扬子江自九江而芜湖，即达沿江第二蕴藏铁矿之区，其著者如繁昌之桃冲，南京之凤凰山。本公司于本区内亦得有二矿，其中如

（六）当涂铁矿　在芜湖下约四十华里，距扬子江只二十华里，运输尚便。此矿由公司出吨费自采，预算矿量二百万吨，采掘量亦如之。

（七）荻港铁矿　在芜湖之上约六十华里，在桃冲之旁，矿质较桃冲为优，有小河直达江边。亦由公司出吨费自采，预算矿量五十万吨，采掘量亦如之。

以上二矿均在扬子江下游，海船周年可到为特优之点。用作制铁所交额尤为两便。盖芜湖至八幡较大冶至八幡途程较近也。公司在芜湖近处办矿已有四年之经验，当地绅士均与公司有良好感情，公司如在该处扩充办事，如收买矿砂之类，士绅必无阻挠，则芜湖近地多数矿石或为公司吸收，亦非不能之事。

以上诸矿均沿长江，而又均在沿江百里之内。此外，本公司于江西瑞昌、进贤两处尚购有矿山，拟再从事探勘也。

目下内地铁矿公司亦有一处，即浙江吴兴县之

（八）景牛山铁矿　此矿交通尚便，全恃内地运河，低磷为其特点，惜矿量不多。本公司已与订约，将来出吨费自采，预算矿量四十二万吨，采掘量亦如之。此矿之旁尚有一二小山，含有矿石，矿主曾来询问照吨费办法，公司是否有意。目下铁市不振，公司未置可否，他日需要之时，归公司开采谅非难事。

结言　故公司铁矿矿石之资源使如现在计画积极进行，可有余无不足也。至如煤之资源约举如下：

（一）萍乡煤矿　此为公司所用煤焦之唯一资源，本公司于创办时用巨大金钱极长时期多方探索而得，所炼焦炭较开滦为优，矿区极大，照以前

估计可经多年采掘,惟为百年久远计,已向他处觅得可以炼焦之煤矿。

(二)永和煤矿 该矿在萍乡县内,系完全让渡而来,煤槽似与萍煤一脉,叠派矿师勘查断之接续处,亦已寻得。据称初勘估计之数百万吨可以证实,现在每日可出煤五十吨,如从事扩充以后日出数百吨并非难事。

(三)鄱乐煤矿 此矿在鄱阳湖南,矿区极大,地跨鄱阳、乐平两县。公司早在乐平方面动工,以时局不靖土匪充斥暂行停工,然一切设备均已完全,一俟适当时机,即当继续进行。公司目下煤焦来源全恃萍乡煤矿,如因政治上或天灾上而发生运输障碍,必甚危险,故公司于地理完全不同地点觅得此矿,俾将来一矿煤焦来源断绝之时彼矿仍能接济,如至万不得已时公司可向开滦购煤。开滦以外,沿京汉铁路则有六河沟及井陉之焦可以购用。现在扬子公司及将来龙烟公司所用之焦即系六河沟所供给者。沿津浦铁路则有中兴公司之焦亦可收买。

计算方法 就自有之煤矿用极稳健之方法计算,萍乡之安源、高坑共有二千八百万吨,鄱乐煤矿有一千七百万吨,永和煤矿有五百万吨,则资源总数为五千万吨。公司以后三十五年内每年出铁四十万吨,以用焦一.二五算,须焦五十万吨,以每洗煤一吨炼焦〇.五六吨算,即须洗煤七十七万吨,以毛煤一吨变成洗煤〇.七七吨算,即须毛煤一百万吨,三十五年即须三千五百万吨,实余二千万吨。

周厚坤致夏偕复函

民国十三年九月十日(1924.9.10)

经理钧鉴:

前奉派赴制铁所调查地磅,即乘便调查九州煤区内有无可以炼焦之煤足以供给我需,如无直接可以炼焦之煤,有无可以参合萍煤或他煤炼成炉焦。适在九州制钢公司与松本先生晤面,因其熟悉九州煤矿情形,托其代为调查去后。兹据李君裕转将松本调查所得邮寄前来,计有粘性粉炭之煤矿共九处,其中尤以高田,大濑、吉隈三处为最有希望,高田即系安川所有,大濑、吉隈亦与安川有密切关系,购办极易,昨已面陈在案。今日复与服部顾问及制铁所铣铁部长鹈濑讨论,金谓如以高田煤三成或四成与开平煤七成或六成参合,其焦或可使用等语。厚坤请其转请制铁所研究部代为参合研究,彼亦允诺。厚坤愚见,拟请钧处正式致函服部顾问,转请制铁所办理,所有费用归我方担任。同时致函松本拨高田煤数十吨交由制铁所试用,如蒙采纳,实为公便。厚坤谨按焦炭之供给为公司最要问题之一,无论借款之前途若何,为自卫计,亦须从早预备。照厚坤计算,阳历十一月后,江水已落,日焦不能再来,汉炉必停。故如欲汉炉不停,必须于此九、十、十一三个月期内另行设法购煤在冶炼焦。惟萍焦之供给未必十分可靠,冶炉需要亦必先事预备。盖炼此巨额之焦,颇非易事,必与冶厂充分时日,乃能措置裕如也。抑尤有进者,开滦焦额最巨,加以秦皇岛不冻之港,向之购煤最为适宜,但只就一处说话,不免受其钳制,故于他处亦应设法,此厚坤所以向日本调查也。日煤以九洲之筑丰区最丰,其出口处为若松市,而若松即制铁所原料制品进出之港,平时制铁所船只空船至冶装载生铁矿石,如我公司与制铁所合作,双方向三菱订立合同,自若松至大冶装载筑丰之煤,自大冶至若松装载公司之生铁矿石,则往返均有货装,运费可以从廉,未始非公司、制铁所及三菱三方均有益之举也。

总之,炉焦供给之缺乏,为不可掩之事实,而时间只有三月,必须全力以就之,方不竭蹶。厚坤蒿目公司艰难,用敢竭诚上陈,尚祈鉴察。敬请钧安

周厚坤谨上

盛恩颐、潘灏芬致川久函
民国十六年八月二十日(1927.8.20)

制铁所总务部川久保部长大鉴:

径启者,前承代购大根土块煤九百九十五吨,由丰浦丸交到。当将煤价运费及港税等项开具住友银行汇票两纸,于八月六日寄上,谅邀鉴及。至余额一千吨,声明俟询据大冶厂矿复到是否合用,再行函托等语在案。兹据冶厂矿电称,丰浦来煤尚属可用,惟灰重费煤等语。此次续购一千吨,

先请转告古河矿业会社限制灰分较轻之煤,如大根土无灰轻者,即请尊处在他矿选购千吨,仍交近海运船带冶。冶矿近因扩充运量用煤较多,存煤不敷一月之用,尚祈从速购运,并请于购就起运时电示,俾饬冶矿预备起卸手续。种费清神,至深感荷。此致。顺颂

日祉

汉冶萍公司总、副经理

川久致盛恩颐函

昭和二年十一月二十二日(1927.11.22)

汉冶萍公司盛总经理大鉴:

径复者,曩准十一月五日致敝所长官台函,嘱代购冶矿用煤等因祗悉。此节吉川顾问前亦来电托及,当向各方探询有无便轮,余以减水期迫,无此适当之船,该煤遂亦无法购运。违命之处,负咎殊深。除电复顾问外,相应函达台端,即希鉴原是幸。专复。敬颂

公绥

制铁所总务部长　川久保修吉

（三）采购材料

王勋致夏偕复、盛恩颐函

民国六年九月二十二日(1917.9.22)

总、副经理台鉴:

昨奉第十七号台函,以厂矿购用洋料往往有物料已到而该价帐目尚未寄到,未能随时结算,嗣后凡敝所经购各料,一经订定,即须知照各该厂登记。至金价涨落、运费低昂、关税高下,暂先由敝所每年酌定一数,通知各该厂矿材料处查照结算,如将来实支与结算不符,另由统计处设立盈亏帐,俟年终再转正帐等情敬悉,一切谨遵照办理。惟按照目下情形,拟略为变

通办法,谨列如左:

一、预报价格:查所购洋料,一经订定,即时知会各该厂矿。向来办法本系如此,惟不能以所订之价格预先结算。其故有四:

甲、所订之料多系订购件数只数,而其价格则系按吨数或磅数计算,未运之前,不能实知其重量,殊难结算,而外洋水脚涨落不定,更难预算。

乙、所订料虽订有交货日期,然究能依期与否,实难预料。譬如订定十一、十二月交货,先结算入本年帐内,而届期稍迟则已逾年,循至已入之帐,反成虚名。

丙、外洋交货,往往分批运来,若于订立时即全料结算,将来只先到一部份,则须冲销,届时反多手续。

丁、如遇有交货日期太远者,虽本年内金价水脚等项业已假定,亦不能适用于下年交货之定料。

谨按台函之主旨,无非欲料到即可结算而已。查料到必随有货单,凡价格、重量、水脚、保险等项,靡不具备,如系即时付价,立可结算,其余在沪转运费、关税等项,亦均系随到随付,即时可有实数,无须预估。所以从前料到后仍难结算者,其关键在于汇票(多系四个月期),非可以即时结价而已。兹谨拟办法如左:

一、于料到后由沪转运时,所有原来价单由敝所按照转运之日金价先行结算,并加列在沪所垫之各项费用,如栈租、驳费、关税(关税一项在沪纳交者甚少,而以货到汉口交纳者多)、运费等项,俾各该厂矿于收货时即可有数目计算成本,俟会计所结付汇票后,即时关照敝所,再由敝所补开实在之成本清单,分别寄与该厂矿,俾凭补入。如此办法,汇价差率尚属相近,不至一年一价,或不免相去太远,盈亏相悬过甚之弊。又,除汇价外,其余一切均随时可核实登记,不必从预估计算。

二、其转运萍冶之料,敝所只运至汉口,再由汉分别转运,故敝所所开价目只能包括至由沪运汉为止,其由汉转运株州各费用,拟请尊处函嘱运输所,以后凡有转运萍冶各料,所有在汉垫付之各款于运出时先开单知照萍冶,俾有实数可以登记材料册。如此办法,则厂矿各洋料除金价一项仍须稍候会计所结价方知实在外,其余一切费用于收料之日即能得有确实之数目。而无从前材料帐久宕无价之弊矣。

以上管见,是否可行,仍候示遵。此复。敬请

台安

商务所长　王勋

金忠讚、赵兴昌致夏偕复、盛恩颐函

民国七年三月三十日(1918.3.30)

总、副经理钧鉴:

昨奉三十五号钧函,以外洋材料转帐稽迟,已规定凡由商务所经购外洋材料,即将原来货单随料寄出,其金价即假定一数先行结算,将来汇水涨落另作盈亏,以期便捷。现闻各厂矿仍因材料不能结帐,致总帐不能造报,殊为诧异,究竟上项办法已于何时实行,何以材料尚不能结帐,嘱即明白见复等因。

查英京购买机料价向归汉厂转帐,公司兑付汇票各款作为往来,至年终全数转归汉厂,各处机料款由其分转。若此办法,各处于年终方知银数,太嫌迟缓,是以敝所于每次汇票兑付时,先据英京逐批清单,以实付银数开填洋文货价清单,交商务所加入关税、转运水脚、驳费等寄往各该材料处转帐。此法虽较便捷,然汇票兑付在见票四个月后,故价单寄至该处必在货到数月之后,仍属迟缓。去年十二月四日接钧示,已函商务所,嗣后凡经购运到之材料,其原来货单及上海垫付各款细帐均随材料同时寄出,将金价即照由沪转运之日假定一数,先行结算,一面函知敝所查照登记,将来实付汇票价格,应由敝所另立盈亏帐略,再与厂矿统计处接洽,毋庸由商务所转帐,藉免周折,而资简捷等因。当时即将未到期汇票先由敝所假定一价结合银数,于十二月内陆续填明货价清单,送交商务所加填各费,由其转寄各处矣。其后来之汇票,其货物之转运与否,从未经商务所知照。惟敝处则查有英京清单到者仍照前定价结合填单送往商务所,然其间亦有一二至今尚未填送者,因英京清单未到,无从知其来华水脚、保险等费数目故耳。盖

原来货单仅有货价、并无水脚、保险等费,此项数目须查清单方知,而此项清单英京寄出常在货物装运之后,在前西比利亚邮路通达之时,到极迅速,自去春以来,到期甚形参差,甚有遗失者,则须嘱其补寄,即如英京每季总帐,从前一个月后即可接到,前年年底总帐至去年三月内方到,去年年底之帐,则至今未到,以至此间结束为难。凡此种种实在原因,皆有妨碍迅速进行手续,并非有意延缓也。大约各材料处因有二三货价清单未到,遂至不能全盘结帐,或所不免。

　　窃思补救之法,现今假定兑价,其银数本非确价,嗣后遇有清单迟到,待至货到半月之后,即不再候,于货价之上酌加水脚等费几成,先行合银开单,寄与各该材料处登帐,其盈亏年终再结,如此则可免上述困难之处。是否有当,伏乞核夺批示,以便遵行。肃此。敬请

公绥

金忠讚　赵兴昌谨启

夏偕复、盛恩颐致公司会计所函

民国七年四月一日(1918.4.1)

会计所鉴:

　　接十七号来函,以外洋购料转帐稽迟,拟具补救方法,嗣后遇有清单迟到,待至货到半月之后即不再候,于货价之上酌加水脚等费几成,先行合银开单寄与各该材料处,其盈亏年终再结等情,具悉。查前以材料转帐过于迟延,特规定凡由商务所经购外洋材料,即将原来货单随料寄出,其金价即照由沪转运之日假定一数,先行结算,将来汇水涨落,另作盈亏,原期便捷,以免稽迟。兹阅函称,货价清单英京寄出常在货物装运之后,近更邮递迟滞,常有数月始达者,则是货单随料同寄,仍属稽迟。货价既可假定一数,则水脚、保险等费固亦可以假定,好在盈亏年终另结,于事实上仍昭核实,而各材料处亦免悬待为难。即照尊拟补救办法办理为盼。此复。顺颂

台安

总、副经理

李景昌致夏偕复函

民国七年四月九日（1918.4.9）

经理钧鉴：

谨肃者,景昌前奉面谕,冶厂帐略积压太久,应与潘统计筹商办法,赶将去年份帐即日编造呈报,并使本年之帐按期造报,毋再积压等因。景昌抵厂后,即商潘统计赶办去年份帐略并调查积压原由。谨特分别详析陈之。

查冶厂自开办始,一切帐略皆由前造册主任朱达辞君一手经办,去年七月间,朱君请假离厂后,所有一切转帐造报各事遂停止进行,直至潘统计接任统计事后,始逐渐清理编造。现除八月份已告竣外,尚有九、十、十一、十二四个月之帐单,须再有四五十天方能编竣。至本年各帐,已由潘统计将帐单改为帐簿,按月报册及报告书即由帐簿上誊抄,既免帐单之繁,又使易于查阅。惟是厂中收支各帐固可月结月清,但商务所经购之料价及会计所转帐代支各款必须俟会计所将转帐单寄到方能照转,而会计所支付料价必须俟款项实在付出之后方将帐单寄交厂中,但外洋材料每有货物虽到而付款之期尚在三四个月之后,则厂中各帐仍须俟三四个月之后方能总结,因此不独帐略依然积压,而于编造预算、筹划工程又觉窒碍甚多。前奉面谕将冶厂建筑工程再需若干款项方能竣工,此项预算曾与黄厂长一再计算,无从编造,非俟去年份帐略总结方可著手,若仍尔因循,深恐延误要政,兹与黄厂长、潘统计商拟办法数则,另录附呈,倘照此办理,则上月之帐下月中旬必能造册陈报,预算亦可随时编制。如蒙核准,敬乞知会会计所与商务所一体查照,并候示复,以便遵办,专肃。祗颂
公绥

李景昌谨肃

附拟办法意见、支款领款凭单各一纸

［附件］ 购料转帐办法

一、凡商务所经购物料,其价单应由商务所每次必与物料同时寄出,如

价单上由外洋至沪,一切水脚费用未经注明者,由商务所分别估计注明价单。

一、由沪至冶一切关税、水脚、转运杂费,如未列入价单者,由厂长每三个月酌定百分之几一数,知会统计处查照,加入价值。

一、所购物料如以金价计算,而价值尚未支付者,由商务所长或由厂长酌定一金价,注明价单上,以便统计处查照,折合例银或每三个月定一捵数。

一、材料股所出购料支款凭单,应查照统计处作合之数开列,仍应附注价单上,原价若干,统计处加费若干。

一、材料股每次收进物料即应填写报单送交统计处核算,一俟统计处将价值分别作合后,应即将各物注明价值,并填写支款凭单检同原来价单送交收支处。如该款应由上海支付者,由收支处一面收会计所帐,一面函达会计所转帐,会计所接到收支处转帐函后,此款虽未曾付出,应一面付冶厂帐,一面收某商号货价及运费存款,将来实付时,其数必不相符,应由会计所随时知会统计处转帐。

一、材料股开列支款凭单,既照统计处将各费加入之数填写,但其中如有一部分之款将来仍须由厂中支付者(如码头起力或由汉转冶之运费)应由材料股估计一数,另填转帐存款凭单,与支款凭单一同送交收支处,由收支处照数截留收存,将来须付此款时,仍由材料股另填领款凭单,交由收款人向收支处领取。

一、材料股发出各股领用物料,应即填写发料单,注明价值分送领料处及统计处登帐。

一、统计处每次接到材料股收进材料报单,应即将各物原价,如系金价,应照定数分别折合例银,并将酌定加费一并加入价值填注报单,交回查材料股查照,并即登帐。

一、统计处每三个月应将各物作合支出之数与收支处、会计所实在支出之数比较盈亏,分别转帐,并造转帐报单。

一、统计处接到材料股发交各处材料之发料单,查系何处领者,应即付何处之帐。

沈厚生[①]等致夏偕复函

民国七年十月七日（1918.10.7）

经理钧鉴：

　　八月二十五日奉八月十九日函谕，以本公司厂矿购置各项材料以及存置旧钢旧铁并不适用之废料，均关成本，亟应清查，以资稽考，委派厚生会同庆圻、启龄前赴汉厂冶矿萍矿逐细盘查，并准调用各管材料员司帮同清理，务须将现存材料适用者为一种，废置者为一种，旧钢为一种，旧铁为一种，分别造具清册赍呈，以凭核办等因。奉此，厚生等先后于八月三十日到冶，并经厚生调派材料股邹志齐会集后，于九月一日抵汉，六日抵萍，十六日回汉，二十六日回冶，十月八日回沪。此行先后四十天，调查手续以汉厂为最繁，材料钢铁亦以汉厂为最多，萍次之，冶又次之。除材料钢铁现存实数详具清册外，谨将调查大概情形分别为钧座陈之。

　　查萍矿材料分归材料、机料两处，各有专司。材料处以木料、茶油为大宗，机料处则自外洋及沪上经购之机件皆属之。其中或系用存；或系备件；或购置后不能适用，可以提出另售者。计原价约银二万六千余两，合之时价，或不止此。此外，废置之机器，其最大者为煤砖机。闻购入时，其机件本不完全，其后陆续添配，经营三数年之久，费银七八万之多，及至煤砖出炉，因煤油原料须仰给于外，每吨成本至合至十两以上，而市价仅售七两尚属无人过问，不得已，仍复停炉。将来非能就炼焦炉中自提煤油，则制砖终无获利之日也。其次为直井吊煤机，装配后，以动力太巨，恐生危险，迄今尚在废置之中。又次为钻石机，曾有人以万元商购，将来或可留备自探新矿之用。又次为四百匹马力、五十匹马力、十五匹马力锅炉引擎三部，自矿中改用电机始行撤换，如汉冶厂矿无需移用，则投标亦有售主，决不致于如煤砖机、吊煤机等之大而无当也。至于萍矿钢铁旧料，向系各归各管，综计

---

　　① 沈厚生（1886—?）：浙江鄞县（今鄞州）人。时任大冶铁矿材料股股长。

约五百七十余吨。其中以制造处为最多,洗煤处次之,窿工程处、电机工程处又次之。洗煤处、窿工程处之旧料,有尚系开办时陆续堆积至今者。制造处之旧料,则半系向他机关购入利用之件。调查本年制造处一月至八月共化去旧铁一百六十余吨,以此推算,则萍矿中不及六百吨之旧料,至多亦不过供制造处两三年之用耳。惟制造处之翻砂炉只能熔化旧生铁,其熟铁钢货除配打零件外,非汉厂不能回炉,堆置之多,即由于此,清理之法,将来除制造处准留用旧生铁若干外,自以悉数运汉为上策也。

至汉厂材料系归物料股,其中以锰精、矽砖为大宗,其历年未经动用,可以提售者约二千两。其钢铁旧料以制钢股为最多,物料股次之,钢铁处、化铁股、扩充工程处又次之,综计约二千四百余吨。制钢股现开两炉,化铁股现开三炉,除本炉废料随出随化外,制钢股每日约需用旧钢三十吨至四十吨,化铁股约需用旧铁二十吨至三十吨,是汉厂旧料两股齐熔亦不过足敷数月之久。顾实际则又不然,其故有二:一则现存材料大件居多,非打眼不能用药,非炸小不能回炉,包工试办无不视为畏途;二则旧料中尚有从前撤换之机器,工程师以成本攸关,轻易不敢销毁,势必仍归废置,即如马鞍山、幕府山撤回之件,其经移用者固属不少,而积至今日变为旧钢尚有七八十吨之多。如欲彻底澄清,惟有将钢铁旧料中之有用机件依照民国三年修理工程部编造各地散置机件表之例,责成机器股分别提开,另立清册,各机关各颁一册。其有需用机件者先就该册内量为配用,如实无相当,始准向物料股领用新料;其已经剔除不入清册者,当然属于废料,自可概行回炉,不致复有如今日之怀疑;似于出清旧料减用新料两有裨益也。至于钢铁处剔退之钢货,现存约三千吨,论其性质固与旧料不同,惟既不能再行觅销,亦只有拍卖或回炉之一法,故亦列于旧料之中所以别于存货也。

至冶矿范围较少,材料固属不多,即旧料亦视汉萍为少。调查材料股、下陆、得道湾、铁山四处,综计不及五百吨,其中五分之四尚属废旧五十五磅之钢轨,将来只能运汉回炉。至旧铁似可仍援上次就地出销办法,以清旧料而顾成本。惟此次旧料吨位因为数过多且大件有重至十余吨者,环顾厂矿亦无如此巨大起重之机,不得已于磅见之外别筹量计之法。凡册内约估吨数，一切皆以每立方法尺合五吨为标准（平常钢铁实体一立方法尺约合七吨八，堆集体照实体六五扣算，约合五吨），将来实行磅见之数当不止此。但汉萍旧料时有变更，现在调查实存之数，萍矿系截至九月十日为止，汉厂系截至九月二十五日为止，而两处熔量，萍以每月二十吨计，汉以每月千五百吨计，此其大较也。至材料分类之法，悉遵钧函四种分配之旨，其已经锈烂及不可分类者均另入废料一门，以资区别。兹谨就汉厂、冶矿、萍矿三处分别造具钢铁旧料清册清表清图各一份，又汉厂九月份存货清册一份，连同汉厂物料股、冶矿材料股、萍矿机料处、材料处存料原册各一本，一并呈请鉴核。肃叩

钧绥

沈厚生　沈庆圻　陆启龄谨启

倪锡纯致夏偕复、盛恩颐函

民国七年十一月八日（1918.11.8）

总、副经理钧鉴：

敬启者，上月二十九日奉六十号函谕，并奉抄发沈君厚生等盘查厂矿材料报告书及图册，嘱即逐细研究，详晰议复，以凭核办等因。查各项机件材料及旧钢旧铁无不攸关成本，经年废置，日就窳败。沈君等所陈清理各节均属正本清源之法，今依原旨引而伸之，分别议复如下：

（甲）萍矿

一、煤砖机原为制造煤砖而设，即以成本不合，久经搁置，莫如饬交工程师研究能否改制他种有用机器，否则即令绘具图说，设法兜售。

一、直井吊煤机为提取深矿之机，开凿矿山遇到深处非此不可，将来当有用处，应请留存，以备不虞。

一、钻石机为探试新矿必需之件，将来本公司探矿可免再向外洋购办，亦拟请留备后用。

一、四百匹马力、五十匹马力、十五匹马力锅炉引擎三部，自矿中改用电机，以来，已属无用之品，趁此欧战未平，尚易觅销路，拟请饬工程师绘具

图样,详加说明,以觅售户。

一、堆置旧铁,请饬萍矿核计制造处应留用若干吨外,其余悉数运赴汉厂回炉。

一、机料处不适用之钢料约价银二万六千余两,可以运沪设法销售,以免废弃。

（乙）汉厂

一、旧存钢铁大件居多,不易熔销,且其中有属于撤换之机件因成本关系不敢毁销,长此以往,终无澈清之日。请准沈君等主张办法,饬汉厂工程师仿照民国三年修理工程部编造各地散置机件表之例,分别提开,另立清册,颁行各机关,量为配用。其已经剔除者若干,概行回炉。

一、钢铁处剔退之钢货约三千吨,系为各路退回不合用之钢轨积久而成,应择最劣者回炉熔销,择可售者售之,拟请饬汉厂分别报明核实办理。

（丙）大冶

一、旧存五十五磅钢轨连配件约有三百吨,准其运汉回炉。

一、旧铁若干吨,请先饬其开报确数,遇有主顾,随时商明,就地出销。

以上各条系依据沈君等原函意见详加研究,分别办理,以期数年来散置各料均有归宿。所有遵饬议复缘由,是否有当,仍祈鉴核施行。专肃。

敬颂

钧绥

兼代所长 倪锡纯谨启

夏偕复、盛恩颐致各厂矿所函

民国十二年三月二日（1923.3.2）

径启者:

本公司每年购用材料,为支出之一大宗。从前厂矿需料,仅凭临时请购之单,究竟请购之件,是否急需,重量数目,是否确需此数,均属无从核夺,以致不急之料,预为购储,陈陈相因,寝成废物,而待用者或致缓不济急,殊非核实撙节之道。兹拟定试办购料章程,并附甲乙两种表式,大要,各厂矿用料,应先由各股各处照出货若干,预算六个月需用实数,填入表内,再由材料股查明各该料现存数目,分别加注,汇造预算总表,交由采买股,将上三次各料购价注入,并估计现时价格,送由该厂矿所长,核转经理,召集会议决定后,分别交存,以为购料之据。似此则料皆实用,款不虚糜。合将章程表式函发一份,即希查照,限函到两星期内办竣,将表册赍呈,以凭核办。毋稍逾延,是为至要。现时一、二两月已过,应自三月起,六月止,预算四个月,以后即照规定时期办理。合并知照。

[附件] 试办购买材料章程

一、各厂矿所每六个月造具应用材料预算一次,每年由一月起六月止,七月起十二月止。

上项表册之编制尽二星期办理完竣。

二、编制之法,由各股各处照应出货若干,预算六个月需用各种材料列为表册(其不出货之各股各处,亦应将需用品预算)(参观甲种表式)。(图略,下同)

三、各股各处造成后,送呈厂矿所长核定,如须增减,应即注明。

四、核定预算表册应交材料股汇齐,照种类列为预算总表册,载明某项材料甲股需若干,乙股需若干,共计若干。

材料股应将某种材料现存数目确实查明,分别载入(参观乙种表册)。

五、总表册应分为二部:

甲、上海购买之部;

乙、本地采买之部。

此项总表册应预备九份。

六、材料股造成后,送呈厂矿所长转将乙部表册交本厂矿采买员,由该员将各种材料上三次购入价格注入,并估计现购之价应需若干,并说明零购趸购价格之分别,送回厂矿所长。

七、厂矿所长核定后,将甲乙两部表册送呈经理。

八、经理收到后,送交有关系之处核阅签注。

九、采买股将甲部表册及各种材料上三次购入之价注入,并估计现购之价应需若干,并说明零购趸购价格之分别。

乙部中,各项材料有上海亦可购买者,采买股于该项材料下为同样之签注,如上海价格加以运费关税及其他各项费用,仍较当地为廉,须于上海购买之。

十、会计所计算六个月应需购买之款,共计若干,并审查是否超出本年度预算。如未超出本年度预算,会计所得视公司收支情形,限制每月支付额,于一个月前陈明经理,知照厂矿。

十一、经理召集会议决定之〈后〉,将五份送回各厂矿所长,一份交会计所,一份交稽核处,一份交采购股,一份自存。

十二、厂矿所长收到后,将一份交材料股,一份交会计处,一份交稽核处,一份交采买股,一份自存。

十三、材料股收到后,仍照现在领料办法,由机关出具领料单,向材料股领取,如存料不足,必须添购,并添购之数已列入预算者,即出定单送会计处、稽核处,核与预算表册是否符合,会计处并核是否有此款项足以支付,复送厂矿所长复核,分别转交购买,如系甲部函沪购买,如系乙部当地购买。

(注意)材料有可临时采买者,有须数日前或数月前采买者,有由外洋购买须经年月者,材料股及各机关,应先计算何物应于何时购入,其有须长期预定者,作本届六个月预算时应预筹及。

公司会计所致夏偕复、盛恩颐函

民国十三年三月二十一日(1924.3.21)

查各会计处之月报与成本报告,除一二处外,均极迟缓,甚有至五六月后方始报出,及接该项报告时,已时变境迁,于实际上已失参考之价值。然究其迟缓之因,有非会计处权力所及而能使其迅速,非各厂矿长同负责任,令其管下之部分通力合作,难收功效。兹将其迟延之主要原因及拟应如何整理,以期达迅速之目的分条开列,陈请钧鉴核夺施行。

迟延主要原因

一、因原料、材料、文具各帐部分造报迟缓。

二、各工务部分及其他领用物料部分因上述原因,故报帐亦遂稽延。

三、会计处以有上两项原因,故报告亦因之搁迟。

整理办法

一、凡有帐积压未清之各部分,其司帐员一律加开夜工,酌给酬薪,限期赶清积帐,结至本月为止。

二、嗣后主管物料之处,务必与发出各项材料物件时即将价目填明。如有当时尚不知该项价目者,则俟该价目一到,立即随时知照领用该项物料之处。总之,手续应每日清理,务勿搁积。

三、各工务部分及他领用物料之处,嗣后对于各该部分所用之原料、物料及支出之工资款项,皆须按日清算登帐,庶无论何时,均可知其用款数目。

四、现各部分之如何报帐,悉从其自便,会计处不能过问,是以应请授权会计处,得以规定各处报帐之格式及期限,知照各部分按照办理。如有不肯照办者,迫不得已时,会计处得以商请厂长或矿长强制依从,并该部分担其迟延之咎(萍矿炼焦处按月报帐,遇车运不通之月份,即不报出焦吨数。如二三月不运,则出数即两三月不报。而按月费用仍照开支。如查阅该月份之报告,仅有开支而无出货,于此可觇各处之报帐,无法规定,不按情理,而此其尤著者耳)。

五、现会计处及其他部分填造之各种报告之中,如有会计处以为非必要者,得以知照停止填报,庶可节省各处司帐员之工力,而免其虚耗时光于无用或重叠之报告。

报帐期限

一、物料处应将各部分每月领用之文兵、物料、原料帐于下月初一星期内报出。

二、各工务部分及他领用物料部份,应将其每月所用之原料、物料款项各帐,于下月十五日前报出。

三、会计处应将每月之成本报告,于下月底以前寄出。

四、会计所统计股应将每月各处之成本报告,于收到后一星期内汇编报单,呈送总、副经理核阅。

上列各端,仅就意想所及,举其梗概。然各处或有情形不同,原因不一,恐非一通饬即能使各处一律照办,故拟派李惠之君前赴各处查察详情,就地与各厂矿长酌定整理办法。倘上拟各节钧意以为可行,尚乞俯赐手谕,授权李惠之君前赴各地,可于上列范围以内,便宜相机处理,以省周折。所拟之处,是否有当,尚乞钧裁训示遵行为祷。

会计所谨呈

盛恩颐致吴健等函

民国十三年七月二日(1924.7.2)

径启者:

查本公司各厂矿购用材料为岁支之一大宗,亦工作之一要素,关系至为重要。惟广矿各自为政,开单请购时存料是否有余,请购是否需要,既无审查机关为之审查,漫然购运,则不急之料,既摘本息,复虞耗散,甚有此处存料陈陈相因,而彼处待用甚殷,无法取得者,是昧缓急相剂之方,复背有无会通之义,亟应设法整理,以祛流弊而济要工。兹在总公司特设审查购料统一存料委员会,派吴君健、李君赐求、郭君承恩、倪君锡纯、王君文柏、沈君厚生为该委员会委员。嗣后凡厂矿请购材料均交由该会委员会同审查决定后,再陈由本处核夺饬购。其应如何审查,如何统一,并希诸君妥拟简章送候核定实行为要。此致

吴君健、李君赐求、郭君承恩、倪君锡纯、王君文柏、沈君厚生

副经理

席德炯致盛恩颐函

民国十四年七月一日(1925.7.1)

总经理钧鉴:

敬陈者,奉材字第一号函开:厂矿所需用材料至为繁赜,现已设有专

课,委任执事为课长,掌管审查事宜在案。现各该处所存材料亟应分投考查,何者余存,何者缺乏,何者可以移缓就急,以备将来请购时有所取决,即希前往各厂矿所逐一调查登记,回沪具报为要。又奉面嘱,俟鹅瀞君等抵当矿时驰往招待,并陪赴各山参观等因。奉此,炯于五月一日前赴当涂会同丁玉桥招待并引导参观各山,当经具函呈报,嗣即偕课员朱墉往大冶、汉阳、萍乡等处逐一视察登记回沪,所有调查各厂矿材料概况附录于后,是否有当,理合呈候鉴核。至于各厂矿材料股有宜斟酌改良之处,容当另贡刍荛,呈请采择,而利进行。专肃。虔颂

钧安

材料课课长　席德炯谨启

［附件］

一、大冶厂矿

大冶厂矿原有矿材料股与厂材料股分管厂矿材料,今春合并为一,而材料机件仍分存厂矿各栈。炯亲历铁山、得道湾、下陆、石灰窑各处考查,旧属矿山管辖之材料,除钢丝绳及小钢枕等外,所存不多,惟扩充工程处之材料机件积存至夥,有未装置者,有装置未全而剩余者,更有因购买过多而积存者。今机器配件大部在得道湾,电料及零星配件近由冶厂总栈收回保管,即供冶厂之需。其他在铁山、石灰窑各处者亦颇多,概归扩充工程处寄存名义,不入材料股存册。

冶厂材料分机料、杂料、煤铁等类,零星小件贮之屋内,大宗钢铁概置室外,惟文具之属不列正册,收发若干难于统计。该厂成立未久,自开炉以来,只就急用之件购备,故现存材料仅敷应用。惟建筑时期所购买及由汉厂拨往之材料积存尚多,间有可以移往他厂者,今将大冶厂矿材料之余存较多者列表于后。(表略,下同)

二、汉阳铁厂

汉阳钢铁厂积存材料之多,甲于各厂矿。其故有数:一、该厂自成立迄今,垂四十年,材料之余存,当然与时俱积。二、添建化铁炉,改设制钢厂,

经一次之扩充,添一分之设备,剩余材料亦遂逐渐增加。三、欧战时用铁极多,本公司为应时势之须要,扩充钢铁产额,故对于应用材料多所采购,以为未雨绸缪之计,至今未能用罄,因而积存者至夥。至其布置方法,则分内外料、电料及机料。内料,凡文具、油漆、钢、铜细料及零星杂料属之;外料,凡砖瓦、木石等粗料属之;机件,凡各种机器及配件等属之;电料原属电机处,去岁移归材料股管辖,各种电机及配件属之。惟炼钢厂自停顿后,各种机器材料尚未统计列册。

汉厂钢炉久未开炼,铁炉停顿亦逾半年,工作既未进行,材料自无缺乏,现存物件悉数搁置在栈,今以积存较多者列表于后。

三、汉厂钢铁

汉阳铁厂向有钢铁处及煤焦处,管理钢铁及煤焦两项。惟煤焦自停炉以来,全数转运大冶,汉厂所存甚微。钢铁处所存钢件及废铁年来虽时有出售,然积存尚多,此次奉令一并调查,遵即会同钢铁处主任顾乃义详加检点,造成表册。所有钢铁约可分二类,一系钢厂造出之整料,如钢轨、钢板、角钢、槽钢等;一系不适用之钢件及废铁,如制造未完成者及已完成而有缺点不能出售者。更有各股领用机件停工后搁置不用,良窳杂处,比比皆是。至于残废机件及整块钢铁,近由钢铁处派工收集,堆置厂内,并已售去泰半,现存废钢约二百吨。而此外未经收罗漫无稽查者,尚不在此数之内,须至发售时方知确数,此等钢铁,一经收集,即可作废料售出。至于小块渣铁及零星铁件,另有检渣处司检查。渣焦内之生铁及破坏机件之碎块,于厂内各处扫集成堆,亦有四五十吨。所有汉厂现存钢铁整料、半废料及废料均经详细调查,造成表册,谨将其总数列表于后。

四、萍乡煤矿

萍乡煤矿工程浩大,工人众多,故窿内外及各股处需用材料亦至夥,仅以窿用木料一项而论,岁需费六十万元。他如洗煤处、炼焦处、电机处、修理处,在在需特别之材料,即应备多种之供给,是以每年消耗于材料项之款为数可百万,亦云巨矣。综其材料之最重要者为木,油次之,竹畚等杂料又次之,此皆就地采购者随买随用,余存不多。至于机件杂料之须购自外洋或沪上者,年需费仅二十万元而已。

机件方面,需用材料最多者为修理处。缘工人等试用器械,向少爱护诚意,每一物件有运用未久而即破坏者,例如矿车,其损坏之速,几令修理处有应接不暇之势。按矿车一辆装煤一吨,日出煤一千九百吨,只用及一千九百辆,而实际车数四千有奇,大都停在车厂待修,其他类此者亦颇不少,故萍矿材料虽多,仍难应急需,而时感缺乏之虞。甚至工人于材料之可以沽价或自用者恣意窃取,损失不赀,人言啧啧,未为无因。再者,株萍铁路修理机器,率由萍矿供给材料,势又不得不多所预备矣。

萍乡材料向分材料及机料二处。材料处,凡木砖茶油之类属之;机料处,凡钢铁皮革之类属之。矿内设印刷处,专印纸章表格等,归材料处管辖,电料多购自沪上,或外洋转运至矿,统交电机处收存,不由材料处经管。兹将萍矿积存较多及不常用之物件列表于后,更有自制机器大小十余件搁置在厂,久未动用。至于缺乏材料,就此次调查所及,另陈于后。

上列各表所开材料,或系积存过多可以移往他所;或系用途甚少,一时不至告罄;更有因订购之后变更计画,不复用及者,谨缮表呈阅,以便他所需要时用济急需,无庸另购。至于缺乏材料,有视工程计划为转移者,无由预定。若寻常应用之品,除已于上表略陈外,将来各厂矿长自当陆续来函请购,属课即据以调查各处材料存册,分别拨给或订购,陈请核夺施行。

席德炯致盛恩颐、潘濬芬函
民国十四年十二月十日(1925.12.10)

总、副经理钧鉴:

敬陈者,窃德炯前奉派赴各厂矿所调查材料,经将各处材料情形摘要具报,并条陈整理材料办法九则。蒙批:应请材料课按照条陈各节编订章程,再行分饬遵行。曷胜感荷。兹参考各厂矿情形拟订购料单施行细则九条、领料单施行细则四条、发料单施行细则四条、缴收旧料单施行细则五条,并将原呈各条择与厂矿无关之语酌加删改,以便抄发。是否有当,理合函请鉴核,通饬各厂矿及会计、采办等处,自民国十五年一月起查照施行,

是为盼祷。专肃。虔请

崇安

材料课课长　席德炯

附拟施行细则九纸

[附件]　料单施行细则四种

(一) 购料单施行细则

一、购料单由各厂矿材料股开具同样七份如下：

1. 本股存根；

2. 厂矿长处存查；

3. 采办处查照；

4. 厂矿会计处查照；

5. 材料课存查；

6. 会计所；

7. 总稽核处。

各机关须用材料开领料单,其规则另订之。

二、材料股将所开购料单七份留存根一份,送六份至厂长处察核盖章,厂长处复留一份存查,寄五份至材料课。

三、材料课将请购材料考核批注,转陈经理批准发课,寄回厂矿二份,留一份存查；其在沪上购买者则由材料课径送一份至商务所。

四、厂矿将批准购料单查照登记后,分致采办处及会计处。

五、商务所及厂矿采办处按购料单核准项内之材料购办,并以定单(purchase order)及发票副张分送材料课存查。

六、材料购到后,采办者将发票内材料批明购料单号数,连同材料送材料股验收,于发票上盖章收讫。

七、材料股于购进材料认为不合用或货质不良时,得拒绝验收盖章。

八、采办处将材料股盖章收讫之发票向会计处支款。

九、会计处按购料单核准项下各项材料照发票付款。

（二）领料单施行细则

一、领料单由需用材料各机关开具（个人不得具领），共分四份：

1. 领料机关存根；

2. 厂矿长处存查；

3. 稽核处存查；

4. 材料股照发。

二、领料机关将所开四份，留存根一份，送出三份，于厂矿长稽核处核准盖章。

三、材料股按核准照发之材料验发。

四、厂矿长或稽核处有一方未核准时，材料股不得照发。

（三）发料单施行细则

一、发料单由材料股开具，共四份。

1. 材料股存根；

2. 交回材料股存查；

3. 收料机关存查；

4. 会计处存查。

二、材料股将所开四份留其存根一份，而将三份连同材料送领用机关验收盖章。

三、领用机关按单验收材料，盖章交回材料股，而自留存根一份，如所领材料有认为不合用时，得退还材料股，拒绝盖章。

四、材料股将签收发料单送一份至会计处。

（四）缴收旧料单施行细则

一、缴收旧料单为登记全厂矿旧废机料而设，由各厂矿材料股估价登记，并保管所收之物料。

二、本单分二种，即用材料报告表于缴收时分别登记。

甲、仍可合用或经修理后尚可合用之机器及旧料。

乙、残废机器材料及空木铁油桶等。

三、缴收手续如下：

1. 各厂矿材料股先将各栈房现存旧废机器、材料未曾列册者,不论大小详细登记;

2. 由厂矿长通知所属各机关、限期将上开旧废机料开单缴回材料股;

3. 以后各机关遇有不用或旧废机料,应随时送回材料股;

4. 材料股于每半年呈请厂矿长订期派员会同检收旧废机料,以免遗漏。

四、各物缴回材料股后,倘各机关再须应用时,可按领料手续办理。

五、材料股每半年将收回废料单报告材料课及厂矿长。

七、煤铁运输

公司董事会致交通部函
洪宪元年二月八日（1916.2.8）

敬启者:

　　窃据萍矿矿员报告:醴陵钢桥已于上年年底落成,本年一月一日通车,良深忭祝。惟查距安源十余英里,尚有湘东一桥,木质而历年更久,朽腐特甚,危险异常,上年宁湘铁路工程司汤姆生勘线到彼,即言该桥木朽中空,有岌岌不可终日之虑。倘一出险,生命财产损失何堪设想,不独运道已也,即以运道论,前年醴桥中圮,犹可于无可设法之中,勉为设法救济,然路矿已损失甚巨,湘东距安源甚近,出险则路矿全停,一无法想。前因大部正饬修缮醴桥,未敢多渎。现已告竣,正可移彼工司从事续修,与其事后周章,曷若绸缪未雨,且系木质,程功匪巨,需费亦廉。用特肃函,陈恳大部俯赐核准,迅饬该路速即兴工修换,以保路线而维矿运。伫候施行。谨致
交通部

　　　　汉冶萍公司董事　孙　盛　王　李　周　沈　张　林　杨谨启

公司董事会致卢洪昶函
洪宪元年二月十日（1916.2.10）

鸿沧仁兄坐办鉴:

　　接一月二十八日来函,筹运供厂煤焦情形,具悉一是。所云汉栈现存煤焦俱留自用,不再外销,足可敷用,筹画极是,至堪嘉慰。外销本属厂用有余,藉资周转,现值水涸运艰,轮驳又为军事租用,自应先其所急,专供厂需。即使来源渐旺,而栈存者亦应留备缓急,切勿销售,以顾根本,是为至

要。先拟在沪租雇拖轮,为赴岳接运之用,因吃水总在十尺以外,租价又复过贵,非到万分为难,只可暂时存而不论。好在时已交春,水应渐涨,当不致如前困难也。鲇鱼套泊船遭风失事,固为天灾,非人力所可护救,但此项煤焦何不于船到后即过江上栈?停泊武昌,本非良策。望祈查明此次民船局驳何日开到武昌,有无轮船拖带,并现在船驳是否一律绞起,有无伤损,煤焦捞获若干,总计损失约有多少,一并详细函复为要。

再,癸丑鄂湘租用轮驳价为九万八千余两,阴历年底孙会长来电,已蒙政府核发银九万八千两,抵还中交两银行欠款矣。并告。致吴厂长函印副附阅。此复。即颂

台祺

董事会启

卢洪昶致公司董事会函

民国五年十月七日(1916.10.7)

董事会诸公钧鉴:

敬肃者,奉江日钧电,以萍焦为炼铁命脉所关,至为重要,嘱设法督催,源源运济,并于额外多运焦三万吨交厂存储,以备不虞,先将筹运情形迅速详复等因。查焦炭为炼铁要需,本难稍有缺乏,从前承平时运道无阻,铁厂存焦常在数万吨,每能敷两三月之用。改革后几度军务,运道时生阻梗,每至交通断绝,则以存焦供用,事平后,虽经费尽心力,一时终难复旧。此不特敝局运务为然,即与运务最有关系之铁厂近年亦受各种影响,同一困难也。今年军事之后,继以水浅,天时人事,种种阻难,洪昶职司转运,自应尽其心力,以供厂需。谨将运道情形及现拟办法为钧会分晰陈之:

一、运务情形

甲、湘水涨落及浅滩 城陵矶以上节节浅滩,愈上愈浅,一经水落,即难行驶,故每岁只有半年畅运,其艰难情形,早在洞鉴。惟往年暮春涨水,至冬令水始落涸,秋季偶或可运;今年因衡水久旱,株水未涨,甫入秋即现河底,不特轮驳阻滞,即稍大民船亦难过滩,此种艰难,又为历年所无。

乙、民船　转运煤焦,半恃轮驳,半恃民船。近年工料日贵,民船渐少,其稍好者多装载百货,盖百货之水脚贵,较煤焦运费有倍。且历年军事,掳用民船,每至风声紧急,民船即逃避一空,事后招雇,总难复其旧观。今年湘鄂行军又久,以致民船异常缺乏。当湘省独立之时,湘鄂筹防,交通断绝,法不足恃,理无可喻,运务妨碍,以此为最。

丙、轮驳　辛癸两役,轮驳只具骸体,元气久已大伤,迄今尚未恢复。滇事发生,军务又起,中央及鄂省叠电钧会,商允租用轮驳;各军又在中途强迫截用,甚至放枪迫令停轮,此孙稽查所目击,虽叠经交涉,算收租价,而煤焦即因此少运矣。当湘鄂筹防之时,两省下令禁止轮驳行驶,正是水大之际,洪昶抗争至再,始允每日通运限数若干,略资接济。迨大局解决,各军回防后,满拟趁水赶运,不意水忽骤落,棘手情形,殊难名状。

二、铁厂起卸情形

甲、码头　转运之迅速,全赖起卸之便捷。汉厂专起煤焦码头只有新老矶头两处,且皆在襄河以内,每当襄水溜急,势如建瓴,船只皆须远避,数日始平,虽有煤焦船到,不能驶进襄河,只能停泊外江守候;兼之河身狭窄,泊船极多,外江偶有风浪,则各船均避进襄河,时有塞口之虞,常至数日不通航路。此种码头,欲起卸日用多数之煤焦,殊难足恃,码头有停顿,运务即遭牵碍。查铁厂外江本有码头四处,除三码头待装起卸机器外,现只有三处码头可以供用,然时有海船停泊。且冶来矿石、白石及运出之钢轨生铁均靠此三处装卸尚嫌不敷用,万难让起煤焦。此铁厂之困难亦所深悉也。

乙、挑夫　起卸之迟速,除码头外,又须视挑夫多寡以为衡。近年食用昂贵,劳动度日维艰,若辈惟利是趋,一遇他处优价招工,则羁縻不易,且一到农忙,大半回乡,是以春夏大水畅运之际,恰值农忙挑夫正缺之时,到船拥挤,起卸不及,停泊守候,耽误行船之期。是以于船多拥挤之时,不得已由敝局酌量自行起栈,以便各船卸空赶运。汉厂焦炭之无存积,此亦原因之一也。

三、现拟办法

甲、车船分运　运道不畅,萍矿极遭困厄,去岁株长通车,洪昶即欲将株运改为长运,藉越避最浅滩数处,叠陈钧会在案。现值铁厂存焦已罄,需用万急,水势极浅,非筹车船并运,难期接济,是以有每日车运数百吨至长沙豹子岭之举,已叠次详电经理处转陈钧会。现湘鄂路局一面筹备,一面电部请示,俟有定议,另再函陈。

乙、设法招雇大小民船　查水涸之时,轮驳及大号民船不能过滩,只能停泊中途,另用小划由株驳装煤焦至中途过载。此等小划,名为倒划,专走浅滩及溪河者,每只装煤焦七八吨至十余吨,水浅过载,专赖此等小划轮流驳送,愈多愈妙。近年湘省内地开采各矿需用此项倒划,以重价争雇,以致大小民船均甚缺乏。现派熟悉船务之人分赴各港,招雇大小船只,除向装之船外,其新雇者按吨位多寡,许以扣佣,期多得民船,与轮驳相辅而行,出此窘境,接济厂需也。

丙、专运焦炭及二号煤　现在厂需焦炭至急,二号煤亦甚需用,现拟轮驳民船专运二号焦及二号煤,以顾铁厂,其余均从缓运。

丁、兼由汉岳两栈盘运　查前因码头起卸不及,敝局曾于到船拥挤时将煤焦酌量自行起存汉岳两栈,现拟一面由株赶运,一面另备轮驳在岳汉两栈将存焦盘赴铁厂。

戊、铁厂之存储　现在分筹赶运办法,除拟供铁厂日用外,遵嘱之额外另运三万吨交厂存储,以备不虞。如运道无意外阻梗,此项存储之三万吨拟于三四个月内运足,但请谆嘱铁厂格外加班起卸,务使船只到汉一无停留,则来回迅速,方可达到赶运存储之目的也。

以上各节,除随时与厂筹商进行外,缘奉电饬,特此详陈,统乞钧核裁示遵行。附呈十月四日致铁厂函稿,并请察核,亦可见稍有筹备未完即生困难也。专肃。恭请

钧安

　　　　　　　　　　　　　　　　　　　　　　卢洪昶谨肃

公司董事会致卢洪昶函

民国五年十月十二日（1916.10.12）

鸿沧仁兄坐办鉴：

接十月七日来函，详复奉电筹运煤焦，接济厂需等情，均悉。所云本年军事之后，继以水涸，运道种种困难，亦系实情。惟天时不齐，应尽人事，以弥其缺。现拟办法，车船并运，及设法招雇民船各条，均属救济之要着，务希切实照办。至车运长沙豹子岭一节，前阅执事致经理电，已与湘鄂路局议定实行，此次来函，尚云一面筹备，一面电部请示，想事虽定议，而彼此手续未完，厂需紧要，运务又为执事专责，望即迅速举办，勿再迟延，致有缺乏，是所切盼。仍希将办理情形随时见告。除函厂接洽外，此复，顺颂

台安

董事会启

粤汉铁路湘鄂工程局、株萍铁路管理局、汉冶萍公司萍煤转运局订立运煤合约

民国五年十月二十一日（1916.10.21）

粤汉铁路湘鄂工程局（以下称粤汉路）、株萍铁路管理局（以下称株萍路）、汉冶萍公司萍煤转运局（以下称转运局）订立运煤合约如左：

一、转运局托粤汉、株萍两路运输煤焦由安源站至豹子岭，所有运费以及一切条件，株萍路仍照旧章办理，粤汉路另与转运局订立合约规定之。

二、转运局须每日至少装运焦煤五百吨，至多装运七百吨，所用车辆由两路各备一半，其运行时刻由两路会商定之。

三、此次运煤过线系为转运局便利起见，并非株萍路车辆在株萍路周转不敷，其使用费除算抵外，不足之数概由转运局负担，找算株萍路，再由株萍路算与粤汉路。

四、两路车辆在株洲交接时，仍照连带运输合同，由检车员检查，倘有因转运局装卸煤焦损坏者，应详记于检车证内，其修理费概由转运局认缴。

如有纠葛,应由所在线担负向转运局清理之责。

五、两路如有一方面车辆不敷装运,或遇事故应暂停运之时,应无异言。

六、两路连运事宜,凡此合约未特别规定者,率照两路连带运输合同办理。

七、此合约自履行日起,以五个月为期,期满作废。

八、此合约粤汉铁路湘鄂工程局派车务总管、株萍铁路管理局派运输科长、汉冶萍公司萍煤转运局派株洲转运局局长三方签定。

九、此合约同式共缮三份,各执一份为据。

十、此合约定于民国五年十月二十三日实行。

粤汉铁路湘鄂工程局车务处总管 黄文恩

见证人

株萍铁路管理局运输科科长

见证人

汉冶萍公司萍煤转运局株州转运局局长 蒋煦

见证人 谢基璠

中华民国五年十月二十一日

汉冶萍公司萍煤转运局与粤汉铁路湘鄂工程局订立运煤合约

民国五年十月二十一日(1916.10.21)

粤汉铁路湘鄂工程局(以下称湘鄂局)与汉冶萍公司萍煤转运局(以下称转运局)订立运煤合约各条列左:

第一条 湘鄂局允代运转运局煤焦,由洙洲起至豹子岭止,里程计长二十七英里。

第二条 生煤运费规定每吨每英里银元一分五厘,焦煤加三成。

第三条 转运局须每日至少装运五百吨,至多装运七百吨,如全月匀计,每日不到五百吨,转运局允按每日五百吨计算全月运费,付给湘鄂局,但因湘鄂局车辆不敷装运或有意外不测阻碍交通,不能通车,不在此例。

第四条　湘鄂局路线尚在建筑期内，如有车辆不敷装运或遇事故应暂停运之时，转运局应无异言。

第五条　湘鄂局车辆在转运局安源矿厂及各岔道内或在豹子岭卸车时损坏者，即由湘鄂局修理，其修理费应由转运局认缴；其株萍路局车辆装运转运局煤焦到湘鄂局路线者，在豹子岭卸车时如有损坏，所有修理费亦由转运局认缴。

第六条　运煤车辆如因转运局延误不能如期往返，转运局允照湘鄂局与株萍路局所订连带运输合同，缴纳留置费。

第七条　煤焦上下起卸等事概归转运局自理，与湘鄂局无涉。

第八条　运煤一次，湘鄂局允转运局得派押运一人随行，免收车费。惟须转运局自制标帜，先送湘鄂局车务处验核，签字盖章，湘鄂局不给长期免票。

第九条　此合约期内，湘鄂局须用煤吨，转运局允照株萍局与萍矿局所订价格，在安源交货，供给应用，计洗净块煤每吨四元二角，末煤每吨三元，如湘鄂局欲改株洲交货，则外加安源至株洲运费每吨七角八分。

第十条　转运局应付湘鄂局运价及修理、留置车辆等费，湘鄂局应付转运局煤价，每月终在汉口结算互抵，并须以汉口通用银元彼此按月找清。

第十一条　此合约自履行日起，以五个月为期，期满作废。

第十二条　此合约只适用于此项短期转运，如武长通车后仍须按照部令规定之另约办理。

第十三条　此合约粤汉铁路湘鄂工程局派车务总管，汉冶萍公司萍煤转运局由洙洲转运局局长，双方签定。

第十四条　此合约同式共缮两份，各执一份为据。

第十五条　此合约定于民国五年十月二十三日实行。

粤汉铁路湘鄂工程局车务总管　黄文恩
见证人
汉冶萍公司萍煤转运局株洲转运局局长　蒋煦
见证人　谢基璠

中华民国五年十月二十一日

夏偕复致公司董事会函

民国六年一月八日(1917.1.8)

董事会大鉴:

　　日前在大冶寄奉一缄,声明铁厂需煤甚急,暂顾自用,并抄录与既济公司、湘鄂路局来往电文,亮邀台察。嗣因既济及汉招商局续电要求,偕即于五号回汉,既济、湘鄂及招商环来面商,当答以并非屯煤不发,同处艰窘之中,苟可勉敷自用,无不力筹兼顾等语。既济等均满意而去。旋据卢坐办开来阴历年内各处需用煤焦及可由上游运到之数,据吴厂长称,铁厂有五千五百吨之供给,可以勉敷年内之用。当嘱卢坐办首顾自用,余照分配之数,随时酌量缓急,分别接济,以纾众困,而资联络;价俟与商务所协议后,再行布告,惟须声明自本一月起,所交各处之煤均由本公司直接议价,其有与宝丰合同未满者,本公司概不过问。至宝丰亦曾来责问短交之数,当经驳复矣。官厂合同现亦满期,唯兵工厂谓照合同短交之数甚巨,应续补交,经卢坐办据合同力驳,谓短交系因兵事及水涸之故,适符合同中天灾人祸不负责任之规定,且合同并无补交之文,所言甚属正当。刘总办意犹未惬,现已亲赴北京,传闻因此事而往,未知何意。顷见报载煤业紧要广告,援引合同天灾人事之文,自阳历新年始,未交各处煤斤,概行增价,可见卢坐办所持理由,系属煤业之公论。短交一层,应与官厂(钢药、造币两厂均视兵工为进退)力辨。唯嗣后官厂需煤,当就本公司力之所能陆续接济,毋使彼此妨害要工为词,但须切实声明价须增加,另订合同也。所有近日煤务情形,暨卢坐办所开清单,特函奉达。敬颂

公绥

总经理　夏偕复

　　正书信间吴厂长来称,今日萍煤又不继,暂用厂存之日煤矣。偕又及。九日。

潘国英致夏偕复函

民国六年三月十七日（1917.3.17）

经理钧鉴：

　　昨奉钧处咸电，当赴路局颜君处磋商，颜君以交通部定章，生煤平常运费每英里二分四厘；特别载运，五十英里以下，每英里一分五厘；五十英里以上至一百五十英里以下，每英里一分二厘；一百五十英里以上每英里一分一厘。京奉、京张两路均如此办法。查株洲至豹子岭路线只有二十七英里，照部章五十英里以下之价格，实不能再减；且长沙地方现有一集成公司，现亦由萍乡运煤至长沙，路局系照每吨每里二分四厘收费，该公司已屡次要求照萍矿运费，路局均未允行，若变更定例，将费核减，诚恐该公司有所借口，电部交涉，倘得部允许，将运费减少，则彼在长沙将为我公司之竞敌，于我公司殊为不利等语。国英即以运费不能酌减，则我公司拟将路用烧煤价格递加，以昭平允。彼言烧煤价格与短约有关系，如果我加煤价，彼即不能将合约续订。嗣再三与之商榷，彼言实无可以更改，惟微示意思：将来彼此续订新约由安源至武昌时，彼当为帮忙。国英诘以帮助之法，彼言运费一分一厘，亦无可更改，惟焦炭加价，或有磋商之余地。

　　查株洲现存煤焦至十六、七万吨，且安源日有货来，如欲于夏令水大之时赶运清楚，则全恃水运恐来不及。国英愚见，将来运道缩短，必须将株洲堆栈移至长沙，但豹子岭地方地势甚低，夏令时不适于用，故须另觅地方为宜。萍局运务，卢先生约定二十日交卸，国英接收后布置就绪，拟即赴长沙察看情形，再行具陈办法。现时惟有拟请将短期合约延长一、二月，照常运输，以便从容拟办。今早发呈一电，想邀钧鉴，请示办法，俾便遵行。国英谨将遵电磋商详细情形，肃函驰陈。祗候训示祗遵。专肃。敬请

钧安

潘国英谨肃

潘国英致夏偕复函

民国六年三月十九日(1917.3.19)

经理钧鉴:

十八日缄奉芜函,谅邀钧鉴。嗣奉霰电内开:运费既不肯减,自难再商,短约可展长一、二月,惟煤价须改为二号煤六元七角、三号煤五元五角,已较现在公司批售价特别减让,仍系为顾全路矿交谊起见等因。奉此,国英当即前往与颜君继续磋商三日,始允运煤费照萍株价,每英里每吨减为一分三厘,焦仍照加三成,煤价仍照旧约不加。惟要求此项续约期限须至孙会长与部商定由安源径至武昌长路合约实行日止。如长约不成,则双方如欲废约,均须于三个月前咨照。国英又以豹子岭地势甚低,若于夏令被水淹没,应如何设法,颜君亦允届时另借新河合宜地点与我堆卸,如新河或新河左近均无合宜之地,我得知照路局暂为停运。惟路用烧煤仍须照常供给。国英伏查现在株洲存储煤焦,已有十六、七万吨,安源又日有运到,其决难全恃水运,日昨已函电禀陈。今彼既让步,似可照订续约,俾从速将存货运完。故于今日将磋商情形电陈请示办理,尚乞训示祗遵。专肃。敬请钧安

潘国英谨肃

潘国英致夏偕复函

民国六年五月八日(1917.5.8)

经理钧鉴:

敬肃者,国英前蒙委任,承乏运输。受事以来,仰承钧训,一切设施粗有端绪。惟运道绵长,舟车转输非亲加考察,不足以悉窍要而资统筹。国英爰于四月二十一日偕李君慕青往湘考察,曾函报在案。窃此行目的,计有三端:(甲)研究方法,将株洲旧存煤焦,于水大期内搭运赴武汉及城埠存储;(乙)察看运道,预筹转运煤焦,以供汉厂四炉齐开之用;(丙)整顿岳、长、株、豹各局,裁汰冗员。遂先至城局,复至长、豹、株等局,并至安源接洽

讨论。兹已事竣，于五月六日返汉。谨将考察所得，并抒管见，为钧座详陈之。

（甲）查湘省去岁始则受军事影响，民船多充兵差；继则江水奇涸，为历年所未有，以致株局堆存煤焦达十三、四万吨之多，而湘省各土产货物亦被阻滞不能出口。今江水既涨，彼此均欲将存货运出，争雇船只，以致民船供不应求。加以湘省近来矿务发达，锑铅锰各矿出数日增，需船更夥，而民船更觉不敷矣。查萍矿现日出煤焦一千七八百吨，月计五万余吨，以自有轮驳尽其所能，亦不过运其半数，下余半数全赖民运，就民船缺乏情形，新货运出已觉不易，若将存货搭运，尤为艰难，自非设法多招船只不可。近来百物昂贵，兼之湘省纸币价格低落，船户生活甚艰，百货出口，其水脚均较煤焦为昂，故招徕之术，首宜加增水脚。查去冬油煤水脚，每吨钱二千文，外加驳力每吨洋四角二分（约合钱一千零二十文），焦炭水脚每吨钱二千五百文，外加驳力每吨洋四角二分。现江水已涨，无须过驳，则驳力自应取消，虽株、豹两局仍欲照加，藉以羁縻船户，然究觉名义不合，不若加增水脚较为正当。国英一再斟酌，改为油煤水脚每吨钱二千五百文，焦炭水脚每吨钱三千文，不给驳力，已于前月二十五日起实行矣。此项水脚明虽增加，然驳费取销，合之银数，实则较前减钱五百二十文。现已派人分赴上下游及宜昌、沙市等处设法招雇，各船户见水脚已正式增加，应雇者已较前略多，风声一播，将来或更踊跃。现并另择装一、二百吨之盐船，把平常川租用交拖轮拖带，先租五十只，俟试办有效，或拖轮尚有余力，再加租至一百只。目下运数，除豹局外，株局每日扯计在二千吨上下，是新陈搭运，已略有把握矣。此改定水脚，招雇民船及租船之情形也。

冬令水小，湘江洞庭只能行驶一种小船，名曰倒划。去冬煤焦过载，赖此倒划踊跃，得以勉济厂需。春水涨后，株、豹两局仍将此倒划羁縻，其大号者，由豹运煤焦至城埠上栈，其小号而不能过湖者，则由株用以驳煤焦至湘潭之杨梅洲存堆。惟杨梅洲地势太低，夏间发水恐遭淹没，且该埠距株仅六十里，仍居上游，秋冬水退，与株洲同一困难，徒耗驳费，于事无济，不如另觅下游地点较为有益。兹勘得芦林潭下十五里，土名虞公庙，有地一大段可作堆栈,地势甚高,不患水淹。虽冬令水涸,深水轮仍不能直达该处,而浅水轮驳终年无阻,究觉缓急可恃。闻该地为虞公庙公产,现已请人与之议租,俟有成议,另行函陈。至杨栈存煤,拟即派轮驳运汉,以免水淹。虞公庙堆地如成,将来即为杨梅洲之替。凡小船不能过湖运城栈者,均运至虞栈上堆,以备冬令转运。此改定下游堆栈,期得实用之情形也。以上两项办法(夏偕复批:照办),均乞核准立案。

(乙)汉厂冶铁炼钢,煤焦与矿石并重,四炉齐开,用数均增,自应兼顾统筹。故未言煤焦之前,宜先研究矿石转运之法。查化铁炉四座,月需矿石五万二千余吨。汉厂原有拖轮共计七艘,其楚富、楚强、汉兴、汉顺、兴通五艘,每艘可拖重八百五十吨,汉发、汉利每艘可拖三百三十吨。今以每轮每月往来冶汉十次,共可拖四万九千一百吨,除去洗炉停修作八折算,每月应运三万九千二百余吨,核与炉用之数,不敷一万三千余吨。然此尚系照水大时期计算,若冬令水涸,洋关限制轮船往来东司港时刻,则更不能得此数。从前公司筹划四炉全开时,国英曾建议添置轮驳,后大岛顾问以公司经济困难,且粤汉铁路不久可以通车,煤焦可由车运,而将萍矿轮驳改运矿石,故将添置轮驳一项删去。为今之计,惟有将萍矿之萍丰、萍达两拖轮往来冶汉,改拖矿石,而将汉利一轮改走株汉,拖运煤焦,一转移间,可多拖矿石一万三千余吨,而矿石一项已足敷炉用。又四炉全开,汉厂共月需煤炭二万四千余吨,煤九千吨,大冶需煤一千吨,外销一万吨,共四万四千吨。萍矿原有拖轮除将萍丰、萍达改拖矿石外,尚有萍福、萍寿、萍通、萍富、萍强、萍元、萍亨、萍利、萍贞、萍顺、萍安、萍发,计十二艘,可拖重一万吨,再加汉利可拖重六百吨,两共一万零六百吨。大水时期,除守风宿夜,每月往来扯两次半,计二万六千五百吨,除去洗炉停修,作八折算,计二万一千二百吨,其余二万二千八百吨,交由民船运。若在大水期内,本不难运足此数。惟每年通扯,只有八个月系大水时期,其余四个月,则系小水时期。此小水之四个月,轮驳与民船合计,每月恐尚运不足三万吨,是每月不敷在一万四千吨之多。照此情形,小水期内必有停炉之虞,必须兼筹车运,方可免此恐慌。惟车运费昂,国英初意只由车运至岳州为止,岳州以下仍由水运。

乃此次赴岳州踏看，并询问土人及轮驳大副、舵工，金云该处有滩甚长，一交冬令，水退滩现，驳船即不能靠近，码头受载如此，则该处已不适于用。至于城陵矶，则因江边距车站约七八里之遥，且有小山阻隔，建筑岔路需费甚巨，此项计划难期实行。再四筹思，只有改用株洲直运武昌之一法，水大时，每月由火车专运煤二万五千吨至武昌，焦则仍由轮驳自运，水大时轮驳运数足敷四炉之用，一遇水小，则先尽轮驳之力，能运若干，下余则交车运。兹谨再申明其说如左：

今试以每年八个月为水大时期，四个月为水小时期。水大之八个月，火车运油煤每月二万五千吨，共运二十万吨。此八个月中，汉厂计用煤七万二千吨，大冶八千吨，外销八万吨，共十六万吨，以之应付，尚可余煤四万吨存积，以备冬令之用。

四个月水小时期，轮驳每月作运焦一万吨，照四炉所需之数，每月计不敷一万四千吨，即由火车照运，以补其缺。

水小四个月，火车每月除运焦一万四千吨外，仍搭运煤一万一千吨，计四个月共运煤四万四千吨，连存积之四万吨，两共八万四千吨。此四个月中汉厂用煤三万六千吨，大冶四千吨，外销四万吨，共八万吨，以之应付，尚可余煤四千吨。

萍矿通扯每月出煤焦五万吨，除大水畅运期内舟车分运，随到随清外，其小水四个月，共计出煤焦二十万吨。内由轮驳运焦四万吨，火车运焦五万六千吨，又运煤四万四千吨，尚余煤六万吨，即暂堆存株洲，俟次年水大时，由民船运汉销售。

以上系预筹汉厂四炉全开运供矿石及煤焦之办法。国英因见水运不可全恃，将来必赖火车分运方可有济，故此次到长沙时，即往晤粤汉路长株段车务总管，商问由安源运煤至武昌章程，随由该路局送来草合同一纸，除运费及路用烧煤价尚需磋商外，其余各条亦有不能承认者，兹谨另拟一纸，连来稿一并附呈钧鉴。其运费虽据路局言系照京奉、京张两路与开平局所定之价格，不能再减，但国英愚意仍与磋商至每英里洋一分为度，焦照生煤加十成之三。此项运费虽较水运为昂，然可免民船遭风失险之损耗，盗卖掺杂之暗亏。至路用烧煤之价,拟块煤每吨洋四元五角,三号煤每吨洋四元,均在安源交货。该路虽要求照株萍路用煤之价,然株萍路所用之煤,因不报关,不完税,粤汉路用煤既须报关完税,故每吨须加洋三角也。以上车费、煤价并合同条件,均乞核定示知,以便与该局正式磋议也。

（丙）此次到湘察看,株、豹等局所用员司不无冗滥。经国英分与各该主任商酌,株洲转运局除收支外,原有员司六十二人,杨梅洲司友十人,共计七十二人,除杨梅洲十人现暂仍旧,候煤焦运清再定外,兹将株局办事员核减为四十人。豹局原有员司,除收支外,计五十八人,核减为二十七人,其余均行辞退。所有辞退员司,在局久者,拟援运销局例送薪水三个月,其去年到局者,则送薪水两个月,以示区别。当由安源发上一电请示,接奉钧复照允,即经知照株、豹两局主任照办。至城陵局员司,除收支外,计三十九人,现亦拟减为二十七人,已函知该局主任照为核减矣。除俟各该局将新定员司姓名、薪水,列表寄到再行呈报外,先此肃陈。再,株、豹、城三局,各有收支三人,现仍照旧,应俟会计所核定,径行饬遵。又,长沙运销局所用员司尚无冗滥,惟薪水或系银数或系洋数,究未能一律,但该局所管之事多属于销售煤焦及代兑萍矿所发钞票,其所兼管转运之事甚为简单,拟俟总公司移汉后,与商务、会计两所商酌,该局究竟隶属何所,再行规定一切,以归一律。合并陈明。专肃。敬请

钧安

潘国英谨肃

五月初八日

夏偕复、盛恩颐致潘国英函

民国六年六月十二日(1917.6.12)

毓初仁兄所长鉴:

接五月八日来函并附拟车运合同稿一是具悉。执事接办运输所后,以考查之所得,为整顿之通筹,拟具办法三端,条理精详,至堪佩慰。甲条改定水脚、招雇民船及株洲下游杨梅洲堆栈改在芦林潭下之虞公庙,期得实

用等节,自系因时因地,各制其宜,均准照办。乙、丙两条,一筹水陆兼运,一裁株、豹冗员,亦极允当。惟查执事所拟车运合同规定,每日运煤焦八百吨,每年不下三十万吨,核以来函支配水运之数,车运吨数似嫌过多。此次慕青来沪,询据面递水运办法说略,每年分大水时期七个月,中水两个月,小水三个月,轮驳、民船更番并运,除销长沙二万余吨外,岁可运五十八万吨,是萍矿所产悉已运出,似可勿须车运。然究系理想推测,不能尽作标准,设水汛涨落愆期,民船缺乏难雇,危险即水不堪思议。车运一途,自不可废,但长期合同不能与短期者相提并论。路局拟来合同太不平允,万难照订。兹将执事所拟合同,就鄙见所及,列商三事于左:

一、车运吨数减少。查株洲至武昌约二百六十英里,若照尊议,每吨一英里一分计算,需洋二元六角七分,合银一两八钱二分,再加驳船过江费,至少一钱八分,每吨即需银二两。民船运汉,历年通扯,每吨只合银一两。每年若车运二十五万吨,即增运费银二十五万两。车运原为辅助船运所不足,应将吨数酌减,庶运费亦因之搏节,冀可稍轻成本。

一、运脚从廉商订。查铁路通例,路线愈远,则收费愈廉。尊意拟每一英里以一分为度,则开始议价仍应执定八厘,以为磋商余地。

一、用煤加价。查铁路每年用头号煤需三万吨,现在汉市每吨至少售价七两,除去株汉运费一两外,实收六两,若售路局,在株交货,每吨五元,只合银三两五钱,每吨少售二两五钱,以三万吨计,每年即亏七万五千两,应照市议加,以顾成本。

其余各条,均尚妥适。即希查照与路局从长磋议,如何情形,随时报候核夺为盼。此致。即颂

台祺

总、副经理

潘国英致夏偕复函

民国六年八月八日(1917.8.8)

经理钧鉴:

敬肃者,奉八月一日钧函,以今年江水未退之时,上游各处所存煤焦亟

　　宜未雨绸缪,赶紧设法运汉,以备缓急;嘱查明存数,先运株豹,继运岳州,限两个月扫精运清,公司自有轮驳万不敷用,一面多雇民船,一面在汉口、九江另租轮驳,竭力接运,多费运脚亦所不计等因。仰见钧座郑重厂需,先事筹备之至意,曷胜钦佩。查株洲去冬所存煤焦之多,为历年所未有,国英接办运输,首以清运存货为急务,故重订民船水脚,派人往宜昌招雇民船,抽调往来汉冶之拖轮行驶上游,皆为推广运务起见。查运输所成立时,株洲与杨梅洲两处存煤七万三千九百八十八吨零,存焦七万四千一百六十四吨零。今据株洲寄来日报单,至八月三日止,该处存煤三百十吨零,存焦一万二千一百九十一吨零。又杨梅洲至七月三十一日止,存煤三万三千二百吨,存焦三千零九十一吨,两处共存煤三万三千五百十吨零,存焦一万五千二百八十二吨零。计运输所成立四阅月,除将安源逐日运到之煤焦运清外,实已运出存煤四万零四百七十八吨零,焦五万八千八百八十二吨零,约运去全数百分之六十七分矣。现在除株洲、杨梅洲外,豹子岭据七月中旬报单,计存煤三千二百十八吨零,焦一万二千四百二十六吨零。又虞公庙存煤九千二百七十五吨,焦一千零四吨。国英昨已通函株、豹两局,设法多雇民船,依限将存货运清。

　　至钧示嘱在汉口、九江另租轮驳,竭力接运一节,遵查驳船一项,尚可租大号民船替代,惟轮船则汉口、九江所有者均备载客之用,其建造已不合拖船,且又并无拖力;汉口有一小拖轮,名春鹏者,其拖力为汉口各小轮之冠,国英前与该船船东订约,代拖煤焦,往来株汉一次,计拖六百吨,需时二十天。照此推算,是每月只能往来株汉一次半,船东与本公司均不划算,故拖运一次之后,彼此均愿废约。此外小轮则自××以下,更不足道矣。至九江小轮大多窳朽,前人有向该埠租来小轮两艘,拟载客行驶汉口、长沙间。乃海关查验后,以其锅炉不坚,不准行驶;其他小轮大都类是,故不合用。国英现思得一移缓就急之法,查汉厂本有大号拖轮五艘,往来汉冶拖运矿石,兹计厂中矿石尚有存积,拟暂调大号拖轮一艘往上游拖运煤焦;又汉发一轮现将修竣,拟俟修好后连汉利亦一并调拖煤焦。以萍矿原有轮驳,添此三轮,益以原有之民船,两个月内除运萍矿逐日所出新货外,谅不难将株洲、杨梅洲及豹子岭存货扫数运清。俟此三处运完后,再从事运虞公庙及岳州存货,缘虞、岳地居下游,虽冬令水涸,浅水轮尚可到虞,深水轮仍可到岳,故该两处所存煤焦,略迟一步再运,似尚无妨也。

再查,截至七月三十一日止,汉厂计存二号焦三万五千四百四十七吨,此外武汉堆栈计存二号焦四千四百三十三吨,岳州约存二号焦三万八千九百吨,合计约共存二号焦七万八千七百八十吨之谱。冬令水小,以五个月计算,每月株洲只扯运焦五千吨,连存货便有十万零三千七百吨。此五个月之中,汉厂只需焦七万五千吨,故焦炭一项,今冬谅不至再有恐慌,所虑者生煤耳。

查生煤一项,厂用、外销均以头、二号煤为大宗。汉厂预算月需二号煤七千五百吨,大冶铁矿月需二号煤八百吨。外销订有合同者,月需头号煤三千六百五十吨,二号煤四千六百吨,合共月需头、二号煤一万六千五百五十吨,今以四五六三个月萍矿运出头、二号煤之数扯计,每月只得一万五千四百五十八吨,与厂用、外销之数相较,尚不敷一千零九十二吨,是每月尚属供不应求。武汉既毫无储积,而株、豹等处所存又三号居多,除豹子岭、虞公庙两处所存头、二号煤已去函查询,俟复到方知实数外,计株洲截至八月三日止,只存头号煤二百零五吨零,二号煤九十三号零;杨梅洲截至七月三十一日止,只存头号煤三百四十二吨,二号煤一千一百六十一吨;又岳州存头号煤四千四百吨,二号煤七千七百七十四吨;三处合共存头、二号煤一万三千九百七十五吨。豹、虞两处虽未悉实数,然所存谅亦无多,故将五处所存头、二号煤尽数运汉,亦不过仅敷汉厂、外销一月之用。冬令水涸,或运道别有阻滞,则恐慌立起,此国英昕夕所最为焦虑者也。辗转筹思,觉此事现在只有一法可以救济,即水浅时用长路车运,由安源直达武昌也。将来如日运煤五百吨,再辅以浅水轮驳,虽冬令水浅,厂用、外销尚可顾住,否则汉厂去冬之煤荒恐又将再见矣。愚昧之见,是否有当,伏乞训示祗遵。

恭请

钧安

潘国英谨肃

夏偕复、盛恩颐致公司董事会函

民国六年九月七日(1917.9.7)

董事会公鉴:

萍矿煤焦历系由萍运株装船转汉,上年入秋以后,上游河水奇枯,船只又极缺乏,转运艰难,以致煤焦屯积,株栈则无地可容,汉厂几停炉以待。维时湘鄂路工已由株洲筑至长沙以上之豹子岭地方,卖票行车。据前运销局卢坐办及萍矿李、黄两君合电,商请由株车运至豹岭装船,避去以上之迂河浅滩,以期转运迅速,为救济之计。报经贵会议准,电饬卢前坐办督同驻株转运局长蒋煦与湘鄂路局议订五月短期合同,订明日运少至五百吨,多至七百吨为率。株豹相距二十七英里,生煤每吨一英里一分五厘,焦炭加三。路局用煤照株萍例在安源交货,洗净块煤每吨四元二角,末煤三元;如至株交货,每吨加运费七角八分,用煤照株萍价格,而运费视株萍为昂(株萍每一英里系一分三厘)。彼时因汉厂需煤孔急,路局因以居奇,又以事属短期,只能曲就。

本拟俟订长路合同时再为磋议,迨期届满而武长尚未通车,不得不继续延长,藉资利运。当饬潘所长与该路局减运费为一分三厘,幸得就绪,并饬与该路局商订长路合同。旋据函送该路局拟来底稿,生煤运费五十英里以内,每英里一分五厘,五十英里以上至一百五十英里,除五十英里按一分五厘计算外,其余里数按一分二厘计算,焦仍加三;用煤则定焦炭每吨七元,块煤每吨四元,末煤二元,在株交货则每吨加运费七角八分。当以运费一项于五十英里以外略有减让,而煤价转而减少,函复潘所长略谓:长路合同不能与短期相提并论,路线愈长收费愈廉,本属铁路通例;至短期合约所定煤价本已不敷成本,现又值物料加昂成本加重之际,断不能再照短期议价。嘱与该路局磋议生煤每吨一英里以洋八厘为开始议价之率;至煤价,为路矿互相援助起见,特照上半年汉市市价九折计算,除去株汉运脚一两,定为株州交货每吨九元,并以车运如何减让总较水运为昂,饬将车运吨数酌减,期稍撙节等语去后,旋据复称,遵已转商路局,言须呈请部示云云。

　　兹奉孙会长函准交通部公函谓,萍矿对于运价坚欲大减而对于煤价则欲倍增,似非核实之论。盖本公司所拟长期合约之煤价已牺牲利益切实减让矣。查萍矿煤焦,未有湘鄂路以前亦可转运,惟水涸时形其困难耳。湘鄂路通,此种困难可以免除,然车运较船运昂贵,以每年车运二十万吨,运费八厘计算,已较船运约多付运费洋十七万六千元,加以煤价九折计算,每年又吃亏洋九千元,是公司每年须多出十八万余元以购此利益矣。而湘鄂路则因此长期主顾,养路之费可以有著。如部意运费必须加至九厘或一分,煤价必须较九元再减,则公司之吃亏益巨。兹因会长来函有知照董会核复之语,用将前订短期运煤及此次商订长约情形查案缕陈,并另列二表,以明运费递加煤价递减公司担负之数,用备贵会核夺函复孙会长鉴察与部磋商,以期两益而照公允。祗颂

公安

　　再,株豹短期合同订立时,双方言明每月用煤六百吨,前准路局颜局长电商加用三百二十吨,请照短期约付价。当以短期所订煤价太贱,因已订约在先,未便议加,且路局运煤只到豹岭,应享用煤利益亦只能在株豹地点以内。今长期合同尚未订定,该路因路线加长增多用煤,自系在短期范围之外,何能援以为请?曾函电潘所长与之磋商,每吨索价十一二元。昨接潘所长电称:煤价本遵嘱坚持,但顷晤颜君交阅部批,长期合约由部函商董会,未商定前路用煤仍照短期合约办理。颜云既奉部批,实难加价,加用之三百二十吨为数无多,拟请仍照短期价每吨五元一角三分。可否,乞示等语。当复以长期合约既由部函商董会,应候董会公议办理。该路现需加用煤斤如力能匀拨,即希照交,惟合约未订以前价值请仍照前议,似此已较市价吃亏甚巨,想颜局长必能鉴谅等语。谅该局未必见允,或再达部转商孙会长与贵会磋议。用特附闻,以便接洽。再颂

公绥

总经理　夏偕复

副经理　盛恩颐

公司董事会致交通部函

民国六年九月二十九日(1917.9.29)

敬复者:

　　前奉大部一六一二号公函,以湘鄂路局前与萍矿订有株豹运煤购煤短期合约业已满期,曾由大部饬局先将短约延长,一面速商订长路办法,一俟商妥即将短约停止。刻据路局电称,萍矿坚持不允延长短期合约,售煤每吨索值十三元等语,嘱为转饬萍矿将短期合约仍继续有效,至长路合同签订实行之日止,一面饬速商办长约等因。奉此,当即转交敝公司经理查复。

　　兹据复称:公司前与湘鄂路局所订株豹短期合约至本年三月间满期,当由运输所潘所长函称,以湘鄂通车尚需时日,长期合同尚未开议,应否延长短约,请示前来。当饬该所长先将短约延长,一面速与路局商订全路长期合同,一俟商妥即将短约停止。嗣又据复称,短约已与路局商妥延长,其全路长期合同,拟稿亦经送交路局。据路局颜局长面告,尚须先行呈部核准,容俟路局部复到后再与商订各等语,是短期合约虽经满期而至今仍在继续办理之中。

　　至路局用煤一节,查去年订约时,初只月用三四百吨,本年陆续增至六百余吨,嗣路局再欲加购三百余吨,在岳州交货,仍照短约给价,由潘所长电请前来。当以路局为公司运煤仅株豹间一段,计程不过二十七英里,而用煤较之初运时已加多二百余吨,若再增加三百余吨,共计月需千吨,按之时价,月须亏至五千金之巨,公司吃亏太甚,实难承诺。旋接路局颜局长来电商减,当念路矿关系密切,已让至每吨十一元,如在株州交货尚可减除运费,饬由潘所长与路局接洽。此公司与湘鄂路局延长短约与购煤交涉之情形也。至商办长约,我公司须待路局函复如何方可商订各等语,函复前来。

　　敝董事会等会商之下,佥以近年萍矿出货成本加重,湘鄂路短约煤价系援株萍成例,而按之萍矿出货成本,实属亏蚀甚巨。惟萍株用煤大都专为敝公司运煤之需,尚可勉为供应;而湘鄂路在全路长期合同未经成立以前,为敝公司运煤仅株豹一段,该路全路现将通车,用煤日见加多,商力实难支持,所定每吨十一元已系格外减让。现既承大部一再谆嘱,敝公司亦何敢固靳?且将来仰赖大部维持之处正多,若湘鄂路月需用煤为数至多不逾千吨,为期至久不逾两月,则敝公司自当勉任亏蚀也。除已饬敝公司经理暂行遵示办理外,仍乞俯念商艰,转饬湘鄂路局将全路长期合同早日签订,无任感盼。此复

交通部

汉冶萍公司董事会孙宝琦等谨启

潘国英致夏偕复函

民国七年一月十二日(1918.1.12)

经理钧鉴:

敬肃者,窃国英前以两军相持,运道不通,厂用生煤缺乏,拟请将轮驳挂用洋旗,赴虞公庙装运,以济厂需,于上年十二月二十五日函陈请示,迄今已逾半月,未蒙钧复。

查汉厂所存萍煤早已告罄,现系以日煤抵用,但日煤所存不过万余吨,亦仅敷月余之需。汉口煤炭缺乏,虽出重价,一时亦无购处。当此时局,和战不定,前途暧昧难测,何日能开运毫无把握,是将来仍有停炉之虞。查岳州以下至武汉,王督军已允通行。惟岳州以上系南军范围,米煤食品一概阻禁,曾向驻湘阴军队疏通,未荷允准,现虽函请萍矿李矿长就近备公函派人面商谭联帅,请准予通运,不知有无特效,即使有效,恐亦难以持久,不如挂用洋旗,可以通行无阻也。夫挂旗之举,辛亥年曾经办过,虽非上策,然多方筹设他法,均无效果,为厂计似不得不援用此举。惟今更思得一变通之法,系将本公司浅水轮,如萍发、萍安、萍利等租给日清公司,行驶湘鄂,即由日清公司代为运煤,以租价抵水脚,此虽仍系挂用洋旗,然系租赁船只,属于一种营业,与自行挂用究有区别。从前运销局曾将萍发租与太古洋行,往来湘汉数月,该船当时由太古挂用英旗,并未有人疵议;运销局亦时有租用德商英商轮驳赴湘运煤,盖华洋互相租船,本属寻常之事,原无问题也。

国英职司运务,遭逢时艰,目睹汉厂有停炉之虞,事关公司大局,既觉有法可以挽救,不敢不上尘钧听,以备采择。是否可行,伏乞察夺示遵。专肃。恭请

钧安

潘国英谨肃

盛恩颐批:挂旗事已由董会通过,除法旗须由孙会长面商法使外,所有应挂日旗四小轮,可由潘所长向汉口日领署接洽。

夏偕复、盛恩颐致公司董事会函

民国七年三月二十一日(1918.3.21)

董事会大鉴:

接汉阳铁厂报告,第四号化铁炉于本月七日起暂行压火,大约可经两月之久。第一、二号炉如焦源不济,亦只可停炼。此两炉炉身已旧,不堪用压火之法,如停炼时应照前议修理等情。查现在汉厂铁炉势将全停,纯由萍矿煤焦不能下运,燃料缺乏所致,虽经前事绸缪,而终不免停辍,惭惧何任。兹将历办情形为贵会陈之。

去年入夏以来,湘省情形即形不稳,曾商承李会长迭次函电运输所潘所长,乘水未落时不必惜费,设法赶将上游各栈存货悉数运汉,以备不虞。旋据潘所长复称,遵饬竭力赶运,惟船力只有此数,设法外租亦无空船等语。查潘所长接办运输所以来,自去年三月起至十一月止,其运汉煤焦吨额较前年三月至十一月尚多运一万余吨,运岳存焦有四万吨,所谓竭力赶运尚非虚语。迨至湘省军事发生,初则轮驳派供兵差,继而向株局掳拉起卸煤焦夫役,民船又畏差远避。迭承贵会电商湘鄂长官,运道尚不至于全断。至十一月南军进占长沙,北军溃退,萍株、株豹之陆运遂因线路被毁,车辆扣阻而中止。南军复禁止煤焦下输,芦林潭、虞公庙之存货并遭抢劫,而水势亦枯涸,不便船运。其时汉厂存焦尚足支持两月,所恃以为后继者,惟岳州之存焦。而南北两军相持于岳,捉拿攻击商船之事迭见,虽迭由吴厂长、潘所长恳商当道,终鲜有复,不得已乃有将轮驳挂用洋旗之谋。挂旗

之事迭经沪汉与日、法两国商酌，颇费时日，日本意至殷勤，既允挂旗，复允派兵轮保护。旋南军占领岳州，挂旗试运仍不能达目的，因南军禁煤焦输出，不能装载。敝处曾商谭组庵督军电湘疏通，虽允电达，仍无效果。于是汉口日领倡煤焦作为售于三井洋行，轮驳作为售归日清公司，以日船运日煤之议，并经日本外务省许可。迭经敝处与吴、潘两君函电商酌，只能照此办理，以期得救眉急。与三井仅作口头之约，与日清则交换函件，轮驳可以随时收回，议定复电长沙三井分行与长沙日领，向湘省交涉。中经时日，湘省虽允输出，惟须俟岳州战事毕后再运，是以仍无一吨之下运。中间曾饬商务所购井陉焦二千吨（汉口交货，每吨价十八元五角），开平焦六千吨（林×交货，每吨十元，运费在外），然因京汉、京奉运兵之际，车辆稀少，迄今运到之焦不过一千数百吨而已。似此情形，萍焦既不能下运，购焦复不能如期而至，第一、二号炉之停辍，亦指日间事了。迩日岳州已经北军克复，或者城埠之焦可准装运，犹可为桑榆之补也。至萍株、株豹之陆运，据萍矿来函，现已开通，惟由南军主持，一切办法悉照短期合约办理，惟运脚改归长沙交付。萍、株两地现已堆积无隙，豹运开通，可以稍事宣泄，长沙付价一层，自亦只能照允。所有铁炉压火及运输情形，合行函陈，即祈公鉴。敬颂均绥

潘国英致夏偕复函

民国七年六月二十五日（1918.6.25）

经理钧鉴：

敬肃者，奉第五十号、五十一号钧函：以沪栈代正买办钟达威，现经撤换，并将该栈正副买办名称取消，改为正副栈长，委任商务所售销股股员荣君永铭为正栈长，以原有副买办刁君承祖改委为副栈长，仍各支原薪，函饬查照。又以李稽查文焕盘查沪栈函复各节，尚能破除情面，举发无遗，而所拟整理方法四条，亦语多可采，特并抄示，饬即核议具复，以凭饬遵各等因。

遵查李君所拟整理方法，系专就钢铁入手，防微杜渐，意美法良。惟第一条生铁由汉装运，应由各轮买办包装包卸，完全负责，以免短少，而杜推

诿一节,于事实上尚难实行,谨为钧座陈之。查去年汉厂运沪之生铁共二万八千五百四十四吨零,其中以装开滦煤矿公司驳船者为最多,计一万八千九百六十吨,其余装美安轮船者四千三百七十吨,装怡和太古商轮者三千二百吨,装汉平轮船者一千一百三十四吨,装本公司轮驳者六百三十吨,装美孚洋行驳船者二百五十吨。其开滦公司驳船、美孚洋行驳船与美安轮船,均系本公司所租,船上并无买办,怡和太古商轮,虽有买办,然轮船公司通例,生铁等货,因系散装,向不负包装包卸责任。至汉平一轮,为本公司所自有,包装包卸本可责令买办照办,惟该轮生意系另计盈亏,欲求收付有盈,必须将往来沪汉次数加多,庶可多收水脚,其加多次数之法,不外将装货与卸货时间力求减缩。查向来办法,汉平由沪开出后,商务所即电知本所,本所即据以转知汉厂,为免耽搁船期起见,汉厂即将装申之货,先行预备,不俟船到即行送出码头,以便船到后,来货一经卸完,即可装载。故装申之货,船上买办多未曾会同过磅。若如李稽查所议,此后装申之铁,须先由买办逐件过磅点验,然后装船,必于船期多所耽搁,如照向来办法,买办不能眼同过磅,则亦不能令其负赔偿之责。且查运申之铁,系翻砂之用,制时系用砂模,本不光滑,故制成之铁,不特上面有砂,而傍边亦附有零星小块,最易脱落;铁厂码头磅铁,系用大磅连车过磅,磅后卸车由小工将铁掷于地下,迨装船时,再由码头扛至船面,掷于舱内;船到申时,由舱内取出,又先掷于码头,然后再行过磅。经此数掷,其铁面附带灰砂及傍边小块,逐件剥落,自不待言。平情而论,数毫之短,本属难免,不能遽谓沿途走失也。至钢料,则装船时,本由船员点明件数,抵沪上栈,如有短少,买办本负有责任。故国英之意,生铁由轮船买办包装包卸一层,似可从缓办理。

至第二条,生铁堆储处所,应另筑范围,俾易防守,而免偷窃;第三条,钢铁上栈应先查检种类、尺寸,分别堆储,以防缺误,均属可行。且钢料上栈,不但应查检种类、尺寸,且应复磅,俾可与汉厂原来磅码核对有无讹误。此两项应请饬知沪栈栈长照办。

至第四条,存栈锈烂铁货,应平货出售,免占地点一节,查售货系属商务所范围,此事是否可行,应请饬由该所核议具复。缘奉面嘱,特此详细陈

复,伏乞鉴核施行。恭请

钧安

潘国英谨肃

盛恩颐批:函饬转运处知照沪栈照办。

潘国英致夏偕复函

民国七年七月十六日(1918.7.16)

经理钧鉴:

敬肃者,窃国英前因湘省战后煤焦运数短绌,特往湘察看情形,研求恢复之法,曾将启程日期函报钧听,当乘轮先赴长沙,自长而株而萍,返棹时又分赴豹、虞、岳各局栈会商接洽,兹已事毕,于本月十四晨回汉。谨将查察所得为钧座陈之。

查萍矿运务车船并重,自湘事发生,株萍铁路最受影响。计去岁十一月以来,该路煤车时运时停,调查此八个月中,停运日期约占一百五十五天,其余虽非停运,然亦不过日运一二次而已,故煤焦之堆存安源待运者计有十九万余吨之多。现株醴一带战事虽停,而兵车往来仍络绎不绝,安源至株虽已开运,而每日仅运两次,日前李矿长与该路极力磋商,拟日开煤车三次,约运焦一千吨,该路经已允许,正拟实行。乃该路有一车头为军事遣往岳州,继往武昌,其余车头不敷周转,故又中止,现仍日运二次,约焦七百余吨。此株萍铁路之现在情形也。

至株洲方面,前次两军在该处激战五昼夜,所有民房烧毁殆尽,我转运局几如鲁灵光之独存。现在局中房屋与工人住所多为军士占住,所有工人前因战事走散,兹已陆续招集二百余人,日可装焦七百吨左右。国英已面嘱李局长设法多招,如兵士一时不能将工人住所让出,即另搭临时棚厂令工人暂住,总期能达日装焦一千吨之目的。至水运,向恃轮驳民船相辅而行,从前全盛之时,民船多至四百余号,占运数之大半,去年亦有二百余号,今则寥落如晨星。推求其故,虽因兵事逃散,然亦因水脚太贱,观望不前。国英未赴湘之前,原拟早日将长路合约与粤汉路局磋商就绪,以后即拟将轮驳运剩者交由车运,则民船为不急之需,可有可无。迨到湘目睹车辆被兵士占据情形,觉车运计划一时难以达到,仍不得不藉民船装运,自应极力招集,趁水赶运。查从前焦炭由株运汉,水脚每吨钱二千五百文,及后湘省纸币逐渐低落,故去年国英接办运输所时将水脚改为三千文,株付南票六成,计一千八百文(时南票每千尚值六百余文),汉付北票四成,当陈蒙核准在案。现南票每千只值铜元二百二十文左右,故水脚名为三千,实只得铜元一千五百九十六文。目下百物增昂,不敷缴用甚巨,因之船户不愿来装。今春株局虽有改为洋码之议,当时已有少数船户允肯,而多数船户仍属不愿,故难实行。国英在株接见宝庆船帮帮首,探询众意,与李局长一再商酌,遂改以铜元为本位。现拟定焦炭每吨水脚钱二千四百文,煤每吨水脚钱一千八百文,虽较之去岁为多,而视从前仍有短无增。现值节届夏令,正是赶运之时,及早加增,尚望有济,若到秋后水涸,便难多运,故从权酌加,尚祈核准为叩。此添募工人及增加水脚赶招民船之情形也。

照现时情形,株萍路若不再发生意外之事,每日运焦七百余吨,似尚可靠,若将军队借用车头收回,则或可增至千吨。至轮驳及民船每月由株运汉二万余吨,想亦非难。在此水大时期,铁厂三炉尚属敷用,所虑者秋冬水涸,转运维艰耳。查铁厂现存焦六千余吨,岳州存焦七千余吨,若能于此三个月内每月由株运焦二万二三千吨,至十月中铁厂即有存焦约三万吨。由十月中至次年三月,于此水涸时期,每月能运到一万吨,即不至有断炊之患。惟时局纷扰,变迁靡常,能否尽如预算,不致有意外阻滞,尚不可必。此则国英所深为焦虑,昕夕不能自己者也。伏乞钧座随时训示。

再,前奉电饬,株萍车运专运焦炭,此次国英到萍到株,已面为商订,此后车船一律专运焦炭,以顾厂用。其油煤一项,现在株洲约存三万余吨,杨栈在一万三千余吨。查杨栈之煤堆存已久,现拟陆续运往长沙销售;至株洲之煤,则暂不起运,以免占去焦炭运数。又豹子岭局之设,原为缩短水运,且避去长沙上游各浅滩。此次国英往湘,亦欲与路局商量规复豹运,后在长沙晤粤汉路湘鄂段吴副局长,据言:现在兵车往来无一定时刻,豹岭并无岔道,煤车在该处停卸必有碰撞之虞,故一时实难开运。查豹岭之下,有一集成公司堆栈,该处筑有岔道,国英现托豹局高局长及长局谢局长与集成公司经理商量借用该堆栈,一俟议有眉目,另再函陈,请示遵行。

至株洲目下驻军约有一旅,均系奉天军,经李局长极力联络,对于我局尚能力尽保护,钧嘱呈递说帖,请湘督维持一节,国英调查湘省情形,湘督对于客军权力甚微,奉军在株即能保护,目下似不必再请湘督转饬,致滋猜疑,俟将来必要时再行呈请。商之李矿长、李局长,均以为然。故国英此次在长仅往见朱樾亭先生,而未呈递说帖也。谨并陈明。恭请
钧安

潘国英谨肃

王文柏致夏偕复、盛恩颐函

民国七年八月二十七日(1918.8.27)

总、副总经理钧鉴:

前蒙付阅荣、刁沪栈栈长上呈条陈,饬为分别禀复,除文柏详细查察外,一面具函商承所长指示,今接所长复函云,披阅荣君等所拟,大致系为慎重存货、改良栈规,均尚妥协。

一、堆存生铁一项,前李稽查条陈,亦有建筑竹篱围绕,以固保卫,足征筹措周详,殊深钦仰。宜检有余地,从速妥善安置。

一、保存新钢料,照荣栈长之意,系定货上栈时,暂不尺量,以省工费,但钢料进栈即不尺量,亦宜逐项过磅,以与原来磅码比较,有无错误,随时可知,设有缺讹,易于根究,且免徒耗重复工费。

一、小工上下力费一节,所长在沪时,曾招人投标,其最低之价为陈姜记,今阅荣栈长等条陈内,以另有人投标,最低者为协记,以协记与陈姜记比较,又以协记为最低,并云协记素称结实,诚笃可靠等语。查投标之举,原欲择其最廉价者承办,惟向章小工订定期限,以文柏愚见,先订试办合同,察其妥善,再订正式合同。然须令其觅就殷实店铺盖章保证,担完全责任,以昭郑重(盛恩颐批:准予试办一年)。

一、代理公记码头,既经续订定三年合同,查沪栈并无隙地承堆客货,

且按月取其三百五十元之津贴,无甚损害,不无微甚(盛恩颐批:将来合同期满,应请示,不得再含糊续订)。

一、修栈屋一层,择其紧要,无可从缓者,陆续修理。

兹将奉饬查得一切,理合谨陈,管见所及,是否有当,尚祈察核(盛恩颐批:余均照办)。肃此。恭请

钧安

王文柏谨启

夏偕复、盛恩颐致公司董事会函

民国七年九月二日(1918.9.2)

董事会公鉴:

据运输所潘所长函称:萍矿煤焦运输至汉,水道绵长,有等不肖船户及不法经纪串通盗买盗卖,久成恶习。上年国英接办运输,曾陈蒙钧处函达董会转呈湘鄂各省长,严申禁令,分行沿途县警,切实查办在案。兹据长局函称:现在盗风仍炽,洋行之包庇愈多,虽赃物确凿,一经洋行横出干涉,即不能过问,必须再咨湘省极力维持,并饬交涉署转咨各领事,饬各洋行以后不得再有此等行为;并称,洋行包庇最著者,为大同、日丰、东信、寺内、楚东、培元、稻田等。惟国英之函咨内,似不必声明行名,有伤日领感情,仍乞酌裁等语。

查萍矿运船船户盗卖,经纪收赃,久成恶习,近年更有洋行出头包庇,以致愈无忌惮。上年五月间,接据该所长函陈,船户盗卖并有奸商假洋商名目沿河收赃等情。业经转蒙贵会函达湘鄂两省长令行查禁,嗣于本年三月间复据该所长函请转达湘省,重申禁令。其时湘省正在南军势力之下,煤焦停运,故未核转。兹据函称前情,是地方经一次变乱即弛一次禁令,亟应函陈贵会,迅赐查照,函达湘省督军,令行各地方官及水陆警察,一体严行查禁,并请一面饬知交涉员咨行驻湘各领事,转饬各洋行,声明萍矿煤焦湘省境内仅长沙汉冶萍运销局一处出售,他处如有兜销者,即属赃物,各洋行切勿收买,受人欺骗;并于长局查获盗卖船户送案时,饬属严予惩办,庶

戢颓风而杜包庇,实于运务至有裨益。专此。祇颂

台安

总、副经理

孙宝琦致夏偕复函

民国八年五月三十一日(1919.5.31)

地山仁弟执事:

前接长字四号来函,以上年吴厂长来京会议萍煤长约,未将交货地点声明只可在株洲交货,此外尚有用煤吨数问题并未解决,附抄拟改合约第九条全文,请函商交通部准将用煤吨数仍按短约按二成供给路用办法,订明合约,以为交换条件等语。

当经照函转商交通部准予照办,令行该路遵照去后,兹准复函内开:查萍矿供给湘鄂路廉价用煤,每吨六元,在株交货,既承函允,业经饬局遵照。至限制用煤一层,并经饬行湘鄂路局议复,兹据复称,查各煤矿供给各铁路廉价用煤,如开滦之于京奉、京绥,所订合约并未加以限制,况前议长约草稿内,本无限额,此次忽生枝节,窃意长约内,对于路用烧煤,仍以无限额为正办。如汉冶萍公司必欲限额,则有两种办法:(甲)拟将成数改为四成,若不敷用,则本路添购,每吨作价七元五角;(乙)或以三成为限额,如不敷添购,则每吨作价七元,均在株洲交货。请将所拟两种办法,择一用之等语。查各煤矿以运煤关系供给廉价用煤,未尝有加限制者,且此次该路与贵公司前拟长约草稿内,本无限额,似应即照订定长约,不再加以限制,惟长约磋议已久,该路为解决悬案起见,所拟甲、乙两种办法,尚属持平,即揆之路矿相维,彼此互让之义,亦尚相符,尚希察照,抉择于二者之间,迅即核定见复,以便转饬遵订,毋任感盼。再萍矿长约磋商两年,迄未解决,现在一切条款双方均已商订就绪,惟以限制用煤问题,彼此尚有争议,以致悬案未能签订,现该路局所拟甲、乙两条办法,在路局已属让步,其办法亦属持平,务祈从速核定,以便签订施行,而免悬案,实深企盼等因。

查协商萍煤长约,磋议两载,迄今未决,现湘鄂路局为解决悬案起见,

所拟用煤成数及作价甲、乙两种办法,尚属持平,此时只可迁就部意,于二条之间择用核定,以便早日签订长约,而资结束。仍希台端迅速将核定办法见复为盼。专此。即颂

日祺

泽承婿均此,不另。

孙宝琦启

夏偕复批:交考功课李课长核。函复孙会长,俟副经理到京再议。

汉冶萍公司与汉粤川铁路湘鄂工程局互订购运煤焦合同

民国八年六月三十日(1919.6.30)

汉粤川铁路湘鄂工程局(以下称路局)与汉冶萍公司(以下称公司)订立购运煤焦合约,所有下列各条,互相承认,共则遵守。

第一条　路局允代运公司萍矿所产煤焦,由株洲站起至武昌鲇鱼套站止,计程二百五十四英里。

第二条　生煤运费定为每吨每英里银元一分零五毫,焦煤加三成,即每吨每英里一分三厘六毫五丝,均须过磅起运。

第三条　公司每日至少预备煤焦六百吨交路局装运,如不足六百吨之数,公司亦允按六百吨计算运费付给路局,但因路局车辆不敷装运时不在此例。

第四条　路局路线尚在建筑期内,且有军运关系,如因车辆不敷装运,或遇事故应暂行停运;又公司或因矿工停辍及矿区有意外事故不能装车,致停运时,应两无异言。

第五条　路局或株萍局车辆在公司安源矿及各岔道内装车,或在鲇鱼套卸车时,如有损坏,确系因装卸所致,应分别该车所在地点,归路局或株萍局修理,其修理费应由公司认缴。

第六条　装运煤焦车辆,如因公司装卸延误,不能如期交回车辆时,公司允照交通部所定划一延车费办法办理(此项办法已登载在湘鄂局运输章程内)。

第七条　公司为便利装卸煤焦起见，得请路局在车站附近建筑专用岔道，路局认为无碍时，允为建筑。惟公司须按该岔道长短，每英尺每年允给岔道费银元五角，除常年岁修费归路〈局〉担任外，其建筑时应需之土方、石渣及各项费用，公司允于建筑时缴纳。如公司因建筑岔道须租用路局地亩，应再允缴租地费，每亩每年租费按照路局出租余地章程办理。如专用岔道未建筑或完工以前，公司借路局现有岔道装卸煤焦，亦允缴岔道费每英尺每年银元五角，并允每次列车所卸煤焦，限车到后二十四小时内出清，如遇风雨及车到延时，不在此例。

第八条　装运煤焦列车，路局允公司每列车派遣押运一人，免收车费，并由路局填给长期免票。此项免票只准乘坐煤焦列车，如在旅客或货物列车中查出，与无票乘车同科照章加倍收费（煤焦列车虽有押运人，随车照料，而路局仍允通饬沿途车站路警一律帮同防护，但如有短少煤焦等事，铁路不负责任）。

第九条　路局需用烧煤，公司允照路局每日所运煤焦吨数之二成供给路局应用，即每运一千吨供给二百吨。在株洲交货，每吨洗净块煤价洋六元，如在安源交货，除去运费每吨七角八分。在此合约期内，不论因何事故致须停运时，或因每月所运煤焦吨数之二成用煤不敷路用时，公司仍须供给路用。此项额外用煤，在株洲交货每吨七元，如在安源交货，除去运费每吨七角八分。但此项额外用煤，以连同上列二成，每月以六千吨为限，如路局用煤超过六千吨时，所有超过之数，每吨在株洲交货应按八元计算，如在安源交货，除去运费每吨七角八分。路局得于实行合约之日起，每六个月为一期，匀扯计算。如该期内所领得用煤不及所运煤焦吨数之二成，其应得之余数得抵补停运或不敷月份所领额外用煤之吨数，此项抵补吨数应由公司将额外用煤每吨所加之价（即每吨一元或二元）如数找还路局。

第十条　公司应付路局运费、修理、延车、建筑及岔道租、地租等费，路局应付公司用煤之价，每月终在汉口结算互抵，并须以汉口通用银元彼此按月找清。

第十一条　除本合同规定各费外，不收他费，但所有路局运输章程，公司应允遵守,如有违反,照章科罚。

第十二条 无论何方欲将本合约取消,应于三个月前知照其他一方。

第十三条 本合约由汉粤川铁路湘鄂局局长及汉冶萍公司汉阳铁厂厂长双方签订。

第十四条 本合约同式共缮两份,各执一份为据,并定自本年八月一日起实行。

汉粤川铁路湘鄂局局长 颜德庆

汉冶萍公司汉阳铁厂厂长 吴健

中华民国八年六月三十日

夏偕复、盛恩颐致公司董事会函

民国九年三月十三日(1920.3.13)

董事会大鉴:

接萍矿李矿长函称:据株萍铁路局函称,奉交通部训令,与本矿另订合同,加增运价等因。查株萍路煤焦运价自民国三年加增后,本矿负担业已加重;况值军事以来,该路车运不时停阻,车辆又不敷用,以致本矿煤焦堆积二十余万吨,直至上年底始运清,搁本加费,滞碍进行,计从民国六年起三年之中,照预算每年百万吨定额,共减少出数五十六万四千余吨。又据运输所报称,七年份株萍路车运煤焦损失至六千余吨之多,该路又不负责。以上种种损失,为数至巨,无非因运输阻滞所致。以营业论,国家营业应维持商办营业。至目前材料价格日昂,本矿所同,似此频年亏累,实在担负不起。用特抄函寄呈钧鉴。应请转商董会函商交通部将民国三年所加运费减去,仍照每英里一分二,焦炭加二计算,以纾商困而维成本等语。并附抄函到处。

先是敝处接到该局唐局长直接来函,略谓奉部令催订购运煤焦合同,自当比拟他路略加增改等语。当函李矿长以该路催订合同,自应照办,但萍矿年来受军事影响,减少出数,元气未复,万难增加担负。欧战后矿用材料价值陡增,成本因之加重,该路取用煤焦须略为增价,方昭公允,望先拟草约寄候核夺,再与商定等语。而此次萍矿抄附该局致函末后,有前定临时办法既奉部令变更,将来加增运价即以此函奉达之日起算一语。查正式合同未经成立以前,当然以现行之临时办法为标准,断无以将来或须增价即以此催订合同函达之日起算之理。若进一层言,将来或蒙部准所订之价比较现时为廉,是否亦以此次互函之日起算?事实上之不能者不难推想而知。除函复李矿长先行函局声明不能承认外,理合照抄萍矿附来该局抄函转陈贵会,照李矿长所请函商交通部将民国三年所加运费减去,仍照每英里一分二、焦炭加二计算,以纾商困而维成本。至为盼祷。此颂
公绥

总经理　夏偕复

副经理　盛恩颐

夏偕复、盛恩颐致公司董事会函
民国九年四月二十六日(1920.4.26)

董事会公鉴:

　　窃查株萍路遵奉部令与萍矿续订合约一事,当以该路提出条件加增运费,其余亦均严苛,矿难担负,饬据李矿长拟具约稿,照民国三年以前运煤每英里一分二厘、焦炭加二计算,陈请贵会转陈交通部核饬遵照在案。因未奉复,萍矿未便与之开议,嗣该路唐局长以停运为要挟,由经理等电请孙会长催部速复,一面电矿先行与议。旋奉孙会长函抄示交通部复函,仍以料价日昂,行车管理费用倍增为词驳复,并谓此项合约拟尽一个月内签订实行,如逾期未能就绪,则萍矿运价自应暂照现在所提之价核收等语。又奉孙会长电,据唐局长电称,萍矿不根据提约开议,请表示办法,饬矿逐条协商,并谓如能照粤汉合约办理,已算便宜,断难以株萍旧约为根据等因。当将该路提约之种种加价,此照现时运费岁增约三十万元,实难遵照情形电复,请转电唐局长让步,以便协商,并电萍矿比例粤汉路约和衷商办。盖粤汉路约系订明每吨一英一分零五毫,较现拟之一分二厘为尤廉,能比照固佳,否则,最后让步以不超过现时运价每英里一分三厘为率,电矿遵照。

迭据李矿长电称,会议数次,毫无结果。据唐局长云,援粤汉为比例,系指其余各条,并非指正价而言。又云部限一月,从四月一日起算,为日无多,如逾限,应按提约之价核收运费各等语。似此情形,既无接近之方,而期限又复严迫,如以逾限,即照提约之价核收运费,此种强迫办法殊难承认。思维再四,惟有陈请贵会电请交通部将此案移京办理,其未经签订以前仍照现时办法收费,令饬该路遵照。恩颐下月初旬即行北上,再与交部直接协商,以期解决。除电知照唐局长及萍矿外,用特函陈,并将交通复函及复孙会长鱼电抄送备案,即祈察照施行。祗颂

公绥

总、副经理

孙宝琦致张敬尧[①]电

民国九年六月二日(1920.6.2)

长沙。张督军台鉴:卅一电敬悉。敝公司轮驳先被直军租用,致株存煤焦完全停运。顷甫接电交还,适承谆谆电商,同属军需,谊无推诿,勉饬拨轮三艘、木驳五艘,即日开驶赴长听候尊用。照章轮船每日每艘租费银七十两,驳船每日每艘租费银十两,所用汽油煤斤另外加给。请俟用毕早日放还,免致停炉待焦,有损营业。至公司运道多隶贵境,素荷维持,际兹征调繁兴,恳祈遇事格外维护。至深感祷。宝琦。冬。

刘廷震[②]致夏偕复函

民国九年七月二十日(1920.7.20)

经理钧鉴:

敬肃者,前奉卅电,遵即转呈谭帅,业具阳电陈明,谅荷钧察。震复往谒谭帅,面恳维持一切,旋又备文呈请发给各拖轮护照,并通饬沿途营县遇有本公司轮驳及民船经过照章查验放行,毋得留难阻滞,均邀照准,已于十

---

① 张敬尧(1881—1933):字勋臣,安徽霍邱人。时任湖南督军。
② 刘廷震(1882—?):字泰生,江苏人。时任公司长沙运销局局长。

七号颁发护照,并奉指令准即分令湘潭、长沙、湘阴、岳阳等县知事,转知县境军队查照。除将护照函寄运输所外,谨以奉闻。专肃。敬请

钧安

刘廷震谨肃

公司董事会致交通部函

民国十年二月二日(1921.2.2)

敬启者:

敝公司总、副经理叠据萍矿李矿长函称,本矿现届结算民国九年分帐目,据会计处报称,九年全年共出生煤七十九万零一百五十八吨四百零七启罗,照额数少出二十万零九千八百四十一吨五百九十三启罗,照统煤最轻价值每吨四元五角计算,计洋九十四万四千二百八十七元一角七分,又耗费二十五万零七百七十三元二角九分,统共亏洋一百十九万五千零六十元四角六分。此项亏损全受株萍铁路并无战事断绝交通八十日之害,理当向部索偿。又查株萍路唐局长于民国八年,因需修理车路改建湘东钢桥商由本矿按月筹拨光洋六万元,以便筹备该款,截至上年十二月底止,共欠三十万有零,而钢桥一无筹备,本矿担负不起,应请向部交涉。又查株萍唐局长将款借去,不但钢桥一无设备,即平日路上应备换之钢轨、枕木亦空无所存,往往有出轨等事,极为危险。现据湘赣两局长金称,枕木由其另行设法,钢轨须向汉厂购用,该价容由运费项下陆续扣交等语。并具公函附单订购前来,抄录函单呈由经理转陈到会。

查萍矿自上年六月湘事发生后,株萍一段尚无战事,惟因唐局长争持路权,致交通中断八十余日之久,因之矿产减少,损失至一百十九万五千余元,此于战事受损之外而增此无形之痛苦者也。敝公司前允唐局长所请按月垫借修理车路及改建钢桥之款,原为路矿有联带关系,期其改良畅运起见,曾商明桥工六个月可竣,一俟桥成加班赶运,每月运费可达六万之数,则借款即可分月扣还。现既一无筹备,而积欠至三十万有零,惟有恳请大部俯念商艰,准在敝公司旧欠部款二百万项下如数划销,以轻担负。至湘

赣两局长商请购用钢轨一事,敝公司于重遭损失之余,经济已极困穷,何能再垫此巨款? 如蒙大部允将此项轨价亦在旧欠款内划销,则敝公司当饬汉厂勉力照办。为此照录路局函单备函奉陈,敬祈大部查照核复施行。谨致交通部

汉冶萍公司董事会　孙等谨启

潘国英致夏偕复函

民国十年五月十三日(1921.5.13)

经理钧鉴:

敬肃者,奉运字第二十四号钧函开:据会计所转据运输所会计处孙处长河环函陈,该所九年份运输营业状况,并以汉湘、汉冶两线轮运亏耗甚巨,详究原因,条陈救济办法,转请核夺施行等情。查该处长胪举轮运各项弊端,并拟具改良办法各条尚属扼要,殊有可采之处,录函转饬核议具复,以凭酌夺等因。并抄函一件到所。

国英详阅该处长原函所陈轮运弊端及改良办法,大致有五:(一)木驳失修,不能依原有吨量装载,宜大修木驳或减少木驳,加添钢驳;(二)前定水脚太轻,宜酌予加增;(三)原有堆栈太小,宜添宽绰便近之堆栈;(四)轮驳装卸厂矿任意延搁,宜规定装卸时刻,计算延搁费;(五)轮船大副行船谨慎太过,迹近取巧,宜规定行船时刻,考核勤惰,明定赏罚。就此数端,该处长于整顿运输言之已尽,诚如钧谕殊有可采之处。

窃自民国六年三月运输改组以来,国英仰承钧训于以上各端经已一再统筹,间曾拟定整顿办法上陈钧听,只以安武通车运输情形已变,又因大冶添建新厂开炉后情形将又与今不同,事贵因时变通,不得不再加体察;即以本所内部而论,亦有须出之以慎重者,以致迄未能按照原定计划施行。今将该处长条陈数项,就国英管见所及并平日办理情形,谨为钧座复陈之。

查本所驳船,前清开办之初不能细加考究,故所造者木质为多,驶用多年,中经兵燹,以致腐烂日众。国英接办之初,以木驳废置太多,运事周转不灵,即从事大加修理,只以武汉船厂可靠者无多,不能于同一时间兴修多

数船只。且一年之中只有春冬两季可修,夏秋水涨岸滩被淹,便无施工之处。故历年修理木驳均系陆续招令湘汉各厂分批承修。自六年起至九年止共修好木驳九十五艘,现正修理尚未竣工者又二十九艘,其未修之驳今不过数艘,拟俟在修之驳修好后,再行招厂投标兴工。至木驳不能依原有吨量装载,从前或偶有之,现各驳既经修理,此弊已少。又减少木驳添用钢驳,国英早有此计画,但钢驳每艘至少需四五万元,成本过巨,况木驳计有一百五十五艘,成本六十万有奇,减去后卖之,则该项驳船系特制专装煤焦者,受主必致难觅,废之又巨本所关,不能不顾;且前年又有往鄯乐运煤之议,该处河道狭窄,非用小号木驳不可。年来徘徊审慎,职此之故。目今时局尚未大定,而湘省水道又非通年可以畅驶,粤汉路现正添制车辆,已有函商请加开煤焦列车,水运陆运将来究以何者为重,鄯乐方面需用驳船若干,均须详加研求方能决定。此议复大修木驳加添钢驳之情形也。

本所收入全恃水脚,近年工料昂贵,支出增多,前定运率太轻,轮驳出入难敷,致多亏耗。幸汉湘线民运盈余可以抵补,故两年来本所年结收付统计,均尚有盈余。目下大冶新厂筹备开炉,所需焦炭须由汉运冶,从前由冶运矿石赴汉,其驳船返冶均系放空,现在装矿石来汉即可装焦炭返冶,由汉至冶每吨焦收运费一元,以后汉冶线年可增收水脚十余万元,轮驳想可不致亏耗。拟俟年终察看情形,如果轮驳收入仍不敷开支,届时应否将水脚增加,再行陈请核遵,此时拟请仍照前定运率转帐,暂不更改。此议复轮驳拟加水脚之情形也。

运输以堆栈为腾挪之地。本公司武汉堆栈狭小,如果另添宽绰便近之堆栈一座,遇厂中不须煤焦时,即可随时上栈,诚属便利。国英早有此意,无如汉厂附近及武昌、汉口近江边处,均无合建大堆栈之空地,故曾思其次,于八年七月陈蒙核准,将本公司汉口黄鹤洲之地添设新栈。嗣因该处究嫌离厂稍远,又因安武通车后所运不旺,水路亦多阻滞,每月来货可以随时交厂,毋须另堆,故未进行。目下冶厂不久开炉,以后煤焦多一消纳之处,运输情形已较前不同,拟俟冶厂开炉后察看情形,如必须添设新栈,再行请示办理。此议复添设堆栈之情形也。

汉厂起卸延搁,诚为运输之碍。历年屡经筹议,久欲行使限期起卸之办法,只因深悉汉厂方面亦有为难之处,不能强其所难。盖责其依时起卸彼必须多雇挑夫,然每年四五月间农忙,七八月间天气酷热,以及腊尾年头,均为小工异常缺乏之时,虽欲多雇亦有所不能。国英既目睹其为难情形,知其延搁并非有意,不能不略为原谅,以尽互相维持之谊。且起卸延搁尚有一特别原因,年来时局不靖,国英虑厂用恐慌,特将株岳所存煤焦赶运汉厂存储,以备缓急,故有时到货过多,起卸不及,遂不免有延搁情形。现幸冶厂不日开炉,煤焦两处分运,供求相应,自无延搁之弊,规定起卸时期似可暂从缓议。此议复规定起卸时期算收延搁费之情形也。

考核行船一节,国英于民国六年八月曾将本所各轮船分别等次厘定拖额,按路线之远近限行驶之日期,明定赏罚,严核功过,拟具章程五条,陈奉钧饬准暂试行三个月,并嘱注意各该轮大副贪功冒险,仰见钧座洞悉行轮,力持郑重之意。查拖轮行驶与单轮行驶不同,单轮行驶较速,风流无虞,拖轮则有驶船系带,往往一轮拖带驳船至十余艘之多,经过长江洞庭,节节虑生危险,若稍存大意,必致祸生意外。如前清宣统二年萍强轮冒险行驶,在簸洲失事,沉没重载钢木驳多艘,淹毙数十命,至今尚有沉驳未能捞获,损失极巨,足为前车之鉴。故国英前定行驶章程五条,考虑再三,究恐各轮大副贪功冒险,故未敢试行,拟请仍从缓办。至严杜大副规避取巧,国英素所注意,此后仍当加意考察,总期勿令稍有偷惰。此议复考察大副勤惰规定行程之情形也。

以上数端,系就现在情势略陈梗概,惟事贵因时制宜,将来体察情形,如果别无窒碍,自当逐件改良,决不敢稍事因循,有负委任。所有奉饬核议情形,是否有当,理合肃函具陈,伏乞鉴核训示。恭请

钧安

潘国英谨肃

潘国英致夏偕复函

民国十年八月二日(1921.8.2)

经理钧鉴:

敬肃者,七月二十二日安武煤焦车在路口铺被扣,因两省备战甚急,通

运无期。经国英商请粤汉路局电饬拖回株洲起卸,曾于沁电陈报钧座在案。兹据株局函称,该项煤焦车已于二十四日拖回株洲,计原运煤三百七十三吨六百六十启罗,焦二百四十吨零七十启罗,一并在株起卸,逐一磅收,只焦炭短少七吨九百二十八启罗等语。该项煤焦车幸已抵株,短少无多,堪慰钧厪。惟湘鄂两军已于二十九日接触,战祸已启,运道完全停顿,在湘各轮除已陆续开回外,现尚有萍达、萍寿、萍富、萍强、萍利、萍元、萍亨七艘,国英叠电株长岳各局相机饬令下驶,已有开行在途者,不知能否无阻。惟据长局先后函称,湖南总司令部军务处船政局及第一师司令部,叠次商租拖轮及索用煤斤,婉拒无效。适七月二十三日萍富拖驳下驶被船政局扣留差用,经该局长再四商请,另交萍元浅轮一艘,始将萍富掉换放回。旋复索借两轮,不得已又交萍利一轮,均取有收据,按期算租。至所需煤斤,总司令部有违抗即行派兵押起之谕。处此强权之下,亦无法拒却,现已陆续取去煤四十四吨,均有收条,军事正急,难免不再续取等语。

查湘船政局前欠煤价一万余元,屡经向收,推延不付,陈蒙钧座函致赵总司令,亦迄未发给。此次租轮用煤虽具收条,允许事后算价,然前车可鉴,终恐徒托空言,而积威之下婉拒无力,亦属无可如何耳。长沙以下拉差正多,装载民船,已嘱株局暂停于株潭一带,候能通行时再饬下驶,以免途中损失。特一并陈报,伏乞鉴核训示。恭请
钧安

潘国英谨肃

夏偕复、盛恩颐致季厚堃函

民国十年八月二十六日(1921.8.26)

径启者:

据运输所潘所长来函:以湘鄂军兴,督署派员来所,租船取煤,无力抗拒,不得已先后租去拖轮六艘、木驳十六艘,均以往来汉湘者为限。兹彼以我往来汉冶之拖轮亦欲租用。查汉厂存矿只数十日,若汉冶运输亦遭停顿,便有停炉之虞,国英力行拒绝,又恐拖轮停在码头,为其强行拉用,特饬

轮船一由大冶拖矿到汉,即随拖空驳开冶,如当时尚无空驳,则暂放至离汉三十里之青山夹内藏匿,俟次早再回汉拖驳下驶。乃顷接冶矿季矿长来电,以田家镇湖北第一旅奉省长令由厂船运汉,已派汉顺及七号驳前往装送等语。是彼已分途向冶矿商借,且恐将来在该处强行拉用,则运事将大受影响等语。查汉湘停运,已感困难,如汉冶轮驳再有拉差情事,汉厂原料缺乏,必有停炉之虞。除已电督军恳予邀免外,合行函达,嗣后如有人再向矿商借轮驳,务希婉拒,以顾厂需,是为至要。此致
冶矿季矿长

总、副经理

夏偕复、盛恩颐致公司董事会函
民国十年八月三十日(1921.8.30)

董事会公鉴:

株萍路增加运费一事,前接湖南赵总司令来电,暨孙会长抄示部函,业经陈请核示在案。查该路加价条件严苛,照加率概算,视现行合同加至一倍以上,并限期八月一日照加,强迫执行,无商订之余地,万难承认。当于李矿长来电请示机宜时,即复以湘鄂已有战事,煤焦即能到株亦不能运出,加价事仍主坚拒,如不得已只可停运。一面驳复赵总司令续来代电,一面据潘所长建议与部订约,由我借款代修湘东、萍乡两桥,并将前欠一并列入计息,借款未清以前不得增加运费等情,转请贵会函部商办亦在案。嗣接李矿长电陈:该路两局长均赴战线,加价事由湘局商赵展期二十日,惟停运虽有准备,设停运后我不能占优胜,殊不合算。拟请速电孙会长商部,加价尚非其时,与湘段合议尤失礼制,能由部电饬赣段局长暂从缓议,则可松湘劲等语。当以所陈尚有见地,照议电奉孙会长电复,已函交部电赣取消商订合约前令,湘省方面仍应设法疏通等因。

续接李矿长三函,具陈江西陈督军电致驻京唐局长,谓加价须从缓议,方镇守使亦去电商缓,故赣段对于此事毫不措意。惟湘段局长虽赴战线未回,而该路课、处长等仍欲罢不能,方使亦照电唐之意电赵总司令及湘段局

长。又谓煤运至今未停,而战事牵及于萍,铁路车辆必供军事,日内已不能照常运输,加价一事,无暇及此。款竭,惟有苦撑,目下亦不能减工,俟后如何再陈各等语。

查此次株萍加价,其原动力本发生于湘,现值军事倥偬,自属无暇顾及。迨至战事告终,必仍行提议,目下亦只有虚与委蛇,暂维现状。理合将经过情形撮要具报,并将李矿长续到三函照抄附送,即祈鉴核,示以方针,以资秉率为祷。肃颂

公安

总、副经理

潘国英致夏偕复函

民国十年十月十七日(1921.10.17)

经理钧鉴:

敬肃者,奉运字第四十八号钧函,以水运虽开,武长车运尚未通行,阅报知湘鄂对于两路管理权尚有争执,但愿将路权归之中央,庶对付较易,何日可以通车及株萍通车日期嘱随时函告等因。

查本年七月下旬湘鄂军兴,武长车运即阻,八月杪萍醴兵事,株萍之车亦停。和议初开,即闻株萍有不日通车之信,而至今未见实行。盖因吴使主张路权统一归之中央,而湘省不肯承认,势成相持。探查两路情形,内容复杂,恐一时尚无通车之望。至水运方面,民船共由株运出五批,计八十二船,头批已将到齐,二、三批亦陆续有到。前因长株沿途不靖,运款不易,拟将株发水脚只给十成之二,并拟兼用临时票据。兹据该局函云,目下地方秩序渐安,现款可以起运,株发之五成水脚仍照从前办法给与现款矣。前停长沙之萍达、萍富两轮已拖重载驳先后抵汉,萍利亦不日由长开行。惟汉岳防军栉比,川事未结,征调亦多,轮驳上下过岳,终恐强为拉用,必须照从前办法呈请督军发给护照,方可通行无阻。当经叠次呈恳去后,旋因督署填照手续甚繁,未能即日发下,适有运萍物料难以久待,当令萍贞轮于本月七日试行开株,迨护照发下,又饬萍达于十三日开岳。兹接长局电,萍贞

已平安抵长,于十四日午拖重载返汉,是轮驳上下已无阻滞,自可照常接续开行。惟株局所存焦炭业已运罄,只存生煤约二万八千吨,株萍开车无期,一时尚无来源,而岳栈存煤二万余吨,军用小轮续取不已。现须先将岳栈之煤运清,故目下轮驳拟多数开岳,少数开株。除俟两路有开车消息再随时陈报外,缘奉前因,理合将运道现状先行函复,是否有当,伏乞察核训示。

恭请

钧安

潘国英谨肃

夏偕复、盛恩颐致公司董事会函

民国十年十二月十三日(1921.12.13)

董事会公鉴:

窃查自湘鄂启衅以来,本公司轮驳多被征用载械运兵,强驱于航线未经之地、行军作战之区,无不受有损伤,亟待修缮,迭次据报陈请转函释放。上月间据运输所长潘国英函报,轮驳除已收回外,现尚有萍福、萍通、萍兴三拖轮及木驳船十五艘系为直军各师旅扣用,仍未放归。萍福已开赴岳州,其萍通、萍兴两轮现在何处,是否平安,无从探悉,客军不受鄂督节制,催令释回不生效力等语。当于上月二十二日函请转报孙会长函请吴巡阅使迅饬发还在案。昨奉会函,奉孙会长函开,已据情转商吴使查照饬遵,惟现在鄂西军事吃紧,能否邀准,殊不敢必等因。是该轮驳收回正自无期,以商人重费血本,自置运矿之船久供军事,营业受损,已属不赀,且该轮代价尚有抵押外债关系,设有损失必致发生交涉。

查该轮驳现为直军扣用,而实由鄂省军署租借,自不能不呼吁鄂督之前,而为保全之计。兹将萍福、萍通、萍兴三轮及木驳十五艘查明各成本,开具清单,陈请贵会函致湖北萧督军,恳照该轮驳各成本代为出资保险,保单发交运输所收执。将来该轮驳如有撞沉或受重伤,即可凭保单向保险行索偿,在公司庶免无辜受累,在鄂省亦属避重就轻,实为两全办法。倘不蒙照准,即请声明该轮驳成本数目既经报明备案,日后如收不足数或足数而受有重伤,则损失之数即照单开成本在应缴鄂省铁捐项下如数抵偿,以保商本而免后论。是否有当,即祈贵会核夺施行,无任感盼。专肃。祇颂
公安

总经理　夏偕复
副经理　盛恩颐

公司运输所十二年度帐略报告书

民国十二年十二月(1923.12)

　　谨查本所职司,运输机关分立,地连数省,幅员辽阔,故营业之盛衰,首以时局安危为前提。年来湘鄂多故,政潮迭起,终岁倥扰,商业凋敝,工潮嚣张,险象环生,而萍矿毗连两省,地处军事要道,每遇政变,辄当其冲,故产量因工潮而骤减,运道亦被兵事而梗塞,惟敝处收入,专赖运费,受此打击,影响匪浅。现象如斯,应付不易,差幸芜沪二年装运生铁水脚收入略可挹注,否则本年亏损当在五十万左右矣。兹将本年营业经过情形撮其荦荦大者约略陈之。

　　一、营业盈亏(详数见第一、二表) (表略,下同)本年营业收入计一百六十三万二千五百二十四元八角一分,支出为一百九十六万六千八百九十八元二角五分,除盈亏帐拨补外,净计纯亏三十三万三千六百七十七元九角二分。

　　二、全年支出(详数见第一、十四表) 本年营业费用现金支出一百十六万六千六百零五元二角九分,较之预算节省五十八万余元,其减之最多者为军运之三十一万三千余元。次为轮驳之十七万三千九百八十二元八角一分,再次为民运之七万二千三百四十二元二角八分。考其所以减少之故,实因兵事濒仍,水陆多阻,车轮各运俱被困顿,影响所及,以致营业锐形减色,一落千丈,明暗损失更难指数。苟无上项事故,诸运畅旺,支出虽多,收入自巨,纵未能十分获利,或幸可收支相偿也。再查同项现金超过数一万二千余元内中,除武昌堆栈起卸费四千元外,其余均属零星少数,至转帐项下超出五十八万余元,俱系当时未曾填入预算表内之折旧、保险、利息三

项也。

三、金融状况(详数见第三、六、十五表) 本所财政,半赖公司接济,半恃商销收入,就汉阳本所及各分局商销数目观之,尚称不恶。全年共计售出煤四万五千二百九十三吨,焦一万八千三百九十三吨,该项现金收入,除去粤汉路转帐十六万八千四百三十二元五角三分外,计纯收现金四十六万七千八百五十一元一角三分,若以吨数与定价相合,间有未符,缘因新旧二历关系,积习过深,未易改革,仍有先后月之分故耳。至长局商销,本为敝处常年收入大宗之一,株局费用亦全仰给于此,讵去秋湖南造币厂停铸,销路骤短,匪特绝无筹款,而该局经费且求济于汉阳,敝处财政本不充裕,受此打击,更形支绌。而岳局池焦,先因定价太昂,无人过问,兹后重新厘订贬价售现,适值谭赵开衅,内地不靖,土用柴煤,到源甚稀,故商民争相购用,该局商销一时颇形起色,每月约有万元汇汉,而敝处得以挹彼注此,幸未竭蹶者半恃此也。

四、运务盛衰(详数见第十七表) 查十二年预算安车运株煤焦,原拟运煤三万五千吨,焦二十九万六千余吨,除煤超过原数九百三十六吨外,而焦竟减运至十二万二千余吨,核与预算相差甚巨。盖去秋湘军内哄,截留车辆,停运八旬(自九月一日起至十一月十八日止),焦源断绝,所以武栈存焦二万余吨,悉数取尽,未遗余粒。设无军事车运,必能源源接济尽量装载,则安株运焦之数固不只此,而今日武栈或不致毫无存蓄也。而汉冶一线,所运矿石亦逊于往年,幸有运芜生铁一万八千五百六十吨,由该线轮驳装运,船租所入,略可弥补。

五、各线损益(详数见第七、八、九、十四表) 查本年各线之亏,与上年相似,仍以汉湘为首,汉冶次之,而民运虽未见如何起色,而盈余则达八万四千余元,至车运之益,仅只三万一千元耳。惟汉平一轮,往来沪汉,未受军事影响,意为纵无盈余,或可出入冲抵,今综计收支,不惟无益可言,而全年损失竟多至六万一千余元,诚出意料。顾再细查轮船烧煤消耗之大小,视行驶次数多寡为转移,似为不易定论。湘冶两线因运务淡薄,用煤同减,理固当然,今汉平轮烧煤,十年度一千一百余吨,十一年度一千七百余吨,十二年度骤增至二千六百余吨,较之十年度超过二倍有余,而往来次数理应按级递加,讵与十年度相较只多二次,悬绝如斯,殊属疑问,想因汽炉不良,耗煤过度,或煤质欠佳,燃力不强所致。否则,果有潜因颇可研究,幸祈注意及之。

六、投资减少(详数见第二表) 查本年长局拍买第一零号木驳一艘,拆卸第八十下号旧驳一艘,又冶厂需用跳船,由敝处拨去第一零三号、一零九号、一一八号、一三八号木驳四艘,该项木驳成本,每艘三千二百元,今因停泊失修,依照估价每艘一千六百元转帐,除将原有成本在总公司投资项下如数收回外,所有每艘亏数,概遵钧谕悉在折旧准备金、营业准备金项下各各支销。至停泊青山各驳内应拆之十四艘,因所折旧料每有移用,至今尚未完工,故一时无从转销,容俟全数拆竣,由轮驳科具报前来,再为开支,以免歧误。而该十四艘木驳之折旧、利息二项,今后自不再列营业费用矣。合并声明。

七、清堆溢出(详数见第十一、十六、十七表) 武栈提驳装运汉冶两厂二焦十一、十二两年共短八千九百余吨,虽于十二年度之终,该栈清堆溢出二焦四千吨,以之抵冲,犹亏四千余吨。溢出之数表面观之,似类盈余,按之会计原则,实相矛盾,缘原物原量平出平入无盈可言,细考该项溢数之来,良由司磅人员希冀成绩,故意多入少出,高抬秤磅,以示无忝厥职。惟其心迹双清,未可厚非,顾其中有贪图嬉游、奉公不力者,预将磅量摆定,随意离职,任听挑夫自行过磅,不加监视。而挑夫志在伕力,何顾公义,沉户负虽轻而获资,无异磅之如何,更与己无预。时下世风浇薄,竞尚便宜,而司磅者又苟且因循,毫不过问,于是相率效尤,莫肯多挑,积恶成习,视为惯例。每吨磅量有减无增,清堆之溢,厥由于此。畴知一转移间,公司暗损四千吨之伕力矣。窃窥该员初心意在图逸,自为偶尔取巧,无关紧要,不知挑夫慧黠机诈,善观风色,知监视者既有意偷闲,不以磅事为念,故彼亦利用弱点,乘隙以随,卒至流为稗政,遗害公司,此殆为该员等始料所不及也。设该管主任苟能详查利敝,随时稽考勤惰,使部署早日觉察,有所警惕,其沉疴之深,或尚不至此。既往无咎,来者可追,今后深望该管主任力图刷新,认真改革,则失之东隅者,未始非可收之桑榆也。至提驳短少情形,上年报告曾经详陈,谅荷鉴及,故不再赘。

八、粤汉合同(详数见第十一、十六、十七表) 谨查订立合同,原期双方利益,而粤汉路局与本公司所订代运煤焦合同,内中条款多欠公允,再经深加研究,犹如战胜国之对征服国,全属片面性质,按之商业行为,亦有未合,兹字句如何姑不具论,惟既订约于先,自当履行于后,双方共同遵守,方属正当办法。讵该局惟利是视,罔顾信守合同,订明每日装运六百吨,初时车路方通,内地客货多由轮运,故规定吨额尚能照交,今则不然,偶见沿途各站遇有他货,立即改装,将本公司之焦车抛弃中途,待至次日新旧两车并拖,故常有两日之焦在一日之内拥挤并到者,迭经去函质问,辄诿车头不足。但吾公司为顾全信用,履行契约起见,不惜金钱,将所雇挑夫除原发伏力外,每日每人另给座子钱二百文(原定二十四小时内卸空,逾期不清,须由吾公司赔偿车辆延期费),以资羁縻,而期易于召集,若逾六百吨之上,再给额外座子钱一百文作为津贴,以示鼓励,自为恪守定章,毫未遗误。无如该局违背合同,应运之数未能按日交足,吾公司日给挑伏座子,虚耗已巨,加之两日之货并为一日卸空,定额既然超过额外,座子势必加给,使吾无故暗受两重损失,但我则坚守约章,惟恐不及,彼则玩视信条,犹如废约。揆诸原则,已失订约本意,不惟此也,车运煤焦,途中偷漏甚多,路局人员不加保护,已属失职,间竟有公然自窃者,诚属骇人听闻,而短少之数,车费犹须照算,尤为不平。溯自民九以来,即以二焦一项而论,短少之数已逾万吨,而十三年为尤甚,今该焦每吨以二十元计之,已在二十万元以上,更益以座子各费,历年损失何啻三四十万? 总之,该项合同丧权过甚,受亏匪浅,若再不设法救济,将来损失之巨何可胜言。亡羊补牢,尚未为晚。幸合同第十二条项下有无论何方,欲将本合同取消,应于三个月前知照其他一方云云,似可随时废除,重新改订,即由我方提议,当亦不致被拒,惟开议之后,前途要求加价,定在意中,事先尤当慎重考虑。至将来如何应付,想钧座筹之已熟,自有定衡。河环庸愚,未敢妄议。兹就帐理所及,偶陈管见,是否有当,统希核夺。

公司董事会致孙宝琦函

民国十三年三月十四日(1924.3.14)

慕公会长阁下:

前据总、副经理函,萍矿煤焦恃株萍铁路以为转运,该路建造多年,钢轨、枕木均皆朽坏,机关车辆又极缺少,而尤以湘东木桥年久就圮,危险更甚。萍乡二桥亦属不能持久,洋工师曾有湘东木桥若不及早改修不负责任之语。而该路局则函由公司垫款兴修,并请将运煤重车改由湘东桥东岸卸下,挑过该桥西岸,再行装运。如此绕道,起卸脚力损耗将不可以数计,且查该路局屡以修桥修路为言,借欠矿款约有八十余万元之巨。上年阴历除夕,谭局长因预支运费未能如数尚悻悻然,拟呈部请加运费。现在综计大修桥工、枕轨、机车等项约需一百二十万元。微论公司财力艰窘,万无余力再行担任垫款,即现在每月运费不过三万,路局长支总在五万左右,是每月又须垫二万元。长此迁延,矿有切肤之痛,路有痿痹之虞,非从根本设筹,一经败坏,矿固无幸,而粤汉路恃株萍为来源,亦必蒙其损失,关系至为重大。拟请陈恳国务院、交通部分咨湘赣督理省长,并饬粤汉、株萍两路及萍乡煤矿各派代表在京开一会议,将如何维持该路办法切实筹议,决定办理,实于关系各方面均有裨益。并请陈明矿受路累已属竭蹶不支,万勿再加运费等语。查此事关系至为重大,业经本会于二月二十八日函陈国务院、交通部恳请查照办理,想已早邀台鉴。兹特抄稿奉陈,务祈会长毅力主持,俾得如请照办,见诸实行,则于路矿均有裨益。临颖不胜感祷待命之至。专肃奉恳。敬请

勋安

董事会谨启

孙宝琦致公司董事会函

民国十三年五月十六日(1924.5.16)

董事会诸位先生均鉴:

株萍路湘东桥失修一事,函电交驰,公牍盈尺,彼此意见纷歧,迄无一

定办法。昨晤交通吴总长,面告已派雷参事光宇赴萍查勘,日昨业已查竣回京,请我处派员与雷参事接洽一切。当即就近饬令王所长晋孙赴部与雷参事接洽。兹据王所长晋孙复称:交部意见,此桥于萍煤运输关系甚巨,当然非修不可,惟部路均无款可筹,须公司代垫三十万元,从速修理,以维运路,并交来查勘节略并修复概算书各一份等语。查湘东及萍乡等处三桥若不及早修理,倘出意外,萍煤运路停顿,牵动公司全局,莫如及早承认垫款,代修一切,全权尚能操之于我。惟款至三十万,数目太巨,公司是否可以担任?兹附上交通部查勘节略及修复概算书各一份,务望详细讨论,通盘筹画,从速示复,以便与交部开议代修条件可也。除函总、副经理外,即祈查核接洽是荷。此颂

日祺

孙宝琦

舒修泰致夏偕复函

民国十三年五月二十一日(1924.5.21)

经理钧鉴:

奉第二十九号钧函略开:去岁株局罢工,免算延车费一案,又转奉交通部复,应由萍矿人员就近妥商。承嘱查照酌核办理具复,以凭核转等因,敬悉。

查此案原属运输所范围,本矿因与切近,自当竭诚办理,刻下路局尚未提出办法,本矿未便发动在先,即令就近磋商,亦恐仍无效果,用敢详陈事理,以为复部之根据焉。窃查部复意旨,对于不可抗力一层,已予承认,惟以旷日持久相责难,理由殊欠充足,请得条举其说而申论之。

本矿自改革以来,迭受停车损失,远者无论矣,近如九年间株萍路局因争局长,分湘鄂两段管理,停车八十日,十年路局又因统一问题,停车两月有余,十一年粤汉路罢工停车数日,十二年湘事发生,停车二十余日,不特矿工停顿,且致炼炉停工,船舶停运,综计前后损失约在百万以上。其间或因工潮,或因军事,均属不可抗力,损失自无从取偿。惟九年之争局长问

题，十年路局之统一问题，均非人力不可抗者，然两次所受之巨大损失，论理应取偿于路局，而卒未获取偿，其将何说之辞？夫本矿因非不可抗力所受之损失，且不能取偿，则因不可抗力所生之延车费，本矿当然不能照纳。以彼例此，其理甚明，而况合于运输通例者乎？至谓株局工潮，并非不易了结一说，则又舍去当日之事实为词。盖株局罢工月余，本公司岂有不自顾损失而不速为解决之理？要非比于京汉、粤汉等路得有武力维持，乃仅持口舌谈判，当然不易了结。综其困难约有数端：（一）工人所要求之条件，如设立学校，年终发给双辛，以及加辛之数超过一倍有余，以上等等，苛刻异常，当然不能承认；（二）当时原拟由安源派工人赴株卸煤，而株局工人群起反对，竟有扬言将以武力对付者；（三）旋拟将留株之煤车改为联运，拖赴武昌，株局工人大为把持；（四）因前两策无效，即拟将煤车拖回安源，株局工人又不放行。据此以观，则是次工潮实非易了而不速了，固已昭然若揭。况其时饮料断绝，以及种种困难，早为路局人员所亲闻见者乎?! 月前当雷参事光宇因路事便道来矿，亦提及前项延车问题，泰经陈述实在情状，雷君当亦认为人力不可抗争，但云路局损失太巨，其时系租用粤汉车辆，租费约三千元，尚希望有弥补之等语。舍例言情，未可厚非。泰当时且未之应许，盖此费果须照纳，则运输通例为不足凭，若路局竟欲舍通例而取偿，则九年、十年本矿因该路争局长及统一问题，停车所受之损失，又将何以处置？是以定例言，以情理言，本矿均无纳费之理。总之，本矿迭遭之损失，几难支持，所仰赖以维护者，端在政府，是交部对此次延车一案，尤应特加谅解，不偏于任何方面，则幸甚矣。

奉示前因，理合披沥上陈，仰祈察核转复为祷。敬叩
钧安

谨再陈者，上陈罢工时困难情形数端，犹有未尽之点。盖此间工人俱乐部系合路矿为一，现充株洲工会首领刘步青即为路局工人。当罢工时，查有路局工头朱孝廉在内参与主持，风潮遂致扩张。以事理测之，就令株局工人可以速就范围，路局工人亦未必肯予拖运。以情理而论，当时路局何不相助，以约束在路之工人耶？谨此附陈，并祈鉴核。

舒修泰谨再肃

夏偕复、盛恩颐致黄锡赓、舒修泰函

民国十三年五月二十六日(1924.5.26)

径启者：

　　查株萍铁路延车费一案，前奉董事会函，以交部派员调查会同该路局长呈复，仍执前说，责认缴费，业经转函执事暨运输所，酌核办理具复各在案。兹据潘所长个电称，奉函后，适该路陈处长来汉，曾与磋商解决，伊云该费略减则可，全免难允，查此事迭经争辩，理由各执，今交部仍执纳费，似非空言所能解决，可否承认半数，与之商结之处，乞电遵等语。此案延宕年余，自非笔舌争持所能了结，顷已电复潘所长，即与陈处长磋商，勉认半数，以清悬案。惟该路积欠本矿款目为数甚巨，兹事结束，应在垫款内扣算。合亟知照，即希查照与潘所长接洽办理为要。此致
萍矿黄矿长、舒副矿长

总经理

副经理

公司董事会致孙宝琦函

民国十三年六月十三日(1924.6.13)

慕韩会长阁下：

　　接奉京字第三十六号来函，以株萍铁路修复湘东桥需费三十万元，交部意须公司垫款代修，公司是否可以担任，嘱即筹议见复等因。兹经本会于民国十三年六月二日开会公议，金以株萍铁路修理湘东等桥需费至三十万元之巨，刻值公司经济困难已极，而株萍铁路前以修桥修路为名，已借欠矿款数十万，何能再行筹此巨款。惟有函请会长转恳交通吴总长体念路矿关系并重，竭力设法，以资保持。为此备函奉复，敬祈查核施行。专泐。
祗颂
勋绥

董事会谨启

盛恩颐致潘国英函

民国十三年七月八日(1924.7.8)

径复者：

接四四号函，以株萍路局延车费一案，前函陈处长承认四千元，现接萍矿函，并抄附株萍路致该矿函已允照所认之数，呈部了案，并嘱将此延车费，即在该路积欠款项内，先行拨付，转报鉴核等情，具悉。查此案争持已久，比经执事函致陈处长减认四千元，已由该路具函复允，藉免纠纷，泺堪嘉慰。顷已据函知照会计所转帐矣。此致

运输所潘所长

副经理

公司运输所十三年度营业帐略报告书

民国十三年十二月(1924.12)

一、盈亏　(详见第一表)(表略，下同)

查本年营业，收款为二百另一万一千二百六十七元四角八分，支出为一百八十三万五千七百二十三元六角二分，收支相抵，计盈十七万五千五百四十三元八角六分，减去盈亏帐内运费损耗之数，名虽净盈十七万三千三百另一元二角七分，苟将折旧、利息三十九万零一百三十一元六角七分，按照旧例逐项计算，则本年营业当反盈为亏至二十一万六千八百三十元零四角矣。

二、运务　(详数见第七至十四、二十表)

(甲)汉湘线　查十三年安源运株煤焦为二十八万余吨，虽略逊于十、十一两年，而较诸十二年尚胜一筹，粤汉车运发达年盛一年。惟秋间奉直战云弥漫全国，各处调兵遣将，不遗余力。鄂省虽称保境安民，未入漩涡，然因时局不宁，防务加紧，征调师旅，几无虚日。而军队又恃势蛮横，霸占车辆，越权干涉，多方为难。而路局方面慑于威势，无力制止，任听蹂躏，滋扰益盛，以致沿途阻滞，不能按额畅运，否则到汉之数当不止十六万吨已

也。至该线轮驳运量三万九千七百余吨,比诸上年固稍起色,然衡之三四年前,已形沉寂,揆厥情势,因闻萍矿近有工会霸恃,每办一事,辄被牵制,偷减工程,备受影响,工作既懈,出货自绌,故安源运株仅敷装车,实无余货再需轮驳分载。萍产现状既如上述,今顾株局年底栈存二焦反多至六千七百余吨之巨,抑又何也? 实缘当时军队林立,粤汉车辆多被截留,不宁惟是,复有商人苦货壅积,急谋疏通,无可设法,乃辇金运动军队,扣车买运,藉口军用,搜括无遗。而其时不幸又值湘水退落,轮驳吃水过深,不能上溯,而民船又恐拉夫封船,避不敢出。是以陆续到株煤焦无法运汉,迫不得已,只得卸车上栈,静待机会,此其堆株之大概情形也。

又查民运一项,本极畅旺,自湘鄂通车,运量锐减,以今视昔,相去悬殊。但株长一途,因长局栈房地近水滨,距离车站过远,搬挑夫力太巨,仍复利用民运,本年长沙煤焦缺货,销路顿畅,株长民运达至三万三千余吨,实为得未曾有。而长岳汉三处民运合计而言,数亦颇旺,以视昨年之四万二千余吨,犹超过二万吨也。

(乙)汉冶线 此线航务之盛衰,昔以冶产之增减为标准,今则冶厂开炼,萍矿煤焦亦为运输之大宗矣。案查数年前,萍煤产额平均约在三十万吨以上,当时粤汉车运尚属清淡,来汉煤焦几乎全恃轮驳民船,源源接运,现在萍产既减,株汉车运为有合同关系,须按定额装载,而轮民二运,复因湘水涨落不常,时时停驶,因之汉湘水运霎时衰落,回顾往年涌旺情形,殊有今昔之感。种此数因,轮民退处无用,几同虚设,若不设法变通,非特徒耗开支,抑且废置可惜。运输所长有鉴于此,深虑亏折过大,无以为继,于是通盘筹划,更易航线,将冶轮之用煤较费者,暂时停驶,或改走冶芜冶沪,运载生铁。复择湘轮之省煤者,改驶冶线,藉为调剂,以冀费不虚糜,而各适所用,其湘线幸未过亏,而冶线得稍获利者,端赖湘改冶之租费,及冶运芜沪二处生铁水脚之收入,以资挹注故也。今冬汉厂熄炉,所有株来煤焦,除汉地外销及各项应用外,悉数运交冶厂,故汉冶煤焦运额十万另四千余吨,较之十二年增加四万吨。而冶产矿石,汉既熄炉不炼,运亦遂停,其减少之额,亦与上数相等。此中盈虚消长,无非随现状变迁而有递嬗也。

（丙）汉沪线　查本年运出生铁数目,计汉平轮运载,汉铁一万另四百八十三吨,冶铁四千七百四十吨,至冶轮拖沪之数,为汉铁八百五十吨,冶铁八千三百吨,又有冶芜过载冶铁二万五千零八十吨。三项统计,全年共运生铁四万九千四百五十三吨。惟费用科目,汉沪线内,只有汉平一轮,而冶芜冶沪,又系临时,不知久暂,且轮驳费用,俱在原线开支,是以未便另辟专线,除汉平自身进款列收汉沪线外,其余生铁水脚,概入冶线,因租借湘线各轮,已有租价在该线内转帐冲销故也。

三、金融　（详数见第三、六表）

查敝处金融荣枯,每视外销之多寡为转移,本年经常费用,尚能敷衍,开支幸无竭蹶之虞者,半赖庆丰公司煤价及长岳解款,半恃汉局商销收入以资周转。今夏湘鄂二省洪水为患,各地煤窿多被浸淹,继缘东北有事,京汉梗塞,煤焦来源骤然断绝,武汉三镇备苦煤荒,岳局销场向称有限,乃因各处缺货,门市顿形起色。入秋以来,底货益枯,购者愈众,竟将久年堆存之三号池焦销售殆尽,故该局济汉之款,全年统计,巨至十万元,实为历年所仅见。长沙外销,素属发达,本年销路尤较往年为旺,只缘年终三月收入悉数移济萍矿,无款可汇,其解汉之数,仅有二十一万元者,以此其表内长岳二局解款,仅指汇汉现款而言,余如二局垫付轮驳工食及各项费用,系属现金转帐范围,故不列入。以言汉局外销,亦因市煤缺乏,供不应求,价格虽日步涨,需要益趋坚俏,每日售额颇属可观,故有余裕分润厂矿,而庄息亦多至八千余元。至寄存款一项,因鉴于前年财政枯涸,时形棘手,偶有急需,不能应付,为事先绸缪地步,故特自上年吸收存款,以备缓急。迨至中秋,商销忽形活动,收入渐见畅旺,时值江浙衅开,楚谣甚炽,深恐款多发生危险,旋即先后发还该项存款,由三万元骤降至三千八百余元者,职是之故。又杂项内之收入支出,系属临时收付各款,凡如应付预付诸项预先付帐,待日后结束,正式凭单开支时,再为收回之类。再总公司项下收款中,有癸亥阴历年底汇款规元七万两及庆丰公司煤价尾找在内,而该煤价之不列入商销帐者,因庆丰交煤,订有专约,除扣定银随时计算,为便于查核起见,所以另辟一纸以清眉目,其同项付款内为冶厂日焦应付关税,而垫解萍冶长局填付萍票除外二处急需汇款,亦概括在内。至兑换亏耗余水,并非实在盈亏,因铜圆定价过高,而市上兑率日趋低落,且上半年银圆厘价,时在六钱八九分,甚低至六钱七分八厘,而八九两月则又常盘旋于七钱二分上下,故有此一笔转帐,苟以实在市价计之,即无此项损益矣。

四、商销 (详数见第六、十六、十七、十八表)

查本年售焦(二号三号池焦)合计五万二千余吨,售煤(一号二号三号)合计五万另另六十一吨,再加所交庆丰公司之三万三千余吨,共计售煤为八万三千余吨,销售之畅,实所罕觏,风起云涌,大有一日千里之势,其种种原因,已如运务项下所述,不再赘陈。惟煤焦外销现金及吨数二表逐项核对,其中不无互有异同,未尽吻合之处,兹为撮要陈之:(一)现金表内之数,全指现款收入,无论旧欠新归,概行列入,而吨数表则只列本年现货,对于旧欠一项,不再登入,以避重复。(二)湘鄂二省战祸迭兴,军用烧煤需要甚急,如巡阅、督军二署,无理要求,恃强勒索。处其势力范围,无法拒绝,只得忍气吞声,任予取求。名虽价购,实同敲诈,责令归偿,忧乎其难,此所以只列吨数表,而不入现金表也。(三)煤焦现售与现款收入,按照定价核算,数或不符,缘当时煤焦货缺,供不应求,售价逐日提高,并非一时暴涨,且因交通阻滞,来源断绝,商家以其有利可图,莫不一致看高,囤积居奇,以作投机事业。故敝处所出栈单,直如往年交易所股票,辗转买卖,仅以栈单为授受,而不提现货,竟有十月初售出之焦,延至十二月底方来提货者。而各处栈房以货尚存栈,未便报销,及提货出帐则价又步涨,遂致前后大相差池。此煤焦表内价目上下不同之又一原因也。

五、费用 (详数见第十五表)

查十三年预算,未蒙批核颁发,各项开支有否超过,无由核对。姑将昨今两年实支数目,列为比较,以觇其增减之所在。兹考费用中有转帐、现金二种,转帐多属固定,未可改移,而现金富具弹性,稍有伸缩。今就现金而略论之,查本年费用,现金支出项下计洋一百三十八万余元,超出上年二十一万余元,其中增加原因,因本年运务较繁,水陆设备事事扩充,所有各费故亦随之澎涨,尤以粤汉车费占数最大。顾汉局现金支出实数,只五十六万八千余元者,内有粤汉铁路烧煤,计价二十万余元,在车费项下转帐扣除,又有萍矿代解株萍车费及株长岳三处与总公司垫付各项经费,均未列入现金流水,其不同之点,即在于此。又查轮驳费用,湘增冶减者,由于航线更变,所有轮驳或改行他线,或暂时停驶,其舵工水手一方既须添补,一方又应裁汰,盖冶轮煤费,湘轮煤省,为撙节用煤计,不得不设法变通,俾相调剂,其为临时权宜之计,已于运务汉冶线项下述之备矣,而二线轮驳费用,即因此有所增减焉。

再,汉萍一轮,表面亏折虽仅三万数千元,如将折旧、利息照旧加入,其损失之数,亦不亚于十二年之六万元。今就帐理观察所得,其症结似在修理过耗,航程太少,平日燃煤用料又予取予求,漫无限制,本年修费巨至二万,更为创闻,而沪汉往来次数,亦较往年为减,入不敷出,由来已渐,亏折之大,非偶然也。所有该轮应当如何改革,力矫积习,以谋补救,而利进行之处,事非职权所及,未敢妄议,只以循此苟安,亏损堪忧,不得不希冀根本刷新,而期收支相抵耳。以言分局费用,大都减多增少,即就增言,亦属万无可省,并非虚靡。如株州被水,局屋修理,器具重购;又如长局为湘省首区,萍汉要冲,时有军政各界往来,交际较繁,费用自多。而岳局则裁减大批人员,缩小范围,汉阳南栈房屋被焚,机关旋亦撤消,二局所省不在少数。至武昌及汉东二栈,无甚出入。其余杂项另星小数,详记各表,不另列举,谨此略陈,幸乞察核。

盛恩颐致潘灝芬函

民国十四年九月十九日(1925.9.19)

径启者:

本公司与株萍路局议订垫款运煤合约,业于本月十一月在长沙与该路唐局长双方签字。除将萍矿一份就近发交备查外,所有本公司一份,兹特寄上,即希察存。此致
潘襄理

兼代总经理　盛恩颐

[附件]　汉冶萍公司与株萍铁路局议订垫款运煤合约

立合约株萍铁路局(以下简称路局)、汉冶萍煤铁公司(以下简称公司),今因双方合议垫款运煤办法,协定条款如下:

第一条　路局曾向美商慎昌洋行定购机车二辆,原价一十四万四千元,除由路局付给慎昌洋行银三万元将机车取回外,计尚欠慎昌洋行一十一万四千元。

第二条　该欠项一十一万四千元,经路局与慎昌洋行协商按月应由路局摊还慎昌洋行银六千元,至还清为止。因公司与路局有运煤关系,即将每月应付路局运费向慎昌洋行担保。

第三条　路局须将萍矿煤焦及其货物照萍矿所定尽先运送,每日至少须运煤焦一千吨。

第四条　路局商允公司于萍矿应付路局运费内按月扣银六千元,备还公司担保路局所付慎昌洋行之款。

第五条　如遇天灾人祸致萍矿不能出货及路局停止运输煤焦或所得运费不足代付慎昌洋行按月摊款时,应由路局另筹款项交付慎昌洋行。

第六条　本合约一式三份,路局、公司、萍矿各执一份存照。

汉冶萍煤铁公司总经理　盛恩颐(印)

株萍铁路局局长　唐彦(押印)

冯启祥①致盛恩颐、赵兴昌电

民国二十二年四月三日(1933.4.3)

总经理、襄理钧鉴:

敬肃者,奉转字第五号钧函内开:本公司股东大会现奉董事会公议,于四月内召集开会,所有自十三年起至二十一年止历年营业状况应具报告,连同帐略当场分布,用特函达,即烦查照,希就主管事项将历年经过事实拟

---

①　冯启祥(1892—?):字吉甫,广东南海(今佛山)人。时任公司驻汉转运处主任。

具简明报告,俾凭汇编刊布,务于函到十日内拟就见复等因。奉此,自应遵照办理。兹经启祥就十三年份起至二十一年份止运输状况及经过事实,撮其大要者,拟具报告书,附函寄呈,伏乞鉴核。恭请

钧安

　　计呈报告书九纸、附表一纸

冯启祥谨肃

〔附件一〕 十三年至二十一年份运输情形

汉湘线　查十三年份安源运株煤焦为二十八万吨,尚能维持平衡。运额由株州运汉者,轮运约三万吨,民运约六万吨,车运约十六万五千吨。

十四年份安源运额减至十六万吨,仅及常年之半,揆其原因,当时工会渐兴,罢工风潮叠起,产额自少,运输事业同受影响,计由株运汉者,轮运只一万吨,民运约四万余吨,车运约七万七千吨。株州除运出煤焦外,尚须每年交给粤路烧煤三万吨。

综合以上两年观之,汉湘一线,粤汉车运异常发达,竟超运额百分之六十,而轮运仅及百分之十。其故为何?盖因车运迅速,按时可达,每遇炉用紧急时,惟有趋于车运之一途,且因车费比较轮费节省一半,致令轮驳在汉湘道上几无插足之地。主事者为求调剂起见,将大部份轮驳改驶汉冶、汉芜、汉沪等线运载矿砂生铁等类,故十三、四年份下游各线轮运尚称可观。

汉冶线　查十三年运冶煤焦约十万零四千吨,比较十二年超运三万八千吨者,因当时冶厂全年开炼,用焦较多。

十四年冶厂停炉数月,运焦因之减少,仅达七万一千吨。

矿石之由冶运抵汉阳者,十三年为十二万吨,比较十二年少运三万七千吨。是年冬汉厂停炉,十四年份尚运交汉厂矿砂二千四百吨,盖汉厂虽在停工期间,尚图准备开炉也。

又查下游运铁一项,十三年份除汉平运沪一万五千余吨外,余如运芜运沪者,计有三万四千吨,概由轮驳装去。

十四年份下游运铁渐减,汉平运数一万余吨,轮驳一万五千余吨。

综合以上两年观之,汉冶线轮运颇为活跃,所有汉湘线运煤船只均有转入该线之趋势。时代变迁,今昔殊观,将来我公司恢复营业,收回驳轮,汉冶两厂开炉,上游运务固有粤汉车运足恃,下游煤焦矿石往来输送,轮驳亦不可缺少也。

十五年份运输衰落,不堪言状。上半年湘省既叠生内乱,株萍路多数供应兵差,致安源运株煤焦仅及一万七千吨。下半年湘鄂两省复兵祸连结,水陆交通因之梗塞,运输事业几乎全停,株州所存煤焦,除当地及运销长沙外,运汉之货可云绝无。所有轮驳既因无货可运,自无收入可言,而经常用费不胜浩大救济之策,惟有将全部船只改营商业,装载客货,以保船工生计。不幸夏秋之间,革命军兴,会师武汉,船舶供应兵差,大都不能营业,且当时工会勃兴,不可遏止,无理要求,层出不穷。主事者既感应付不易,复受经济拮据,诚艰苦备尝矣。

十六年一月忽奉湖北政务委员会训令,藉口欠缴砂捐将本公司一切轮驳概行扣管,计全部财产帐面约值二三百万元,若以时值估计,或且倍之。虽经公司屡次派员交涉发还,均不得要领,此后数年运输事务停顿,仅余汉冶转运材料一线生机耳。

十七年冬奉总公司谕,缩小运输范围,并节省开支,裁撤运输所名义,改立驻汉转运处,保留员司数人,除负保管帐目文卷及武汉堆栈各财产外,其重要职务系为冶矿报关转运机件、材料等事,良以大冶非通商口岸,货物不能直接在当地起卸,除零碎货品尚可由汉口雇用民驳转运外,余如重大机件、炸药、煤炭等类,须在冶直接起岸者,非在汉关预领特准起卸单先行寄冶不可。而汉关非常重视此种单据,故请领手续甚繁,非有熟悉关务人员以敏捷之手腕办理,往往贻误船期,而受损失。此自十七年起至二十一年止驻汉转运处所经办之事务,而未有变更者也。

至于本处现在开支,除总公司月汇经费四百元外,尚有汉阳东栈月收租金一百二十元,武昌堆栈租与萍矿堆煤,月收租金四十元,收支尚能两抵。惟萍矿现堆武栈之煤有一万余吨,月出租金四十元未免过少,屡向交涉加租,卒无效果。现在武栈地租期限已于二十一年阴历年底届满,须与武昌教育局磋商续租,如能订约成功,将来拟划出萍矿堆煤之一部,以之转租他户,而谋增加收入。

[附件二] 公司轮驳为鄂省接管后营业情形

本公司所有轮驳自经鄂省政府接管扣抵沙捐以来,向由汉冶萍债捐委员会管理。数年以来,营业不善,开支过大,所入不敷所出,工资衡积压数月。去年鄂省政府将所有轮驳移交建设厅接管,由该厅设立管理汉冶萍轮驳事务所从事整顿,其计画将散处芜湖、湖口、青山、鲇鱼套各处最破烂木驳一百零三艘之舵工大事裁汰,各处只留数人看守,凡停驶未曾出租之轮驳,其工资概以八折发放,择其拖力较好之船,于去冬大加修理后,出租与军政部军用差轮管理所,以为拖运兵差之用。现闻此项租费收入颇佳,就中以汉平一轮更称获利。兹将该所目下收支营业内容据调查所得者制就一表附呈,以供查考。此外尚有汉顺、萍达、萍寿、萍通、萍丰、萍强、楚强七轮,并钢驳十一艘,现为海军拉用,并未营业,十五号钢驳则在上海。

又,查现交通部在汉口设立航政局管理轮舶航行事宜,凡航行船只,概须向该局举行登记,更换新交通部照,确定船舶所有权。该管理汉冶萍轮驳事务所曾将所有经管轮驳径向航政局履行登记,请领各轮新照,不意竟遭该局拒绝,大意谓船舶登记关系产权甚大,登记手续应由物产所有权者自行办理,此项轮驳产权既为汉冶萍公司所有,须由其本公司自行办理,其他机关如欲承领新照,必须履行过户手续,以免将来发生争执等云。该管理所曾因此事向航政局交涉数次,未得相当解决。以上调查轮驳各事,因股东大会召开在即,恐对于轮驳情形有所咨询,故敢连类报告及之。

上海码头联合营业所合同
民国二十四年十一月五日(1935.11.5)

立联合营业合同(一)汉冶萍栈;(二)荣麟栈;(三)北票栈;(四)煤业公栈;(五)周家渡中华栈;(六)义泰兴南栈;(七)义泰兴北栈。兹为避免同业竞争,维持营业起见,经由上开各栈之同意,联合所有上海各堆栈码头,在上海四川路三十三号组织联合营业所,划一各项收入价额,并将各栈共同所得之营业按照百分法比例公摊,以期利益均沾,爰将议定各款办法分列于后。

第一条 定名 本所定名为上海码头联合营业所(后文简称营业所)。

第二条 会员 营业所会员为上开七栈(后文简称会员、各会员或各栈)。

第三条 价目 自民国二十五年一月一日起,各栈应按照下列议定之价额收费,任何会员如有发生擅自减低,一经调查属实,得依据本合同第七条之规定制裁之。

(一)煤斤 上下力 北票栈实价每吨大洋八角正,其余各栈一律每吨大洋七角五分正。

栈租 各栈一律自到船之日起免租四十五天,免租期限过后,每吨每月实收大洋八分五厘正,其不足一月照一月计。

夜工、星期工、假期工 各栈一律夜工每吨按上下力价增加大洋二角,星期工及假期工每吨按上下力价增加大洋一角。

过驳费及转码头过驳费 各栈一律过驳费每吨实收大洋三角五分正,转码头过驳费每吨实收大洋四角五分正。

(二)焦炭 上下力 各栈一律每吨实收大洋一元正。

栈租 各栈一律免租,期限与煤斤同,免租期限过后,每吨每月实收大洋一角五分正。

夜工、星期工、假期工 各栈一律夜工每吨按上下力价增加大洋四角,星期工及假期工每吨按上下力价增加大洋二角。

过驳费及转码头过驳费 各栈一律过驳费每吨实收大洋五角,转码头过驳费每吨实收大洋七角。

(三)码头费 包括不论煤斤及焦炭。

(甲)轮船载煤二千吨或不满二千吨者,每艘实收洋一百另五元。

(乙)轮船载煤二千吨以上至三千吨者,每艘实收洋一百四十元。

(丙)轮船载煤三千吨以上至四千吨者,每艘实收洋一百七十五元。

（丁）轮船载煤四千吨以上至五千吨者，每艘实收洋二百十元。

（戊）轮船载煤五千吨以上至六千吨者，每艘实收洋二百四十五元。

（己）轮船载煤在六千吨以上者，每多一千吨加收洋三十五元，依此类推，其不满一千吨者，亦作一千吨计。

第四条　营业收入之公摊比率。

（甲）煤斤及焦炭之上下力过驳费及转码头过驳费之收入，自民国二十五年一月一日起，各栈均须按照百分比率法公摊之，兹将各栈认定数额分别列后：

（一）汉冶萍栈　应得百分之十一又九。

（二）荣麟栈　应得百分之九又四。

（三）北票栈　应得百分之二十。

（四）煤业公栈　应得百分之十一又九。

（五）周家渡中华栈、义泰兴南栈、义泰兴北栈合得百分之四十六又八。

（乙）栈租及码头费各栈按照下列百分比率法公摊之：

（一）汉冶萍栈　应得百分之十一又一。

（二）荣麟栈　应得百分之八又八。

（三）北票栈　应得百分之二十五。

（四）煤业公栈　应得百分之十一又一。

（五）周家渡中华栈、义泰兴南栈、义泰兴北栈合得百分之四十四。

（丙）夜工、星期工、假期工之收入由各栈自做自得，不列入公摊，惟价额仍须按照本合同第三条之规定收费，不得擅自增减。

（丁）依据上列百分比率法之规定，各会员中倘营业所得之数有超过应得之数额时，则应将超过之数依照本条戊项之规定缴入营业所，反之倘营业所得之数有不足应得数额时，其不足之数得由营业所将其所得之超过数为之补足之。

（戊）无论超过数会员之缴入营业所或营业所之补给不足数会员，其煤斤上下力应按照下列价额计算之。

（一）浦东码头贴北票每吨大洋三角五分。

（二）北票码头贴浦东码头每吨大洋三角二分。

（三）浦东码头贴浦东码头每吨大洋三角七分。

焦炭上下力每吨以大洋四角五分计算之,其余栈租码头费过驳费及转码头过驳费等均应按本合同第三条规定之价目计算之。

（己）各会员均应认真经营业务,使其符合上列各认定应得之数额,并应群策群力,以期共同营业之发展,不得有因以营业所有补给不足数之会员之举而故意弛懈,其业务以致有损及共同营业,故会员中倘有上述弛懈行为发生时,得由其他会员开会议罚之,惟其营业在认定数半数以上者,或因有不得已情形而具有充分理由者,不得作弛懈业务论。

第五条　帐目

（甲）各会员应将每日上下货之确数及营业收入如本合同第三条规定者填具报告书(此项报告书由营业所印制分发各栈)送存营业所,营业所依据是项报告分别纪入总帐,每月月终结算一次,然后按照第四条规定为各会员摊派之。

（乙）上项摊派深恐各会员对于当月之帐难于当月收清,故得于结帐后挪迟一个月至二个月。例如一月份帐得迟至二月底或三月底摊派之。

（丙）营业所对于各会员帐册如有发生疑点或不符时,得有权派员查对,各栈遇有此种情形,应与查对员以尽量之便利,不得推诿。

（丁）各会员如遇到船拥挤,自愿免费代做夜工、星期工或假期工时,须先报告营业所,否则即作擅自减价论。

第六条　保证金及准备金

（甲）为履行本合同第七条之规定及营业所在必要时对外有所需要,各会员应按照第四条规定百分比率之多寡缴纳保证金及准备金(后文简称保证金)是项保证金其总数以二万元为准。兹将各栈应缴数额分别列后。

（一）汉冶萍栈　百分之十一又九,应缴洋二千三百八十元。

（二）荣麟栈　百分之九又四,应缴洋一千八百八十元。

（三）北票栈　百分之二十,应缴洋四千元。

（四）煤业公栈　百分之十一又九,应缴洋二千三百八十元。

（五）周家渡中华栈、义泰兴南栈、义泰兴北栈　百分之四十六又八,应缴洋九千三百六十元。

（乙）各会员对于本条甲项保证金之缴纳,自本合同实行之日起,即自民国二十五年一月一日起每堆存煤斤或焦炭一吨缴纳保证金大洋五分,以缴足应纳之数额为止。此项保证金须以营业所名义存贮,经各会员认可之银行,除第七条规定之处置及对外作为准备金外,不得移作别用。

（丙）上项保证金各会员应按照每月上货之总吨数,即于每月月终如数缴入营业所,不得延迟。

第七条　违约金　各会员对于本合同签订实行后,均须依照各条规定切实遵守,倘任何会员有违反本合同任何一条之规定,经营业所调查属实者,得将其所缴保证金充作约定违约金赔偿未违约各会员之损失,如是项保证金仍认为不足赔偿损失时,得更由未违约各会员开会,以多数之议决定适当之办法,是项决议即为最后之决定,该违约会员应负遵守之义务,不得推诿。

第八条　退会

（甲）会员内除遇经济破产停止营业或其他不得已而具有充分理由之特殊情状,经其他会员全体同意通过,准其退会外,不得中途退会。

（乙）会员如非因上项规定而中途退会者,营业所得将其缴纳之保证金完全充作约定违约金赔偿不退会各会员之损失,又在本合同试办有效期内退会之会员,仍应担负遵守本合同规定之各条件及会员会决议案之义务,不得推诿。

第九条　营业所经费

（甲）营业所经费应先做出预算,由各会员核准之。

（乙）营业所经费由各栈上下力不论煤斤或焦炭,每吨提取大洋一分,月终结算一次,送缴营业所,每间三月总结一次,如有余多,按数发还,如有不敷,亦应由各会员按第四条规定百分比率负责摊派。

第十条　营业所组织系统及其职权

（甲）营业所设正副所长各一人,由会员公推之,并雇用会计一人、书记一人、职员若干人,其系统如下:

会计

所长——副所长——书记

职员

（乙）营业所处理事端及其职权分列如下:

（一）执行会员会议决之一切决议案。

（二）记录及报告各栈上下煤斤焦炭吨数与各种营业收入,并核算其有余或不足,依据规定办法为各会员公摊之。

（三）核算各栈上下货征收保证金及营业所经费,并出给收据。

（四）对外一应事务之处置。

（五）各种表册之编制。

（六）登报公告增加价额并会同各会员通知客家。

（七）执行会员会议决判断违背遵守本会同之会员。

（八）召集常会及临时会。

（九）调查各栈及上海其他非会员各栈之营业及工作状况。

第十一条　通知加价　本合同签订后,各会员应将加价及实行日期由各会员联合登本埠各中西大报通知客家。

第十二条　开会　营业所每月召开常会一次,报告一切帐目,在必要时,或经会员二人以上之要求,得召开临时会,凡开会时,经会员六人以上之决议,即为全体决议案,各会员应尽完全遵守之义务。

第十三条　期限　本合同有效时间自民国二十五年一月一日起至同年年底止,暂定一足年为试办期,届期如各会员同意,得继续之。

第十四条　开办费　各会员应于本合同签订日按照缴纳保证金之百分比率共同先缴洋一千元作为开办费用,将来得于营业所经费内计算扣除之。

第十五条　本合同自签订日起即行有效。

第十六条　本合同缮具一式九份,各会员与证明律师及营业所各执一份存照。

第十七条　本合同有未尽善处,得由全体会员议决修改之。

中华民国二十四年十一月五日立合同

（一）汉冶萍栈　盛泽承

（二）荣麟栈　凌季潭

（三）北票栈　戴麟青

（四）煤业公栈　魏鸿文

（五）周家渡中华栈　黄传状

（六）义泰兴南栈　刘鸿生

（七）义泰兴北栈　刘念祖

证明律师　徐士浩

八、产品销售

(一) 钢铁矿石

公司董事会致交通部函
民国五年一月六日(1916.1.6)

敬启者:

　　窃敝公司前于清季由协理李维格与川粤汉铁路端督办订立售轨合同。其时系照英厂市价镑数,订明在武昌交货,每吨价银五十两七钱七分,在岳、长、洙州及宜昌交货,每吨加银一两。订价本照时值,并因其时轨式已经奏定颁行,且各路借款合同皆有"尽先购用汉轨"字样。既为塞漏卮起见,部局自必专用本国自造之货,而价值可以照外洋,与时消息,不难将他路之盈补此路之绌。盖以本国之厂供本国之用,全盘统计,理应如此。

　　不虞约成未久,即值武汉军兴,厂闭炉停,损失已巨。上年京奉路改用重轨一万一千吨,竟向英国开标,置汉厂于不问。其间陇海等路有向厂订购者,辄持川粤汉最短之价以为比例,不知粤汉一路于民国三年始开工,用轨钢价较订约时已逐渐增涨,然相去尚不悬殊,犹可勉力应付。讵前年夏间欧战事起,影响所及,亏损至深。盖钢之原料固成于生铁,而副料则取诸外洋,如炼钢之锰精、矽精、矾精产自英、德、瑞、挪,修补钢炉之镁砖、镁石产自奥邦。欧衅以还,凡有关于炼钢各料均各留自用,不准外销,虽出重金,无从购办,以致汉厂炼钢成本较前加重至三四倍不等。比岁以来,忍痛负重,供给粤汉路轨,实已亏损不赀;加以各路验轨洋员犹复肆意挑剔,以精钢贱价之轨剔退至七八千吨存置厂中,搁本搁息,所受暗亏尤难殚述。

在别项货物,一时缺乏价昂,预料不久即可回复原状者暂时支拄,即亏累亦复有限。欧战关系世界大局,默察趋势,战事终了未卜何时,即使媾和有期,各国经此残破,各自经营,数年以内,钢铁供不应求,为事势之当然。该两路轨件虽未订明吨数,然就该路借款合同所载里数推算,用轨吨数约需十八万一千余吨,除已交外,尚应交轨十六万八千余吨,若以现在市价衡之原定价格,此后损失约在一千五百余万两,出入至巨。

汉厂建炉原以铸轨为一大宗,但集千万人之商本,负千万金之巨债,要必以将本求利,因时制宜,为营业之通例。设因其数年前订价之廉责践于钢价腾踊之际,即在发达之公司尚不堪受此巨亏,矧屡遭挫折岌岌莫保之如敝公司者乎?朝廷百度维新,注重实业,当必不忍出此也。近以炼钢各料欧货难求,不得已谋诸日本,日厂亦以需用钢板、钢条等货,愿照市价订造,以为以有易无之交换。敝公司当此借款虚悬,垫款无着之时,为钢炉支配原料计,为钢价周转金融计,挹彼注兹,实亦迫于时势之无可如何。惟仅此一厂,钢炉六座时常修葺,通扯只有四座可开,供于此必缺于彼。凤仰大部综管交通,尤以保商惠工为念,用敢沥陈困难,上渎钧聪,倘蒙大部垂恤商艰,维持实业,准将该两路轨价一如订钢货者之照市加增,敝公司同一营业,即将订造钢货择要承允,仍腾挪匀铸轨件,以应路需。急迫陈情,无任屏营待命之至。再,查外洋目前钢价每吨约银一百四十两,合并陈明。
谨致
交通部

汉冶萍公司董事　　孙宝琦　盛宣怀　李经方　沈敦和　林熊征
　　　　　　　　　王存善　周晋镳　张武镛　杨学沂

公司董事会致杨士琦函

洪宪元年一月二十一日(1916.1.21)

杏城先生枢密大人阁下:

敬启者,汉冶萍公司近来危险情形诸仗鼎力维持,上关国计,下系实业,举国钦佩,无有已时。只因欧战延长,钢价飞涨,汉厂本以造轨为大宗,而目下造售钢货,价值倍蓰,且因炼钢各料物欧洲皆禁出口,不得不借助东洋,是以钢货只得尽先售给,至贱者每吨获价一百二十两,只得暂停造轨,已将实情详明交通部在案。兹特为台端一一陈之。

(一)川粤汉铁路借款合同第十八款载明:钢轨一项,邮传部奏明应由汉阳铁厂自行制造供用,其价目一切由邮传部与铁厂比较他路欧美购运钢轨时值订立等语。照此合同,汉厂代造川粤汉钢轨价值,自应随时比较他路欧美所购轨价之时值为准。宣统三年六月端大臣与李维格所订轨价五十一两七钱七分,系属比较当日外洋钢轨之时值订立,并未订明吨数,亦未声明此种时值永远不得更改。又借款合同第三款载明,建造工程自开工之日起,估计约须三年造竣,是端、李所订之轨价,亦不过三年为度。此订轨价合同必以借款合同为根据者也。

(二)粤汉一路于民国三年始行开工,用轨钢价较订约时已逐渐增涨,然相去无多,尚可勉力供应,且盼望川粤汉以外轨价增高,堪资挹注。去夏京奉铁路以重价别购洋轨,则已绝望矣。查端大臣所订之合同,不特已过三年限度,民国以来,迭派督办,均不与汉冶萍公司接洽,民国二年春间,岑督办、詹会办接办该路,过上海时曾出示合同,请其加盖印信,其时岑督办不允盖印,固不知其用意,即詹会办亦不允盖印,是主持路政者已视此合同无足轻重。上年七月间,函呈交通部,请将该路本年用轨吨数饬知,亦未奉复。则此合同股东会请即作为销废,实系确有可凭。

(三)现在钢价至少者,每吨一百二十两,本年预算所出钢料多造钢货,拟即全数售出,交通部若肯照时价定轨,至多亦不过以一万吨为度。

(四)川粤汉已造未交之钢轨尚有一万三千六百十六吨,附件在外,公议拟请照每吨八十两核算。目下生铁每吨售银四十两,各种副料皆数倍于从前,每吨约须三四十两。此外尚有七千余吨,皆系无理剔退,轨价空搁,又须亏损。目下日本购我剔退之次轨,每吨日金一百元,合银八十余两。京奉路去夏所买英轨,价系七十五两。照此比较,实为极贱之价,如购洋轨,决不止此。

(五)公司格外急公,每吨请发现银五十两,其余三十两扣留抵帐,借款银行合同内载明,照时值付价,部中可即全收现款,扣留之三十两可济急用。

(六)阴历年底,公司应付之款甚多,中、交两行十五万余两尤为紧要。此项轨价粤汉局应允先付七成,如按照八十两定价,请部即饬该路局总办于阴历年内付款,以便交轨。否则,公司只得另售,现已索价一百二十两,大约至少可售每吨一百两,价值既可多增银四十万两,且无须扣抵,可多收现银八十万两,则公司拜赐更多矣。

(七)现在日本买公司现货,生铁每吨现银四十两。大冶矿石,现与磋商,因开挖费用较重于昔,必须加钱,已有允意,于轨价尤有连带关系。

(八)川粤汉轨,查借款合同所载里数,约须十六万八千余吨,现今价值与宣统三年时价比较,相去一千三百余万两,××××汉冶萍公司承认,不特华商担当不起,只得将公司全让他人,且恐他人合办之后亦不能承认也。

以上八端均系实在情形,仰乞台端速与交通部商定,倘须奏请核定,即求据实转奏,公司感甚,大局幸甚。除函致梁总长外,专此奉布。敬请
公安

汉冶萍煤铁厂矿有限公司董事会　　林熊征　沈敦和　李经方

盛宣怀　孙宝琦　王存善　周晋镳　张武镛谨启

詹天佑[①]详北洋政府交通部文

民国五年二月(1916.2)

详为遵核汉阳钢轨碍难加价情形,陈请鉴核批示事。

案查属路与汉阳铁厂购买钢轨合同,系于前清宣统三年闰六月初八日,经前督办端方订定,载明钢轨运至武昌交货,每吨洋例银五十两七钱七分;运至长沙、株洲或岳州,或宜昌交货,每吨洋例银五十一两七钱七分,除由川路公司于光绪三十四年四月间预付轨价一百万两外,又由大部于宣统

---

① 詹天佑(1861—1919):字眷诚,广东南海(今佛山)人。时任商办粤汉川铁路公司督办、总工程师,交通部技监。

三年六月间,预付轨价洋例银二百万两,议定自宣统四年至八年,即民国元年至本年止,分别扣清。按之商业通例,合同既经签订,款项亦已预付,无论因何事变自当切实履行。况宜蘷已经停工,汉宜、湘鄂轨价照约均须全扣,现仅扣留二成,已属格外体恤。所有预支轨价,已届还清之年,而不敷甚巨,大部尚未催缴,该厂反求增价,置合同于不顾,视借款为无涉。此就契约而论,不能加价者,一也。

又查湘鄂段所订钢轨,在欧战以前订定者二万余吨,而在欧战以后订定者一万余吨,均照合同价目核算,彼此业已承认,断难以欧战为口实;且汉宜段于民国四年六月向该厂第一次订购钢轨之际,因总工程司雷纳拟改轨长为十米达,经该厂坐办卢成章允为照办,并不加价,惟要求将次等钢轨每百成参收三成,经天佑函致该厂,次等钢轨虽可参收,必须减价。乃该厂复称,轨件价目合同订定在先,不允扣价等语。继以合同中未载明汉口交货价值,经与该厂商定,照武昌交货价值办理。其时均已在欧战发生以后,钢价业已加昂,而该厂始则曰轨件价目合同订定在先,继又允照武昌交货价值办理,是亦明知本路合同已成铁案,无可变更。旋据该厂请照欧美惯例,提前付价,当以欧战以后,金融停滞,该厂所请预支,虽与向章不合,然为维持国货,体恤商艰起见,不得不特别照准,将湘鄂、汉宜两段所订轨件,一俟工程司验轨以后,即行预付轨价七成五,业经彼此具函备案,并通饬各局照办在案。不意该厂忽翻前议,于本年一月三十一日函称,现正陈请加价,每吨合银八十两,方敷成本,请将预付七成五前案取消等语,出尔反尔,视同儿戏。此就事实而论,不能加价者,二也。

至武长一段,预算用款不敷已巨,再若加增轨价,恐将有工款不继,功亏一篑之虞。且银行团查帐员及总工程司素知此项价目,载在合同,不能增减,决不承认加增轨价。此就外交而论,不能加价者,三也。

总之,属路现在就款计工,只有武长、汉皂两段极短之路线,较之合同所定里数相差甚远。查该公司函称,属路轨价虽未订明吨数,然就该路借款合同所载里数推算,用轨吨数约需十八万一千余吨,除已交外,尚应交轨十六万八千余吨,若以现在市价衡之原定价格,此后损失约在一千五百余万两,出入至巨等语,未免张大其词。伏察属路,除武长应用三万余吨,汉皂应用一万余吨外,其洙洲以南、皂市以西,开工何日,工款何在,属路尚无把握,乃该厂以全路里数摊算损失,实属强辞。且部款及川路预付轨价,均系息借,所有折扣行用及各项权利之损失,亦属不赀,岂能责偿于该厂,是无论从何方面解释,皆无加价之理由。

理合照抄粤汉及川汉轨价合同并汉宜轨价凭函各二份,沥情详请钧部核夺批示,迅函该公司查照,转饬汉阳铁厂仍照原合同价目办理,并照原议预支七成五,以符成案。实为公便。谨详

交通部

粤汉川铁路督办、交通部技监　詹天佑

李维格致公司董事会函

民国五年六月八日(1916.6.8)

汉冶萍公司董事会诸公台鉴:

汉口扬子机器制造厂创办于前清光绪三十三年,当时各省铁路繁兴,需用桥梁、车辆、叉轨、分路机、铁屋、水柜等品甚多,因汉厂不能制造此项品物,故各路均向洋厂购办,往往因此而汉厂之钢轨生意亦有为洋厂所夺者,汉厂患之,遂禀承盛前会长另设专厂制造,以挽其利,此扬子厂之由来也。初意汉厂供给材料,扬子制造成器,互相为用,迨扬子开办,而汉厂材料花色未全,其为汉厂所无者,扬子仍须向外洋购用,已觉种种不便。至欧战发生,运道艰阻,洋厂来源更难,汉厂亦应接不暇,扬子几有坐困之势,幸未雨绸缪,及早筹备,始免贻误。惟常此竭蹶,终非久计。夫扬子之设,原为辅助汉厂之不足,消纳汉厂之有余,追维往昔,必须汉厂、扬子兼筹并顾方不失其初意。

查汉厂小铁货厂机轴尚系官局所遗,式旧力弱,出货少,成本重,殊不合算,早已预备拆换,因辛亥变乱而止,现扬子拟添设小铁货机轴一副,拉造小铁货花色,所需钢胚拟由汉厂供应,其彼此利便之处详列于下:

一、汉厂旧机断难持久,拆旧换新筹款不易,现扬子已有此款,无须汉

厂另筹。

二、即使汉厂有款,而拆旧换新约须二年告成,此二年之中,他不必论,汉厂自需小铁货,如鱼尾版等,于何处取求,现扬子拟代汉厂添设此机,可免汉厂停顿之虞。

三、如不拆换,恐早晚必有不能再用之日,路轨之附属品,即无以应,现扬子拟添此机,汉厂即有备无患。

四、汉厂专造大铁货,扬子专造小铁货,汉厂铁货成本可以减轻。

以上均汉厂之种种利便也。扬子之利便,在大小钢料毋须依赖洋厂,大料购诸汉厂,小料本厂自造,所求于汉厂者,供给小钢胚而已。在汉厂不售小料而售小胚,实系合算之事,因小铁货机轴式旧力弱,成本重大,平时断难与洋厂竞争,必致亏耗,而小钢胚成本较轻,售与扬子,当有沾润,且汉冶萍公司及公司之大股东,即系扬子之大股东,扬子之利即汉冶萍公司及公司大股东之利也。营业贵于精核,汉厂拉造小铁货,每吨约需成本银六七十两,如扬子添设最省工料新式机轴,成本只需五六十两,似应去重就轻,方为正办。至汉厂售让小钢胚与扬子,应如何核议之处,彼此关系深切,总可妥酌也。专此奉商。敬颂
均安

扬子机器制造有限公司　李维格谨启

公司董事会致李维格函

民国五年六月十二日(1916.6.12)

一琴先生大鉴:

接展六月八日来函,以扬子厂现拟添置拉造铁货机轴,所需小钢胚,商请汉厂供给等因。当于是日常会提出,公议:扬子之设,原以辅助汉厂,相与有成,彼此关系至为深切。承商一节,两方利便,事属可行。惟钢胚售价,固须核实,但成货后汉厂购回,扬子亦应公道,庶符彼此维持、交换利益之义,并须订明,以后钢货出口货,仍归本公司出售,以期画一,而免争竞等语。用特奉复,即祈查照,与敝公司代经理王阁翁将交易如何定价及未尽

事宜,从长商酌,议有办法,由阁翁报会,再行议决办理为荷。此复。顺颂
台绥

汉冶萍公司董事会启

公司董事会致孙宝琦函

民国五年六月二十二日(1916.6.22)

慕公会长阁下:

接奉六月七日台函,准交通部曹总长函,粤汉路轨加价事,准照请加各该价,一半付现,一半扣帐,以表通融。嘱即赶紧交轨,并抄示曹总长来函各等因,祗悉一是。

查轨件要求加价,实因欧战以还,炼钢副料奇昂,成本加重,亏耗不支。兹蒙部允,深感维持。惟一半付现,未免过少。查从前交轨,照合同原价八成付现,每轨千吨,附各配件,计有四万六千八百十九两之收入。今部允加价,轨作八十两,各配件通扯作一百十两,仅五成付现,以交轨千吨附各配件计之,只有四万五千八百零二两之收入,是加价后每千吨收入反较前少银一千两有零。虽旧欠可以多扣,稍轻担负,而于目前困难不惟无补,且从而加甚,甚非要求之初心,而亦失大部维持之美意。公司筹议,拟请照加价各该数,以四成扣帐,六成付现,在公司俾得稍资周转,在该路仍廉于远购洋产,实属两方兼顾,业于十四日先复寒电,当已达览。务求我公商恳交通部长,准照付六扣四,俯如所请,正式行知,即便饬厂交货,以免延误。至承示合同作废,可另行提议一节,均表赞同,仍仗大力主持,另行磋议,至深盼祷。专复。祗请
勋安

董事会谨启

公司董事会致交通部函

民国五年八月十一日(1916.8.11)

敬启者:

接奉七月三十一日钧函,以据七月二十日函陈预借部款二百万两,请

将所扣轨价全数尽先还本,利息按半年结存,停止计息,俟本款还清再将积息陆续扣还等情,已将附来帐单发交各该路局查核,一俟据复到部,自当力予维持,核议通融办法。惟据詹督办详称,汉厂所开岳州交轨每吨作八十一两,实背前议。又上年所收轨件一并按现加之价计算,本路断难承认,请由部饬该厂按照原价更正,再行拨付等语,希即查照更正后,以便转饬照付等因。

查粤汉路轨陈请加价固发生于上年,而奉本部核准则在本年,自以奉准之时起算,凡交轨在上年而未经付价者应照原价计算付八扣二,自本年一月起所交轨件则照加价付六扣四办法付款,庶界限分清而事理亦昭平允,业经函饬汉厂查照更正,分别开具帐单,再与路局结算。至要求加价八十两者,系按照市价及在厂交货酌中拟定,运费当然在外,自不能并为一事。盖武岳相去数百里,轨之到岳非运不至,即非费不可,虽当时未经声明,为事实上必有之问题。好在本年在岳交轨数当无多,即请大部转饬路局即照八十一两计算,嗣后续交轨件,该路如不愿认此项运费,路局自有轮驳尽可备船至厂接收,自行运往,两方尤为便利,伏祈大部核准施行。无任感祷。谨致
交通部

汉冶萍公司董事会　孙宝琦等谨启

夏偕复、盛恩颐致公司董事会函

民国六年八月二十四日(1917.8.24)

董事会大鉴:

昨奉孙会长函,以京汉路局需用轨件,汉厂开价太昂,饬再切实核减,以敦交谊等因。当嘱商务所查复。兹据复称:顷奉交阅孙会长函京汉路拟购用轨件一节,查上月中旬以来,钢价飞涨,现尚继涨增高,本月十日售现货头号及次号工槽钢料长短度不等者,已售得每吨日金五百元,如全系头号及均系长度当可六百元之外,约合每吨三百余两,故当时接到京奉路来函购轨件,立即与汉厂函商,该厂及敝所意见均以为处今之时,与其接造轨

件,究不如接造钢料较为上算,其故如左:一、钢轨与大料之工槽角钢比较造法及成本及出货迟速均大约相等;二、钢轨长度须按照铁路尺寸,耗割甚多,钢料则长短任便;三、钢轨附带之零件成本甚大而出货甚迟;四、验收钢轨剔退者甚多,所剔者作为次轨,虽贬价亦难销去,而现在钢货则买客罕敢挑剔,非十分过劣者不作二号,即作二号仍可售好价,无次轨滞销之虑,且钢料售价可高于钢轨。有此数因,故汉厂及敝所均以为接造钢料胜于钢轨。然京汉系多年主顾,终当别论,故仍按钢料市价略为从廉,前所开每吨二百六十两已系按市价八成之谱矣。令既据该路尚嫌太巨,应否另行特减,应请酌裁,大约亦只可再酌减一成之谱,不宜过多也。再此次京汉轨件之价每吨二百六十两,连零件包括在内,若分别计算,则只系如左;钢轨每吨二百五十两,鱼尾板每吨三百五十两,钩钉每吨四百两,螺钉每吨四百五十两。按此价已属特廉,汉厂售钢板已每吨四百五十两,如该路愿分别计价亦可等语。

查所称各节,均系实在情形。兹再切实核减,照原价每吨二百六十两,以九折计算,如京汉路局欲将零件分开计算亦可,即请照商务所函内所列细价以九折计算。此项特价实系为顾全交谊起见,用特函请转达孙会长知照该局为荷。专此。敬颂

公绥

总经理　夏偕复
副经理　盛恩颐

再启者,商务所函又称:该路从前购轨均洋员主政,非我价最廉无揽得之希望,即使揽得亦必多所挑剔,从未享优待权利。今洋料难购,乃始来就我,而我价已酌减二成,亦可谓优待该路矣。至所虑招商开标,恐为洋商揽去一节,照目下情形,似不足虑。一则洋料难来之故,不但因水脚过高,实因欧美均禁止出口,若所需少数或尚可设法请照运出,今为数五千吨之多,未必能领得运照,即使领得亦未必能较廉于我;二则即使彼较廉于我,我不造轨件,仍可以多造钢料,售价较高,得足偿失,无须可惜;三则现在日本及香港订制钢料纷至沓来,敝处因市价仍有涨无跌,远期货均不敢接造,利用

此时机以售脱现存之次货及割出失度之短料,俟将来价格再涨可接造近期货之时再行出售(远期价比近期约减十分之二),为利尤大等语,并请密陈为荷。再颂

均祺

夏偕复

盛恩颐

孙宝琦致夏偕复函

民国六年九月七日(1917.9.7)

地山仁弟执事:

前接来函并附件均经诵悉。京汉铁路所商钢轨、生铁两项价值,既统按九折核收,已属格外通融。当经转致该局查照办理去后,兹准复函称:现拟先购生铁二十吨,原价一百三十六两,按照九折计算,即每吨合汉平银一百二十二两四钱正。兹特饬造第一七四二号定购单正副张各一纸,随函寄上,请即转交汉阳厂查收,一面嘱其将此项副张定购单签字盖印,兼贴印花一分径寄敝局备案为要。至前七月三十日所造之旧定购单副张一纸,业经汉阳厂注明,每吨合银一百三十六两签字寄来,此纸自应奉缴,请转饬注销后,仍连同前寄正张一并掷还敝局,以免参差,并附寄定购单三纸等因。准此,查该路局拟先购生铁二十吨,所有交来定购单三纸,相应随函寄送台端查照办理。至应收铁价,并希饬令仍按向来办法办理可也。此颂

日祺

孙宝琦

盛恩颐致公司董事会函

民国七年一月九日(1918.1.9)

董事会大鉴:

前奉六年十月二十四日台函,以本月二十三日董事常会沈董事提议,查总稽核处九月份报单内开,六年五月份售与东方公司之生铁每吨日金百

二十元,德州兵工厂生铁每吨百两,而独售与扬子公司之铁每吨三十六两,扬子公司虽有汉冶萍股份,究非汉冶萍独开可比,因何有此特别利益,请董事会调查当初合同,详加讨论挽回之方,是否有当,伏候公决公议,函请总、副经理查复等因,相应照录原案奉览,请查照等因。当于十一月六日将商务所呈复各节先行具复在案。经理等复经检取案卷合同详细调查,兹将此案始末情形,陈请公鉴。

查本公司于民国四年六月十五日与扬子订立合同,以扬子承揽大冶新厂炉身以外钢铁料件,计包造钢件二千吨,铁件一千吨,钢件造价每吨英金十七镑,粗铁件每吨十二镑十先令,细铁件每吨二十四镑。未几,扬子忽藉词外国钢铁涨价,要求增加造价每吨二镑,公司复经允许于钢件内每吨增加一镑,于是年九月三日另订合同,并于是月十七日由正金拨付定银十五万两。至五年三月十六日扬子来函,藉词冶厂图样未到,无从预备原料,要求将来如因包造冶厂料件所需生铁,不论市价如何,须按每吨三十六两作价。我公司接此函后,并未与以答复。至去年八月五日经理等检阅总稽核处编造六月份售货单,内列扬子于五月二十六日定生铁一千吨,每吨价银三十六两,当以与市价悬殊太甚,即于六日函商务所查复。旋据声复各节,仍属疑问甚多,正待详细研究,忽又据商务所声称,接扬子十月十三日来函,以欧战影响,工料昂贵,如十月二十日以前冶厂无铁件之定造单送去,则前订包造各件之价,须另行估计云云。当即切嘱商务所严重驳复,嗣后交涉如何,尚未据商务所陈报前来。

经理等综览前后案卷,有不可解者四:

查第一次合同系订于民国四年六月,合同中于钢铁吨数、造价,详载靡遗,一经签定,两方面均应遵照办理,本无再行磋商之余地,乃扬子于合同成立以后,忽有增加造价之要求,我公司不为正当之拒绝,遽与之改订九月二日之合同,此不可解者一也。

第二次合同改订以后,并已先付定银十五万两,扬子势必允洽无有异词,岂期五年三月复有要求生铁作价三十六两之声明,此项无理要求,公司又不据理驳复,此不可解者二也。

至去年五月,生铁市价已在百两以外,而售扬子一千吨,竟按每吨三十六两作价,此不可解者三也。

嗣经去函查询,始则商务所与汉厂互相推诿,继则牵扯扬子承包冶厂工程各种关系,再则以此事系在前代经理任内经办,未便追报为词,而调查去年五月以前扬子并未与本公司订有每吨三十六两之生铁合同,虽五年三月扬子来函,有此要求,我公司岂有一惟扬子之命是听之理?至扬子所谓冶厂图样未到,无从预估吨数,以致不能订购原料,此种理由,极不充足,盖原料吨数合同早经载明,图样云云,只系工程上之关系,于应用原料不生变更,乌得假为口实,而主其事者,于扬子造价,则不惜改订合同以增益之,于公司铁价,则不惜过抑市价以迁就之。此不可解者四也。

现在扬子于廉价之生铁,既遂所求,而于前订包造工程之合同,复思毁约,此等举动经理等断不敢承认。惟查此案发生于民国四年,其时经理等尚未就职,直至奉命查复,一再详究,始悉铸此大错。应如何办理之处,经理等不敢负责,仍祈公议核夺。祇颂

公绥

副经理　盛恩颐

公司董事会致夏偕复、盛恩颐函

民国七年一月十七日(1918.1.17)

总、副经理均鉴:

前接七年一月九日第四号来函称,扬子公司于廉价生铁既遂所求,于前订合同复思毁约各节,兹于一月十五日临时会提出,公议:请沈仲礼先生与扬子厂董事兼汉冶萍顾问李一琴先生解释疑问,在解释期内未交之铁暂缓交付云云。特以奉闻,请查照为荷。顺颂

日祉

董事会启

夏偕复致公司董事会函

民国八年三月二十九日(1919.3.29)

董事会公鉴:

上年日商古河洋行向本公司预定生铁两批,一系七千七百吨,一系一千七百吨,均转售于茂木洋行,现在茂木因铁价低落向古河退盘,古河以不便向本公司启齿为辞,拒而不允,茂木遂托正金银行缓颊。经理等因正金与本公司多年交谊,兹既一再来商,未便拒却。兹由正金商拟办法,大要如下:

(一)七千七百吨一批完全未出,拟请将古河出名预定此项生铁合同取消,茂木愿照订价一百七十两付款四成,为赔偿本公司之损失,并请特别通融,准其分月偿还。

(二)一千七百吨一批,已提去九百吨,及屡催未提之八百吨,拟请照原定价格减去二成。

当以所商第二项九百吨早经提去,所余之八百吨提单亦早经接收,且近已提去二百吨,则是该货已完全交出,断无中途减价之理,未能照允。兹复据正金行儿玉君来函催商此事,用特译呈,应否照准之处,理合陈请贵会核议示遵。专布。祗颂

公安

总经理　夏偕复

公司董事会致夏偕复、盛恩颐函

民国八年四月三日(1919.4.3)

总、副经理均鉴:

昨接本年三月二十九日第三十八号来函,以古河洋行预定生铁售于茂木,现由茂木转托正金商请退盘,可否照准,请核议示遵等因。兹于本年四月一日董事常会提出,公议:照商业通例,定货不能退盘,目前铁价骤落,又系正金儿玉君代为情商,本会再四会议,第一、照原定之价酌减价值,仍令其到期出货;第二、即就儿玉所谈罚金四成上酌加成数,聊资贴补。如二层

均不能办到,只能酬补四成,则此四成现银亦须到期的交,万勿爽约,并须与儿玉君切实面订,此系格外情谊,除古河外,其余订货之家,断难援例。至古河抛与别家之货,与本公司无涉,汉冶萍只凭儿玉与古河商办。即请总、副经理照此办理云云。相应函知,即希查照办理。顺颂

均绥

董事会启

夏偕复、盛恩颐致公司董事会函

民国八年五月十三日(1919.5.13)

董事会公鉴:

据商务所倪代所长函称:铃木洋行于上年订购头号生铁两批,第一次为一千二百吨,每吨价银一百七十一两,除提去四百吨价已清讫外,尚存八百吨;第二批为一千吨,每吨价银一百七十二两,除提去五百吨,价已结清,又二百五十吨作八折付价外,尚存二百五十吨。以上两批计未曾提去者,共一千零五十吨,历时数月,延不提货缴价,迭经严催,据称此项生铁转售与人,均以货质不良,未肯付价,因此受亏匪浅。纯诘以货色如果不合,何以交货时并不当场质问,乃于事后挑剔,殊属不成问题,而该行到底坚持,任催阁应,竟使人无可如何。现拟出罚款,照每吨原价一百七十一两者八百吨,作四成二罚银五万七千四百五十六两;每吨原价银一百七十二两者二百五十吨,亦作四成二罚银一万八千零六十两。两共一千零五十吨,共罚银七万五千五百十六两。言明定夺以后,该行先缴银一半,其余一半准本月底付清,以便将合同取消。此事办法已面陈钧座,奉谕再与该行尽力磋商,惟以上办法已属磋无可磋,较之古河一案,似占优胜,且于实际上尚无亏折,照目前市面,再相持不下,亦属无益,陈请核示等语。

查铃木洋行上年订货,现值铁价低落,延不出清,屡饬该所与之交涉,始照各订原价认罚四成二赔偿损失,取消合同。兹据函称实已无再行磋商余地,且罚款成数比较古河已占优胜。理合陈请贵会核准示复,以便饬遵,

藉资了结。祇颂

公安

总经理　夏偕复

副经理　盛恩颐

公司董事会致夏偕复、盛恩颐函

民国八年五月二十三日（1919.5.23）

总、副经理均鉴：

　　昨接本年五月十三日第五十八号来函，以铃木洋行订铁退货，愿照原价赔缴四成二罚款，请核准等因。兹于本年五月二十二日第九次董事临时会提出，公议：照例订货本无退盘减价之理，姑念铃木洋行与本公司交易不仅一年一次，既据总、副经理函称，已由商务所长与之一再磋议，该行愿照原价认罚四成二赔偿损失，较之古河成数为优，准即照四成二罚缴赔款，取消合同，以资了结云云。相应函知，即希查照转饬遵办。此颂

均绥

董事会启

夏偕复致公司董事会函

民国八年六月二十五日（1919.6.25）

董事会公鉴：

　　据商务所函称：三井洋行原订马丁铁五千吨，头号铁二千七百五十吨，共七千七百五十吨，除陆续提去及已商明在先准其免提外，尚有五千一百吨，迄未结束。迭经交涉，该行多方推诿，未肯就范，幸而当时收其定银有三十万之巨，藉以操纵，彼尚不敢完全放任。惟望其提货杳杳无期，长此坚持，终非了局。现与该行商定办法，照汉阳交货每吨原价一百六十六两，作四成三充罚，取消合同，共五千一百吨，应缴四成三罚款银三十六万四千零三十八两，业经该行承认照办。斯事听其自然，终无清理之日，推其极不过以定银充罚，如果十分坚决，彼将置之不理，更觉无法挽回，此次往复磋议，

经数月之久,始有此最后议定办法,实属商无可再商,陈请核准,以资结束等语。

查铁价暴落以来,远期定货各户,延不提取,极感困难,三井定货较多,交涉尤为不易。经督饬商务所屡次磋商,该行始允照未提之五千一百吨原价认罚四成三,取消合同,较古河、铃木两户认罚之数为优,似可照此结束,以免延宕,愈久愈无办法。理合提请贵会通过见复,以便饬遵。祗颂
公安

总经理 夏偕复

夏偕复致公司董事会函
民国八年七月十日(1919.7.10)

董事会公鉴:

接六十四号公函,以前陈三井定货退盘,议照原价四成三认罚,取消合同一案,于第十次常会提出公议,三井定铁既屡催不提,总、副经理请照铃木等行准其一并退盘,只可照准。惟查总稽核处报单,三井原订系上海交货,每吨价银一百七十一两,计四成三应合银三十七万五千余两,今照汉阳交货每吨一百六十六两认缴罚款,核计相差至万余金之多,货既退盘,罚款又少,应如何定议办理,仍请总、副经理主政等因。

当经函饬商务所将三井原订在沪交货,何以认罚成数照汉交货价计算理由详晰声复去后,兹据复称:查三井定货系为马丁铁,预备装运出口,如在汉交,彼须赴汉接运,稽延船期,我则可省水脚五两,是以订约时,彼愿加水脚五两作为在沪交货,此次磋议罚款,马丁铁并未运沪,彼谓既未运沪,则我公司并未受五两水脚之损失,即无加算水脚之必要,设使照约提货,改议汉交,亦须扣算水脚,所以原定价值有沪交汉交之别,倘议罚成数照沪交价值核算,将以水脚浑括在内,三井万不肯承认。是以应交罚款照汉阳交货原价核算定议等语前来。

查核所陈,三井以定货既未运沪,则认罚成数应照货价内除去水脚计算,尚属近情,似可照此定议,以便与该行结束旧案,另议新售,以疏积货滞

销之路,仍候核复饬遵。祗颂

公安

总经理　夏偕复

夏偕复致公司董事会函

民国八年七月十日(1919.7.10)

董事会公鉴:

　　据商务所倪代所长函称:通和洋行上年十一月间订购生铁二千八百吨,每吨价银一百七十两,订定每月提货二百吨,除自上年十一月起至本年四月份止,已提去一千二百吨,货价两讫外,尚有一千六百吨,于本年五六两个月内两次提去四百吨,既不付价,亦不续提。迭经催问,该行以我公司对于购户因市面关系,均以减折收价维持办法,何以对于该行独无商量余地,几次要求,纯以定约为重,未敢表示让步。闻该行承购此项生铁业已转售于古河,现由古河出面调停,谓通和抛进抛出,实已深受赔累,若再坚持原价,势必价银久悬,定货搁置,莫如酌量通融,较有办法,拟请除已提去之一千二百吨,价银清讫,在所不计外,尚有未解决之一千六百吨,照原价每吨一百七十两减二成缴价,倘能允洽,则五六月间已提去四百吨之价银责其照减二成,立刻清偿以后,自七月起至十二月止,照约提货,结清货价,决不延欠等语。察核通和定货,若不稍事通融,势难结束,古河所请核减二成,尚属诚意调停,促其了结之办法。是否可行,敬祈核示等语。

　　查通和定货因铁价低落延不出清,古河出面调停,请照原价减让二成,责令未出之货照约全提,结清货价,论契约信用及商业惯例,均属不合,惟现值铁市疲滞之时,若不稍示通融,则悬宕终无了局。应否准予减让之处,理合陈请贵会核议示遵。祗颂

公安

总经理　夏偕复

公司董事会致夏偕复、盛恩颐函

民国八年七月十七日(1919.7.17)

总、副经理均鉴:

　　前接本年七月十日第七十九号来函,以三井退铁,照汉〈阳〉交货价议罚,饬据商务所函复,系除水脚计算,仍请核复饬遵等因。兹于本年七月十五日第十一次常会提出,公议:此事因上次商务所函于沪交汉交并未声叙明白,所以议令查复,既据查明各情,应即如议了结云云。用特函知,即希查照饬遵。此颂

均绥

董事会启

公司董事会致夏偕复、盛恩颐函

民国八年七月十七日(1919.7.17)

总、副经理均鉴:

　　前接本年七月十日第七十八号来函,以通和洋行订铁尚有一千六百吨,请减价二成,仍按月提货付款,可否照准,请核复等因。兹于本年七月十五日第十一次常会提出,公议:通和订铁减价,本无是理,姑念铁市甚疲,准予减让二成,务令按月出货付价,勿再宕延云云。用特函知,即希查照饬遵。此颂

均绥

董事会启

公司董事会致夏偕复、盛恩颐函

民国八年八月四日(1919.8.4)

总、副经理均鉴:

　　接本年八月一日第八十八号来函,以铃木洋行订购钢板,拟照原价认罚二成,取消合同,应否照准,请议复等因。兹于本年八月一日第十二次常

会提出，公议：铃木前订钢板，议照原价认缴二成罚款，取消合同。查本公司与铃木多年交易，情谊尚厚，既已无可再商，准即照议了结云云。相应函复，即希查照办理。此颂

均绥

董事会启

公司董事会致夏偕复、盛恩颐函

民国八年八月二十七日（1919.8.27）

总、副经理均鉴：

前接本年八月八日第九十号来函，以新大洋行因售钢亏赔，情同破产，以致前订生铁未能提货，拟请没收定银，准予特别取消合同等因。兹于本年八月二十五日第十三次临时会提出，公议：新大既有特别情形，姑准如请没收定银，取消合同，惟以后订货必须恪守此次来函，先将价银收楚，以资保障，遇有小本行家订货，尤须察酌情形，少与往来，以免再有前项情事云云。相应函知，即希查照饬遵。此颂

均绥

董事会启

公司董事会致夏偕复、盛恩颐函

民国八年十一月十一日（1919.11.11）

总、副经理均鉴：

昨接本年十月二十日第一百十九号来函，以永盛公司订铁退盘，只认二成七五罚款，可否照此结束，请核议示遵等因。兹于本年十一月一日第十七次常会提出，公议：永盛公司订铁退盘，议照三成半赔罚，已属格外情让，断难再减，应请总、副经理转饬商务所再与切实磋议，勿任短延，是为切要云云。相应函复，即希查照饬遵。此颂

均绥

董事会启

吴焕荣致夏偕复、盛恩颐函

民国九年七月二十九日(1920.7.29)

总、副经理钧鉴:

　　谨肃者,焕荣于本月七日偕叶君绪耕等赴大阪、神户各处调查,于十六日返东京。此次由正金银行介绍至各大工厂参观,承各该厂主任深表欢迎,并指示铁市情形,惟在大阪时适该地发生时疫,遂移寓京都,每日由京都至大阪等处调查,时间短促,致未能一一遍察工厂。兹将需铁最大机关及孙前所长前次未经调查者报呈钧察,以资参考。专肃。敬颂
勋安

　　　　　　　　　　　　　　　东京事务所所长　吴焕荣谨上

　　附报告书一份

［附件］　调查报告书

　　谨将大阪、神户调查及与日商谈话大略情形报呈钧览。

　　查日本钢铁供给之区,不外东京、大阪、神户等处,然大阪为工厂荟萃之地,销数最巨,东京、神户次之。据日商推测,此后销铁虽不能如欧战前之巨,然平均扯计每年约需六十万吨左右,果尔则大阪一处年销约四十万吨可无疑异。从前大阪向用汉铁之厂,大都仰给于三井、高木、高田、铃木等行,惟该经纪人非但从中得有佣金,甚至有以二号铁冒售一号铁者,以致各厂咸谓汉铁成分低劣之事,查此种情形殊于汉铁市面颇受挫击。现我公司在日设有分所,彼等深愿与公司直接交易,既免间接之弊,又可省经纪人之佣金。兹日商咨询二种问题如下:一、直接向公司购货何以有时反较三井、铃木等行售价为巨? 一、规银汇水涨落不一致,该商等每受损失? 当答以第一问题因上海日商每趁市价低廉购进,俟价高时则以较廉之价卖出,藉揽交易,此乃投机性质,并非确实之市价。至汇水问题,我公司既在日交易,尽可以日金定价,并非拘执以规银计算。该商等经此判解,均皆了然。至目下市况,殊为萧条,良由绵纱及丝价日落,金融竭蹶,银行截止放款,市

面交易阻滞,以致铁市颇受影响。现大阪存货约十余万吨,汉铁约五六万吨,销路杜绝,甚至小工厂因此停工者有之,观察情形,一时难望恢复,我公司此时亦可不必急于售货。故焕荣此番调查专在征集铁商有识者之意见,及视察工厂情形,以备将来冶厂开炉预筹推广销路之计耳。兹将关于大阪、神户需用钢铁各厂及晤各该厂主任访问情形胪陈于后。

住友总本店　总经理小仓氏,副经理川田氏。该店经营钢厂及矿山事业,为日本钢铁商店之巨擘,对于我国商业极为联络,该店职员大多在华有年,故感情甚佳。此次深蒙招待,开诚见示,并允我公司如在大阪设立支店,定当格外照应云云。目下该店所有各厂专采瑞典及英国生铁制造最上等钢货,并谓汉铁不合于用,缘含有铜质过多及成分不一,现存货尚多,将来总可设法兜揽,且该店上海设有分行,交易亦甚便利。

尼崎第二工场　此厂原名岸本制钉所,欧战后经住友收买,扩充范围制造洋钉、钢丝、角钢、小钢轨、钢条等物,每年需生铁一万六千吨,有西门氏炼钢炉三座,尚在建筑中者二座,共五座,厂基逼近海岸,运道甚便,现正从事扩张,向美国采办机器,将来需铁亦甚巨也。

住友铸钢所　此厂专为日本铁道省及海陆军制造钢货,并军用物料,兼为民间制造一切杂件,有大型西门氏钢炉四座,小炉数座,每年炼钢三十五万吨,原料以铁屑为主,生铁仅用一小部分耳。

住友伸钢所　此厂专造铜板、铜丝、铜条,之外兼造钢管,其原料皆取自尼崎工场。

岩井商店　经理深泽称一郎。

冈谷商店　经理西冈弁次郎。

该两商店亦为大阪钢铁巨商,每月销数约三千吨,该店自有船只往来于上海大阪间,在沪交货亦甚便利,从前所用汉铁均由三井等行供给之,此后深愿与我等直接交易。

神户川崎造船所　此厂为神户销铁最大机关,年需生铁七万吨,钢板约四万吨,去年曾向印度订购生铁三十五万吨,分为五年交货,据云其价甚廉,在印度交货每吨只英金六镑。探该厂之意,拟俟合同期满续购汉铁,惟嫌价较印铁为巨,此节将来似有商量余地。惟该副经理川崎氏于月前逝世,其事业不无小受挫顿耳。

以上各厂均系日本钢铁最大销场,其余工厂虽有经走访者,然范围甚小,与营业方面无甚关系,且业经孙前所长调查报呈钧处,其情形大概相同,故不赘陈。

吴焕荣谨具

倪锡纯致夏偕复、盛恩颐函

民国九年十一月十五日(1920.11.15)

总、副经理钧鉴:

本年与东方公司订售钢料等一万二千七百余吨,计先后共出去一万零三百余吨,现在未出之货尚有二千四百余吨,内计短少者六百余吨,待提者约四百吨,拟取销者一千四百余吨。该公司以钢料品质不良,各买主不允收受,短少者要求补制,未提者要求取销。磋商以来,业已数月,嗣经双方让步,议定钢板钢条等一千四百余吨,准其取销角钢、槽钢等约四百吨,应即照提,其短少之六百余吨由公司就存货中酌补槽钢二百吨,工钢一百吨,按现在汇水,工钢照原价加银二两,槽钢加银十七两,另订合同,作为结束,业经面陈钧座照准在案。

查此次订售东方之钢货,原以汉厂存货过多,而国内去路有限,势不得不假日本为尾闾之泄,一则以扩充海外之市场,一则以减轻存货之本息。无如其时汇价仅及三钱,而兜售大宗存货又不能不较零星定货特别优待,在我固已折阅,在彼犹谓不廉。订约以还,业已先后提去十分之八九,本可继续照交,而日本经济突受打击,影响所及,各业震动,已交之货则揩不付款,未交之货则延不照提,种种挑剔,无所不至,甚至我厂久经驰名之铣铁,亦有谓品质不良要求退换者。三井、高田均有同样之责问,现在售与高田之马丁一千吨尚在交涉未了之中,可知东方所称各节确系实情。闻该公司在东存货尚有四五千吨,无人过问,货既不提,款自无着,所幸我公司订售之货一经装船即行收款,尚不致受有损失。至所要求取销之一千四百余吨,本系存货,与定造者不同,且现在钢价虽较前稍落,而金价则较前略涨,我公司本以银币为本位,一涨一落,适得其平,又与跌价毁约者有异,故取销一层仅属售销问题,而并非损失问题。若必强其履行合同,未始不可办到,深恐续提之货,该公司无力付现;而短少之货我公司必须补装,实于公司有损无益。所有与东方磋议取销各缘由,理合补呈备案,伏祈鉴察。

肃请

钧安

商务所长　倪锡纯谨启

沈庆圻代

夏偕复、盛恩颐致倪锡纯函

民国十年二月四日(1921.2.4)

径复者:

接一月二十九、三十日两函,具报京绥、陇海两路订轨交货付款情形均悉。京绥轨事,经执事与良贸议定办法甚佳。陇海让价一层,得执事变通办理,商将交货地点改为汉浦各半,垫板与鱼尾板同一开价,有此贴补,亏损无多,委曲求全,筹画甚佩,即请照此催请签订,以免再生枝节,是所企盼。该价请在沪交,昨已电致,想已接洽矣。此致

倪所长

总、副经理

倪锡纯致夏偕复函

民国十年九月二十三日(1921.9.23)

经理钧鉴:

前据培昌铁号丁经理面称,以认销龙烟生铁内有马丁一、二号生铁一千七百余吨不合行销,愿订立合同向本公司调换三号生铁等语。该号以行销为难商请调换,按诸我公司可以通融办理而不致吃亏者如下:

一、现在大冶未能开炉,此项马丁正可拨交若松;

一、三号生铁市价较一、二号马丁约少三四两之谱；

一、三号生铁八、九两月间售与东方公司及东京分销处经售者约四千吨，每吨统扯规元二十五六两，若以前项交换品移交若松，每吨作价假定为日金五十元，以现在市价六钱六分折合，亦可得规元三十三两。

照以上情形，似与我公司有益无损，当经面奉钧谕照准在案。除业与该号订立合同实行交换外，所有允许该号调换缘由及合同印底，理合陈请鉴核备案。肃颂

钧绥

商务所所长　倪锡纯谨启

附合同印底一份

［附件］　合同

立合同汉冶萍公司、培昌铁号，今因培昌铁号愿将认销之龙烟马丁生铁一号及二号向汉冶萍公司调换翻砂生铁三号，特订合同如左：

一、培昌铁号将龙烟马丁一号一千一百余吨，二号五百余吨，两共约一千七百余吨，如数向汉冶萍调换翻砂生铁三号，每马丁一吨调翻砂一吨，该项调换生铁数目双方如有增减，不得过百分之十。

一、该项调换之翻砂三号，汉冶萍允分期运沪，其运沪水脚等费概由培昌认付。

一、本合同一式两份，汉冶萍、培昌各执一份，以资信守。

汉冶萍公司商务所长　倪锡纯

培昌铁号经理　丁福怜

倪锡纯致夏偕复函

民国十年十二月二十七日(1921.12.27)

经理钧鉴：

查去年经汉厂吴厂长介绍，美国培尔福公司与吾公司订购生铁以来，计先后共售去生铁八千八百余吨，实收美金四十五万余元，内有 A 字四百

五十八号合同马丁生铁一千吨及 A 字四百九十四号合同一号生铁五百吨,均以成分与样本不符经买主剔退,不得已商由该公司就地代销,阅时半载,始经结束。兹将与培尔福公司订销该两项合同一切经过情形分别为钧座陈之。

一、A 字四百五十八号合同系订于九年六月三十日,交额为马丁一千吨,每吨美金五十五元,在订购之时该公司即声明矽分须在百分之一二以上,锰分在百分之一以上,当核与汉厂生铁样本化分相符。一面复经电厂接洽,此后即由汉平将马丁陆续运沪备装,其第一批六百六十吨旋于十一月二日由维尼太轮运美。乃一月九日接该公司来电,以该项生铁矽分过高,经买主剔退,未装之三百四十吨亦要求取消,并经该公司将生铁样块请专门技师化验,证明矽分实在百分之二以上,锰分在千分之七以上,与样本化分绝对不符。买主剔退确有充分理由,函电交驰,毫无效果。其时美铁市价已逐步下降,而美金汇兑复逐步上腾,若已装之铁运回本国,则水脚吨耗所费不赀;若未装之铁准予取消,则该项铁款早经结价。不得已将已装之六百六十吨商由该公司另觅销路,由我定价;未装之三百四十吨照市作价三十四元五角,继续运美,虽改变前合同之价目,仍维持前合同之吨数,且因未装之三百四十吨已由汉厂特别制造,为维持汉铁名誉计,故复于十年五月三日由西琴纳轮运交三百四十吨。讵知到美以后,该买主于提货之前即要求先行化验,结果矽分仍在百分之二以上,复经该公司另请专师、技师两人分别化验,矽分仍属过高。在我公司担保化分之生铁既不能自践其言,除承认剔退外别无转圜之地,幸该公司于剔退后即经设法另售,故损失尚不甚巨,统计先装之六百六十吨比较原价每吨五十五元计,亏美金一万四千六百三十一元四角,续装之三百四十吨比较第二次定价计亏美金一千九百四十五元六角三分。

一、A 字第四百九十四号合同系订于九年九月八日,交额为一号生铁五百吨,每吨美金六十二元,其订明之化分矽在百分之二.六五,锰在千分之九,核与我公司样本及汉厂附去之化验单无不吻合。乃十二月二日由西哈侯卡运往之二百五十吨及二月一日由西歇克斯登运往之二百五十吨,买主以化分参差不一,显系各号搀杂,完全不肯收受。其时该公司会同化验之化验单,矽由百分之一. 三四至百分之四. 六四,锰由千分之五. 五至百分之一. 五九,相差之巨,确与样本不符。几经磋磨,始允照原价让去十元收受一百五十余吨,此外三百余吨由该公司照市价另行设法。统计先后两批比照原价,共亏美金一万三千九百二十八元七角。

统计上两项合同,比照原价第一项计亏美金一万六千五百七十七元零三分,第二项计亏美金一万三千九百二十八元七角,两共亏美金三万零五百零五元七角三分,除续装之三百四十吨抵付美金一万一千七百三十元及各次生铁吨余等抵付美金七百四十二元一角三分外,应找美金一万八千零三十三元六角。当以该项损失为数过巨,函商该公司将应找之数各认一半,并告以大冶炉成出数日多,中美铁业大可发展,在悬帐未结以前,不能继续进行,以激动之。该公司始允将第二合同损失美金一万三千九百二十八元七角摊认一半,计美金六千九百六十四元三角五分,两共应找美金一万一千零六十九元两角五分,已属该公司顾全交谊竭力让步之数。

兹据专函请汇前来,应否饬由会计所如数照汇或将来商由该公司以生铁抵偿之处,统祈钧裁示遵,以便转复为叩。兹将敝所与培尔福公司及汉厂来去函电印底一并摘要附呈。专肃。敬请

钧安

商务所所长　倪锡纯谨启
沈庆圻代

夏偕复、盛恩颐致倪锡纯函

民国十年十二月二十九日(1921. 12. 29)

专复者:

接五一号函,以公司售与美国培尔福公司生铁两批,均因成分与样本不符受买主剔退,经该公司设法就地代销,第一项计亏美金一万六千五百七十七元零三分;第二项计亏美金一万三千九百二十八元七角,两共计亏美金三万零五百零五元七角三分,内除续装三百四十吨抵付一万一千七百

三十元及各次吨余抵付七百四十二元一角三分外,应找美金一万八千零三十三元六角,当以损失过巨,商经该公司允在第二项内摊认一半,计美金六千九百六十四元三角五分,实应找还该公司美金一万一千零六十九元二角五分,应否如数照汇,或将来商由该公司以生铁抵偿之处,统祈裁示等情,并附函电印底各件,均悉。查公司目前经济极窘,万难应付如此巨款,自以生铁抵偿为是。希函商办理为幸。此复

商务所倪所长

总、副经理

盛恩颐致倪锡纯函

民国十一年七月三日(1922.7.3)

专复者:

接二十号函,以培昌铁号现愿承销生铁一万吨,价照总经理电定每吨洋四十五元,准四个月出清,预缴现款五成,并要求五个月内不得以三十五两以内之价格在中国出售,函祈核示等情具悉。查该号既承销巨额生铁,自应量予维持。惟限期不再廉价一层,合同内须添注,如世界铁市行情跌落,不在此例两语,否则束缚太甚,毫无活动余地。该合同缮就后仍希陈阅候核,以示郑重。相应复希查照。此复

商务所倪所长

副经理

盛恩颐致商务所函

民国十一年十月四日(1922.10.4)

径启者:

湖北官矿公署前以本公司结欠砂价,久未清偿,商购生铁,以资扣抵,迭经电商,定购头号翻砂铁三千吨,在汉口交货,每吨洋例三十六两,分三个月交清,电厂遵照在案。兹据汉厂函称,现在两炉并炼马丁,官矿署每月千吨翻砂,不克应交,须待十一月方可做到。嗣官矿尹委员来厂磋商,告以

前情,渠坚执九、十两月,每月须交千吨。不得已,商定搭二号者三分之一,即九、十两月交头号一千吨、二号一千吨,下余一千吨分十一、十二两月各交五百吨,其二号一千吨,每吨作价三十五两,报请备案。又据函称,厂存翻砂铁尊处前已一概指给正金抵押借款,此次售与湖北官矿公署三千吨,应请知照正金,并知照商务所。现在翻砂无货,如有交易,必待至十一月半后,方能应交各等语。相应一并函知,即希接洽,并望将湖北官矿购铁一事,由贵所知照正金为要。此致
商务所

副经理

叶绪耕致夏偕复、盛恩颐函

民国十二年三月三十日(1923.3.30)

总、副经理钧鉴:

叠接皓、敬、宥、俭、艳华英文大电,袛悉一切,无如续销生铁一万吨迄未成功,致稽答复。顷奉一电文如附件,今将经过情形为钧座略陈之。三井初议之不成,实因彼方要求生铁担保,自分存货有限,一物两抵,必至败露,故不应给;嗣后市况散漫,三井以此踌躇,不肯预支,交涉遽尔中辍,非由坚持所致也。三菱则以为购我万吨已罄,我制造翻砂能力大可逞其垄断之志矣。不料彼未转售,我又直销大阪久保田铁工厂一万吨,始觉汉铁方来未已,乃大失所望。由是续与磋商,即欲急故缓,尽我迁就,彼益苛其条件,至不许我更将生铁售诸铁号,惟此节万难勉允。盖届计汉冶两厂明年二月月底止可出铁二十二万吨,以十五万吨供给制铁所外,非兜销翻砂七万吨不可。除此间已售二万二千四百五十吨,沪售以二万吨计,若只再售三菱一万吨,而甘受此种束缚,其所余之一万七千条吨将何从推销。纵能筹款三十万聊济一时之急,势将现有顾主尽行放弃,来年不能设法畅销,姑不待言,一面钢料未易脱售,即六月以前已难得现渡过,三菱事现正磋商,我方让步以无碍日后销路为限度,尽予迁就。敬请宽怀为祷。顺颂
公绥

东京事务所所长　叶绪耕谨启

夏偕复致公司董事会函

民国十二年七月三日(1923.7.3)

董事会公鉴：

奉二十二号函开：接汪幼安君函开，昨闻售铁三十吨于日商三井，价日金五十一元，除运东京水脚净得售价只合华银三十两左右，按之时价，相差在十两以外，当经函询夏总经理，未复。今日得阅定单，知数量系一千五百吨，订于九月由汉阳运出，此时并无定银收入。查沪市一二千吨之销路，尚非难觅，即云售多减价亦不过数两×落，定货不收定银，收款远在九月以后，于公司需用方面亦无关系。是以认为此等减价绝对无理由之可言。又阅美商鲍尔福一百吨二号铁定单，价美金三十二元，除运脚美金六元七角余，按现汇为华银四十八元余，合规元三十四两余，虽较售日稍优，仍按时价差五两以外，与公司规定售额价格相乘递减之表，亦不相符合。鄙见倘售铁任意减价，则公司亏耗永无救济之方，相应函请贵会察核办理，是所至祷等语。相应函达即希查明见复，以凭核办等因。

查此次三井订购生铁一千五百吨，每吨订价日金五十一元，除去水脚等费，计合规银三十二两，较诸国内售价相差确有数两之多，骤然视之，似觉诧异，殊不知本公司售销钢铁，具有特殊性质，与一般普通贩卖商品者，截然不同。谨将国内外售价互异之点，分别陈之：

查本公司往岁产铁年在十五万吨左右，本年冶炉开后，预算将增至二十万吨，以最近十年统计，国内销数充量年销不过三万吨，其余各数惟有向国外推销，欧美各国大半供过于求，不特外铁无从输入，并有余额竞销于东亚一隅，我所恃为行销之尾闾者，厥惟日本，然就日本现状而论，欧战而后，彼国自营之铁厂，如兼二浦、轮西、釜石、鞍山等，每年产额约六十余万吨，而销额年仅二十余万吨，本可不假外求，只以铁砂原料由外输入，成本较高，故本公司所产之铁，尚得于彼国市场争得一部分之销路。但有印度铁向系销诸彼国，足为我铁之敌，只因本公司与彼国具有历史关系，故历年以来尚得有充分之发展，总计上年公司售销之数，国内方面仅销二万一千余吨,美国方面数百吨,日本方面十三万七千余吨,已可概见。目下日本铁市,印铁在东京交货,每吨五十元左右,以此次售与三井之价比较,尚无出入。国外售价必视外市之趋势为标准,自非我公司所能自由操纵。至国内定价,向较国外行市为高,然亦视本国市况酌中规定,现在铁市日趋疲软,售价本须减落,因本年抛出之铁,尚有未至交货之期,目下骤见回松,恐客家对于前订合同发生纠葛,至国内外售价未能平衡之故。观于此次售与美商鲍尔福一百吨,为规元三十四两,日商三井一千五百吨,为规元三十二两,数有多寡,价有上下,即足见外市之概况,自难以国内行情牵引比附也。

至谓未付定银,收款远在九月,于公司需用方面亦无关系一节,查公司本年财政,幸与正金银行议做押汇一法,勉强维持至今。押汇之法系将已售出之货在汉阳装船后,即向正金银行收款,欲做押汇,先须将货售出,故不得不陆续售卖,以资接济。至所称售铁任意减折云云,同人等具有天良,何致以公司艰难之出品,供个人任意之牺牲,况商市情形,众目昭彰,尤非个人所能任意及可掩饰者也。

谨函奉复。即祈贵会核办是荷。专肃。祗颂

公安

总经理　夏偕复

夏偕复致公司董事会函

民国十二年七月二十八日(1923.7.28)

董事会公鉴:

前奉二十三号函开:接俞寰澄君函称,接徐会计师第二次报告书,历奉九、十、十一三年中,生铁售价与市价比较,耗损百余万之巨,特将报告书送致股东联合会检查会外,另抄一份送会备查,并请注意改革办法,使公司不再受例外之亏损等语,并附报告一份到会。合将原报告备函送请查照核明见复,以凭酌夺等因,并报告书,均经聆悉。

当饬商务所查阅议复去后,兹据倪所长锡纯复称:查徐会计师所列各表,至为精详,惟对于本所售铁情形颇多隔膜,其最大误会之点有三,谨分

别陈之:

一、不知所根据之平均市价系国内的而非国外的。查本所售铁市价，向分国内国外两种。国外市价，以参照世界铁市之趋势为标准；国内市价，以外铁不能输入竞争为宗旨。自欧战告终，生铁市价一落千丈，欧美各国大率供过于求，日本一隅遂为世界生铁竞售之场，本公司生铁年产十四五万吨，国内销路不逾三万吨，其余生铁均恃日本为尾闾之泄。复值金价连年暴跌，近三年中，日本市价除去运脚，折合规元平均不过三十两左右，事实具在，不难复按。至谓我公司输出之铁是否吃亏，则有订立之合同在，当时日本之市价如何，日金之兑率如何，在在均足为证明之资。原无取乎泛言空论也。今乃欲以输出国外竞售之生铁，强与国内自由操纵之市价互较盈绌，根本已误，又无怪乎其凿枘也。

二、不知所根据之市价系维持的而非固定的。查本公司生铁在国内本有自由操纵之能力，在外铁不能输入之适当限度内，无时不注意维持其市价，盖商业习惯，凡一物价跌落之后，非经激烈之变动，即不易恢复。生铁自欧战以还，日呈江河日下之势，若我公司国内市价亦以外市之趋势为标准，无非徒受损耗，于销路仍无裨益。本所有鉴于此，故对于日本、鞍山站、本溪湖生铁及欧美大宗废铁进口之时，即贱价抛出二、三号生铁，以相抵制，务使输入之铁无利可获，以绝其再来之路，即在公司财政困难，不得不抛出大批生铁之时，亦必商令各殷实购户，请其垫款察看市面设法兜售，表面虽无变动，内盘实已放松，迨该批售罄以后，则市价依然如故。此所以三年来世界铁市虽一蹶不振，而我公司价格尚无大上落者，赖有此耳。今不察本国市面之趋势，及本所维持之情形，而执一年中平均之固定价格，牵引比附，此其所以不合也。

三、不知根据之平均市价系零售的而非趸批的。本公司为推广销路及抵制外铁起见，对于殷实铁商，无不设法联络，劝其专销公司生铁，一方面以价格优待为条件，由其分头兜售，故上海市价，除本公司所定之趸批价格外，其余皆铁商转辗零售之价格也。其主顾非铁工商，即翻砂作，其货量少则一二吨，多则十余吨，其交货手续大率须直接包送，非如我公司可在浦东交货也。其付款手续,定货时既无定银,交货复不付款,逢节结帐,又多拖欠,非如我公司交货后经极短时间,即可收现也。在各铁商费若干之手续,冒若干之危险,而所恃以为酬报者,不过抬高其零售之价而已。此等零售之价,虽加以折除其不足据以为铁市之标准,凡稍知上海市面者,类皆言之。就此而言比较,其去事实不已远乎?

总之,徐会计师历举种种,仅局于理想上之审断及数目上之比较,故有此骇人听闻之报告。实则国内铁价,经本所设法维持,每年为公司增进收入若干万,国内销路经本所竭力推广,为公司多销生铁若干吨,档案具存,有目共见。此皆锡纯数年中极意经营,私冀所可告无罪于公司者,不知转为今日口实之资也等语。

正核转间,又据该所长函称:窃锡纯承乏商务以来,六载于兹,其间铁市变迁,计分盛衰两大时期,方其盛时,为公司力图发展,抛出期货,增进收入无数;浸至衰落,为公司维持市面,推广销路,减少损失亦无数。锡纯服务公司,职责所在,原无功之可言,乃外间不明真相,吹毛求疵,持论之误,竟有如俞寰澄君所函称售铁耗损百余万之巨者,其误会之点,全在以日本趸批之售价,照我国国内零售之市价牵引折合,锡纯已于四十四号函中分别声复。兹就锡纯历年来对于商务方面之经过重为钧座缕晰陈之:

战时售销之经过。方欧战酣时,世界需铁甚殷,供不应求,铁价遂一跃而上。于是国内如扬子、和兴,满洲如本溪湖、鞍山站,日本如釜山、兼二浦等,莫不风起云涌,增加产额,各铁商亦争先购买,如恐不及,终乃造成今日铁市一蹶不振之现象。本公司当铁价腾跃之时,即抱尽量售销之宗旨,盖默揣欧战不能久持,铁价终有一落千丈之日也。至七年八月间,铁价高至一百九十余两,已达全盛时期,其时中外铁商尚囤积居奇,锡纯则于全年产额售出之外,商承钧座复抛出期货三万五千余吨,果于是年冬间和约告成,铁价骤落,定购各户纷求废约,公司据约力争,其结果成交一万九千余吨,获价银二百七十九万余两,其未交货之一万五千余吨,亦得罚款一百余万两,除成本六十九万两,净获利三百余万两,抛出钢料尚不在内。使当时稍昧世界大势,将公司生铁亦如各铁商之居为奇货,一转移间,公司即须少收三数百万,今之论者畴能责之。

战后售销经过,约分三端:

一、维持国内市价。查民国八年世界铁市已跌至三十五两以下,我公司输出国外之生铁,势不得不随世界趋势为转移,而揆之成本,既已无利可获。使国内市价亦以国外市价为标准,则失之过低,于公司徒受损失,于销路仍无裨益;使国内市价不以国外市价为比例,则失之过昂,外铁则乘机而入,于销路复多妨碍,故于维持市价之中,兼寓抵制外铁之意,务使外铁输入不能竞争,而我乃得以比较较高之价值,自由操纵于国内。此所以三数年来世界铁市虽江河日下,而我公司国内市价至今仍在四十四两左右,无形中为我公司增加若干之收入,岂曰小补也哉。

一、扩充国内销路。查民国七年份本公司国内销铁仅七千余吨,八年份八千余吨,至九年份,增至一万七千余吨,复以善价抛售陇海、京绥钢轨二万余吨,至十一年份生铁销路遂增至二万余吨,当此国外市价疲敝,国内市价较优之时,于国内多销一吨,即多获一吨之利益,日计不足,岁计有余。即此一端,数年之中为公司多获利益何止巨万。

一、推广国外销路。本公司年产生铁十四五万吨,而国内销路至多不过二万余吨,其余十余万吨,向恃日本为尾闾,惟近年来,日本已为世界钢铁竞售之市场,得价既低,销路又滞,不得不于市价较高之地另辟蹊径,如美国之培尔福,香港之新兴记,先后已售去一万余吨,将来逐渐推广,在售销既多一去路,在市价又多一比较,有益于营业前途讵浅鲜耶。以上所陈,事实具在,奉议前因,合并声复各等语前来。

经理复核该所长两函所陈,均系实在情形,理合一并转陈,即祈贵会鉴核为荷。专复。祗颂
公安

总经理　夏偕复

汉冶萍公司与东亚通商株式会社合同

民国十三年九月二十五日(1924.9.25)

汉冶萍煤铁厂矿有限公司(下文简称为甲)与东亚通商株式会社(下文简称为乙)顾虑以前亲善关系,甲将依据前于大正十年七月十一日,乙于湖

北官矿公署(下文简称为官矿局)之间所订购售象鼻山矿砂合同之矿砂引受供给八幡制铁所,因此甲乙间协定条款如左:

第一条 品名 象鼻山铁矿砂。

第二条 品质及品位 悉照八幡制铁所与甲所订契约规格作为合格。

第三条 每年度数量 大正十三年会计年度二万法吨,自十四年度以后每年十万法吨,但欲增至十万法吨以上时,采矿及码头状况所可能者,乙当遵从甲之希望努力而为之。

第四条 装出数量之决定,下年度应行装出数量之增加,须在前年度内甲乙协议决定。

第五条 秤量方法 悉照制铁所与甲之间所行方法办理,吨耗亦同。

第六条 交货地点 官矿局沈家营码头船面交货。但每日装载数量等应以制铁所之规定为标准。

第七条 单价 照甲供给制铁所之合同价格内每吨减去日金十钱之数作为单价,倘该年度如得制铁所之加价,甲应给乙同类之增值。

第八条 货款交付 制铁所交付货款于甲时,甲应即以现金付与乙之指定收款人内田商事株式会社。

第九条 期限 本合同自大正十三年至大正二十五年止,共十三年间为有效期限。

第十条 备考 因天灾地变不可抗力所生之收货产货不能损害,甲或乙均不负责。

因证明前列合同缮写正文两份,副文四份,甲乙各执正文一份,立会人各执副文一份,以作日后之凭。

大正十三年九月二十五日

汉冶萍煤铁厂矿有限公司代表 夏偕复

东亚通商株式会社代表 水野猿

立会人 加藤恭平

立会人 内田信也

立会人 吉川雄辅

立会人 叶绪耕

盛恩颐致叶绪耕函

民国十三年十一月二十八日(1924.11.28)

径复者:

接五五号函陈报,此次售日湘锰连六月间汐首丸所运共为四千法吨,议定价值,拟具正副合同两份寄请签名,并给予货款收受权委状,抄附合同一份备案等情具悉。查湘锰成本,据吴厂长估计每吨在汉交货需洋十一元五角,此次售日仅每吨日金十六元,照现在汇价约合洋十一元左右,如含锰成分不及标准尚须照售价增减五十分之一,尚须亏及成本,只以制铁所代炼焦济急,谊尚报施,不得不勉为供给,只可迁就照订。兹将合同两份签就并委状一纸一并寄请查照收款,合同俟彼方签后仍以一份寄还,并将该款即日汇沪,因总公司需款孔急也。此致

东所叶所长

副经理　盛恩颐

盛恩颐致倪锡纯函

民国十四年三月三十一日(1925.3.31)

径复者:

接七号函陈,遵与徽昌铁号续商口订生铁售价,计大冶一号一千吨,每吨三十两零五钱;大冶二号一千吨,又汉阳三号五百吨,每吨二十八两五钱;大冶三号一千五百吨,每吨二十五两,共计四千吨,先付定银三成,交货时照七成付价,定银分期照扣,限四个月内两清,在此期间须维持商报上价格,请示核夺等情具悉。查上项铁价既据声称,业与徽昌一再磋订,谅难再加,兹除大冶三号减为一千吨外,余均如议照售,惟商报价格须随市面,碍难限制,即希查照。此致

商务所倪所长

兼代总经理

赵时骧致盛恩颐函

民国十四年八月十四日(1925.8.14)

兼总经理钧鉴:

前奉钧处四六号函,以华记水泥厂订购二十五磅小钢轨八吨,每吨连配件在石灰窑冶矿码头交货,计洋例六十八两五钱,饬即提检交由运输所附装汉平带交,并具复备查等因。当经遵照提检轨件八吨一百九十九分半,每吨六十八两五钱计算,共洋例银五百六十一两六钱七分。该轨件交由运输所装驳运冶,一面函请季厂矿长转交,并开具发票,请代收价款。去后,兹准函复,附华记水泥厂交到中国实业银行支票一纸,计洋例银五百六十一两六钱七分,业经照收清楚。奉函前因,理合将交付轨件及收到价款各情陈复,伏祈鉴核。虔请

钧安

赵时骧谨肃

盛恩颐、潘灏芬致叶绪耕函

民国十五年三月三十一日(1926.3.31)

径复者:

接六号函,以存东钢料货色不齐,定价过高,难以推销,拟请酌定最低价格,以便试售等情。查近年钢市一落千丈,所存钢料又复度量不齐,非贬价不克行销,情形尚属实在,但成本所系,亦不能过于低廉,兹酌减为每吨日金八十圆,即希查照试行兜售可也。此致

大阪事务所叶所长

总、副经理

黄金涛致盛恩颐、潘灏芬函

民国十六年五月七日(1927.5.7)

总、副经理钧鉴:

交通部令拨钢轨,业具第二四号函,并抄令陈报在案,事隔多日,以为

不需用矣。讵京汉路管理局昨复来函派员提取陇海式轨，谓可用。查该项存轨计头等二百零八条，次等二千三百五十八条，皆九法尺，比亲赴交部晤常务委员杨杰（该局系委员制，杨即委员长），称公司存轨需购现款，借则不能承认。渠答以此事须开会讨论，请暂由厂开发票云云。金涛拟俟其开会后再向之交涉，但轨价若干发票无从开列，头等陇海式二百零八条今已提去矣，次等尚须选用，且需配件。金涛抵抗不能，只好向之索价，除已电致商务所询问价格外，理合肃函陈报，伏祈核夺示遵。局函抄附。虔请
崇安

代理厂长　黄金涛谨肃

附抄函一件

［附件］　京汉铁路管理局致汉冶萍公司函

径启者：

敝局前曾呈请交通部向贵厂借用九法尺四十二公斤钢轨一万根并鱼尾板、螺栓、道钉等配件全副。兹奉部批：呈件均悉，该路所需钢轨及配件已令行汉阳铁厂如数拨交应用，仰即派员径往该厂提取可也。此批。等因。奉此，兹派敝局局员熊锦章前来，希即予以接洽，如数发交该员接收，并恳饬员督同工人分期点运为荷。此致
汉冶萍钢铁厂

京汉铁路管理局启
五月六日

黄金涛致盛恩颐、赵兴昌函

民国十九年十月十六日（1930.10.16）

总经理、襄理钧鉴：

平汉路借用路轨一案，业经九月二十九日奉到总司令行营训令，转陈钧座请予核示在卷。该路比即派员来厂提取，金涛答以须候公司函复。渠以前方需用孔急不能待，因思轨必借去，只好切实交涉还期，遂问：贵局借去，何时交还？且交还时轨已用旧或短缺时，究应如何交法？渠皆不能答，

但谓路局实无钱,故不得不暂为借用。金涛谓既系借用,务必不违令文,订明还期,倘届期不能归还,或有短缺时,应按价格付款。结果该局照此办理,书给收据一纸,据尾载明归还及付款字样,计钢轨二百条及鱼尾板、道钉、螺栓等共重八十三吨五百五十一千分,价银六千九百二十七两二钱二分。此事金涛无法抗拒,且未奉到函示,无从呈复,故所得结果仅如此也。该轨件已于本月十四日提去,理合抄录收据并将接洽情形详陈,伏祈鉴核。

虔请

崇安

代理厂长 黄金涛谨呈

计附呈抄据一纸

[附件] 平汉铁路管理局致汉阳钢铁厂函

兹收到

贵厂交来八十五磅式钢轨二百条及配件

计开:

八十五磅钢轨二百条,重七十五吨八百九十三千分,每吨银七十五两,计银五千六百九十一两九钱八分。

鱼尾板四百块,重五吨零八十八千分,每吨银一百五十两,计银七百六十三两二钱。

狗头道钉五千只,重二吨零九十八千分,每吨银一百八十两,计银三百七十七两六钱四分。

鱼尾板螺栓八百副,重四百七十二千分,每吨银二百两,计银九十四两四钱。

共重八十三吨五百五十一千分。

共计价银六千九百二十七两二钱二分。

上项材料订明由收到日起,两个月归还,倘届期不能归还,或有短缺时,即按照上列价格计算偿付价款。此致

汉阳钢铁厂

平汉铁路管理局启

中华民国十九年十月十四日

黄金涛致盛恩颐、赵兴昌函

民国二十年十一月十七日（1931.11.17）

总经理、襄理钧鉴：

案查本年六月七月平汉路局先后购去螺丝、钢轨各一批，款货两清，曾于八月十日十四号函报在卷。嗣于八月份，该路又购去钢轨二百条，重七十五吨八百九十三千分，鱼尾板四百块，重五吨零八十八千分，螺丝八百付，重四百七十二千分，钩钉一万五千只，重六吨二百九十四千分，共计价款银七千六百八十二两五钱，该款已陆续收到交会计处收存矣。理合陈报，仰祈鉴核备案。虔请

崇安

代理厂长　黄金涛谨肃

公司董事会呈实业部文

民国二十二年三月六日（1933.3.6）

呈为铁砂输出系属履行合同，沥陈下情，吁恳设法补救，以杜纠纷而保实业事。

窃公司接奉大部矿字第五四七四号训令内开：据各方密告，该公司最近又输出巨量铁砂，关系国家钢铁事业，饬将现在铁砂产销情形列表具报，并检具矿图连同欠税呈部，以凭核夺等因。奉此，除上令三端已知照经理分别详查办理，请宽予时日另行呈复外，兹先将事关重大之铁砂输出系因履行借款合同之不得已情形及其一切困难委曲敬为大部一详陈之。

伏查公司前因添炉办矿扩充工事，以经费难筹不得已举债东邻，与日本制铁所等签订合同，所有全部本利悉以生铁矿砂分年抵还，名义上虽系一种借款，事实上仍系商业上预支货价之性质，照约履行由来已久。且售与制铁所铁砂者，除公司外，若湖北之官矿局，安徽之裕繁公司，皆源源销售，固不仅公司一家为然也。彼告密者不知究为何人，何以独责公司而不及其他。且公司最近亦并无输出铁砂情事，所谓巨量云云，更不知其何所

据而云然,似此虚构事实显属别具用心。当此国难日深时期,公司对铁砂输出之利害得失初非不知,但因受合同之拘束殊苦无法以善其后。查汉厂早经停顿,生铁已无,若并砂而不交,则彼势必执合同以追索债息,无从应付,势成坐困。而冶矿江边至多又只能存砂十四万吨,山中至多能存砂四万吨,据最近报告江边存砂已达十三万吨,山中亦在万吨以上,历年开运皆在四月,本年若至四月而不运出,则将无处屯积,势非停工不可,数千工人一旦失业,全家生计濒于绝境,万一如从前萍矿工人围攻矿局之暴动发生,则不特害及厂矿,亦且危及地方矣。萍矿名存实亡,汉厂复铸无期,公司不绝如缕之生机,实赖此铁砂之营运,一旦停顿,何以图存?凡此借款合同之束缚,工人生计之困难,以及公司前途之维持,思维至再,无可为计,惟有吁恳大部察核。应如何补救之处,伏祈迅赐训示祇遵,不胜迫切待命之至。

谨呈

实业部部长陈

汉冶萍公司董事会谨呈

汉冶萍公司大冶铁矿历年铁矿石产销表①

(单位:吨)

年份	产量	运销日本额	运销汉阳铁厂	运销大冶铁厂
光绪十九年(1893 年)	3 000			
光绪二十年(1894 年)	10 000			
光绪二十一年(1895 年)	10 000			
光绪二十二年(1896 年)	15 933		16 100	
光绪二十三年(1897 年)	20 545		32 800	
光绪二十四年(1898 年)	36 558		30 820	

① 本表系根据公司档案整理。光绪十七、十八年只去土未出矿。1938 年所产矿石沦陷后被日本运走 235 688 吨。

续表

年份	产量	运销日本额	运销汉阳铁厂	运销大冶铁厂
光绪二十五年(1899年)	24 765		30 280	
光绪二十六年(1900年)	57 201	15 476	39 389	
光绪二十七年(1901年)	109 215	70 189	36 354	
光绪二十八年(1902年)	84 036	48 169	25 843	
光绪二十九年(1903年)	107 794	51 268	55 935	
光绪三十年(1904年)	106 378	59 990	55 033	
光绪三十一年(1905年)	151 168	72 000	50 194	
光绪三十二年(1906年)	185 610	105 800	69 868	
光绪三十三年(1907年)	174 630	100 000	85 195	
光绪三十四年(1908年)	171 934	127 000	100 159	
宣统元年(1909年)	309 399	95 600	142 142	
宣统二年(1910年)	343 097	96 210	244 359	
宣统三年(1911年)	359 467	121 000	189 465	
民国元年(1912年)	268 685	192 980	13 435	
民国二年(1913年)	416 342	273 900	164 025	
民国三年(1914年)	488 258	292 400	220 095	
民国四年(1915年)	546 789	298 350	229 658	
民国五年(1916年)	550 810	284 500	252 195	
民国六年(1917年)	542 519	323 495	251 749	
民国七年(1918年)	629 089	321 100	234 066	
民国八年(1919年)	696 935	356 730	279 389	
民国九年(1920年)	824 490	385 950	210 172	
民国十年(1921年)	384 286	249 900	209 185	
民国十一年(1922年)	345 631	294 144	249 790	2 000
民国十二年(1923年)	486 631	303 650	123 970	173 000
民国十三年(1924年)	448 921	246 139		235 360
民国十四年(1925年)	315 410	244 249		106 964
民国十五年(1926年)	85 732	105 215		

续表

年份	产量	运销日本额	运销汉阳铁厂	运销大冶铁厂
民国十六年(1927年)	243 632	153 719		
民国十七年(1928年)	419 950	399 410		
民国十八年(1929年)	350 623	391 140		
民国十九年(1930年)	379 712	391 380		
民国二十年(1931年)	314 359	254 515		
民国二十一年(1932年)	382 002	330 000		
民国二十二年(1933年)	388 757	368 170		
民国二十三年(1934年)	453 640	468 420		
民国二十四年(1935年)	545 120	536 690		
民国二十五年(1936年)	604 843	533 300		
民国二十六年(1937年)	376 093	277 720		
民国二十七年(1938年)	240 000			
总计	14 009 989	9 239 868	3 641 665	517 324

(二) 煤炭焦炭

公司董事会致夏偕复、盛恩颐函

民国五年十月三日(1916.10.3)

地山、泽臣仁兄总、副经理台鉴：

据宝丰公司函称：前以承销煤焦合同期满，函准贵公司议复，仍主收回自办。惟查敝公司自民国三年二月一日接办，至本年八月底止，综核贵公司按照定额短交之煤，积至九万余吨之多，短交二号焦二万六千余吨，逐年细帐另表开陈。现届九月既望，原定期限至本年年底，为日无多，所有短交煤焦应如何补交，如何津贴，或如何延长年期之处，统祈持平裁示等语。

查宝丰承销煤焦合同第十条订明：遇有上游水涸，运道艰难之时，可以减交煤额十成之二,如逾二成以外,则贴给承销人每吨银一钱;若查承销人并未另购外煤应销,则公司可免出此款。又第十二条订明:矿中设有不测,运道或有险阻,欲交不能,不负责任各等语。近年江水奇浅,而以本年为尤甚;上年又值湘鄂运兵,轮驳多被截留,是短交煤额实属限于运道所致,照约本公司不能负责。又官厂煤焦并无应在额外之规定,何以宝丰表内声明除去不算?

　　统核宝丰所请补额津贴各节,显系为要求延长期限起见,本应严函驳复,惟表列煤焦数目是否相符,官厂煤焦共有若干,均未据汉局专册报告;其短交煤额是否确在二成以外,实共若干,宝丰曾否另购外煤应销,皆非就地调查,实属无凭悬揣。昨经公议,应请总、副经理查明实情,详细函复,再行核议办法。兹将原定合同、函表等件,一并照录奉览,即希执事逐细查明,切实拟复,以凭酌夺。此致。顺颂
均安

董事会启

夏偕复致公司董事会函
民国六年七月二日(1917.7.2)

董事会大鉴:

　　敬启者,宝丰纠葛事,商会沈联芳君拟以明年再由宝丰代销为解决之法,偕绝端反对,其理由已略具于当日在商会之辩论。偕于宝丰无恩无怨,平心研究,知公司对于宝丰,于法律上无责任,于情理上无欠缺,而宝丰乃竟一再要求,势吓利诱,计无不至。其所以如此者,非欲泄其被我收回自办之愤,使贵会蒙出尔反尔之诮,而彼得大张得胜旗鼓于武汉之间,即以为汉冶萍办事无人,可以予取予携无求不得也。沈君联芳所拟自是出于调停美意,然公司自问无憾,何以必须受宝丰之束缚?如迁就照允,对于宝丰为自认居于不直之地位,对于股东将无剖白之理由,殊不见其可也。宝丰既云非十万八万不能了事,则所志甚大,如我允其代销,将来议合同时,宝丰必冀获得此项大宗利益。如其许之,是我以股东所托之权利拱手让人;如其

不许,即难定议,仍求了事而不能,求解决而不得,而反自贻污点。偕反复思维,觉绝无可以照允之道。谨贡愚瞽,以备采择。附呈会商情形节略一通,本公司理由书一通,至希鉴察。敬颂

均绥

总经理 夏偕复

[附件] 汉冶萍公司理由书

汉冶萍公司与宝丰公司于中华民国二年十二月订立合同,由宝丰公司包销煤焦自三年一月始至五年十二月底满期,汉冶萍公司董事会议决收回自办,宝丰公司仍屡商继续包销,并托人来言,如可续销,所有短交煤焦可不计算。本公司以包销一事大受非议,既经董会议决自办,不能再商包销辞之。于是宝丰提起短交煤焦问题,由律师函索赔偿四十五万五千两;本公司自问并无补交煤焦及赔偿款项之责任,兹将理由略开如下:

一、本公司所交湖北官厂煤焦,虽本公司认为不在销额之列,但宝丰对于官厂煤焦表面上为代交,既为代交,扣用极微,沪汉俱有通例。兹宝丰收缴官厂煤焦价纯然享其包销之利益,本公司虽不能以所交官厂之额抵补宝丰所云短交之额,然以情理言,本公司售其煤焦,宝丰收其利益,宝丰对于本公司亦应有报酬之处。

一、三年五月间,醴桥被水冲断,运道阻滞,按照合同本可不负责任,迨四年春该桥修复后,运数较旺,即拟补交足额,而宝丰四年十月十三日来函云,补交一层应请勿庸提议,是四年以前无补交问题之可言。

一、运道梗阻以五年为最甚,上半年军事截船,并湘鄂设防,交通几断,迨甫经入秋,水即骤落,交冬几至断流,天灾人祸,并于一时,按合同第十二条,或有险阻欲交不能,不负责任之规定,实无补交之理由。

一、如谓五年下半年仅因水涸而短交,照合同第十条,应照短交之数减去十成之二,计算每吨可贴承销人银不过一钱,然查五年下半年宝丰并未因收萍煤不足而购外煤以济用户,则照合同本公司仍不能出此款也。

一、宝丰谓本公司自销大冶煤为违背合同。照宝丰不肯照数收煤,致

积储日多，搁本日巨，不得已而交大冶水泥厂以抵购用水泥之价；当时宝丰并无异议，若云违背合同，宝丰亦曾越出包销地点，在湘鄂连界之羊楼峒等处销煤。又照合同，承销人不得兼售他项煤焦，乃该公司于合同期内另组同丰兼售临煤，因销临煤致不能照额收销萍煤，本公司并未深较，乃及责我以违背合同，是何不恕之甚？即使本公司为违背合同，亦因宝丰首先违背合同而使之然也。

夏偕复致潘国英函
民国七年四月四日（1918.4.4）

毓初所长鉴：

接五十一、五十二两号来函，均悉一一。前电在汉招工赴岳运煤，本系一种建议，能否办到之处，自应由执事体察情形，酌度办理。目下城埠流亡渐复，自不必招客入土，转致困难也。日清欠煤，商由本年八月起月补一千吨，至足额为止，公司与日清有特别感情，只可照允，但照旧价改为新合同。其欠交各户之煤，俟运道通畅时，与各户磋商，照旧价商减吨数，亦另立新合同，庶应各户之需要，而公司不居补交之名也。至兵工厂新合同煤订一万六千吨，连交前钢药厂之煤一并在内，已商得刘总办同意，即照办理。惟焦炭新合同，前拟只交二千吨，嗣因刘总办再四情商，弟不得已允为二千五百吨，在公司又损失不少，今该厂欲交三千吨，已溢出旧合同原订之数，实难照允（照旧合同短少之数亦不过二千七百余吨），尚希婉复刘总办为幸。此复。即颂

台祺

总经理　夏偕复

夏偕复、盛恩颐致孙宝琦函
民国七年九月十一日（1918.9.11）

慕公会长钧鉴：

接奉京字一百三十五号台函，以汉阳兵工厂需用萍焦一案，前接皓电，

即经函请陆军部咨商交通部、湘督军电饬湘鄂、株萍两路,腾出车辆专运萍焦,冀可匀拨该厂。兹接陆军部两函:一系接准湘督电复照准,至恢复车运应俟交部复到再复;一系据兵工厂呈称,镕铜非萍产不能适用,请饬顾全军需,特别通融常川拨济,照抄原函,函请转饬运输所照办,仍将办理情形见复,以凭转复军部等因。并抄函二件。祗悉。

　　此次偕复赴汉,适运输所亦奉到湘省张督军电知,已饬湘鄂路局于军用外特匀拨一列车专运煤焦,以顾厂需等因。至豹约展长路线事,亦经运输所与湘鄂路局颜局长商议就绪,惟株萍路车辆过少,若与湘鄂联运直达武昌,则该路车不敷用,回时又无多货载回,颇受损失,正在商榷,尚未妥洽。一俟联运办法议妥,即行开运。似此车运既可恢复,且蒙张督军维持,饬匀车辆专运,则运输似有把握,已嘱运输所对于兵工厂所需陆续匀拨,并与该厂敖会办面订:嗣后车运顺畅,该厂每月需焦自可供给至敷用为度;设车运有阻,自用不给,实无余力兼顾,应请原谅。已经敖会办允洽。理合将办理情形备函奉复,即祈查核转复军部为荷。祗颂
勋绥

总、副经理

潘国英致夏偕复函

民国九年五月三十一日(1920.5.31)

经理钧鉴:

　　敬肃者,窃宝丰公司前包销萍矿煤焦,至合同期满时欠交武昌粤汉路局二号煤三千零一吨半,被路局扣住煤价银三千两,而本公司另售与该路局之煤,亦藉口宝丰欠交煤斤延不结帐,以致互起交涉。迨宝丰与本公司之事了结后,去岁七月副经理在汉与宝丰经理姜春村君面订解决此事办法,将该公司欠交路局之煤归我公司代交,照宝丰原与该路订价每吨六两零五分收款,俟路局将所欠宝丰银三千两发还,即由宝丰贴补我公司煤价银一千五百两,双方照办在案。现在认交路局之煤已划拨清讫,路局已将所扣宝丰之银三千两给还该公司,国英亦已向宝丰收到贴补煤价银一千五

百两。除将该款交由本所会计处入帐外,事经了结,理合具函陈报,伏乞鉴核。

再,粤汉路局所欠本公司煤价除三千零一吨半,作每吨六两零五分算价外,其余悉照交煤时定价,计一号煤九两,二号煤八两五钱,三号煤七两二钱五分计算,业在煤焦运费内如数扣清,合并陈明。恭请

钧安

潘国英谨肃

夏偕复、盛恩颐致总稽核处、会计所函

民国十年六月十一日(1921.6.11)

径启者:

前以冶炉将次完工,筹备开炼,对于焦炭供给问题,经本总经理在汉在萍,召集各厂矿长暨工程会计两顾问两次集议,工程上应行扩充各事,特设委员会积极进行在案。查照所定计画,此后萍矿所产生煤,以之全数炼焦供给两厂,尚形竭蹶,断无余货再应外销。现经通盘筹画,除株萍、武长两路年需生煤共约四万吨,因有合同关系,不得不提留供给外,其厂矿锅炉所需,及火车拖轮应用烧煤,约共年需二十万吨,均需外购应用,免占煤额减少焦量,所有外销各户,无论官厂商号,截至十一年一月一日起,一律停止交易,长沙分销局名义应即取销,改用转运字样,即驻汉钢铁煤焦分销处,亦应将煤焦等字删除,改为汉冶萍驻汉分销处。以上办法,业经陈奉董事会函复。此案于民国十年六月一日第七次常会提出,公议:冶炉开炼,需焦加多,所请将萍煤尽供炼焦,自用另购外煤及停止外销各节,应准照办等因。除分函知照外,相应函达,即希查照。此致

总稽核处盛处长、庞副处长

会计所赵署所长、金副所长

总、副经理

潘国英致夏偕复函

民国十二年二月十四日(1923.2.14)

经理钧鉴：

敬肃者,奉运字第一号钧函,以售与汉口既济水电公司二号萍煤至多照前价九两减去二钱,未可多让,以保成本等因。遵即电致汉阳本所与该公司接洽去后,兹据代行所事钱鸣时、吴永祐函称:与该公司磋商多次,始克议妥照八两八钱之价售与一万吨,分八个月交清,并将所订合同抄寄前来。用谨照录一份附呈,伏乞察核备案为祷。恭请

钧安

潘国英谨肃

附呈抄件一件

[附件] 汉口既济水电公司订购煤斤合同

立交煤合同汉口既济水电公司(以下简称公司)、汉冶萍公司运输所(以下简称运输所)。兹因订购煤斤,双方议定销数价目、交煤期限各条件开列于左:

一、水电公司向运输所订购二号萍煤一万吨,每吨价洋例银八两八钱不折不扣。

二、此项定煤限八个月交清,自民国十二年一月起至十二年八月止。

三、每月应交煤额交到厂后,即结算价银,由水电公司付给运输所二十天期之庄票。

四、煤船来时应卸何处,先由水电公司指定或卸电厂或卸水厂,煤船以放到各厂门首码头为止,所有起坡挑力归水电公司自给关税,厘金归运输所完纳,惟冬令襄河水浅时运输所煤船只能放到电厂为止。

五、萍煤到厂,水电公司须公平磅收,不得藉口潮湿加磅,惟应交真确二号煤不得搀杂搀水,否则应不收卸。

六、煤船到码头后,水电公司雇挑夫起卸,每日须卸七十吨左右,倘延

搁不卸以致耽误船期,当照运输所轮驳定章认偿延期费,惟遇雨雪及流水阻碍不便起卸,不在此限。

七、交货期内遇有天灾人祸,运道阻塞,或矿山出险等事,人力不能施者,当由运输所知照水电公司,将煤暂行停交,俟恢复原状后,再按合同补交。

八、本合同一式两纸,双方盖印,各执一纸存据。

立合同　　汉镇既济水电公司
汉冶萍煤铁厂矿有限公司运输所

汉冶萍公司与庆丰公司订立定煤合同

民国十二年十二月二十一日(1923.12.21)

立合同汉冶萍煤铁厂矿有限公司(以后称公司)、汉口庆丰有限公司(以后称购者),为订立定煤合同事所有双方议订条款凭律师证实如左:

一、煤额　购者向公司订购萍乡二号煤三万吨,三号煤二万吨,共计五万吨。

二、煤价　第一条所订煤额每吨扯价计上海九八规银七两正。

三、交期　自民国十三年一月十五日起至十四年一月十五日止按十二个月分交,计每月应交二号煤二千五百吨,三号一千六百吨,尾数至十四年一月十五日找足,双方不得少交少收。以上按三个月一结,如少交之数在二千吨内,每吨由公司贴补购者损失银一两五钱;在二千吨外,贴补损失银二两;如数目短交在六百吨内即不计算。倘遇天灾人祸不在此例,惟既在天灾人祸期内,应由公司听偿第四条扣剩信银项下之利息按月一分二厘计算。倘三个月内多交之数超过规定每月四千一百吨者,在购者固不得拒绝,而付款则每月以四千一百吨为限,多交之数款应推至后期交付。至因天灾人祸期内短交之煤斤,得延长日期,以交足五万吨为度,此日期照原有规定类推之。公司现存武昌栈煤斤于合同成立日先交煤一千五百吨,购者俾先出销。

四、信银　购者于订立合同日即缴公司规银十万两为信银,由公司另给收据为凭。

五、担保　公司于收到上文所述之信银日，即出给现存上海浦东南码头汉冶萍煤铁厂矿沪栈生铁二千吨，分载栈单二纸，每纸一千吨；又钢料六百吨，栈单一纸；汉阳铁厂小钢配一千吨，分载栈单三纸，每纸三百三十三吨，三均交与购者，为所收信银之担保品。此项钢料、生铁、小钢配由公司分别堆放，内中重量归公司负责，由购者派员看管，所有栈单每经购者扣回信银至二万两，即缴还公司一纸。至购者所派守管员之食宿，由公司供给之。

六、煤款　购者于收到煤斤日先给收据，迟三十天结帐时每吨扣除银二两，其余悉付现银。惟第一个月、第二月之煤款，购者得将全数在信银内扣除，扣足八千二百吨为限，此后每吨扣除银二两，亦照收信银项下至全数结清为止。

七、地点　第一条所订之煤，概由公司以轮船驳运送至购者随时指定汉口地点交卸，不能越汉口范围三十里外。凡到交卸之处，双方眼同过磅，以磅见实数为准。交卸时起坡及过载之力费归购者自给。

八、税厘　购者出销萍煤进出口洋关正半税概归公司承认，惟购者所指放地段如在范围以外应纳捐费，由购者照纳。

九、船期　公司运送煤斤船只大小不一，但以载重三百六十吨铁驳为标准，每船到埠限五天卸空，逾期每船每天由购者认付船期规银二十两，船之大小以此推算。惟遇大风雨不能起卸不在此例。

十、权限　第三条所订交煤期限除天灾人祸外，每三个月如公司未能履行，除准购者执行第三条所规定赔偿损失外，并准购者以所执生铁、钢料、钢配栈单，有随时随市出卖权。卖出铁钢款，除收回信银本利及欠交煤斤贴补损失费外，应以余剩铁款归还公司，如其不足，应由公司补给之。

十一、堆栈　公司原有武昌鲇鱼套堆栈，兹愿分借一部分与购者堆存公司煤斤，不取租费，但同时不得过三千吨，惟购者派人看管，公司则供给住处。

十二、合同　此合同以中英文缮写一式三纸，公司、购者、律师处各执一纸，以昭信守（如有争执，以中文为凭）。

中华民国十二年十二月廿一日

汉冶萍公司总经理　夏偕复

庆丰有限公司　王成道

马载飏致夏偕复函

民国十三年六月四日（1924.6.4）

经理钧鉴：

　　奉钧函以萍矿历年所报池煤池焦售现价格何所依据，何以历报售价与黄矿长单开之价相差如许之巨，饬即明白声复等因。查萍矿池煤池焦历年成本若干，每年售出几何，其价格如何规定，职处均无案可稽。兹奉前因，谨特密切调查，得其梗概，敬列陈之。

　　一、池煤　依十二年度售数为一万六千七百二十九吨六百九十八启罗，其销路分（六境）、（矿境）、（外销）三部分，六境售价每吨仅合洋二角零，矿境售价每吨约合洋一元，盖因萍矿从前收买土井，六境无煤可购，为体恤土民起见，故取价甚廉，此系由来已久，非一朝一夕所致也。至于外销售价，在矿交货，每吨净煤洋一元；在株洲交货，连关税每吨洋二元三角；在株转售，每吨可沾洋一元有奇。所不可解者，李前矿长任内与协昌公司订销池煤，每月七百吨，在株洲交货，连运费关税在内，每吨洋二元三角，其合同系由前文牍课长舒群签字盖章。查订立合同，惟矿长有代表总局之权，何以一文牍课长而能代表总局，殊不可解。又，许德树包销池煤，其十二年七月所订之条约，在株洲交货每吨洋二元，虽出口关税由包销人自理，然每吨决无完纳关税三角之巨，此则较之协昌公司所订合同更为便宜。闻许德树前曾在李矿长处服役，且为洗煤处管理池煤之工长，乃李矿长不避嫌疑，竟令订约运销，无怪全矿之啧有烦言也。有此原因，其售煤价格似系感情用事，无依据之可言，现已一律停售。兹特调验原订合同条约，一并抄呈台阅。

　　一、池焦　依十二年度售数为五千七百七十九吨零三十七启罗，其销路分下列部分:(甲)各户即本矿员友工匠之有家住矿者,订每吨价洋二元三角五分二厘。(乙)路局每吨售价洋四元二角。(丙)赣军订每吨售价洋二元三角五分二厘。此项池焦在长沙销售,每吨可得洋七八元之谱,大抵各户购之于矿者私自转销于外,从中渔利,事所难免。在矿局一方,并无直接售给商人之事。谨特驰陈,敬乞台察。

再,飏日前因事请假赴冶,是以查复稍稽,合并陈明。肃此。祗颂
钧祺

马载飏谨上

盛恩颐致公司董事会函

民国十四年六月八日(1925.6.8)

董事会公鉴:

查本公司曾于民国十二年十二月二十一日由夏前总经理与汉口庆丰公司代表王成道签订售煤合同,规定售额萍乡二号煤三万吨,三号煤二万吨,共计五万吨,售价每吨上海规银七两正。并定自民国十三年一月十五日起至本年一月十五日止,按十二个月分交,计每月应交二号煤二千五百吨,三号煤一千六百吨,尾数至十四年一月十五日找足,双方不得少交少收。以上按三个月一结,如少交之数在二千吨内,每吨由公司贴补购者损失银一两五钱,在二千吨外贴补损失银二两,倘遇天灾人祸不在此例。惟在天灾人祸期内,应由公司听偿第四条扣剩信银项下之利息按月一分二厘计算。在订立合同之日先收信银十万两,以生铁二千吨、钢料六百吨、小钢胚一千吨分载栈单共六纸,作为担保品,由购者于收到煤斤日先给收据,迟三十天结帐时,每吨扣回信银二两,其余悉付现银,并经购者扣回信银至二万两,即缴还公司栈单一纸,均于合同各条载明,互认在案。是项合同成立后,自应照约履行,惟因上年萍矿工潮蔓延,出货不旺,而株萍铁路复以军事频仍,车辆缺乏,运道多阻。汉冶两厂兼因焦供不继,日久停炼,人祸纷乘,以致应交庆丰之煤亦因此愆期,结至本年二月仅交三万三千三百三十六吨零,计短交一万六千六百六十三吨零。上项煤款并先后收到规银二十

三万三千三百五十三两零,扣除信银在内,未收回之担保品,尚有生铁二千吨分载栈单两纸。兹接壁士华律师代表庆丰函致本公司,依据合同第三条之规定要求偿还损失,每吨银二两,共计银三万三千三百三十两。兹抄原订合同一件,壁士华律师来函译文一件,并饬会计所查抄往来交煤收款清单三纸,汇齐陈报,应如何对付之处,祇候核议示遵。肃颂

公绥

兼代总经理

汉冶萍公司与义源公司订立借款并承销萍煤合同

民国十四年七月三十日(1925.7.30)

立借款并承销萍煤合同人上海汉冶萍煤铁厂矿有限公司(以下称甲方),义源公司股东魏乙青(以下称乙方)。

一、甲方因萍乡煤矿正项开支需要由乙方介绍向四明银行押借上海规元银三十万两,议定按月八厘半起息,指定以甲方所有之汉阳铁厂所有钢轨一万五千吨作为担保品,由甲方将栈单交与押主(即银行)收存,自甲方收足该项借款银三十万两,签订正式押据之日以后第四个月起,订明由押户(即甲方)每月付还银二万两,按月续还至第十八个月,本利全数还清。所有担保品于每次付还本银二万两时,甲方应即收回钢轨一千吨(例如甲方付还第一次拨本银二万两后,净欠之数为二十八万两,其担保品即照比例减为钢轨一万四千吨,第二次付还拨本银二万两后,净欠之数为二十六万,其担保品再减为钢轨一万三千吨,以此类推)。甲方如须将上项指作担保品之钢轨全部或一部分出售时,应另以生铁或煤焦为代替担保品,如无代替担保品时,可照出售钢轨吨数比例,将本借款未还之数全部分或一部分不照上定期限提前付还四明银行(例如出售钢轨一千吨,如无替代担保品,可付银行二万两,应付利息应照日期算足一并连本给还)。

二、甲方因酬答乙方介绍借款之劳,准乙方承销萍乡本矿所出煤五十万吨(二号四成,三号六成),以五年为期,每年平均销十万吨。本合同签订后两个月内,由甲方按阳历分十二个月摊交乙方,甲方并须随时在鲇鱼套

甲方之栈内屯存煤一万吨,以备乙方提销之便利,并准乙方于销路滞钝时,如鲇鱼套栈内尚有空地时,可将每月应行交销之煤暂存栈内,惟无论何时,其存积该栈承销之煤不得过三万吨,全年统计乙方必须销足十万吨为额。

三、所销煤价,按照市情每三个月由双方议订一次,承销之价格依据煤业同行在武汉市面定购六河沟、抚顺煤之市价为标准。若交货时市价高于定价,仍应照市作价,如市价低于定价,亦应照减,以昭平允。若乙方预先抛售之煤不随市价增减,惟乙方抛煤时须先将价格、吨数、户名等报告甲方,得其同意方可成议,成议后并须将定单之印副本一份交甲方备查。乙方万一因时局不靖关系以致销路呆滞,因而不能照约销足十万吨之数,至少亦须销至八万吨。

四、交煤手续,以乙方与甲方在鲇鱼套本栈会同秤验后,送至码头为度。该项手续一经办讫,乙方即应照下开第五条办法付价,甲方准于实收煤价内付给乙方佣金四厘(即百分之四)。凡关于销售上所有运送扛费驳力等种种费用,均由乙方向客家自理,与甲方无涉。乙方可以向客家增收运送扛力等费,惟甲方有随时派员调查此项费用是否实在,及乙方销售一切情形之权。

五、乙方在开始销煤之前,须预备现银十万两,或在上海市面上可值现银十二万两之租界道契,或由公司承认之殷实商店或殷实商人出俱规元十万两之保单,交与甲方作为承销甲方萍煤之保证。倘甲方随时交于乙方之煤价值在规元十万两以内,乙方可先照煤价出三十日期票交与甲方,到期兑付,不得拖延。若甲方所交之煤价值超过十万两者,其超过之数应付现款,若不能付现款时,亦可照价出三十日期票,惟须乙方照数加足相当保证品。若乙方先已出有期票尚未到期,续又向甲方取煤,则以前所出期票数目及续取之煤价应一并计算。若其总数超过十万两以上,则超过之数亦应付现款。若不能付现款时,亦可出三十日期票,惟须照所加增之数加具相当保证品。若乙方所存之保证品为现金,甲方当给以月息八厘,若系道契地产,则应依法过给甲方户名,惟乙方对于甲方所负之责任并不以保证之数为限。

六、乙方销煤地点以湘鄂两省为限。

七、乙方售萍煤于武汉三镇,如甲方自用之轮驳有空闲时,乙方欲该项轮驳代运,甲方当为代运,并准照实在费用计收运费,但输送路程不得远过汉阳码头三十华里,所有一切厘税及危险等事均由乙方负责,与甲方无涉。

八、如甲方不能将押借银行之款按期付还于银行时,乙方可有权于应付甲方煤价内照数扣除,付还于银行,惟须银行出具正式收据,交给甲方为据。

九、乙方所用店号招牌等,除煤斤名目外,不得与汉冶萍公司有关系之字样,致令他人误为汉冶萍公司对于乙方之行为有应负责任之处。

十、如甲方因天灾人祸及运输上发生意外阻力,致五年内不能交足煤五十万吨时,得展长年限,至交足五十万吨时为止,其展长期限,不得超过原定期限之半,即共计七年零六个月。将来乙方或因市面滞销,致五年内不能照数销足五十万吨,亦可展期两年六个月,如展期后仍不能销足,则承销之权即当取销。

十一、乙方如有欠交煤价或销不足数,或有违犯本合同条件,致甲方受有损失时,甲方可立即取销乙方之承销萍煤权,并向保证人追偿损失,及将保证金、保证品处置备抵,如有不敷,仍向乙方追偿,有余则交还乙方。

十二、自订立合同之日起,合同在有效期间,甲方不得以承销萍煤权利给予他人。

十三、如甲方不能按照本合同供给乙方煤斤或有违犯本合同条件致乙方受有损失,甲方应负赔偿责任,其计算损失方法,应以乙方每年承销煤斤之价据第四条应得之佣金为标准。

十四、乙方销足煤五十万吨后,如双方同意,所有承销事宜可以继续商议。

十五、本合同签订后,须俟甲方收足借款银三十万两及收到保证后方为有效。

十六、本合同一式二份,一存甲方,一存乙方。

中华民国十四年七月三十日

订立合同人　汉冶萍公司总经理盛恩颐(印)

义源公司股东魏乙青(印)

见证律师　秦联奎

汉冶萍公司与义源公司订立变通合同试行办法

民国十五年四月二十三日(1926.4.23)

立合同汉冶萍公司(以下简称甲)、义源公司(以下简称乙)。

今因萍乡煤矿目前不能正式开工,以致甲与乙缔结之十四年□月销煤合同一时暂难履行,兹为双方变通起见,暂订试行办法,互维现状,以资救济,爰议条件开列于后,计订:

一、每日由甲属之萍乡煤矿除株萍、粤汉两路日需烧煤外,应交乙在安源上车至少统煤二百五十吨,如出数有多,乙得充量收买,甲不得贬价另召第三者。

二、议定煤价每吨四圆五角,内以三圆五角交付萍矿,余洋一圆由乙收甲之帐,作甲还四明银行借款之用。每日于安源交收统煤时,乙具收条交甲,凡届阳历月底,双方核对无误,收条缴销,由乙汇数另给凭信交甲与四明银行随时收帐。

三、议定由乙预付萍矿煤价十天,不计利息,交煤日起,依照第一、二条之规定,应由乙逐日付甲,按煤数之所值,款煤两交。结果时,如萍矿所预收之煤价其煤数不能交清,则可将该矿所存焦炭价买抵还。

四、运煤车辆归乙向株萍铁路自行接洽,按照所需吨位拨给萍矿,以便煤出窿口径送上车。设因拨来车辆不敷,煤须上堆,则以后由堆上车之挑力乙须赔补。如乙已将每日二百五十吨装煤之车辆在矿守候,而甲万一不足统煤二百五十吨应装时,则由甲以安源所存焦炭凑足,交乙装运,照矿售之价售与乙收买,但须得乙同意。

五、甲之株洲、武汉堆栈码头,准可借与乙堆储及起卸此项煤焦之用,如甲需自用,即须让出。

六、凡关于乙之煤焦起卸应用之器具什物,萍矿、株洲、武昌、汉阳为甲属,有现在成者,乙得借用之,并乙有司员派驻以上各处办事,甲有友谊上招待之义务,惟火食归乙自备。

七、株洲应完纳关税归乙自理,至沿途免厘查验放行之护照,仍由甲照例填给,惟不得影射夹带,如有前项情弊,归乙负责。其煤沿途经过甲属之各分局稽查机关,听候挂号查验,设有危险及偷漏羼杂等事,事关萍矿名誉,应由甲通饬沿途各分局稽查机关,无分彼此,帮同稽查办理。

八、此约俟乙与株萍铁路接洽妥贴之后,通知甲方生效。

九、此约效力既系变通办法之试行,当然俟萍矿正式开大工与乙所订正式合同有履行之可能时随之终止。

十、此约双方如有特别事故,声明中止,各须在半月之前通知。

十一、如因天灾人祸以致各有阻碍,双方不负责任。

十二、此约一式两纸,各执一纸。

汉冶萍煤铁厂矿有限公司襄理 赵兴昌

义源公司 汤正甫   签定

(三) 税款缴纳

农商部致公司董事会函

民国五年十二月二十六日(1916.12.26)

径启者:

准财政部、税务处咨开:据汉冶萍煤铁厂矿有限公司董事会函称,汉阳铁厂所出钢铁料件运销中外,前奉核准展免税厘五年,扣至本年十二月三十日即已届满。查汉厂值辛亥改革之时,逼近战线,炉毁厂停,损失至巨;至民国元年年底始收拾余炉修复,开炉未久,复有赣宁之役,武汉转兵将运料轮驳悉索一空,厂炉几至停辍,旋欧战事起,影响尤深,所订扩充出货机件不能运到,炼钢副料向取办于外洋者价复腾踊,购运维艰,困急情形,殊难言喻。本以积累之余迭遭挫折之后再加担负,颠覆堪虞,函请俯赐维持,准俟前限届满从民国六年一月一日起所有汉厂钢铁各件出口转口并内地一切厘捐销场等税再予展免五年,萍矿煤焦仍照案分别厂用外销征免办法办理等情前来。本部、处查该公司前于民国元年六月间呈请将汉冶萍所出之钢铁、煤焦由本国出口转口一切关税厘金及内地货物销场等捐永予蠲免,曾经部、处商定,汉厂自置钢铁,应仍照案准予展免税厘五年,萍矿煤焦在该厂免税期内亦照原案分别厂用外销征免办法办理,通行知照在案。现在期限将满,既据该公司声称,迭遭挫折,再加担负,颠覆堪虞,自系实在情形,我国钢铁事业尚未发达,不能不加意维持,用资提倡,所有汉厂钢铁运销中外,准即赓续前案,再免关税厘捐五年,其萍矿煤焦在此免税期间并准照案分别办理,除分行外,相应咨行查照等因到部。相应函达查照办理。

此致

汉冶萍煤铁厂矿有限公司董事会会长

税务处致公司董事会函
民国七年八月二十七日(1918.8.27)

径复者:

前准函称:萍矿煤焦从前专恃水运,轮驳迟滞,每苦不能济急,现在武昌至长沙业已接轨通车,自当水陆并运,以期迅速。惟征免原案系指水运而言,今由安源以铁路径运武昌,自应分别办理,除水运仍照旧章分别征免外,其车运煤焦拟请统免厘税。盖萍矿近年出数不旺,汉厂四炉齐开后需用较多,自无余煤可供外销,敝公司并当转饬厂矿各局,嗣后凡车运煤焦悉数供应厂用,不再外售。仰恳会同财政部查照免税原案,行令湖北财政厅转饬武羊火车货捐局,凡敝公司萍矿煤焦经由铁路运抵武昌,一律免征税捐等情。本处当以汉冶萍公司请将由安源至武昌之车运煤焦统免税厘,据称凡车运煤焦,当悉供厂用,不再外售,与原案亦属相符,似可照准,咨行财政部核复去后,兹准复称:查萍矿煤焦,该公司拟由铁路径运武昌,虽与核准原案专由水路转运情事不同,惟车运煤焦既经声明悉数供应厂用,不再外售,核与原案所定运供汉厂自用煤焦一律免纳税厘办法,尚属相符,所请

将车运煤焦统免厘税一节,应即照准。除函复并令行遵办外,咨复查照办理等因前来。除分令遵办外,相应函复查照。此致
汉冶萍公司董事会

中华民国七年八月二十七日

财政部致公司董事会函

民国八年五月八日(1919.5.8)

径启者:

准函开:查萍矿煤焦每吨完纳出井税银一钱,并无煤焦与生煤之分,即按之从前矿章,亦无分别征税之文,而萍矿所炼焦炭全数供应厂用尚嫌不足,即间有外销者,亦不过次等池焦,为数无多,价且较贱于煤,应请仍照旧案办理免再加征焦税。至铁路用煤,如果必欲征收井税,拟请径与交通部商酌,由路局缴纳,祈赐复等因到部。查萍矿所采煤斤,前据江西财政厅呈称,当初规定每月四成厂用,六成外销,外销仅生煤一种,焦煤则专供厂用,照章免税,故向来外销纳税并无生焦之分。近年因出煤增多,焦煤价昂,故尽力炼焦,每月出口之数,焦煤约在八成以上,不仅专供厂用,并据称焦煤一吨须生煤两吨方可炼成等语。是现在外销焦煤为数颇巨,与从前情形既属不同,且焦煤一吨系生煤两吨炼成,而售价又较生煤昂贵,照章本应加倍征税,本部核定暂照长沙关对于出口焦煤每吨抽税银一钱五分之例,加征十分之五,已属从轻,该矿仍应遵照缴纳,以昭核实。至供给株萍及长武铁路煤斤,亦应认为外销之数照章征税,此项出井税应由贵公司完纳,碍难征自路局。所有每月供给该路局煤斤若干吨,并请照章完税,以重税款。相应函复,查照办理可也。此致
汉冶萍公司董事会

夏偕复、盛恩颐致公司董事会函

民国八年五月二十日(1919.5.20)

董事会公鉴:

接奉五十号台函,以请财政部免征萍矿焦税及路用煤税一案,奉部复

仍应遵照缴纳,录函送请酌办等因。

查萍矿井税,开办之初,因无标准,以中国煤矿,惟开平产额为最巨,亦开辟为最先,派员赴开平调查纳税章程,据复该矿除自用与官用无税外,其余焦煤,每于起运之时由税局员司在过磅处从旁记帐,每吨完纳税银一钱,作为出井税等语,萍矿因而遵循。株州系属总口,必须运过株州,始有销路,是以援请江西派员在安源监视过磅,记明磅数箱数,再于株州分别厂用外销,照案征免。是办法准诸开平,今开平不闻有焦煤分别完税之例,独于萍矿而有加重焦税之文,税法大公,不应歧异。且查部函,据江西财厅呈称,当初规定每月四成厂用,六成外销,外销仅生煤一种,焦煤则专供厂用,照章免税,近年因出煤增多,焦煤价昂,故尽力炼焦,照每月出口之数,焦煤约在八成以上,不仅专供厂用等语,是以出口之数,而误为外销之数,此不能不辩明者也。查商办之初,汉厂仅有接受官办时旧小化铁炉两座,月需焦炭不多,故炼运亦少,自添设三号四号两大炉开炼后,每月需焦视昔两倍不止,以七年份全年计之,共运焦炭十七万九千余吨,供给厂用者十六万六千二百余吨,长沙、武汉外销者,仅一万三千余吨,即此外销之数,均系湘鄂两造币厂及汉阳之兵工厂之需,仅有×零细数,售销商号,该官厂等需焦则强迫要求,索价则积欠甚巨,实因关于国币军实,不得不勉为供应,非得已也。且近年时局多故,一有军事,运道即梗,汉厂缺焦,即受停炉之危险,自上年豹岭车运停后,即饬专运焦炭,以顾根本,盖煤则随处可购,焦则不易供求。该税局见近来所运焦多煤少,遂疑为利其价昂,多系运售,不知煤焦出口,到株后有长关稽征总数,到汉后有汉关查明厂用外销,分别征免,手续视开平为尤密,每月凭关结清单报局,决无隐漏之虞,该税局即疑本公司之言为不实,岂海关税司亦肯从而附和耶?应请贵会据情复部,仍请照旧章完纳,以恤商艰,而昭平允。至路用生煤,财部既认为外销之数,未便再事争执,惟订价过于低廉,实难再加税款,以增亏累,且照商业原则,货物纳税,税款虽纳自卖户,仍系出自买主,亦应请贵会函陈交通部,声明缘由,请于株萍路现用煤斤及将来武长合约所订用煤,各照订价上,每吨准加价一角五分,以应税需,并请于复财部文内声明,必俟奉交通部允准方能遵办。

合并附陈。专复。祗颂

公安

总、副经理

公司董事会致夏偕复、盛恩颐函

民国八年十二月二十六日(1919.12.26)

总、副经理均鉴：

案查赣省加征萍矿焦税及路用煤税一案,前经叠次函部请免未允,嗣接贵经理来函,陈请缓征,复经函恳财政部核准饬遵去后,兹奉孙会长函开:准财政部第三三五四号公函,以请暂缓征收萍矿煤税一案,经饬据江西财政厅查复,碍难照准,函请按照萍乡统税局逐月结存该矿局应征煤税数目,从速如数完解,以资清结,并令饬江西财政厅遵办等因。查萍矿煤税请暂缓征收一节,萍乡统税征收局恐他矿藉为口实,不允照办,经厅转部核准,似无商量余地,惟能否照办,相应抄附原函,即希查核办理等因,并附抄件到会。合抄部函奉览,即希查照。此颂

均绥

董事会启

公司董事会致赵恒惕函

民国十年三月十七日(1921.3.17)

敬复者：

接奉公函,以湘省善后需款,拟抽萍矿煤焦特捐等因。查敝公司萍矿煤焦自前清光绪三十四年遵照商部奏定矿章改厘为税,曾奉税务大臣核准,凡供汉厂自用者概免税厘,其外销者除在赣省完纳出井税外,应在长沙关报完出口正税及复进口半税,此后无论运往何处概不重征税厘,历经遵办无异。民国以来,复经两次陈奉财政部、税务处复准仍照前案办理。则敝公司自不能另再完纳别项捐款,且萍煤产于赣销于鄂,湘省不过运道所经,即有销路亦仅供给官厂军队而已。各省财政同一艰难,而敝公司以商

本经营力量微薄,经济之窘实尤有甚。盖自辛亥以来,湘省兵乱频仍,每一事起萍煤运道即为之梗,历年所受困苦笔难尽述。即以上年一役而论,株岳所存煤焦木料悉数被抢,火车停驶八十余日,以致萍矿因而停工,即此减少出额一项之损失已在百万以外。而历年湘省主客各军及官厂差轮所欠煤价无从追索,及拖宕不还者为数尤属不赀。凡此种种损失,敝公司已亏累万状,方将请恤之不遑,更无能力以任重,所有煤焦特捐,委实无力担负,务请收回成命,以恤商艰,至深感祷。为此备函奉复,即祈贵省长查照饬遵。谨致

湖南省长

汉冶萍公司董事会孙等谨启

财政部、税务处致公司董事会函

民国十年三月三十日(1921.3.30)

径复者:

准函称:查湖北汉阳铁厂前清光绪二十二年改归商办时,曾经前鄂督张文襄公奏明,必须在大冶添设新式生铁大炉推广冶炼,所有铁厂自炼钢铁料件运销出口,并请概免税厘,经部议准,通行遵照。民国以来,复经公司继续前案,陈奉部、处核准免纳出口转口关税并内地一切厘捐销场等税,历经遵办有案。公司自民国二、三年间,即遵照奏案在大冶筹备设厂建炉,现在大冶化铁新炉业将工竣,不日即可开炼,将来炼出生铁自以运销出洋为大宗,其余亦须运至上海方可销售,所有出口转口一切关税厘捐及销场等税,自当与汉厂一律概邀蠲免,函祈核准咨行,凡大冶新厂所炼生铁运销出口概予免纳捐税,以示维持,并请赐复等因前来。查汉阳铁厂所出钢铁料件运销中外,曾经部、处以我国钢铁事业尚未发达,不能不加意维持,用资提倡,于民国五年十二月间核准,赓续前案再免关税厘捐五年,通行知照在案。兹该公司遵照前清奏案在大冶设厂建炉,业将工竣,函请将大冶新厂所炼生铁运销出口,概免税捐,自系为推广冶炼起见,所有海常关税以及内地厘捐销场等税,应准自出品运销之日起援案免征五年,以示提倡。除

分行外,相应函复贵公司查照,并将出品运销日期函报部、处可也。此致
汉冶萍公司董事会

税务处致公司董事会函

民国十年十月二十八日(1921.10.28)

径复者:

接准函称:汉阳铁厂所出钢铁,前经陈奉部、处核准免税,现在期限行将届满,而厂矿困难情形较前益甚,若届限满即行征税,商力实属担负不起,恳请钧处会同财政部核准,自民国十一年一月一日起,所有汉厂钢铁料件运销出口、转口海常关税并内地一切厘金销场等税从优再予展免十年,萍矿煤焦仍照原案分别厂用外销征免办法办理,如蒙允准,并祈通令遵照等情。本处查汉厂所出钢铁免税期限行将届满,既据声称厂矿困难较前益甚,限满即行征税担负不起,自系实在情形,所有应征海常关税自可赓续前案,准予再行展免五年,其内地一切厘捐销场等税应如何办理,亦经咨商财政部核复准继续再予展免五年,以维实业。至萍矿煤焦在此免税期间,应仍照原案分别厂用外销征免办法办理。除咨呈国务院并分别咨令遵照外,相应函复查照。此致
汉冶萍公司董事会

财政部致公司董事会函

民国十年十一月十六日(1921.11.16)

径复者:

准函称:现在免税期限行将届满,而厂矿困难情形较前益甚,种种损失,难计其数。况自欧战停后,钢铁市价一落千丈,经济困难达于极点,若俟限满即行征税,商力实属担负不起,请部会同税务处查照核准俟前限届满,自民国十一年一月一日起,所有汉厂钢铁各项料件运销出口、转口海常关税并内地一切厘金销场等项税捐从优再予展免十年,萍矿煤焦仍照原案分别厂用外销征免办法办理等因。正核办间,复准税务处咨称,据汉冶萍

公司来函,以免税期限行将届满,而厂矿困难情形较前益甚,请自民国十一年一月一日起再予展免十年等情。查该公司于民国五年十一月间呈请将汉冶萍厂矿所出钢铁各件由本国出口、转口一切关税厘金及内地销场等税再予展免五年,曾经部、处商定,汉厂自制钢铁准予赓续前案展免税厘五年,其萍矿煤焦在该厂免税期内,亦照原案分别厂用外销征免办法办理,分别通行照办在案。现在免税期限行将届满,既据该公司声称厂矿困难较前益甚,经济困穷达于极点,限满即行征税担负不起,自系实情,所有海常关税,自应准予再行展免五年。至内地一切厘捐销场等税应如何办理之处,咨行查照核复,以便会同拟稿,分别咨令办理等因到部。查贵公司所出钢铁暨厂用煤焦,免税限满后本应照章征税,兹既准函陈种种困难情形,所有应征内地厘捐销场等税,应准继续再予展免五年,以维实业。除咨复税务处查照办理外,相应函复查照。此致
汉冶萍公司董事会

财政部启

税务处致公司董事会函

民国十一年十二月二十日（1922.12.20）

径复者:

　　查长沙关对于粤汉铁路车用萍矿煤焦,不准免征复进口半税一事,前准来函,当经本处令饬总税务司查明呈复,以凭核办去后,兹据总税务司呈复称:奉令当即转令长沙关税务司遵照查明,详细具复去讫,兹据该关署税务司呈复,大意以为,此案本关所应免征复进口半税者不过为只到长沙,并不由长沙再运他处之煤焦。至粤汉铁路所用煤焦,在民国十年四月以前,并未据汉冶萍公司来关声请免征复进口半税,后该公司以该铁路车用煤焦之单据夹在长沙所用煤焦单内,一并送请免征复进口半税。适该管帮办山本恒三郎到任伊始,以为该路车用之煤焦向与只在长沙所用之煤焦一律办理,所以一并准其免完复进口半税。嗣经查明,该路车用煤焦,在十年四月以前均系完纳前项半税,不应与长沙所用煤焦一律办理,所有该路自十年

四月以后车用煤焦,既系朦混免完复进口半税,仍应令其照旧补完。是以本关当即发给关单,令由该公司补行完纳。此该公司所谓不退半税并令补完以前退税之原因也。兹奉前因,窃查税务处税字第一零一零号令开:湘路购用萍矿煤焦,凡经株州查验处报运者,应即征收出口及复进口各税等因。又税务处乐字第九零七号饬开,萍矿煤焦如只到长沙,并不再由该口运赴他处,即免征其复进口半税等因。是粤汉铁路所用煤焦,自未便与不运往长沙以外者一律办理。是否有当,应呈请钧鉴示遵等情。总税务司查粤汉铁路车用煤焦向来应征正半两税,此次该公司系将车用煤焦朦混长沙所用煤焦,得以幸免复进口半税,所以长沙关税务司令其照数补完,但以此项煤焦嗣后究应按照向例照征前项半税,抑应视作长沙煤焦一律办理之处,除将原呈附送备阅外,理合据情备文,复请钧处鉴核示复,以凭转令遵照等情前来。

查萍矿焦煤就长沙销售者,免征复进口半税,其运往他处外销者,须完纳正半各税,历经照办在案。粤汉铁路所用煤焦,既据税司声称,在民国十年四月以前均系征收复进口半税,则十年四月以后该帮办准其免征半税者,实系出于一时之错误,自应照补欠税。至贵公司以商轮烧煤既退还半税,火车事同一律,亦应照退一节,本处查商轮烧煤退还半税,而轮船航行于内地者,其所用之煤,仍不免税,火车贯通腹地,往来内省,与商轮既有区别,则退还之举,自亦未便援引办理。惟查贵公司系官商合办,其性质与寻常煤矿不同,当有清时代与外国缔结条约,其出厂各税贵公司亦在豁免之列。再,抚顺煤斤于出口时,仅完出口正税,并未缴纳复进口半税,是粤汉铁路所用萍矿煤焦,虽在株装运,其复进口半税一项,自可准予特别通融,援照抚顺煤矿成例免其完纳。除令饬遵办外,相应函复查照可也。此致
汉冶萍公司董事会

中华民国十一年十二月二十日

税务处致公司董事会函

民国十五年十月二十二日(1926.10.22)

径复者:

　　接准函称,汉阳铁厂所制钢铁,前经陈奉部处核准展免税厘,现在期限行将届满,而厂矿困迫情形较前尤甚,设届限满即责以纳税,势将无以图存,请自民国十六年一月一日起将汉厂所出钢铁暨一切钢铁出品之出口转口海常关税及内地厘捐销场等税概予展免十年,并萍矿煤焦仍照原案分别厂用外销征免办法办理等因前来。查汉厂所出钢铁免税期限行将届满,既准声称厂矿困迫情形较前尤甚各节,自系实在,自可予以维持,业经咨商财政部同意,所有汉厂钢铁应征海常关税准予赓续前案再行展免五年,其内地厘捐销场等税亦准予一律展免五年。至萍矿煤焦,在此免税期间并准照原案分别厂用外销征免办法办理。除咨呈国务院并分别咨令遵办外,相应函复查照。此致

汉冶萍公司董事会

财政部致公司董事会函

民国十五年十月二十三日(1926.10.23)

径复者:

　　准函开:查敝公司汉阳铁厂自制钢铁暨一切钢铁出品运销中外,所有出口转口海常关税以及内地厘捐销场等税,并萍乡煤矿运济厂用煤焦出口及复进口正半各税,曾于民国十年十一月间函奉大部会同税务处核准,自民国十一年一月一日起继续原案准予展免五年,历经遵照办理在案。兹扣至民国十五年十二月三十一日止,免税展期即已届满。溯查自十一年一月以还,在欧战终止之后,钢铁市价一落千丈,凡营铁业者莫不亏折;兼以濒年时局多故,工习器张,在在妨碍业务;而萍矿所恃出口之株萍铁路缺车滞运,尤属痛切剥肤,致萍矿于上年秋后停工,厂亦因之坐废,刻正亟谋复工,尚苦难于展布,以视民国十年情形尤为困迫,免税瞬届期满,设再责以纳

税,势将无以图存。理合备函奉恳,敬祈大部俯赐查核,准自民国十六年一月一日起将汉厂所出钢铁暨一切钢铁出品之出口转口海常关税及内地厘金销场等项税捐概予展免十年,并萍乡煤矿煤焦仍照原案分别厂用外销征免办法办理,以恤商艰而维实业等因。并准税务处咨同前因到部。查贵公司运销钢铁既准沥陈营业困难情形,所有应完出口转口海常关税及内地厘金销场等项税捐,应准自十六年一月一日起继续展免五年,以维实业。除咨复税务处查照办理外,相应函复查照。此致
汉冶萍公司董事会

财政部批文

民国十七年二月九日(1928.2.9)

批汉冶萍公司总经理盛恩颐呈一件,为汉冶两厂所产钢铁请准免税出口照旧给照由。

呈悉。卷查该公司钢铁出口援案请给护照,前据江汉关监督请示到部,业经批示出洋出口应分别征免,并通令各关局遵照在案。据呈前情,合再明白批示:查钢铁为工业重要原料品,本国现在采炼数量尚不足国内工业之用,该公司树实业先声,年来苦心维持,硕果仅存,政府自应予以维持,嗣后该公司所出钢铁如系行销国内,专供国内工业之用者,除征收值百抽二.五内地税一道外,应准免纳一切税厘,由江汉关填给运照,以利遄行。惟前项出品如果运销外洋,国内工业必致因缺乏国产原料而畅用洋货,反予洋货推销之机会,殊非本部提倡维护本国工业之本意,所有运销外洋之钢铁,该公司应仍按照普通商品一律缴纳出口正附各税,不得免税,以资区别而示限制。仰即知照。

此批

部长　宋子文

财政部批文

民国二十一年一月七日(1932.1.7)

原具呈人汉冶萍煤铁厂矿有限公司代电一件,为财力艰困,担负难胜,请将

矿税邀免重征,以资爱护由。

查接管卷内,据呈大冶铁矿已由湖北省政府征收砂捐每吨六角,今又征矿税每吨四角,显系重征,恳予恩免等情,经令饬湖北矿税征收专员查明具复在案。兹据呈复称:接奉钧令,即经致函清理汉冶萍湖北债捐处查询此项砂捐原委请予免征去后,兹准函复内开:查汉冶萍煤铁厂〈矿〉有限公司,其汉厂、冶厂即汉阳铁政局之后身,前清光绪二十二年由鄂督张之洞奏交津海关道盛宣怀招商承办,双方议定举开办资本及增殖[值]财产统共作价库秤银五百六十八万余两,移交之际,缴还现款一百万两,余款则就每年出货摊还,每生铁一吨纳银一两,上款还清之后永远照抽,以伸报效。是该公司对于敝省所纳之款除上述应还五百余万两实用资本外,即为新公司对于原始创办之人报酬,故其决定出于合议,而非课税之由一方制定者。比自入民国,屡经双方代表会议,皆取对等方式,而其所议条款虽在十六年省府兼管期中,均名协议书,其由绅士管理之时,更无论矣。由是观之,敝省之有取于该公司纯为报酬前劳,而非地方税捐,彰彰明矣。细玩该公司呈部各节,苟非误认题目即为有意取巧,纵不能避免国税,亦思藉此机会抵赖敝省之报酬,不然何其言语之支吾也。准函前因,相应略述原委函复查照,并希转呈等由前来。查核湖北省政府征收该矿厂铁砂捐,既系根据债权及创办人应得报酬与之协定,自与地方课税性质有别,请予遵行免征,实为事不可能。究应如何办理,谨将接洽情形电呈,伏乞电祇遵等情到部。

查湖北省政府征收该矿铁砂捐既系据债权及创办人应得报酬,与地方课税性质不同,自不能认为重征。除指令外,仰即知照。

此批

中华民国二十一年一月七日

部长　黄汉梁

财政部批文

民国二十一年四月二十日(1932.4.20)

批汉冶萍煤铁厂有限公司呈为砂捐已重,现状困难,拟请将税率减轻,以恤商力而资维护由。

呈悉。查湖北省政府征收大冶铁矿砂捐一案，前据湖北矿税征收专员复称，该项砂捐系根据债权及创办人应得报酬与之协定，自与地方课税有别等情，当经指令不能认为重征，并批示该公司知照在案。兹据该公司呈称，砂捐已重，现状困难，请予减轻税率等情前来，姑准比照裕繁矿税成例减为每吨征收二角，以示体恤。除令行湖北矿税征收专员遵照外，仰即遵照，自上年十一月登记日起缴纳。

此批
中华民国二十一年四月二十日

部长　宋子文

财政部致公司快邮代电

民国二十一年六月九日(1932.6.9)

上海。汉冶萍煤铁厂矿有限公司：前据该公司呈请准将大冶矿税自本年四月一日开运时起缴等情，当经令湖北矿税征收专员查议具复，并批示在案。兹据湖北矿税征收专员呈称，遵查该公司大冶铁砂销场原以日本为尾闾，自上年十一月至本年二月，正值水灾匪灾之后，出产既较减少，又当沪事发生，商运复经停滞，该公司所呈困难，自属实在情形，且所产铁砂虽经自上年十一月起即行登记，但以接洽税额久未就绪，故迄未填给税票，查该项矿税税额系于本年三月奉令核准定案，拟请即自本年三月一日起，按照登记数目计算照缴，以示体恤。是否有当，理合呈复签核饬遵等情。除指令：呈悉，汉冶萍公司大冶砂税既据呈称，叠经水灾匪灾情形困难，又虽经登记，但迄未填给税票，姑准照来呈所拟自本年三月一日起计算缴税，以示体恤，除电饬该公司遵照缴纳外，仰即知照。此令。等语。除印发外，合行电仰遵照。财政部。佳。印。

汪志翔致盛恩颐函

民国二十六年十月二日(1937.10.2)

总经理钧鉴:

　　查本厂矿矿砂拟将产税改为销税,业具第二一七号函陈请察夺在案。兹准大冶铁砂税驻矿办事员函开:案奉财政部鄂豫区税务局本年九月十五日第四六三四号指令内开:呈悉,查矿产税征收手续按照矿产税稽征暂行章程第十条第二款规定,应按实销数量核计收税,给照凭运。该矿前由湖北省矿税处呈准就产量征收,原属一种特定办法,兹据呈称现时矿砂停运,收入毫无,以致税款无法照缴,自系实情,所请改由运销时照数纳税,尚与定章相符,自可照准。惟是变更成案,应候转呈税务署核准备案,再行饬遵。所有该矿嗣后出产矿砂,逐日应报该驻矿员点明登入表册。至已领完税照如逾一年有效期间尚未运出者,可即呈报当地统税机关验明货照,酌准展限。其在八月各旬未缴税款,仍应迅予催缴,勿任藉延。并据该矿公司函同前情到局,仰即录令转知遵照。此令。等因。奉此,自应遵照办理。惟查贵公司本年八月中下两旬领票单尚未报填纳税,盼速送来结清该月手续。至九月始日以后产砂仍请按日单报,以便登入表册而便转呈备查。奉令前因,相应函达,即希查照办理为荷等由。既奉局令照准,当不致发生其他问题,应即照此办理。理合函陈,仰祈鉴核备查。肃此。敬请
崇安

　　　　　　　　　　　　　　　　　　　　　　职　汪志翔谨禀

(四) 东方商运公司

公司董事会致夏偕复、盛恩颐函

民国七年八月十日(1918.8.10)

总、副经理均鉴:

　　前接本年七月廿七日第七十四号来函,以东方公司因交日矿铁改在汉

冶会磅，取消佣钱，要求以别项利益补偿。现与高木商定，将本公司名下之东方公司股票及公积金，全数退还，取消代理合同。可否照办，请核议示遵等因。兹于本年八月八日临时会公议：此事既经总、副经理与高木君商明，退还股票及公积金，取消合同，应准照办云云。相应专函奉复，即希查照办理。顺颂

日绥

董事会

东方公司致孙宝琦函

民国七年八月三十日（1918.8.30）

敬启者：

本月十二日大函，系由代理会长李公经方签名，业已收到。一千九百十三年十二月十三日订立之代理合同，其如何取消之处，经贵公司于本年八月八日开特别会议正式议可，而与鄙人七月十七日函中所拟各节，亦相符合。今特专函答复，十七日函中所言，其文如下：一千九百十三年十二月十三日汉冶萍与东方公司订立之代理合同二件，自一千九百十八年八月底起概行取消，所有因该合同发生之关系亦一律停止，汉冶萍煤铁厂矿有限公司所有之东方公司股票，现隶赵炳生及王阁臣名下者，均应移交高木东方公司；自一千九百十八年三月三十一号以后所得之利，汉冶萍公司亦不过问。至东方公司一方面，凡在大冶及汉阳等处运交若松制铁所之矿砂与生铁，按照所订之代理合同应收之佣钱，今亦不过问。又从前曾经要求之佣费，今一并取消云。至运交若松制铁所之矿砂与生铁，其所应收之佣银，自一千九百十三年十二月十三日以来，已经贵公司付交者，当然无须交还，诚以东方公司系众股组织，而成其性质，若是交还一层，势不能行。且不独此也，读一千九百十七年八月十三日贵公司商务所所长致本公司东京总行函，贵公司亦只谓自一千九百十七年九月十三日起，所交之货不再付支佣银而已，本公司今具此函，以示前提之代理合同二件，业已正式取消。至贵公司所执之东方股票，若何移交本公司，鄙人今特委任 Tomita 富田先生前

来商办,该氏现在本公司上海支部。此致
汉冶萍董事会会长

东京东方公司总董 Takagi　高木

公司董事会致夏偕复、盛恩颐函

民国七年九月二十五日(1918.9.25)

总、副经理均鉴:

案查东方公司前因售销日本生铁、矿石,改在汉冶交货,取消佣钱,要求以别项利益补偿一案,曾由贵经理与高木磋商,将本公司所有东方公司股票让与该公司,以此代价,取消原订代理合同,函经本会议准照办,并函致高木查照在案。兹据东方公司总董高木洋文来函,大致谓代理合同二件,业已正式取消,贵公司所执之东方股票若何移交,今特委任富田先生前来商办等语。今将洋文原函并译汉一件,一并抄奉台览,希即查照将东方公司股票全数检交富田收回,以资结束。专此。顺颂
均绥

董事会启

金忠讚致夏偕复、盛恩颐函

民国七年九月二十七日(1918.9.27)

总、副经理钧鉴:

顷奉钧函,以本公司所有东方公司股票让与该公司,以〈此〉代价取销代理合同一节,董事会据东方公司总董高木来函,〈谓〉代理合同二件业已正式取销,公司所执之东方股票若何移交,由该公司委任富田先生前来商办,嘱将东方公司股票全数检出,送由钧处转交等因。查此项东方公司股票,系归产业股保管,兹经全数检出,计股票二百张,共合股本日金五十万元,随函附呈,即祈察收转交,并赐示复为祷。专肃。恭叩
公绥

金忠讚　谨启

夏偕复致盛恩颐函

民国八年一月二十五日（1919.1.25）

泽承四兄大鉴：

本公司与高木合办东方公司之事早经解约，由其自行经理。弟前在上海见日文报纸所登东方公司告白，仍有"代表汉冶萍公司订售货料"字样，已觉诧异，乃日前到汉据笠原面告，汉口各日文报纸所登亦与上海相同，殊属淆惑听闻，于本公司此次之交涉有碍。应请执事饬将东方公司解约之案查明，拟一告白声明何时与东方脱离关系，送登沪汉各日文报纸，以资声明而免淆乱。专此。顺颂

台安

夏偕复

汉冶萍煤铁厂矿有限公司启事

民国八年一月三十日（1919.1.30）

本公司前于一千九百十三年十二月十三日与东方商运公司订立之代理合同二件，已于一千九百十八年八月底日概行解除，即该公司总董高木陆郎君充本公司之驻东商务代表人职务亦经取消，是本公司与东方商运公司完全脱离关系。恐未周知，用特声明，即希公鉴。

夏偕复、盛恩颐致公司董事会函

民国八年三月二十九日（1919.3.29）

董事会公鉴：

前以售与东方公司钢货，因铁价骤落退盘，发生纠葛，当派王文柏赴东调查实在情形，并与东方之经理人高木陆郎严重交涉，业于上年一百十三号函陈明在案。嗣据王文柏回沪报告，本公司售与东方公司钢货计值日金一百四十四万四千四百八十余元，实已售出者日金三十二万二千二百五十余元。当与高木一再交涉，拟有办法，系将已售之日金三十二万二千二百

五十余元归还公司,除归还外,另照余款出一成罚金,将所存之货退回公司自卖,作为了结。当以公司吃亏过巨,拒而未允。旋接正金来函,谓东方此次退盘实受趋势之影响,论法律原应负责,特以高木无此实力,若不稍示通融,高木即须破产等语。

此次笠原顾问回国时,托其调查高木财产及解决此案办法,兹据面称:高木外欠共计一百四十余万,内欠本公司为四十三万有奇,系照前拟办法计算。其财产之着实可靠者亦不过该公司未收之股份七十五万元,责以全偿,则东方负债实为二百万元,实有破产之虑。今拟一解决办法,以已售出之日金三十二万二千二百余元应付公司外,再令照余款付款一成,约付日金十一万余元,为取消合同之罚款,则所欠日金一百四十四万四千四百余元,除去以上两项外,净欠公司约日金一百万元,即以所存钢货照日本市价购回,假定购价需日金五十万元,尚欠日金五十万元,再责成东方照此五十万元还出三分之二,按月摊还,由高木作保,其三分之一则予蠲免。似此则公司吃亏约二十余万元,尚不过巨,而东方亦尚力所能胜,开具办法前来。

查会计顾问所称,委系实情,此事如能照所拟办到,公司吃亏尚非甚巨。应否照此处理之处,理合将办法照译清单,陈请贵会核议示遵。专布。

祗颂

公安

总、副经理

附译件

[附件] 笠原拟具解决东方公司欠款办法

甲、东方应将已售货价日金三十二万二千二百五十五元七角五分立即付还汉冶萍外,再照余款付款一成,作为取消合同之罚款。

乙、东方欠汉冶萍货价计日金一百四十四万四千四百八十四元九角六分,除去甲项付款外,东方尚欠日金约一百万元,汉冶萍依照现在日本市价,将所存此项钢货购回,购价即在此所欠约一百万元内划扣,东方立将此项存货交与汉冶萍收管。

丙、汉冶萍就此欠款内照日本现在市价购回存货,购价所余之数责成东方在此余数内再还三分之二,按月摊偿,由高木陆郎个人担保,其三分之一则予蠲免。

夏偕复、盛恩颐致公司董事会函

民国八年七月三十一日(1919.7.31)

董事会公鉴:

东方公司订货退盘发生纠葛一案,前经笠原顾问调停,拟具办法,请将已售之日金三十二万二千余元交付外,再令照余款付款一成,约日金十一万余元,为取消合同之罚款,则所欠总数除去以上两项外,净欠公司约日金一百万元,即以所存钢货照日本市价购回,余款若干,再责成东方还出三分之二,其三分之一则予蠲免等情,业经陈奉贵会议复照办在案。当由笠原顾问函托日本正金银行转商该公司经理人高木陆郎遵照,未得满意答复,延至上月高木亲身来沪面与交涉,初就笠原所拟上项办法商议,未得高木同意,因另筹解决之法,再四磋商,始经议有减成收回欠款办法,并经商询笠原顾问,甚为赞成。其办法如下:

东方共欠日金一百四十四万四千四百八十四元九角六分,照下法偿还:

甲、银行三月汇票　日金四十八万九千八百十六元二角八分五厘。

乙、即期现款　日金三十六万四千八百五十二元三角九分。

丙、一年期票　日金十万元。

丁、一年期票　日金十万元。

共还日金一百零五万四千六百六十八元六角七分五厘,尚有日金三十八万九千八百十六元二角八分五厘,拟请豁免。

以上四款,除由东方公司取缔役长高木陆郎个人担保外,其(丙)款再以湖北阳新县松山岭带锰铁矿及同省同县半等坑锰矿之开采权,作为抵押品;(丁)款再以湖北阳新县富池口军山制铁所及湖南长沙县道林市炼焦厂作为抵押品。

综计损失之数约合总数之二成五而强,以表面观之,固较笠原所拟办法为吃亏,然除近期偿款外,其远期两款俱有担保品,似较划抵货价收回货件,尚为直捷了当。缘前拟所存钢货照日市购回一节,既系划抵货价,难保不以次货搀杂,且货既在东,势须就地脱售,能否售得善价,亦殊无把握,是此案即照此了结,仍留一赎货待售之事,了而不了;且事已至此,若不稍示通融,则悬宕终无结束。高木已于议成后回东。兹特提请贵会核议,如荷赞同,即祈示复,即便函知高木照办,并将应有手续办理,再行具报。专渎。

祗颂

公安

再启者,浙江湖州景牛山产有铁矿,现为长程公司开采,曾贷高木日金十五万元,此次议还货价欠款,高木愿将此项债权移转我公司承受,其债款日金十五万元即在应付即期现款及三个月期款两款内扣抵;并与该公司商明,该公司以同一负债,而避外就内,极为愿意。盖该矿上年曾派人勘验,矿量虽不丰富,而质地尚佳,刻董事周金箴先生又代该公司介绍售砂,若将此债权承受,则我公司居于债主地位,于购砂事亦易于商办,洵属两益。如蒙通过,再将转移手续办理。用特附陈,即祈并议示遵。

总经理　夏偕复
副经理　盛恩颐

公司董事会致夏偕复、盛恩颐函

民国八年四月三日(1919.4.3)

总、副经理均鉴:

昨接本年三月二十九日第三十七号来函,以东方公司所订钢货退盘发生纠葛一事,现由笠原顾问酌拟分别缴价赔罚各办法,应否照此处理,请核议示遵等因。兹于本年四月一日董事常会提出,公议:东方钢货即照笠原顾问所拟办法办理,惟定议后应先交出之货价三十余万元,又一成罚款十一万余元,务须立时交付,并将原货赶紧收回,毋任拖延云云。相应函知,即希查照办理。此颂

均绥

董事会启

公司董事会致夏偕复、盛恩颐函

民国八年八月四日(1919.8.4)

总、副经理均鉴：

接本年七月三十一日第八十五号来函，以东方公司订货退盘发生纠葛一案，现与高木另行磋商减成收回欠款办法及长程铁矿公司曾贷高木日金十五万元移转债权以抵还款，请并案议复等因。兹于本年八月一日第十二次常会提出，公议：东方订货退盘现议收回欠款办法，虽较笠原顾问原拟吃亏，然办法确尚直捷，准即如拟了结；至另函所称移转债权并准照办云云。用特函复，即希查照办理。此颂

均绥

董事会启

九、财务收支

（一）帐略

汉冶萍公司第八届帐略[①]

民国五年八月（1916.8）

是编为民国四年旧历乙卯本公司第八届帐略。办事人以一年之收支存该汇结告于本会，复经查帐董事分赴厂矿复查相符，刊布于股东者也。

查是年汉厂共出生铁十三万六千五百四十一吨，共炼钢四万七千四百零三吨；大冶共采矿石六十二万二千一百九十七吨；萍乡共采生煤七十四万五千三百六十二吨，共炼焦炭二十四万九千五百三十一吨。除汉厂钢炉所需洋料因欧战缺货，炼钢较上届少出八千四百余吨外，其余各货均较上届为多。

营业项下：汉冶共收各路轨价、矿石售价、各户钢铁料价等一切计银四百八十四万三千四百八十两，萍矿共收生煤、焦炭售价、赔款汇水等一切计银三百四十二万六千二百六十二两，总计收款为八百二十六万九千七百四十二两，较上届多收银四十七万六千七百余两，此进款大概也。

支款项下：汉、冶两处共支银六百七十八万八千三百六十九两。内以支拨萍矿生煤、焦炭暨钢炉购用日煤二百六十六万四千四百八十九两；又本届股息备换股票及各项债息一百四十七万八千五百一十四两；又添造钢厂及新化铁炉工料暨购办华洋材料七十四万九千四百六十一两；此三项为大

---

① 公司帐略共有 31 届，时间至 1938 年。自第十届起采用新式簿记，帐略为表格式，限于篇幅，删略未选。如需利用可向湖北省档案馆函查。

宗,余系轮驳运费、华洋员司工匠薪工、生铁捐款及各局经费,为经常必需之款。萍矿一处共支银四百四十一万五千三百五十一两。内以机窿采煤、机器洗煤一百五十三万九千六十四两;又炼焦工费十五万四千五百十二两;又车运轮运提驳起卸一百八万四千一百二十八两;又扩充矿工十五万四千二百六十两;又本届股息备换股票暨各项债息一百十五万五千四十两;此五项为大宗,余系缴捐、设警、购置山地、矿工经费、外局经费,为经常必需之款。统共支款一千一百二十万三千七百二十两有零,较上届多支一百四十五万三千五百四十余两。此支款大概也。

商业公司,凡系添置添造各费,关于巩固基础、多出货物所支之款,皆得加入成本。本届汉、冶、萍三处存该总结,实亏银二十七万五千五百五十余两。论者谓欧战以还,外洋钢铁难于输入,正我厂发展营业之唯一机会似也,不知汉厂冶铁炼钢,专以铸轨为主要,而制造钢货次之,各路以借款关系停工,钢轨因而滞销,虽汉粤川一路尚在进行,而用轨减少,要求加价,迄未解决。中国用铁岁不加多,仅恃国中市面所需,实不敌售轨收入之为数巨也;而况在英、德各厂所订机件为扩充厂矿出额计者,又厄于欧战不能运到,以致出货虽视上届稍增,仍不能如预算所期。宝琦于实业素少经验,猥承各股东选举董事,又以羁身政界,未能躬亲其事。幸盛前会长艰难缔造,具有前规,当与诸董事督率办事人黾勉以图,总期多出货以轻成本,汰冗费以纾财力,庶操奇计赢,终有发展之日。是则宝琦与各股东同深盼望者也。

中华民国五年八月

董事会会长　孙宝琦识

汉冶萍公司第八届(民国四年一月至十二月底止)收支各款汇核总数简明清帐

汉冶厂矿收款

一、收售粤汉、道清、浦信、萍浏、津浦、陇秦、豫海、沪杭甬各铁路局钢轨等料价,洋例银一百三十二万三百七十六两九钱四分。

一、收售大冶矿石料价,洋例银七十二万七千四十三两三分六厘。

一、收售各户生铁料价,洋例银二百万三千八百三十五两五钱四分二厘。

一、收售各户钢铁料价,洋例银四十五万六千二百二十九两五钱五分七厘。

一、收转售物料及修造机件等价,洋例银十一万三千七百七十两四钱三分三厘。

一、收租费运脚,洋例银二万二千六百九十八两四钱六厘。

一、收汇余及各项杂款,洋例银十九万九千五百二十六两二钱七厘。

以上七款共收洋例银四百八十四万三千四百八十两一钱二分一厘。

萍矿收款

一、收本矿领用并现售焦价,洋例银一万二千七百八十两五钱四分七厘。

一、收铁厂及沪、汉、岳、长、洙等处现售焦价,洋例银一百七十六万四千一百八两六钱七厘。

一、收本矿领用并现售煤价,洋例银七万八千九百三十一两六钱七分六厘。

一、收售萍洙路局煤价,洋例银三万二千二百八十八两九钱九分一厘。

一、收铁厂及汉、岳、长、沪、宁、镇等处现售煤价,洋例银一百三十七万九千二百三两一钱二厘。

一、收各船户承运煤焦短秤赔价,洋例银三万三千七百十四两四钱六分四厘。

一、收沪、汉等处汇款汇水,除兑亏、镑亏外结余,洋例银九万五千二十七两七钱八分三厘。

一、收林虎侯赔案,洋例银三万二百六两九钱一厘。

以上八款,共收洋例银三百四十二万六千二百六十二两七分一厘。

总共结收洋例银八百二十六万九千七百四十二两一钱九分二厘。

汉冶厂矿支款

一、支上海、鄂城、阳新、常耒、瑞昌、汉阳各外局经费,洋例银十四万一千四百三十一两二钱二分八厘。

一、支大冶经费,洋例银四十五万五千六百七十七两九钱七分三厘。

一、支购华洋材料价,洋例银四十万三千六百四十八两八钱一分六厘。

一、支购萍乡焦炭价,洋例银一百六十四万四千八十三两七钱二分五厘。

一、支购萍乡及东洋等处煤价,洋例银一百六万四百五两六钱四分六厘。

一、支发轮驳各船经费,洋例银五万六千三百七两四钱八分七厘。

一、支发运费、脚力,洋例银二十一万四千七百五十一两九钱六分八厘。

一、支发员司薪伙、丁役工食,洋例银十二万三千八百三十一两一钱一分七厘。

一、支发洋工程司及洋匠等薪费,洋例银五万七千三百六十两六钱六分二厘。

一、支发机匠、艺徒等工食,洋例银十六万三千八百五十九两九钱六分五厘。

一、支发长工、小工等工食,洋例银九万二千三百四十八两六分四厘。

一、支各项包工等工价,洋例银四万三千四百八十一两五钱三分二厘。

一、支第八届股息备换股票及各项债息,洋例银一百四十七万八千五百十四两三钱四分八厘。

一、支生铁捐款,洋例银十三万五千七百八十一两四钱。

一、支各项杂用,洋例银七万一千四百十四两九钱一分三厘。

一、支添造新钢厂及新化铁炉工料等款,洋例银三十四万五千八百十三两八分七厘。

一、支添置基地、房屋、铁路、车船、家具、零物等价,洋例银十万四千二百七十五两一钱。

一、支添置铁路车辆、趸船、码头、机厂、料栈、矿石厂基地、房屋、家具、仪器等价,洋例银二十三万五千三百八十三两五钱四分四厘。

以上十八款,共支洋例银六百七十八万八千三百六十九两五钱七分五厘。

萍矿支款

一、支机矿窿工挖煤一切经费,洋例银一百四十三万九千九百八十一两三钱二分八厘。

一、支机器洗煤一切经费,洋例银九万九千八十三两一钱二分九厘。

一、支机炉炼焦一切经费,洋例银三万三千六百六两四钱三分四厘。

一、支机矿土炉炼焦一切经费,洋例银九万九千二百八十九两四钱九分七厘。

一、支各分矿焦费,洋例银二万一千六百十七两一分二厘。

一、支萍总局及收支、稽核、煤务等处经费,洋例银六万三千二百二十四两一钱五分八厘。

一、支机矿总工程等处经费,洋例银四万七千七百八两一钱三分三厘。

一、支护矿团一切经费,洋例银三万七千六十七两五钱五分七厘。

一、支沪、汉、湘、岳等处,往来川资、电费,洋例银四千一百五两六钱五分四厘。

一、支窿工遇险身故抚恤并一切善举,洋例银八千一百七十四两七钱三分九厘。

一、支各工程经费除加费外,净亏洋例银二千六百八十四两一钱七分一厘。

一、支焦煤由安源至洙州火车运费,洋例银三十五万四千六百七十五两九钱五分五厘。

一、支完纳江西、湖南税捐,洋例银五万五千四百十七两四钱二分四厘。

一、支本矿学校并萍邑教育捐,洋例银二万六千一百五十七两二钱九分二厘。

一、支沪、汉、岳、长、洙各局经费,洋例银十二万一千三百八十二两九钱八分四厘。

一、支各局外销经用等费,洋例银二千四百十三两一钱五分九厘。

一、支焦煤由洙州运长、岳、汉、沪等处船费,洋例银六十四万六千七百四十一两七钱一分三厘。

一、支洙州至各处提驳起卸费,洋例银八万二千七百十两八钱一分九厘。

一、支各船承运焦煤溢秤赏号,洋例银八百三十七两四钱九分六厘。

一、支第八届股息备换股票并各项债息,洋例银一百十万五千三百四十两二钱七分七厘。

一、支本矿续购地价,洋例银八千八百七十一两四钱八分九厘。

一、支本矿扩充各工程成本,洋例银十五万一千四十一两五钱六分八厘。

一、支矿外工程,洋例银三千二百十九两四钱一分。

以上二十三款,共支洋例银四百四十一万五千三百五十一两三钱九分八厘。

总共结支,洋例银一千一百二十万三千七百二十两九钱七分三厘。

以上收支两抵,汉冶厂矿透支洋例银一百九十四万四千八百八十九两四钱五分四厘。

以上收支两抵,萍矿透支洋例银九十八万九千八十九两三钱二分七厘。

汉冶厂矿盘存总

一、存新钢厂成本,洋例银八百二十四万二千三百八十二两六分六厘。

一、存新化铁炉成本,洋例银三百七十二万三千五百八十四两三钱四分六厘。

一、存历年添置基地、房屋、车路、轮驳、机器、炉座、家具、杂件等价,洋例银四百五十三万二千九百四十七两九钱四厘。

一、存官局移交旧厂产业列作成本,洋例银二百七十八万七千九百九十四两三钱。

一、存钢铁、煤焦、矿石、物料、电料、机件及批发各货欠款,洋例银四百七十八万一百六十一两九钱三分一厘。

一、存添置铁路车辆、趸船、码头、机厂、料栈、矿石厂基地、房屋、家具、仪器及结存矿石作价,洋例银三十八万九千一百十三两五钱九分五厘。

以上盘存各项,共计洋例银二千四百四十五万六千一百八十四两一钱四分二厘,内除上届盘存厂本洋例银二千二百四十万八百八两四钱五分六厘外,实计本届加存厂本洋例银二百五万五千三百七十五两六钱八分六厘。

萍矿盘存总

一、存矿产基地,洋例银一百十七万六千七百三十四两三钱二分二厘。

一、存矿外房屋、生财,洋例银九万一百九十三两七钱八厘。

一、存安源机矿成本,洋例银六百四十万一千五百九十六两四钱六分。

一、存轮驳成本,洋例银一百四十六万四千六百五十五两六钱九分一厘。

一、存煤焦估价,洋例银九十三万八千二十四两三钱二分一厘。

以上盘存各项,共计洋例银一千七万一千二百四两五钱二厘,除上届盘存矿本洋例银九百四十六万八千一百五十六两六钱二分外,实计本届加存矿本洋例银六十万三千四十七两八钱八分二厘。

统计汉冶萍本届加存成本与透支相抵,结亏洋例银二十七万五千五百五十五两二钱一分三厘。

汉冶萍公司第八届(民国四年十二月底止) 该存各款汇核总数简明清帐

汉冶厂矿该款

一、该股份银圆一千九十一万七百六元五角五分九厘,照市价合洋例银七百七十八万四百十八两七钱四分四厘。

一、该预收大冶矿石价,洋例银三百九十万五千二百七十二两三钱二分八厘。

一、该预收钢轨、生铁价,洋例银三百三十八万三千九百二十一两一钱七分六厘。

一、该上海银行及各户存款,洋例银一千二百七十八万六千六百二十两五钱三分九厘。

一、该汉口银行、钱庄及各户存款,洋例银二百三十九万九千四百九十七两五分三厘。

一、该第一、二、三届未领股息,洋例银六千八十九两二钱八厘。

以上汉冶厂矿结该洋例银三千二十六万一千八百十九两四分八厘。

萍矿该款

一、该股份银圆七百二十七万三千八百四元三角七分三厘,照市价合洋例银五百十八万九千七百五十三两三钱二分一厘。

一、该上海银行及各户存款,洋例银六百九十六万一千五百一两四钱九分三厘。

一、该汉口银行钱庄及各户存款,洋例银一百八十二万八千七百四十两九钱七分。

一、该本矿各户往来,洋例银七十五万九千八百三十七两一钱五分五厘。

以上萍矿结该洋例银一千四百七十三万九千八百三十二两九钱三分九厘。

总共结该洋例银四千五百万一千六百五十一两九钱八分七厘。

汉冶厂矿正本存款

一、存新钢厂成本,洋例银八百二十四万二千三百八十二两六分六厘。

一、存新化铁炉成本,洋例银三百七十二万三千五百八十四两三钱四分六厘。

一、存历年添置基地、房屋、车路、轮驳、机器、炉座、家具、杂件等价,洋例银四百五十三万二千九百四十七两九钱四厘。

一、存官局移交旧厂产业列作成本,洋例银二百七十八万七千九百九十四两三钱。

一、存汉阳造砖厂厂本,洋例银三万八千七百七十二两七钱四分六厘。

一、存附入扬子机器制造有限公司股份,洋例银十一万二千一百两。

一、存附入西美钢铁会社股份,洋例银一万八千三百五十九两六钱。

一、存冶矿添置铁路车辆、趸船、码头、机厂、料栈、矿石厂基地、房屋、家具、仪器等价,洋例银三十二万六千五百九十六两七钱五分二厘。

一、存大冶新厂成本,洋例银十八万一千二百十七两一分七厘。

以上汉冶厂矿结存正本洋例银一千九百九十六万三千九百五十四两七钱三分一厘。

萍矿正本存款

一、存矿产基地,洋例银一百十七万六千七百三十四两三钱二分二厘。

一、存矿外房屋、生财,洋例银九万一百九十三两七钱八厘。

一、存安源机矿成本,洋例银六百四十一千五百九十六两四钱六分。

一、存轮驳成本,洋例银一百四十六万四千六百五十五两六钱九分一厘。

以上萍矿结存正本洋例银九百十三万三千一百八十两一钱八分一厘。

汉冶厂矿活本存款

一、存钢铁处钢铁价,洋例银三百十九万九千九百三十八两八钱三分。

一、存煤务处煤焦价,洋例银四十二万四千七百一两九钱一分九厘。

一、存化铁股及东码头矿石价,洋例银七万七千一百九十六两六钱四分七厘。

一、存物料股各种物料价,洋例银十九万三千六十七两二钱五分八厘。

一、存电料处电料价,洋例银五万一千九百十四两七钱一分六厘。

一、存机件处机件价,洋例银十万六千八十七两五钱二分四厘。

一、存批发处售出钢铁等货,各户结欠洋例银七十二万七千二百五十五两三分七厘。

一、存冶矿物料、煤焦、矿石等价,洋例银十九万四千一百四十三两八钱三厘。

一、存预缴铁捐,洋例银十一万八千八百八十一两六钱一分五厘。

一、存三井洋行日金一百八十五万九千八百四十元,合洋例银一百三十三万七千八百七十二两。

一、存交通部扣存轨价,洋例银十一万八千五百二十四两四钱五分。

一、存陇秦、豫海铁路公债票,洋例银三十五万三千四百九十四两一钱七分七厘。

一、存各户往来,洋例银一百三十五万八千一两五钱一分。

以上汉冶厂矿结存活本洋例银八百二十六万二百七十九两四钱八分六厘。

萍矿活本存款

一、存萍、湘、汉、沪等处堆储焦炭估价,洋例银五十七万六千二百三十二两八钱七分八厘。

一、存萍、湘、汉、沪等处堆储生煤估价,洋例银三十六万一千七百九十一两四钱四分三厘。

一、存材料等处各项材料、炸药、油米等价,洋例银五十五万一千七百十四两五钱二分八厘。

一、存各户往来,洋例银一百九万八千二百四十二两三钱六分四厘。

以上萍矿结存活本洋例银二百五十八万七千九百八十一两二钱一分三厘。

共计汉冶厂矿结存正本、活本洋例银二千八百二十二万四千二百三十四两二钱一分七厘。

共计萍矿结存正本、活本洋例银一千一百七十二万一千一百六十一两三钱九分四厘。

汉冶萍总计结亏

一、存汉冶厂矿共结亏洋例银二百三万七千五百八十四两八钱三分一厘。

一、存萍矿共结亏洋例银三百一万八千六百七十一两五钱四分五厘。

以上汉冶萍总共结亏洋例银五百五万六千二百五十六两三钱七分六厘。

查本届结亏洋例银二十七万五千五百五十五两二钱一分三厘,加上届结亏洋例银四百七十八万七百一两一钱六分三厘,合如上数。

总共结存洋例银四千五百万一千六百五十一两九钱八分七厘。

汉冶萍公司第九届帐略

民国六年十二月(1917.12)

　　是编为民国五年旧历丙辰本公司第九届帐略。办事人汇结全年收支存该报告本会,复经查帐董事分赴厂矿复核相符,刊布于股东者也。

　　查是年汉厂共出生铁十四万九千九百三十吨,共炼钢四万三千一百零四吨,设电机早到,四炉齐开,出铁尚不止此;大冶共采矿石六十四万二千五百七十七吨;萍乡共采生煤九十九万二千四百九十四吨,共炼焦炭二十六万六千四百十八吨。除炼钢较第八届少四千三百九十九吨外,其余出货悉较上届为多。

　　营业项下:汉冶共收各路轨价、矿石售价、各户钢铁料价一切,计银七百三十万三千六百四十二两九钱三分九厘;萍矿共收生煤焦炭等售价,计银三百九十五万八千九百五十四两五分九厘。总计收款为一千一百二十六万二千五百九十六两九钱九分八厘,较上届多收银二百九十九万二千八百五十四两八钱六厘。此进款大略也。

　　支款项下:汉冶两处共支银六百六十七万一千七百五十九两五钱五分五厘;萍矿一处共支银四百五十万八千一百五十三两九钱四分四厘。总计支款为一千一百十七万九千九百十三两四钱九分九厘。内汉冶以收抵支余银六十三万一千八百八十三两三钱八分四厘,萍矿不敷银五十四万九千一百九十九两八钱八分五厘。此支款大略也。

　　又盘存项下,汉冶厂矿较上届加存银七十万二千二百八十八两一钱四分七厘,萍矿较上届加存银五十四万八千七百六十一两一钱八厘,共结盈余银一百三十三万三千七百三十二两七钱五分四厘。其所以得有盈余者,因欧洲战争,钢铁价贵,营业藉以生色。

　　然承厂矿积亏之后,絜长补短,元气尚未全苏。本会据经理报告所余之款,有挪移前用,有积存煤铁,有滚入资本,有摊还旧帐,股息尚未提存,金融仍苦竭蹶。本会因于九月二十五日常会提议,历年填给息股本,一时补苴之计,即应永远停止。本届既托股东福荫,办事人努力,得以转亏为赢,所有股本官息,议给现息六厘,以固根本,全体一致赞成列入议案。宝琦更有进者,凡事之兴关乎气运,然时机之至,尤在人为。美利坚立国于新大陆,乘欧洲多事,力图振新,实业日盛,以今考之,其财货之雄为环球之巨擘。摩根、康乃济诸君均以钢铁起家,家资之富至于不可思议。日本为亚洲古国,欧战以后善藏其用,骎骎乎由强而富。记有之,虽有智慧不如乘势,虽有镃基不如待时,其信然欤?中国内地孕矿甚富,获效者鲜,即此汉冶萍艰难支拄已二十余年,现值西战方酣,来铁稀少,商业始稍稍起色,桑榆之补,宝琦尚愿与各股东各同人急起而直追之。是为序。

中华民国六年十二月

董事会会长　孙宝琦谨识

汉冶萍公司第九届(民国五年一月至十二月底止)收支各款汇核总数简明清帐

汉冶厂矿收款

一、收售粤汉、道清、张绥、南浔、四郑、沪杭甬各铁路局钢轨等料价,洋例银一百五十万八千八百四十九两八钱四分。

一、收售大冶矿石料价,洋例银五十八万九千九百六十三两六钱六分一厘。

一、收售各户生铁料价,洋例银三百一万六千六百二十六两八钱一分一厘。

一、收售各户钢铁料价,洋例银一百九十二万八千五百六十六两七分六厘。

一、收转售物料及修造机件等价,洋例银十六万四千一百八十九两四钱二分四厘。

一、收租费、运脚,洋例银五万二千八百五十三两六钱六分一厘。

一、收汇余及各项杂款,洋例银四万二千五百九十三两四钱六分六厘。

以上七款共收洋例银七百三十万三千六百四十二两九钱三分九厘。

萍矿收款

一、收本矿领用并现售焦价,洋例银一万四千九百三十六两一分三厘。

一、收铁厂及沪、汉、岳、长、洙等处现售焦价,洋例银一百七十九万八千六百七两九钱六分二厘。

一、收本矿领用并现售煤价,洋例银八万八千二百十三两二钱五分四厘。

一、收售萍洙路局煤价,洋例银二万九千二百七十七两九钱八分一厘。

一、收铁厂及汉、岳、长、洙、宁、镇等处现售煤价,洋例银一百五十四万三千五百六十八两五钱三厘。

一、收各船户承运煤焦短秤赔偿,洋例银二万六千二百九十九两九钱八分六厘。

一、收沪、汉等处汇款汇水、磅余,除兑亏外,结余洋例银四十二万七千三百六十一两五钱五分二厘。

一、收各项杂款,洋例银三万六百八十八两八钱八厘。

以上八款共收洋例银三百九十五万八千九百五十四两五分九厘。

总共结收洋例银一千一百二十六万二千五百九十六两九钱九分八厘。

汉冶厂矿支款

一、支上海、鄂城、阳新、常未、瑞昌、汉阳各外局经费,洋例银十四万八千三百二十六两六钱四分七厘。

一、支大冶经费,洋例银五十万八千五百十三两八钱六分四厘。

一、支购华洋材料价,洋例银五十三万七千一百十七两三钱八分七厘。

一、支购萍乡焦炭价,洋例银一百五十一万八千二百二十二两六钱二分七厘。

一、支购萍乡及东洋等处煤价,洋例银七十一万七千七百七十三两四钱八分七厘。

一、支发轮驳各船经费,洋例银八万三千一百九十七两四分八厘。

一、支发运费、脚力,洋例银三十三万五千九百八十一两八钱九分五厘。

一、支发员司薪伙、丁役工食,洋例银十三万八百六十三两三钱七分五厘。

一、支发洋工程司及洋匠等薪费,洋例银二万二千八百四十六两五钱一分。

一、支发机匠、艺徒等工食,洋例银十五万五千一百八十三两六钱四分三厘。

一、支发长工、小工等工食,洋例银九万四千五百十两九分。

一、支发各项包工等工价,洋例银二万九千一百四十九两五钱八分三厘。

一、支备发第九届股息并各项债息,洋例银一百三十六万三千八百六十六两二钱八分九厘。

一、支生铁捐款,洋例银十四万八千十九两一钱七分四厘。

一、支各项杂用,洋例银十万六千九百三十二两九钱八分六厘。

一、支沉失火车矿车,除收回保险赔款外,净计镑亏洋例银三万六千五百九十四两二钱二分五厘。

一、支添造新钢厂及新化铁炉工料等款,洋例银四十四万九千一百九十三两六钱六分二厘。

一、支添置基地、房屋、铁路、趸船、家具、零物等价,洋例银七万二千三百九十九两九钱一分八厘。

一、支添置铁路车辆、趸船、码头、机厂、料栈、矿石厂基地、房屋、家具、仪器等价,洋例银二十一万三千六十七两一钱四分五厘。

以上十九款共支洋例银六百六十七万一千七百五十九两五钱五分五厘。

萍矿支款

一、支机矿窿工挖煤一切经费,洋例银一百五十四万四千一百二十六两五钱一厘。

一、支机器洗煤一切经费,洋例银九万八千七百五十七两四钱二分九厘。

一、支机炉炼焦一切经费,洋例银四万四千七百十四两四钱五分一厘。

一、支机矿土炉炼焦一切经费,洋例银十万七千四百十四两三钱二分九厘。

一、支各分矿焦费,洋例银三万九千八十九两四钱二分五厘。

一、支萍总局及收支、稽核、煤务等处经费,洋例银六万三百五十四两三钱一分三厘。

一、支机矿总工程等处经费,洋例银四万六千二百五两三钱九分四厘。

一、支护矿团一切经费,洋例银四万三千八百八十二两四钱一分九厘。

一、支沪、汉、湘、岳等处往来川资、电费,洋例银二千七百八十六两九钱二分四厘。

一、支窿工遇险身故抚恤并一切善举,洋例银八千八百五两三钱五分七厘。

一、支焦煤由安源至洙州,又由洙至豹,火车运费,洋例银三十八万四千四百六十二两九钱六分四厘。

一、支完纳江西、湖南税捐,洋例银六万一千三百八十九两六钱二分六厘。

一、支本矿提存学校经费并萍邑教育捐,洋例银二万六千八百七十九两八钱二分九厘。

一、支沪、汉、岳、长、洙各局经费,洋例银十三万八千一百六十八两五钱八分五厘。

一、支各局外销经用等费,洋例银八千七百四十七两四钱七分九厘。

一、支焦煤由洙州运长、岳、汉、沪等处船费,洋例银六十万四千六百七两五钱五分二厘。

一、支洙州至各处提驳起卸费,洋例银十一万五千二百六十八两五分二厘。

一、支各船承运焦煤溢秤赏号,洋例银三百九十九两五钱九分五厘。

一、支备发第九届股息并各项债息,洋例银九十七万四千八百六十一两四钱七分一厘。

一、支赔偿洋员损失，洋例银一万五千五百三十两。

一、支本矿续购地价，洋例银二千四十八两七分。

一、支本矿扩充各工程成本，洋例银十七万九千六百五十四两二钱四分九厘。

以上二十二款，共支洋例银四百五十万八千一百五十三两九钱四分四厘。

总共结支洋例银一千一百十七万九千九百十三两四钱九分九厘。

以上收支两抵，汉冶厂矿净收洋例银六十三万一千八百八十三两三钱八分四厘。

以上收支两抵，萍矿透支洋例银五十四万九千一百九十九两八钱八分五厘。

汉冶厂矿盘存总

一、存新钢厂成本，洋例银八百六十三万三千三百四十五两四钱四厘。

一、存新化铁炉成本，洋例银三百七十八万一千八百十四两六钱七分。

一、存历年添置基地、房屋、车路、轮驳、机器、炉座、家具、杂件等价，洋例银四百六十万五千三百四十七两八钱二分二厘。

一、存官局移交旧厂产业列作成本，洋例银二百七十八万七千九百九十四两三钱。

一、存钢铁、煤焦、矿石、物料、电料、机件及批发各货欠款，洋例银四百七十二万六千一百六十两九钱六厘。

一、存添置铁路车辆、趸船、码头、机厂、料栈、矿石厂基地、房屋、家具、仪器及结存矿石作价，洋例银六十二万三千八百九两一钱八分七厘。

以上盘存各项，共计洋例银二千五百十五万八千四百七十二两二钱八分九厘，内除上届盘存厂本洋例银二千四百四十五万六千一百八十四两一钱四分二厘外，实计本届加存厂本洋例银七十二万二千二百八十八两一钱四分七厘。

萍矿盘存总

一、存矿产基地，洋例银一百十七万八千七百八十二两三钱九分二厘。

一、存矿外房屋、生财,洋例银九万一百九十三两七钱八厘。

一、存安源机矿成本,洋例银六百五十八万一千二百五十两七钱九厘。

一、存轮驳成本,洋例银一百四十六万四千六百五十五两六钱九分一厘。

一、存煤焦估价,洋例银一百三十五万五千八十三两一钱一分。

以上盘存各项,共计洋例银一千六十一万九千九百六十五两六钱一分,内除上届盘存矿本洋例银一千七万一千二百四两五钱二厘外,实计本届加存矿本洋例银五十四万八千七百六十一两一钱八厘。

统计汉冶萍本届净收及加存成本与透支相抵,结盈洋例银一百三十三万三千七百三十二两七钱五分四厘。

汉冶萍公司第九届(民国五年十二月底止)
该存各款汇核总数简明清帐

汉冶厂矿该款

一、该股份银圆一千五十一万三千八百八十三元四角一分,照市价合洋例银七百四十九万九千四百二十六两八钱五分五厘。

一、该预收大冶矿石价,洋例银三百九十万五千二百七十二两三钱二分八厘。

一、该预收钢轨、生铁价,洋例银二百四十四万四千九百九两九钱六分二厘。

一、该上海银行及各户存款,洋例银一千二百十一万一百六十两八钱七厘。

一、该汉口银行、钱庄及各户存款,洋例银二百六万九千八百七两九钱四分六厘。

一、该第一、二、三届及第八届未领股息,洋例银二十八万六千九百七十七两九钱四分八厘。

一、该备发第九届股息,洋例银四十四万二千四百九十四两九分九厘。

以上汉冶厂矿结该,洋例银二千八百七十五万九千四十九两九钱四分五厘。

萍矿该款

一、该股份银圆七百万九千二百五十五元六角七厘,照市价合洋例银五百万二千四百二十五两三钱九分四厘。

一、该上海银行及各户存款,洋例银七百四十九万四百十一两七钱六分。

一、该汉口银行、钱庄及各户存款,洋例银一百六十八万八千一百二十九两一钱四分三厘。

一、该本矿各户往来,洋例银七十万七千三百六两二钱七分三厘。

一、该备发第九届股息,洋例银二十九万四千九百九十六两六分六厘。

以上萍矿结该,洋例银一千五百十八万三千二百六十八两六钱三分六厘。

大冶铁厂该款

一、该预收生铁价,洋例银一百六十七万八千四百三十一两九钱八分二厘。

一、该各项往来,洋例银二十二万五千八百四十三两九钱三分。

以上冶厂结该,洋例银一百九十万四千二百七十五两九钱一分二厘。

总共结该洋例银四千五百八十四万六千五百九十四两四钱九分三厘。

汉冶厂矿正本存款

一、存新钢厂成本,洋例银八百六十三万三千三百四十五两四钱四厘。

一、存新化铁炉成本,洋例银三百七十八万一千八百十四两六钱七分。

一、存历年添置基地、房屋、车路、轮驳、机器、炉座、家具、杂件等价,洋例银四百六十万五千三百四十七两八钱二分二厘。

一、存官局移交旧厂产业列作成本,洋例银二百七十八万七千九百九十四两三钱。

一、存汉阳造砖厂厂本,洋例银四万五千四百八十八两六厘。

一、存阳新锰矿局添修成本,洋例银二万三千二百七十三两七钱六分九厘。

一、存附入扬子机器制造有限公司股份,洋例银十一万二千一百两。

一、存附入西美钢铁会社股份,洋例银一万八千三百五十九两六钱。

一、存冶矿添置铁路车辆、趸船、码头、机厂、料栈、矿石厂基地、房屋、家具、仪器等价,洋例银五十三万九千六百六十三两八钱九分七厘。

以上汉冶厂矿结存正本洋例银二千五十四万七千三百八十七两四钱六分八厘。

萍矿正本存款

一、存矿产基地,洋例银一百十七万八千七百八十二两三钱九分二厘。

一、存矿外房屋、生财,洋例银九万一百九十三两七钱八厘。

一、存安源机矿成本,洋例银六百五十八万一千二百五十两七钱九厘。

一、存轮驳成本,洋例银一百四十六万四千六百五十五两六钱九分一厘。

以上萍矿结存正本洋例银九百三十一万四千八百八十二两五钱。

汉冶厂矿活本存款

一、存钢铁处钢铁价,洋例银三百四十万四千六百五十九两六钱四分。

一、存煤务处煤焦价,洋例银十万七千四十七两六钱三分六厘。

一、存化铁股及东码头矿石价,洋例银二万八千六十两七钱七分三厘。

一、存物料股各种物料价,洋例银四十万一千五百九十七两六钱四分二厘。

一、存电料处电料价,洋例银四万七千三百三十五两四钱二分七厘。

一、存机件处机件价,洋例银九万九千九百十两二钱九分四厘。

一、存批发处售出钢铁等货各户结欠,洋例银六十三万七千五百四十九两四钱九分四厘。

一、存冶矿物料、煤焦、矿石等价,洋例银二十九万六千二百四十三两六钱四分四厘。

一、存预缴铁捐,洋例银八万七千九百六十五两四钱二分。

一、存三井洋行日金一百六十一万五千三百九元四角六分,合洋例银一百十七万五千五百三十三两三分三厘。

一、存陇秦、豫海铁路公债票,洋例银三十五万三千四百九十四两一钱七分七厘。

一、存各户往来,洋例银八十六万八千八百五十一两九钱九分七厘。

以上汉冶厂矿结存活本洋例银七百五十万八千二百四十九两一钱七分七厘。

萍矿活本存款

一、存萍、湘、汉、沪等处堆储焦炭估价,洋例银九十一万二十两四钱一分六厘。

一、存萍、湘、汉、沪等处堆储生煤估价,洋例银三十九万五千五百六十二两六钱九分四厘。

一、存材料等处各项材料、炸药、油米等价,洋例银五十三万六千四百二十七两七钱八分三厘。

一、存各户往来,洋例银一百万七千七百六十四两九钱二分一厘。

以上萍矿结存活本,洋例银二百八十四万九千二百七十五两八钱一分四厘。

大冶铁厂存款

一、存成本,洋例银三十一万六千二十五两三钱九分七厘。

一、存材料,洋例银六万七千三百八十五两八钱八分四厘。

一、存往来及现款,洋例银一百五十二万八百六十四两六钱三分一厘。

以上冶厂结存洋例银一百九十万四千二百七十五两九钱一分二厘。

汉冶萍总结盈亏

一、存汉冶厂矿共结亏,洋例银七十三万三千四百十三两三钱。

一、存萍矿共结亏,洋例银三百一万九千一百十两三钱二分二厘。

以上汉冶萍总共结亏洋例银三百七十二万二千五百二十三两六钱二分二厘。

查本届结亏洋例银一百三十三万三千七百三十二两七钱五分四厘,除将上届结亏洋例银五百五万六千二百五十六两三钱七分六厘于本届盈余项下如数冲抵外,合如上数。

总共结存洋例银四千五百八十四万六千五百九十四两四钱九分三厘。

(二)簿记改良

夏偕复、盛恩颐致公司董事会函

民国五年十月三十一日(1916.10.31)

董事会公鉴:

　　前经预算本公司经常费用截至阴历年底止,需款甚巨。所恃为入款之大宗者,则在粤汉轨价,而此项轨件押在正金计有一万三千余吨,亟待赎回,以资因应。前托大来经手揽售俄路次轨,虽有成议,又须备作发息之用。则是粤轨不赎,货价无收,经营因之无着。日前由偕复、恩颐偕同商务长王阁翁,向正金银行情商,许以别项钢货陆续抵押抽换,以应路需。正金谓有货抵押,总可通融办理,惟言公司会计一部分簿记之式既未完备,管理之法亦多未善,嘱为改良。意中要求添用日人执掌簿记,庶该行能悉公司情形,以为挪借款项之标准。当以商业全凭簿记,刻下冶厂造端,所有用款登记已改用新法,力求完善。至厂矿旧式帐册,早议更张,只因前经理李君一琴辞职后,正式继任无人,遂未举行。此次偕复、恩颐就职,本拟周历调查,实行整顿,簿记一事,尤为先务等语答之。查正金要求,明为改良办法,实欲用彼日人;我国工业幼稚,凡属建筑机器工程,无不可借才异地,舍短从长,如厂矿之用西人,冶厂之用日人,是其成例,独会计一部关系公司财政主权,似非外人所能干预。虽以大借款之要约聘用日员,亦只限以顾问名义,亦实见主权所在,未容放弃者也。但公司经济困难,每值拮据之时,无不向其设法,今既有不甚信任之心,发此干预财政之请,此后与拒两难。穷于应付计,惟有尽其在我亟谋改良,将本公司厂矿各帐目一律改用新式簿记,以杜借口。如蒙俯准,即便筹拟办法,早日进行,实于公司前途裨益匪浅。伫候核议示遵,不胜企祷。专泐。祗颂

公安

总经理　夏

副经理　盛

公司董事常会议案

民国五年十一月三日（1916.11.3）

公议：商业全凭簿记，即无外人干涉，亦应改良。即请总、副经理速筹办法，早日实行，以资整理，而杜借口为要。

公司董事会致夏偕复、盛恩颐函

民国六年七月二十七日（1917.7.27）

总、副经理均鉴：

昨接董事盛泽承先生函，以改良簿记事不容缓，拟请另立改良簿记专处，归总、副经理直辖；处设筹议员三人至五人，调查厂矿簿记情形，会订簿记格式；干事员一人，处理处中一切事务。并设一簿记讲习会，隶于专处，延请簿记教授，慎选学生，以期养成簿记人才。约需经费二万元，应请核准，以便筹设等因。当于本月二十六日常会提出，公议：应先试办。兹将原函抄录奉览，希即查照办理。顺颂

均安

董事会启

［附件］　盛恩颐致公司董事会函

会长、诸公钧鉴：

恩此次到东与正金井上头取谈及公司经济情形，井上谓：闻贵公司现正改良簿记，极端赞成，此事早应筹办，从前贵公司沿用积惯，因循坐误，鄙人久不为然，盖敝行对于贵公司处于债主地位，故盼望尤为深切。恩答以此事实不容再缓，现已著手调查，惟改良簿记，亦须一项专费。渠谓凡办大事业，须从远处大处着想，断不可顾惜目前小费。察其词气，似甚注重此事，若再濡缓，或致出于干涉之意，正拟回沪后会同夏总经理，督同会计所长，积极进行，不谓徐振飞君忽然辞职。昨与夏总经理筹商，现欲物色人材，具有会计所长之资格，同时又有新学识，能筹画簿记之改良者，实难其

选。再四思维,惟有将会计所事务与改良簿记分为二事,庶延揽人才较易合格,现时会计一部分事宜,悉仍旧贯,另立改良簿记专处,归总、副经理直辖,设筹议员三人至五人,调查各厂矿簿记情形,会订簿记格式;干事一人,处理处中一切事务。并设一簿记讲习会,隶于专处,延请簿记教授,慎选学生,以期养成簿记人材。一俟簿记格式编成试行无碍,再将会计所另行组织。似此办理,收效较速,免致外人干涉,实为整顿公司要图。约计各员薪水川资及讲习会经费需洋二万元,须先筹有的款,方能举办,应请核准,以便筹设。所有章程,当再会同夏总理拟定,送请核夺。是否有当,即请公议。敬颂

台祉

六年七月二十六日

改良簿记专员职务章程

民国六年八月(1917.8)

一、专员受总、副经理委托,应按照公司各厂矿情形,负编订最新式各项适宜之簿记、附单、表册之责。

一、专员编订之各项簿记、附单、表册,应负教授各处该管员司行使之责。

一、专员负责在编订各种新式簿记,其财政情形、收支出入无干预之权,但关于公司财政上有益之处得提出意见书陈请总、副经理核夺。

一、专员为执行职务起见,随时可调取各处各项帐册及有关系之各种凭单、报告书等,惟查阅后应随时缴还各该管处收存。

一、专员为便于行使所订簿记起见,得随时将订就各项格式,嘱令各该管处按照试行。

一、专员如遇各该处员司不服指挥,应陈明经理或厂矿长酌办,惟不得故意要挟。

一、专员应遵守公司现行之一切章程。

一、专员如行上项职务有不便之处,得提出意见书于总、副经理酌核。

改良簿记报告书

民国七年三月二十七日（1918.3.27）

经理钧鉴：

潜夫奉命筹备改良簿记，自维学浅才疏，虽于银行、铁路、海关以及普通营业、简单制造之帐办理二十余年，而煤铁制造则未尝阅历，故请往各厂矿调查，冀得从事筹备焉。

考本公司经营者，乃复杂之制造事业，故其帐亦因之而为复杂之成本帐，且又处处含有科学，非具有工程学识、深知帐务而又洞悉内外情状者，未易胜任而愉快。其故以货物种类既多，而其用料、用工、用机械、用原力各各不同；而又各种货物均可出售，如汉厂之生铁可售，钢汁可售，钢锭、钢胚，亦莫不可售，此皆未成货者也。迨既成货后，如钢轨、钢板、角钢、槽钢、方钢、圆钢、工字钢、鱼尾板、钩钉、螺丝等，皆系售品，故必由生铁起，以至极小之螺丝止，皆当计算其真成本，乃可以售诸市，否则孰从知其盈绌？然欲计算其真成本，则必先知原料之价、费用之数、产业之值，始可着手。例如生铁，必知焦炭之价、矿砂之价及各种配料，如白石、哆石、锰镁等，合而计之为料，加入薪工开支为工，其应用材料，不属原料、配料者，如烧煤、机器油等为费用，与修养化铁炉及其附属机器、房屋之工料费用，与有意外损坏而加以修理之工料费用，合原料配料之价值，共计之是为成本。然此成本乃出货之用度，尚未能完全称为成本也。必须加入资本之利息及折旧，而后可谓确实。盖费若干资本以建造此化铁炉与各机器，乃专为化铁之用，以致流动之金钱化为呆滞之机器，搁呆活本即搁呆利息，故此利息应取偿于出货。又，借人之款，在未还以前，当然有负息之责，而所借之款，又已悉化为不动产，以供化铁之用，故其利息亦应取偿于出货，且货物产出之时，所用工料皆取偿之矣。然其所用之机器，亦应付相当之代价，始见实在。否则，此款将谁任之。故以前所费之款，而今变为不能生息之机器及它项不动产以供制造此货之用者，其款应分按年数分期拨还，而每年以出货之数平均分摊是年应拨之款，乃知该货应付产业之负担，亦即其成本之一部也。且总公司及本厂总公事房与公共机关，如巡警、卫生等之经费，亦应分认，盖此数机关虽非直接管理此项出货，而实间接总其成，故该货亦与有分而必负其费用，以偿其劳者。集以上种种以归一，乃为成本。然铁乃较易者也，钢货则大难，爰以其中时有一机器而涉及三五种不同之出品者，或一种出品而须经三五种不同之机器者；人工有专管一种货物者，有兼管数种者；又有一种货物而须经数不同机关之员司、工匠、夫役之手者，因而难于区别。则必妥为分配，俾分任利息、折旧、工费，按其所用之多寡定其负担之重轻，乃足以知实在而征的确。且钢货种类不同，虽在同一工厂，而其成货所用之原料、配料与人工之难易及机器之作用，并其所费用之附属品均各不同。是以知一种货物有一种特殊之成本，必须逐步分析、逐项计算至于清晰，方可加入公共开支、公共负担，以成真确之成本也。故司此事者，必须于原料之价值，配料、附料之来源，或自外来或自本国，其价格之上落，汇水之高低，运输之方法，一一了然于胸中，而后可操纵全局，以肩此减轻成本之责。故处今日而言改帐，他非所难，难在此成本帐耳。今敬分别列言其故，并预筹改革之方，幸司帐诸公有以教之也。

考现在帐目，对于将来改革有三大困难：第一，出货成本之确数无从核算；第二，新帐旧帐之难以并行；第三，人才难得。

第一要义有三，曰精曰密曰确。门类清楚，条理分明，推算至于极微极细而能使人一目了然，是之谓精；布置周至，而于帐本之外置种种设备以辅助其不足，防闲其逾越，能辅导其进步，表彰其精妥，是之谓密；核算确切，纤屑靡遗，丝毫毕集，以至于完善妥贴，无可更改，是之谓确。精则得人善任，详细考究，一年之后，可得八九；密则实地练习，悉必筹度，二三年后或可完善；若确则本源无从考，费用无从核，谈何容易？然及早图维，究竭能事，或可相像八九，但必须忍一时之痛，图永远之计，乃克有济。

第二原因乃以新旧帐簿之组织不同，分类各别，加以新法欲求精确，势不迁就旧帐。夫旧帐亦具有至理，且旧即新之基，改之则可，废之则不可。故宜以旧帐作基础，而化旧有之人材以为新，则数月之后，旧帐已成新帐，而旧司帐者亦明白新帐之理，则无所谓新旧矣。

第三原因，工程为专门学识，司帐者既无其学识，则精密且不逮，而确则大难。故必以工程师而深知帐务者，庶能指挥全局。然而此等人材不独我国难求，恐各先进国亦不多得。兹勉筹变通办法，冀除困难而收效果。

一、出货成本之确数无从核算也。精密属于形式，但能上下一心，择善而从，两三稔后必见效果。确则属诸精神，曩已歧误，今难力挽，不如姑为分截，假作确当，俾昔自为昔，今自为今，昔已成之局作今开创之基，然后著著进行，力为图谋，苟假以时日，贯彻到底，即迟至十年之后，亦必有达到之一日。而其解决之方，排除之法，厥维折旧，所谓忍一时之痛，图永远之计者此也。谨陈需要理由，利害关系，及现在各处帐情概略于后：

折旧者，将原用资本分期拨还也。盖一机器之年命，多者数十年，少者数年，即不能复用，此数十年中，即为应用此机器之时，其价值虽已于建购时付出，然建购时付此巨款者，正所以备此数十年中分期偿还，则可以知此机器每年须费若干，即每用一次须费若干。此须折旧之理一。既知每次应用需费若干，然后知所出货品每件或每吨曾用此若干次，或仅一次，而须若干时，共应负费若干，乃可知出货之成本应有若干。此须折旧之理二。此机器历数十年后不能复用，故必于此数十年中将原费之款拨还，以为事后之重行建购，继续营业之时之预备，而可免另为筹款之劳，即以示我此机器新旧代易，永远存在。此须折旧之理三。既逐年拨还原本，则该机器设或中途稍有损坏，即可赖此款修补，再行抽拨，以为维持久远之计，节省费用之策。此须折旧之理四。今本公司于各处之机器、房屋等等皆不折旧，其故由于积亏无地回翔，因而因循。约举其弊，厥有五端：盖不折旧则每年实用之数不可知，其弊一；既不知每年实用之数，则出货成本之确数不可知，其弊二；出货成本之确数不可知，则孰从争利于市？不能争利于市，则盈绌难计，其弊三；数十年后，此机器不能复用之时，营业必因之停顿，苟欲维持，而无以为继，势必招股募债，重张旗鼓，而以前所费之本永无归期，有帐无物，本已无著，利仍须负，陷溺日深，振拔为难，其弊四；平时苟有损坏，修理之款皆须求之他人，资累愈重，利息愈多，皆须取偿于出货，而出货之成本日巨，即难与他处争衡，而获利无日，其弊五。有此数端，两相比较，可以知折旧之不容须臾缓矣。且各厂矿除不折旧外,帐法编制亦有未妥,亟宜修改,以冀准确,然后施行,折旧乃见真实。

统观三处现在帐法,应改之处有二:第一门类不清,第二成本不确。门类不清因之成本不确,成本不确因之盈绌不知。现筹改良,必须将门类分清,然后核算成本以至精确,使售之市上有所准绳,而盈绌堪计。试就现在之帐举例以明:

汉阳铁厂 厂帐有添置添造一门,查此用款并非添置添造,而仅类似者。例如"化铁炉添加铁箍一条",按此铁箍乃以保护烟囱者,或本有而重换者,此犹房屋之修葺,不得谓之添造,而当属于修理或营养。盖名曰添造,则此款当入产业帐,名曰修理,则此款当作开支,作开支则出货成本必高,作产业则出货成本以低,而资产增多利息加重矣,是乌可者。此门类不清而影响及于成本者一。又汉厂各机关之费用摊派,钢铁两厂,钢六铁四,按此四六之比率是否确切?譬如铁路一项,其费用亦属公摊,考其实在,则铁路车辆服务于铁厂之时逾于什之八,服务于钢厂之时不及什之一,余则服务于他机关,今其费用钢六铁四,是铁厂费少数之款,而得多数之用,钢厂费多数之款,而得少数之用,于是钢铁货品所负之责与其所享之利适成反例。此门类不清而影响及于成本者二。又钢铁两厂之外,如物料、机器等股皆为两厂而设,其设立之旨在取其便,然亦为节省费用计。今仅使两厂分负其费用,不问其他,而各该股所占之资本利息亦混言之,统扯分摊,是既无从知钢铁所代负之费用,及利息之是否与其所享之利相同,抑亦无以知各该股设立之当否,与夫特设之利益。此门类不清而影响成本者三。以上三端,乃约举其大者,此外细微之处尚属不少。按添置、添造必新购入新建筑之物,乃可入此帐,而归入资本;如原有而加更改,则当属之修理营养,属之修理营养,又当分别此物应用之久暂,如为临时用或不耐久用者,则当随时开支,作为经费;如非临时用或耐久用者,则当视其年命分期摊还,俾无畸重畸轻之弊,而出货成本不致有忽高忽低之虞。如一律纳入资本门,则出货独享其利而不负责,是谓不公;资本加重,利息增多,而使出货分负其责,不论其是否应负,是谓不确。故亟宜分别以示正,此应改者一。

铁路车辆之费用与其他公共费用,如总公事房、卫生、巡警等处不同,总公事房等之费用,乃真确之公共费,故可按照出货之多寡分摊;铁路之用费则不然,当按照各处实用之多寡,由各用处照数认担,万不能统扯摊派,此应改者二。物料、机器等股各有专司,各分门类,当以其所有之费用加入出货,或材料或制品或工作,随时随物订价取偿于用者,则可得知其确数,亦因以见各机关实用之数,俾可比之市上,较其优劣,以断其究竟便利与否,此应改者三。

萍乡煤矿 矿帐较厂帐为简,分类法亦尚清晰。惟因沿用简单法,故时有有往无来,有来无往之处,令人不易明了,仅可意会,而帐簿不能完全表示。苟改成复式,即易明白,尚不为难。

大冶铁矿 矿帐虽分门类,不甚清晰,因其仅分用途不分用户。查该帐计分营业、产值、存该三门。如营业门,但知是年共用若干,而不知此数为何部分所用,及每一部分各用若干。即如薪费一项,帐中虽分见总局若干、会计若干、运务采矿各若干,然皆每月散见,如欲知其总数,必须于全年十二个月中逐月检查,方能得知,此帐理未误而帐情实谬。盖如此做法,所谓营业者,究竟矿砂占若干,白石占若干,哆石占若干,均无从知也。此乃分而不清影响及于成本者也。范之之法,务使分清用户及用途,为主先分用户,然后于用户下详分用途,则可知各机关所用之费及其用费之属于何类也。若改成复式,再详为分晰,其收效必较汉厂为速。

上所陈述,是帐法也。帐法既定,则当核算成本矣。今各厂矿虽有成本帐,然皆不得称为实在。汉厂之成本帐,则事实不符;萍矿之成本帐,则未能精密;冶矿之成本帐,则难征实在。三处之帐造法不同,故其致误之因亦不同,然其为不确也则一。

汉帐之与事实不符也 汉帐门类既不清楚,又往往以应开支者列入资本,以致资本日重,而出货成本较轻,此非真确事实。且资本增则负息重,是成本在表面虽轻,而实则益重,然厂帐仍未见其重者,则以加入出货之利息,乃以实付计,不以应付计。例如,五年份出铁十四万八千余吨,原本十八两四钱余,每吨加五成息银五两,按汉厂所负债款及股款各额二千八百余万两,利息全年统扯以八厘计,每年应付之数,当在二百二十五万左右,生铁占五成当得一百十二万余,而每吨应负七两半左右,而今仅付五两,是以实付计而不以应付计也。故是年之成本,照算当值二十六两,而帐簿之表示仅二十三两半,此则徒负本轻之名,不顾实在,以致经售者贱售于市,而受无形之亏损。且五年份生铁原本十八两四钱一分三厘,加入利息五两,当为二十三两四钱一分三厘,而该厂呈报总公司仍十八两余,试问执此为标准,如得价每吨二十两,为盈乎?为绌乎?故亟宜分清门类,实事求是,凡应作开支者,不能因成本加重而图名擅移;其应负之利息,不能以未付而不计,只可于现金帐中存欠,不能于成本帐中增减。盖节省靡费、减少债务,乃减轻成本之唯一要著,是宜及早挽回,知成本之确数,定销售之标准,而后可以计盈绌,否则,图虚名而受实累。窃为司帐者不取也。

萍帐之未能精密也　萍帐门类较清,故其成本亦较有准绳,惟其所计者现款为重,其余则内而材料之是否用得其当,外而煤焦之实亏损几何,仅计大概,未能准确。幸而已有基础,再加考究,其收效或较汉厂为易。然欲知确数而无靡费,则固非数年之工不能办,亦非少数人之力所能致者也。

冶帐之难证实在也　冶矿本与汉厂连属,自民国三年份后始自办帐,然以前之资本、财产帐目仍在汉厂,故今实类无本生涯,其所计者仅实在用款耳。虽负有厂息十分之二,而此二成之银,亦随时变更,且亦无以见其资本恰占其十分之二也。故其所谓资本者,除三年份后新置各产业值银五十三万外,直无本之可言。非真无本也,特不知耳。例如,铁路一条,价当在百万上下,此岂当时不化分文所得乎?今既不知资本之数,则又何从知其成本?所谓成本者,非独出货之费用已也。盖应计其应用,不论系现款与否,皆须算入。故资本之利息,不论已付现款与否,凡应付者皆纳入,方称的确成本。而利息之应付尚未付者,当于现金暂记帐中暂挂,方征实在。故欲知冶矿真实成本,则宜将所有产业详帐,由汉厂检出,分割交代冶矿。如此则双方成本均易着手矣。

按本公司营业全赖制造,故出货成本为基础,必须先知成本,然后可以言盈绌。今各厂矿所有之机器、房屋、地基、轮驳、产业之细数全乎不知,所知者仅系总数，且一款一项之中含有无数不同之机器产业，此机器产业之作用寿命原本又各各不同，苟不为分析，即折旧一道亦无从着手，而成本仍不可计。且犹有以后之类似修理、添置及介乎修理、添置之间之用款，历年来曾否有所加入资本，其加入之数若干，更无从知。是虽得知其原本，恐仍与现在之帐不能符合。此皆历年中任意安置，不行折旧，迄今既无可改变，又无以明考，以致影响及于改革之后，无从着手者也。故曰确则大难。

二、新帐旧帐之难以并行也。新旧帐之组织法不同，分类法亦不同。新帐注重转帐，旧帐独重现款；新帐凡应收付者，不论其为现款、欠款、宕款，均须入帐；旧帐则转帐极少，而皆收付现款，故结帐时相比，则现款当不致歧误，而就帐簿上之非现款之转帐数相比，则必大不相同。且分类之法既不同，则新帐之置于甲帐者，旧帐必置于乙帐，致结果两不相同，而于成本遂大有关系，如前例化铁炉添铁箍一道，旧帐则作添造归入资本，新帐必归入修理作为开支，其结果必致出铁成本新帐则较高，旧帐则较低，新帐资产无增减，旧帐资产当增加。且旧帐之报成本也仅计其实用之款，在新帐则即依前例，论实用之款，必较旧帐为多，而又加入应负利息之已付及未付者，与产业之折旧费。以潜夫现在目光视之，新旧帐之出货成本，每吨生铁相差之数当在十两左右，而钢汁及钢货之价亦因之而增高，则其相去之数尤多矣。故如新旧并行，则敢断其初办之始，新帐成本必重于旧帐，惟以后则新帐施行折旧，若干年后将原本折尽，资本日小，负担日轻，以抵于无本生涯之地。而旧帐则积累愈重，利息愈多，渐见尾大不掉之状。斯时焉，新帐之成本以轻，而旧帐之成本仍旧，或且加增。试思经售者其将以何为标准乎？如能新旧合一，以新帐之门类及其组织法为标准，而仍用直式帐簿，缮写本国文字数目，除一二紧要之总帐，须用横式缮写本国文字亚利伯数目，以清眉目外，其收支银钱等事，当各仍旧贯，数月之后，即可明白新帐原理，一二年后，即能措置裕如矣。是今日之旧司帐者，一变而为新人材，公私两益，无便于此。

三、人材难得也。全材难得，前已言之矣。今为权宜计，宜择富有工程学识，深悉各处情形之工程师置身帐房，学习帐务，以养成明白帐情之工程师;而灌输工程智识于司帐者,俾亦略知门径。盖司帐之所以需工程师者,并非使工程师管帐,乃因制造事业非工程师不知其详。考美国铁厂司帐、司营业者,皆工程师,良以商业竞争惟一先著。譬如厂轨现重八十五磅,有人定九十磅轨,则欲接此定单必须预估其成本,有工程师在,即可随时算出,不待辗转商榷,坐失机会矣。

以上三端,乃现在实在情形与将来改革之方及困难情由也。夫帐,营业之总汇也,用费之多寡,内容之情状,营业之盈绌,均于帐中示之。任其事者非熟悉情形、善于计划者不能胜任。今汉萍之帐,往往迁延至半年之后方能造齐,而外洋购用之机件、材料则因道途迂远,钱市上落,延搁更甚,不知营业市面一日千里,今内部之帐须半年后方有表示,则此半年内所出货品之成本实不得知,试问此半年内经售货品者,其将以何为根据而计盈绌乎?窃谓毋须报册,或可较速其购自外洋者,可于货到之日,即由沪与银行将该货原价按照市值改金作银,而转告用货之处,则货到帐到矣。俟外洋帐到,如较有上落,再行转入汇兑盈亏,则帐目必可早日造齐,而内外皆有所凭藉矣。省时绝弊,轻而易举。冶矿并无报册,而其迟延也同,皆材料使之然耳。夫冶矿因无报册,故其帐只分用途不分用户,难以查考,盖缘分类未得其道,非因无报册而致此也。是故欲图简捷、精密、确当,必须分清门类,改成复式,否则如萍矿之帐,虽分门类,而仍不能精密确实也。

为今之计,欲求精确,宜将全公司资本例银四千余万两,就汉冶萍三处现有之机器、矿山、房屋、基地、车路、轮驳,约其原有之价值各为分配,以为其资本而立基础,以改弦更张,不能仍如从前之以一总数包括,然后将门类分清。此分门之法最大处,乃以各制造机关,不论其产煤、产铁、产锰、产石、化铁、化钢、制钉、造砖、翻砂、打铁、机器、电汽、木模、绘图、修理、水力、土木、车辘等,各矿厂及车路轮驳等不同之可以出产制品,或产品之附属机关,而实在可以生利者,如车路、轮驳及机器股附属各机关,凡当作为营业占有资本者,皆须独立门户,各计盈亏。即材料一门,亦当如市场之杂货店,以贩卖为务。上此种种,皆当以其工料加入开支及资本之利息、折旧,以为其出货或工作之成本,而取偿于用之者。是不但与他机关为然,即本机关自相往来,亦须视同营业,不稍通融。此虽仅属转帐,并无现款出入,而各计盈亏,即可以知各该厂事务之繁简与费若干资本。以设此究竟能否有利,与市上之同等营业相较,是否便益,而各该机关之真实作用得以明显,钢铁出货之真实成本赖以确切矣。此不独可以知盈亏也,且亦便于稽考,惟管理上仍可照旧。窃谓帐之组织必如此方称清晰耳。潜夫未归以前,曾以此质诸各厂矿长、各工程师,一致赞同。则似于理为通,于事实亦易做到也。其次,就各机关所用之工料及其费用分门别类,务求清楚,能使一目了然,可以知某月用工若干,料若干,附属品若干,费用、工作、出货各若干。而于以比较,见其节省与否,然后由此以渐筹节省用费,减轻成本之计,则可以由精而渐近于确矣。一面集全世界金银汇兑之行情保存之,以证收支款项所作之价之非可以伪造;集各机关凭单、转帐单,以证逐日流水及正式帐簿所载之数之非可以捏造;集全世界钢铁煤炭之价以证经售者之出售价格之确有根据,而予司帐者以筹划之基,示工程师以经营之标;集全世界各种材料之有关于本公司者之每日价格,以资材料处之查考,证采办者之购价有所根据,且予司帐者,以避重就轻,预筹胜著之机。凡此种种,似皆与帐簿无关,而实则皆帐簿与司帐者及承办者之良好保障,不可少者。此则密之要旨,如能于十年之内将精、密、确三字完全办到,则以我公司属地天产之富,我国人工之贱,近世钢铁之贵,万无亏理。且后程未可量也。

除上述三者之外,尚有运输所及大冶新厂两处。查运输所分立未久,所有资产即从前汉厂萍矿所有轮驳,今帐务仍归汉萍两处管理。窃谓运输独立为法至善,然营业必先有资本,然后可以经营,今运输所既辖此轮驳百艘,此轮驳即其资本也。故运输机关独立,不独事务,既帐务亦然。当将汉萍两处之轮驳只数查出原本,或全部割交,或酌减几成,作为折旧,或将已沉失之船只扣除,移交运输所,或派资本若干由所按照此数照认利息,并以此资本分配各轮驳与所属趸船、码头,即为其各个之资本,乃计其费用、薪工开支,分别核算,再加入利息、折旧、保险诸费,以取偿于所运矿石、煤焦、钢铁、物料等等,而以计各轮驳之盈亏,于是汉厂所出钢铁可以此运费加入原料配料而计其真确之成本矣。又汉平拖轮及浦东码头既划入运输,则其帐亦应照各轮驳同一办法。

冶厂正在建筑时代,无成本之可言,所用之款皆后日之资本,现在之帐正适用铁路帐法,"铁路于建筑未完工以前有支无收,已完工后收多支少,其基地、轨道、车辆、房屋乃其产业,即以产业营业,无他项出货,故其所谓成本者,即系产业也"。故该厂现用簿记不妨照旧进行,惟门类务须留意,勿使混杂,免致异日周折。然其帐亦嫌迟慢,潜夫到时已在二月,而该厂方办上年五月之帐。考该厂主要之帐款,乃在材料,材料大半来自外洋转辗运输,详帐又转辗等候,其帐乃因之延搁。将来对于外洋购办材料,惟有如上述货到之日即与银行将金作银之一法,庶不致延宕时日,而犯门类不清之弊。

成本之帐当分三大段落:第一曰资产成本,第二曰造货成本,第三曰营业成本。资产成本者,乃最初之基础,即所有产业之价值及筹备作业时之经费也。此项成本当按年分摊拨还,及其应负之利息,皆当随时取偿于出货。今本公司有总数而不知细数,混而言之,无从分辨。且拨还一层,未之或行。造货成本者,即出货所用之工料费用,所谓经常费者,是也。营业成本者,成货之后运往销售地点之水脚、运费、关税、消耗、损失与经用开支一切营业上之费用也。资产成本、造货成本在内,而营业成本在外。今本公司对于此三项中,则资产成本并未加入,造货成本略具雏形,营业成本则混杂不分。即如水脚运费一项,今有之帐分水运、陆运两项,而不分运入、运出。盖运入者,如材料等等,皆预备造货时所用,当属造货成本而在内者;运出之钢铁等等,则已成货后,当属营业成本而在外者。是故宜分进出而不宜分水陆,决不能混者也。今所亟须知者,为资产成本,亟宜分者,为造货与营业成本,能知能分,然后可以从事也。如今汉厂报出货成本,民国五年份生铁每吨十八两半,此仅造货成本耳,非出货成本也。当加入折旧,即分年拨还之原本与应负之利息。据潜夫所见,则出货成本当为三十两左右也。既成货后再加入营业成本,是谓完全之成本,方以售之人,而知盈绌也。此理浅显,尽人皆知。不过现在图虚名,所谓面子好看耳,然而苦矣。

又有进者,中国币制紊乱,又加以时局纷扰,金融上落更倏忽无定。我公司合汉冶萍三处，及购材料、机器所需现款月以百万计，因各处币制不一，已受无形之暗耗，再加时局纷扰，益增拖累。例如，湘平银本高于洋例银，今湘省纸币充塞，银价低落，百仅值八，而萍矿需费皆赖长沙以转移，挖煤小工全依现款以自养，今则银价百仅值八，洋价亦只对折铜元什之二耳。窃谓凡我公司足迹所至之处，似应自为设法，以归划一，免为市侩挟制，而受无穷之累。救济之法，当另面陈。

今总公司远处沪滨，对于厂矿有鞭长莫及之虞。此次改帐，如以潜夫之法为可行，须将总帐房迁至汉口，乃可以三处兼顾。况初办二三年中，尤必时时稽考，以谋进步，故以汉为便。如必与总公司同处沪上，则惟有由总帐房选派一二精明帐理之人周巡厂矿，监督进行，冀可免隔阂之虞，策改良之效。然此系变通办法，究不如迁汉为得计也。现再查三处之帐，皆依据民国五年份之帐，距今已一年有余，情形或有变动；至于成本，值此欧战，各种机料价格亦增，则亦必变动。又行时匆遽，总公司帐目尚未研究，现所论者皆外部各厂矿之情形，或对于改革手续不免略有更改，但亦不过细微部分而已。潜夫自惭浅陋，不敢专断，敬请教正，并盼会计诸君匡其不逮，是幸。

再，潜夫所拟帐略格式，乃以汉阳为标准，萍冶两处、职务虽不同，然亦大同小异，故可以此类推。今略述该帐簿之组织法，并拟请多延专家与司帐之有经验者，会同本公司会计顾问及会计所诸君，详加研究，加以评判。可用则用，如有不能妥洽完善之处，即请不吝教益，加之更正，以期尽善。其有疑义，潜夫将详为解释，以冀明了。敢祈鉴核施行。

又，此帐簿乃合总帐、现金帐、货物帐等聚于一页者，按照各处所有帐项，分为若干门，每门之中就其事之繁简，各分为若干类，每类之中又以其性质不同者，各为分开成若干目，每目之中又各分为若干子目。以至于极细极微。于该总帐簿之下附设若干小帐簿，在总帐之上可以知每一门中收入若干，支出若干，相抵盈亏若干，随时可知。惟所知者乃总数，至细数则分见于各类各目各子目中，凡各分帐簿之数，皆须转自总帐簿，故其总数必相同。苟或错误，则随时检查于本页之中，即可改正。故此帐簿乃全帐之枢纽,亦以稽考各帐之真确与否者也。附呈帐簿格式一份及帐簿分类简表一张,请核。

凌潜夫谨上

凌善昭致夏偕复函

民国七年四月十八日(1918.4.18)

经理钧鉴:

潜夫不才,谬蒙委任改良簿记专处专员,业将前赴各厂矿调查大概情形报呈察核,并印送各机关征求意见在案。惟兹事体大,非一手一足之烈,且必须胸有成算,预定步骤,乃能收群策群力之效。潜夫窃计总事务所及各机关至少必须专员六七人,总事务所两人或三人,汉厂、萍矿、冶矿、运输所各一人,方敷分布而利进行。现在意中可以招致者仅有二三人,此外有无相当人材,殊不敢必。盖本公司帐目有特殊性质,潜夫曾谓能办银行、铁路及各项营业帐者未必能办本公司之帐也。然事在人为,只有逐步做去,各尽心力,以冀贯彻改良之宗旨。兹拟办事程序四条,呈候钧核。

一、定自五月一日起,就现有各专员会集总事务所,将潜夫报告大概,逐层研究,并各抒意见,详加讨论。

一、定六月一日起各专员分赴各机关调查细目,约于本月内竣事。

一、定七月或七八两月各专员重集总事务所,将各人调查细目及其心得公同讨论,取决多数,商榷办法并筹备一切。

一、定九月份起分头着手办事。

以上四条,如荷采纳,敬乞示遵。祗颂

公绥

凌潜夫谨呈

公司经理处致各厂矿局所函

民国七年五月二十四日(1918.5.24)

启者:

本公司前因改良簿记计划,曾请凌潜夫君前往各机关调查,业将凌君报告书印送察核,征求意见在案。此事本公司急盼成功,兹又添请簿记专家顾介眉、李惠之、孙谔高三君,偕同凌君及代理会计所长赵炳生君暨前随凌君调查帐目之邹范文君,即日出发,再赴各处详细调查,冀集众长,用资组织。执事在厂、矿、所多年,情形熟悉,务望体察本公司急求改良之深意,督同尊处会计人员,俟凌君等到厂、矿、所时,妥为接洽,并将各项帐目详加讨论,俾新式簿记早日观成,实深殷盼。

此致

汉阳钢铁厂吴厂长

大冶钢铁厂吴、黄厂长

大冶铁矿局季矿长

萍乡煤矿局李矿长

汉阳运输所潘所长

夏(签字)

改良簿记专处致盛恩颐函

民国七年五月二十五日(1918.5.25)

副经理钧鉴:

改良簿记计画,前次潜夫调查所得业蒙赐察。惟兹事体大,非一手一足之烈,奉准夏总经理面谕,物色人材分别担任,俾易集事。当经再三访求,添请李惠之、顾介眉、孙谔高三君,均系簿记专家,在津浦、沪宁、吉长等铁路办理洋帐有年,学问优长,经验阂富。即将潜夫前次调查情形与三君详细说明,并将报告书逐项研究,三君各本心得,发抒意见,三星期来,于组织大纲划分部分各节,均已定有办法。惟详细条目,非实地考求,不能确有把握。现在运输所已与潘毓初所长议定,划开界限,为独立机关,该所帐目当较厂矿为易,拟于七月一日动手。盖一则有帐而求改革,难在兼顾;一则无帐而在开始,易于着手。至各厂矿之帐,俟潜夫等此次分赴调查完竣,即可决定进行方法,实行改革。至用人一节,鄙见总以多用旧人为是,既免纷扰,又节糜费,非太万不得已之时,决不轻易更动。届时自当审度情形,慎重办理。惟此次改革,在公司固具有隐衷,在潜夫等亦煞费苦心,于改组一切,难保不有反对,尚求钧座遇事主持,随时指教,不独潜夫等之幸,实乃公司大局之幸。潜夫等现准于本月二十七日一同起程,先赴汉阳,后往萍冶等处,赵炳生君亦同行。除禀承夏总经理外,相应陈闻。敬颂

钧祺

改良簿记专处谨启

改良簿记专处致夏偕复函

民国七年九月六日(1918.9.6)

经理钧鉴:

敬肃者,本公司收支,每因币制紊乱,辄受无形影响,其间困难之处,前已略陈梗概;按本公司厂矿,散处于汉冶萍三处,款项往来习惯各异,如汉冶通用洋例银,萍乡通用湘平,上海则通行规元,然所谓洋例、湘平、规元,皆不过银两上一种平色之名称,按诸实际仍皆根据洋圆。今总公司股本皆系洋圆,支给薪工现亦改银为洋,似当以通用洋圆为本位,虽大宗卖买仍沿用银两,然折合亦无不便,惟本公司帐略,侧重汉厂,而以洋例为本位,一旦改用洋圆,习惯上或生窒碍,是否宜改洋圆,抑或沿用洋例,应请指示遵行,以昭统一,而便稽核,不胜祷幸。专此。敬请

钧安

谨肃

盛恩颐批:应会集会计、商务长详细讨论。

凌善昭致夏偕复、盛恩颐函

民国七年九月六日(1918.9.6)

经理钧鉴:

敬肃者,查本公司旧有帐目,向以厂矿为主。总公司仅有与厂矿往来帐而无总帐,即每届报告股东帐略,亦仅言厂矿,而不及总公司。现在敝处改良计划,集权中央,以总公司总其成,此后帐目系以总公司为主脑,以各

厂矿为肢体。改良入手，本拟于八年一月一日为始，兹潜夫等公同酌议，厂矿既有旧帐，则基础存在，线索易寻，惟总公司帐务方面，事事皆属创办，又事事须与管理上衔接，著手较为烦难，拟请提前于本年十月（或十一月）先行试办，一则各专员会集公司，可备讨论；二则使新用各员稍明往日之情形，以资习练；三则假旧有帐员之熟手，以资考镜，庶于明年与各厂矿同时实行，稍有把握。至于试办之后，本年各帐总结，应仍以旧式为标准。新帐不过为研究参考之地，不能以之报告股东也。愚昧之见，是否有当，祗候训示遵行。专肃。敬请

钧安

改良簿记专处第二次报告书

民国七年九月十六日（1918.9.16）

谨将第二次调查厂矿实在情形，绘图列表并酌拟办法，缮呈钧鉴。

各厂矿大概情形及改良簿记手续，前次报告具已陈明，无待赘词。此次调查主旨约有五端：（一）调查厂矿实在情形及其制铁、制钢、采矿、采煤之详细手续；（二）调查固定资产之实数；（三）厘订帐目；（四）订定计算成本帐之手续，如计银、计工料、计机器时间之种种方法；（五）改单式簿记为复式簿记。

主旨既定，试拟办法六则：（一）商务所宜统辖各厂矿产品之售出；（二）折旧率之规定；（三）会计所之组织及改良簿记处之计画；（四）总公司费用之摊派；（五）轮驳保险之筹议；（六）银钱本位之规定。是否有当，祗候核示遵行。

一、调查厂矿实在情形及其制铁、制钢、采矿、采煤之详细手续。

按本公司帐目，要可分两部，曰总帐，曰成本帐。总帐则类皆相同，得其纲领，即不难措手。惟成本帐则不然，盖成本帐随产品之种类及制造之手续而异，产品之种类不同，斯制造之手续不同，而成本帐亦因之以不同。成本帐实为产品制造之历史，概可分为四级（见附表），一曰原值，二曰制造或开采值，三曰总值，四曰售价。各种成本帐之原素，虽仅此四种，而原值

之来由各各不同,制造及开采之手续亦各各不同,故必先知其经过手续之实在情形,然后逐步记载其费用,乃能得其确切之表示。如汉厂之铁之钢之砂之石,萍矿之煤之焦,自开采化炼以至成熟,其间不知经几许阶级,每进一阶,辄增一费用,费用逐渐加多,成本即逐渐加重。欲考核其完全之成本,必推究其逐步之费用,欲推究其逐步之费用,必审察其经过之手续,庶几无假借无虚浮无舛错无支离,如影随形,无稍勉强,而成本帐乃告成功。今按各厂矿制造开采情形及其经过之阶级手段,分别列表如下:(附呈厂矿产品之经过手续图表。)

二、调查固定资产之实数。

按作业必有始基,始基者何? 固定资产是也。本公司之固定资产,如矿山、机器、铁路、房屋及种种生产之设备品皆是,而全公司资金,即大半投入于此数项之内。究竟每一机关固定资产实数若干,历年虽有盘存,恐亦未能据为准确,今欲将汉冶划开,又欲将汉萍两处之轮驳、码头、栈房划归运输所,成为完全之四独立机关,如不将资产数目调查确实,不独成本帐无从着手,即盈亏帐亦未由征实。兹与各厂、矿、所长及会计人员会商,佥称年久月深,实难稽考。有有帐无物者,如历年沉失之轮驳,废弃之机器是也。有有帐有物,而物之状况不能与帐之数目相符者,如历年加入之修理,随时之改造是也。诸如此类,指不胜屈。且物力有限,年不如年,月不如月,矿苗愈采而愈薄,机力愈用而愈疲,房屋愈久而愈旧,势不能强帐就物,亦未便强物就帐。爰就各机关现在负担之总数,合诸帐簿上原有之价值,参以工程师近时之估计,公同酌议,量为区分,谨列表于下:(表略)

查汉厂由官局移交,其产业数目即混合冶矿在内,汉占若干,冶占若干,并无细帐,亦从未分记,冶矿现有之固定资产,悉于汉厂帐上见之,冶矿无帐也。但汉冶既各成独立机关,所有资产,当然划分清楚,兹拟依照冶矿前负汉厂二成债息为标准,由汉厂拨出银五百万两为冶矿固定资产之资金,以分汉厂之担负,则冶矿资金、资产,共可估计六百五十万两。惟实在产业无多,机器、房屋都就窳败,恐不值六百五十万两之多,除铁路、地产及机器、房屋建筑可值百万外,其余只可悉作矿山本价。汉厂资产之分配,系参照吴厂长及前工程师吕柏之估单,以符旧帐盘存之数,其相差数目,悉归入地亩,藉资挹注。萍矿资金数目,悉照其固有之基本帐,其浮估浮算之处,拟于每年陆续列销,以底实在为止。汉萍轮驳悉划归运输所,该轮驳之价值即为运输所固定资产之资金,汉厂轮驳价系根据宣统三年李厂长估单,萍矿轮驳价,悉照该矿原有之基本帐,但现存轮驳数目与原数已不符合,因历年沉失损坏之船只,帐上依旧存在,并未列销,故不得不通融办理,笼统折算,此乃于无可征实之中,勉求其近似之数,以为成本帐之根据,而定折旧之标准。

三、厘订帐目。

度支款项之性质不同,必依其事务之性质,以订定帐目,庶使条分缕晰,纲举目张,俾知费用俭奢之所在,即为开源节流之张本。故分订帐目,实会计精神之所寄,一切决算预算之所由产生也。今谨将厂、矿、所各机关之生产及营养各费用,详为订定。惟冶厂则付缺如,以该厂尚在建筑时代,其帐目亦楚楚可观,暂时拟仍其旧,以免更张。再今所订定类皆大者要者,其细碎条目,仍须逐渐研究,随时加入,以期详尽。

计附呈帐目分类表(另列)。

四、计算成本帐之手续如计工、计银、计料、计机器时间之种种方法。

按工料为制造货物之主要,每一物成,用工若干,用料若干,必须详为核算,列为比较,然后知其费用之实数,与夫用途之当否。惟工分两种,曰人工、曰机工。凡笨重或精细之工,非人工所能为者,假机工以代之。人工须付工食,机器则须付机价,惟工食则零付于临时,机价则趸付于预先,因其出代价于一时,不能于一时偿还,乃分使以若干价值博若干时之用,故宜以此时间中之机工分担,先付之代价作临时之费用,如工食然,庶出货之实用数目,乃得其公允。故必知其原价,知其功用,知其寿命,再分年分月分日分时核计每时间之出货,以定其机力之消耗,然后将其应摊之机工并人工、材料,逐项加入,量为摊算,则每物成本之确数得矣。若仅计其现时之工料,置机器于不顾,则旧时预付机器之代价,将于何时取偿,此折旧费之所由来也。试实地观察各厂之工作,知一物之成,无论大小,在在须人,在在须机器,今于人工之代价,则列作成本之费用,于机器之代价,则置之而不问,有是理乎?盖机工所以代人工,苟无机器即须人工,既须人工即需工食,是机工之费用亦犹人工之工食也,所异者,零趸先后之别耳。机工之入折旧帐,固定犹人工之入工食帐也。其理至明,无容曲辩。或有难者,曰折旧固宜,本公司自开办以来,历年亏蚀,从未盈余,加以折旧,不更亏上加亏乎?殊不知折旧为费用之一种,无论盈亏与否,不能一日不用,即不能一日无损,折旧之不能偏废,亦似人工之必须工食,断不能因公司无盈余便不付工食也。持前说者,盖误会折旧费与折旧款为一事,夫折旧费为一种自然之费用,断不能饬有为无。然与他项费用微有不同,他项费用辄须现款,付现款则入银钱帐,按复式簿记原理,借贷两方,数恒相等,有借必有贷,譬如工食例付现款,付现款时列工食于借方,列现款于贷方,以示现款减少,而用之工食项下也。若折旧费,则无须付现款,每当列销时若仅列折旧费于借方,其贷方则无着,故特设折旧款为折旧费对待之贷方,今将关于工食、银钱、折旧费、折旧款登记之式列下,聊资说明。(图略)

此折旧款者,既非现款,又非资产,不过平准表中贷方之一项,藉以表示某年或某月中应行列入费用之数,此纯系会计问题。至于应列入借方之数若何,准备以抵消此项折旧之费用,应俟当事者之主张,另为规定。夫折旧款实非现款,既如上言矣。即确有其款,亦非为存储之用,按普通办法,恒以折旧之数,暂时移作公司增建改良之用,至添置新产时为限,此不过使公司暂免借款之烦。至旧产败敝,添置新产抵补之时,则前移之款,仍须设法筹还,以清界限,而持久远。总之,折旧款为一种虚设之负担,以减少公司一时之盈余,为将来抵补固定资产之用,存之去之,悉在当事者之主张,于公司实在银钱之盈余,毫无出入也。此外,关于计银、计工、计料种种手续,业与各厂矿工程司、会计员,拟有一办法,应用表式亦规画就绪,今一并附呈。至若计算机器时间之方法手续稍繁,一时恐难办到,拟定一简而易行之折旧率,为机工之费用,其详细见折旧率规定篇中。

五、改单式簿记为复式簿记。

本公司帐目向沿用旧式简单簿记,当时范围尚小,营业无多,单式簿记足可应用,今公司规模日大,事业日增,其复杂为中国实业之冠,旧时简单之帐式,断不适用于今时。良以单式簿记偏重现款与往来,一收一支,仅能有一部分之表示。本公司之作用,自用现款购入材料,以至成货售出,其间手续不知凡几,故必有缜密精详之复式簿记,使其一部有一部之表示,全体有全体之表示,丝丝入扣,罗罗清疏,庶可免囫囵吞枣之弊。谨附簿记表格如左。附表另列。

(一)商务所宜统辖各厂矿产品之售出 本公司之主职有二,一曰制造开采,一曰销售产品。商务所者,销售之总机关也。凡属公司产品,均应归其掌管。试就汉厂而论,其会计上之办法,如生铁或钢货造成后,由厂运抵码头,便属商务所范围之内,汉厂即计该货自产出至码头,共合成本若干,照数转入商务所帐。其由码头装船及运至承销处所,一切费用,概由运输所向商务所清算,悉与汉厂无涉。倘汉厂本地或附近有购买主顾,亦应由商务所经手,如嫌鞭长莫及,可由商务所专派代理人,或即以现在所有之商务股拨归管属,为其代理机关,以就名义职务上之统一。冶矿、萍矿均照此办法。冶矿所产之矿石、灰石、哆石,自矿山运至石灰窑,即照成本转入商务所帐,其运至汉阳等处,皆商务所事,运费亦由商务所理之。其即在石灰窑码头交货售与若松、轮西之矿石,亦由商务所入帐,收价与冶矿无涉。萍矿所采炼之煤焦,一经运至安源车站,即入商务所帐;运输事概由运输所经管,其由安源至株洲铁路之运费,当由运输所经付,再向商务所清算,与萍矿无涉。其外销于长沙、汉口、上海等处,或售于汉阳、大冶自用者,均由商务所综其事。所有长沙、武昌分销局,均直辖于商务所。惟现时外销多由运输所经管,则可使运输所之一部分为商务所代理机关,如是则各厂、矿所有之帐,仅为成本帐,而营业盈亏悉由商务所主之,商务所之盈亏即全公司之盈亏也。其帐式列举如左:(图略)

按商务所近驻公司,仰承经理之指挥,居中统驭,综筹全局,便利实甚。或曰厂矿不计盈亏,则成绩不见,不令办事者灰心乎?曰否否,产额增多,成本减轻,即为各厂矿唯一之考成,是厂矿不管营业,不问盈亏,正所以一事权重责任,而收分工专精之效。此后商务所担开源之任,各厂矿负节流之责,蒸蒸日上,正不唯会计上之改良已也。

计附呈表另列。

(二)折旧率之规定 折旧之必要已屡言之矣。然固定资产各有其不同之性质,如房屋,如机器,如家具,用各不同,即折旧之率亦不同。假如一房屋也,工厂之房屋必较之办公室之房屋为不经久,则工厂房屋之折旧率必较之办公室房屋之折旧率为大。同一机器也,常用之机器必较不常用之机器为不经久,则常用机器之折旧率必较不常用者为大。此实准值会计学中最复杂最困难之问题,普通办法虽有机器工作率之规定,但亦难得其实在,今按本公司现在情形,求一简而易行之法。约言之,可分两途,曰笼统折旧,曰分析折旧。笼统折旧者,核计每一厂矿固定资产若干,除地产外,每年统折若干;分析折旧者,于一厂矿中,先分某某股,再于每股中分为房屋、机器、物件各若干,逐件估计,逐件折算。惟统折似嫌浑,分析又嫌琐,执两用中,似以分股之为得。如汉厂,分化铁、制钢、机器等股,冶矿分采矿、运务等股,萍矿分隆工、洗煤、炼焦等股,就各股之固定资产,将其价之几厘为其每年折旧费,是虽未能的确,然已远胜于无矣。惟厂矿之折旧费,与普通折旧不同,凡关于开采种种之设备品,如铁道、机器、房屋,皆因开采而建设,一旦开采告罄,则其附属之铁道、机器、房屋,亦属无用,即拆阅以售其价值,亦仅等于废料,而当时种种之开办费,悉归无着,故矿产之折旧,必以存矿之多寡,开采之期限为断。然开采期限,每以开采率为转移,盖存矿有限,而开采无定,开采少,则期限便长,开采多,则期限即短,是矿产折旧当以存矿为标准。若有不经久之设备品,预料必于存矿未尽以前即需更换者,则仍当依其本品之寿命为折旧之率。譬如大冶铁矿,估计存矿五千万吨,而该矿一切资金资产值五百万两,则每出矿一吨即须负折旧银一钱,如今年出矿一百万吨,则今年折旧费为十万两,明年出矿八十万吨,则明年折旧费为八万两,年自为年,月自为月,甚而至于日自为日,悉以出产之多寡为定,则存矿告罄时,所有资产资金,亦一律收回矣。萍乡存矿,据金、赖二工程师估计,约可三千万吨;大冶存矿,据王工程师估计,约可二千五百万吨。将来矿产折旧,便当用为根据。至厂矿各股之机器、房屋及运输所之轮驳,悉以原价值五厘折旧;码头、栈房二厘料;家具、什器不折旧,惟更换价值,当作用度列销,不得入资本项下。

(三)会计所之组织及改良簿记处之计画　现有之会计所似为各厂矿之代理机关,虽有统率各厂矿会计之名,然各自为政,难得统率之实,且机关重赘,责任分歧,虽欲统率而有所不能。如总公司则有总稽核处,为会计所之敌体,各厂矿之统计、收支两辖于会计所,而稽核则直隶于总稽核处,实则稽核、统计、收支,皆为会计之分职,断不能强为割裂,今公司之所谓会计所者,实一统计股而已。今兹从事改良会计,凡关于将来做帐之手续及其布置,已约略上陈,然会计所为实行改良会计之机关,其与现时之改良簿记处,当有密切之关系,敢言其正当之组织,以求将来之统一。会计所之组织当因会计之职任而定,会计职任之大者有三:曰审核、曰簿记,曰统计。审核为会计之第一步,凡款之应付应收,必详审其实在,确知其历史,厘明用度,划分帐目,依照公司之种种会计则例,以实行其审核之职务;审核无误矣,则由簿记者计其数目,分别登记,为公司永久之记载;依此载籍,则由统计者照统计原理为之编制各种统计报告表,以资经理及厂矿长之查考,为定公司政策之张本,而备董事、股东之审核。会计之事毕矣。至收支可谓会计之一部分,或另成一机关,要由其职任而定,如收支者,仅司银钱出纳,则其收付银钱,皆凭审核签字通过者为准,自可附属会计,无另立之必要;如其所司除出纳银钱外,并须调度财政上一切事宜,则似以独立为是。如无另立之必要,则调度财务之事,可属之会计所长。今酌量本公司情形,为拟会计所组织表于左(表另列)。

再,会计所统辖各厂矿会计,厂矿会计纯为成本帐,所有财务帐,如股款、债券、付息、付红等,皆与厂矿无涉,当由会计所主其事。各厂矿资金、资产之价值,为总公司之长期资金,即为各厂矿资本负债,当以八厘或七厘半息付总公司。总公司即可将此息款以应付息付红之用,所有全公司之债券、股份,悉见于全公司之平准表。至各厂矿之平准表中,仅于资本负债项下有总公司长期资金,而无复有股份、债券等名目,因此项债券、股份当属于汉冶萍公司所共有,而不专属于汉或冶或萍也。

（四）总公司费用之摊派　总公司费用为一种管理之费用,向由汉冶萍三处平均分任,今各厂矿之固定资产既为总公司之长期资金,按月付息,则各厂矿之存在由总公司之投资,各营各业与总公司似不生直接关系,总公司之费用可径作总公司营业帐开支,以免摊派之烦。惟各厂矿采办多由总公司代理,商务所之采办股即为此而设,是与厂矿有直接关系,每次采办宜稍加佣金,为采办股之开销,值百抽二厘五或不为过。至大冶新厂,尚在建创时期,固定资产尚无准值,从前采办物品,势难追加佣金,可于工程告竣时摊总公司费用若干分之几,拨入该厂资本帐。

（五）轮驳保险之筹议　运输所轮驳向无保险,遇有沉失亦未列销,故年来轮驳盘存数目与实存轮驳出入甚多,其弊使成本帐不实。成本帐不确,甚非营业慎重之道。轮驳往来河上,疾风暴雨天时之常,损坏沉失自所不免,此项损失设无保险,将何列销？如随时沉失随时列销,则运输成本一时加重,运率规定将何依据？且沉失无常,一年十遇或一年无遇,人天之变,畴能逆料。总之,轮驳沉失为万难幸免之事实,则沉失之亏损,自当为运输费用之一种。保险者,即均匀此项之费用,而又能于沉失时偿还其亏损之数,此与折旧费同一理由,同一紧要。惟折旧备其常,保险备其变,然皆所以拨零费于平时,备整偿于将来也。轮驳保险既如上述,惟如何保法实一问题,外保己保,颇费斟酌。盖保险学之原理,不外一平均原理,出险无常,平均有定,如长江轮百艘,每年平均沉失一艘,虽沉失者,为谁氏之轮不可或必,而每年一艘之数,要无出入。盖此平均之数,实本数百万人数十百年之经验而得,保险公司之盈利,即以此平均之数而定,如保船百艘,每船值万元,每船每年保险费百元,则每年保险费之收入为万元,使每年沉失一艘,则所得保险费足偿一艘之损失,而此一万元之利息则为公司盈余矣。换言之,使我有船百艘,便可利用其平均之数,更无须公司保险,但每船每年抽百元作为保险费公积,遇有损失,则由公积款中赔偿,而此百元之款,则为每船之费用。查运输所有拖轮二十一艘,钢木驳百五十一艘,所值约在二百万左右,若以二厘保险,则每年保险费应付四万,使平均每年沉失一艘或二艘,则此四万两之保费,亦可赔偿而无不足。鄙拟运输所之轮驳,当由公司自保,每艘每月由运输所付入总公司洋若干,作为保险费,遇有损失,则向总公司取偿。是不但损失有着,且可得保险公司之余利,是一举而两得,固何乐而不为。至汉萍船,资本较大,且仅一艘,按平均原理,万无自保之理,自以外保为宜。保险率之规定,业经采取各洋面保险条例并与潘所长磋商,暂拟如下:

轮船按月三厘(汉平外保);

轮驳按月二厘(由汉运沪之钢铁外保);

煤焦已保:由株运汉值千抽二;由岳运汉值千抽一;民运值百抽一。矿石,由冶运至汉,值千抽一。

(六)银钱本位之规定 本公司收支,每因币制紊乱,辄受无形影响,其间困难之处,前已略陈梗概。按本公司厂矿,散处于汉冶萍三处,款项往来习惯各异,如汉冶通用洋例,萍乡通用湘平,上海通用规元。然所谓洋例、湘平、规元,皆不过银两上平色之名称,按诸实际乃皆根据洋圆,今总公司股本皆系洋圆,支给薪工,现亦改银为洋,似当以通用洋圆为本位,虽大宗买卖仍沿用银两,然折合亦无不便。惟本公司帐略侧重汉厂,以洋例为本位,一旦改用洋圆,习惯上或生窒碍,然便利所在,或不因习惯而异议,将来本公司帐记,应以洋圆为本位,以昭统一而示实在。

凌潜夫谨上

(三)股款 股息 分红

公司股票处致夏偕复函
民国六年五月二十四日(1917.5.24)

经理钧鉴:

顷奉台示,敬聆——。陈佑记股票,遵照所开号码、股数均查相符,附上历届发息单一纸,伏乞察收是荷。专肃。敬请

公安

股票处谨启

［附件］ 历届发息单

光绪三十三年底止以前利息　股票库纹每百两,汉厂计库纹二十七两,萍矿计库纹三十五两。

光绪三十四年　第一届,每股现息洋四元。

宣统元年　第二届,每股现息洋四元。

宣统二年　第三届,每股现息洋四元。

宣统三年　第四届,每股填股洋二元五角三分三厘。

民国元年　第五届,每股填股洋一元四角六分七厘。

民国二年　第六届,每股填股洋四元。

民国三年　第七届,每股填股洋四元。

民国四年　第八届,每股填股洋二元,现洋二元。

公司第九届股份利息发放办法

民国七年二月五日(1918.2.5)

本公司定于本月六日起发给第九届股份利息,特规定各职司于左,以专责成,幸各查照。

一、第九届发给六厘现息,全年者每股三元。凡第八届息股所填之股票,系五年四月一日起期,每股只应发息二元二角五分,各宜注意。

一、股东到股票处领息时,先将息单交金子权君排齐号数,逐细登记付息底簿,核计应得股息若干,一面填给发息凭单(凭单须经手人签字),一面将原来息单交叶小苏君于第九届格内盖付息戳记,复将息单号数照数登×底簿。事毕,将原来息单以及发息凭单交与股东,向收支股领款。

一、第九届以前股息如有未领者,须查明股票底簿后,补记历届付息底簿,分别填给凭单,并加盖历届付息戳记。如有第八届四厘现款每股二元,或一元五角,应知照股东持凭单到收支股一并取领。

一、股东持发息凭单到收支股领款时,仍须将息单交出,由杨汝舟君验明第九届格内付息戳记后(应注意有无漏盖),加盖收支股经付戳记于格内右边,随将息单计算,共有若干股,应领息若干,与发息凭单核对无讹,再将凭单交庞仲雅君照发现款。凡五百元以内者,照付现洋,五百元以外者,照给支票。发给后即将凭单签字留存,以为付出现款之根据。

一、每日事毕,统计本日发出股息若干,须与股票处底簿结总核对,并将本日凭单汇齐,交由专管现款徐蕴辉君出具总凭单,按照登帐。

一、每日付出现洋若干,逐日须与管现者结帐;所出支票若干,须开具凭单,交管现登记。每日须知往来行家之存数,以为现款之筹备。

一、股票处登记之付息底簿各有一本,每日事竣,彼此核对无讹,即将股票底簿照盖付息戳记,逐日清楚,不可积压。

总经理签字　夏

夏偕复致公司董事会函

民国八年七月十五日(1919.7.15)

董事会公鉴:

案查六年份第十届结报盈余,遵照贵会议案,除股东官余利外,余提十分之一为办事人酬劳。计应提规元二十二万两,约合银币三十万元。拟以十五万元为普红,十五万元为特奖普红,系就六年份在职员司各照薪数给予两月特奖,则课其资劳,以示优异。陈经贵会议决照办,并将本公司各机关应给特奖数目分别议定,函由敝处通告各机关遵具红奖清册,送经核饬会计所统计股,复加钩稽填单给领,以昭慎重。又红奖两项原拟仅就公司职员为限,至汉厂之领工匠目,运输所之轮驳及汉平船舶主、买办、大车、领港等,均不在分派之列。嗣据各该主管再四代求,以同在公司服务未便独令向隅,复经核准,只给普红不给特奖,计此增发一项费八千余元,而各处请领浮滥,经统计股复核剔除者亦达七千余元,两抵只增发九百余元。兹已一律发讫,计共发普红十四万三千七百七十七元四隹六分二厘,特奖十四万九千一百零四元,两共二十九万二千八百八十一元四角六分二厘,核与原定银数以七一折合计,尚余一万六千余元。据统计股核列总表函告结束前来,复核无异。除函会计所将余款另储备作恤款等费外,理合照抄来表二纸,陈请鉴核备案。祗颂

公安

总经理　夏偕复

［附件］　汉冶萍公司民国六年份职员红奖总表

机关名称	职员人数	普红数目	特奖数目	合计	百分数
董事会	44	10 646.000	49 900.000	60 546.000	20.67
经理处	18	12 799.000	37 500.000	50 299.000	17.17
会计所	22	3 625.000	7 000.000	10 625.000	3.63
商务所	26	5 426.000	2 300.000	7 726.000	2.64
运输所	278	16 671.930	5 500.000	22 171.930	7.57
汉厂	456	35 223.220	22 944.000	58 167.220	19.86
冶厂	77	8 776.380	7 000.000	15 776.380	5.39
冶矿	166	10 486.832	7 960.000	18 466.832	6.30
萍矿	416	40 123.100	9 000.000	49 123.100	16.77
总结	1503	143 777.462	149 104.000	292 881.462	100.00

公司董事会致夏偕复、盛恩颐函

民国九年二月十三日(1920.2.13)

总、副经理均鉴:

接董字第十七号来函,以第十一届分派员司酬劳之款,会计所请以一半发现,一半储蓄,拟具简章陈请核议等因。兹于本年二月十一日第五次临时会公议,总、副经理据会计所函请自董事以至办事员应得第十一届花红酬劳以一半给现,一半储蓄,既为同人谋利益,亦为公司资挹注,事属两益,即准照行,下届如有分红,亦以此为例,章程刊印分布云云,并将章程第四条酌为修改,特另纸抄奉察览,希即转饬会计所刷印单张,随同储蓄存折

分发各处为要。此颂
均绥

董事会启

公司董事会致夏偕复、盛恩颐函

民国九年三月六日（1920.3.6）

总、副经理均鉴：

前接本年二月十六日第十九号来函，以第十一届酬劳董事会暨所属之秘书处、内部总稽查与总、副经理各应提分若干，请先议定等因。当经抄函并拟具两届分红比较单寄请孙会长核定。旋奉孙会长函复，分红单既系按照本届提出总数比较上届之数加三分之一摊派，办法尚属妥协，应否照提，仍请集议核定等因。

兹于本年三月四日第六次临时会提出，公议：本届酬劳共提洋例银二十九万八千一百余两，约合洋四十一万余元，较之上届实多三分之一有强。兹总、副经理函请先将董事会暨附属之秘书处、内部总稽查与总、副经理各应提分若干公同议定，经会寄请孙会长核定，接复以照上届加三分之一，尚属妥协，公议即照此分给，数目列下：

上届提酬劳洋例银二十二万一千零三十六两五钱八分五厘，一〇三申规银二十二万七千六百六十七两六钱八分二厘，七三五合洋三十万零九千七百五十一元九角四分八厘。

本届提酬劳洋例银二十九万八千一百九十二两四钱六分四厘，一〇三申规银三十万零七千一百三十八两二钱三分八厘，七三五合洋四十一万七千八百七十五元一角五分三厘。

照此核算，本届较上届应多摊派三分之一有强。

孙会长，上届普通二千四百元，特别一万二千元，共一万四千四百元。

本届加三分之一，计四千八百元，共应洋一万九千二百元。

李会长，上届普通一千元，特别一万元，共洋一万一千元。

本届加三分之一，计三千六百六十六元，共应洋一万四千六百六十六元。

董事九位,上届每位普通二百元,特别二千五百元,共二千七百元。

本届加三分之一,计九百元,每位共应洋三千六百元。

九位共合洋三万二千四百元。

查帐四位,上届每位普通二百元,特别二千元,共二千二百元。

本届加三分之一,计七百三十三元,每位共应洋二千九百三十三元。

四位共合洋一万一千七百三十二元。

中文主稿,上届普通四百元,特别一百元,共五百元。

本届加三分之一,计一百六十六元,共应洋六百六十六元。

内刘惠翁得四分之三,计四百九十九元五角,杨绥翁得四分之一,计一百六十六元五角。

董会秘书处及附属人员,公议将上届特酬稽核等两款并入,共合洋六千零九十四元。

内部总稽查杨绥翁,上届普通五百六十元,特别二千二百元,共二千七百六十元。

本届加三分之一计九百二十元,共应洋三千六百八十元。

总经理,上届普通二千元,特别一万二千元,共一万四千元。

本届加三分之一,计四千六百六十六元,共应洋一万八千六百六十六元。

副经理,上届普通一千六百元,特别一万元,共一万一千六百元。

本届加三分之一计三千八百六十六元,共应洋一万五千四百六十六元。

统共提洋十二万二千五百七十元。

此外尚余洋二十九万五千三百余元,即由总、副经理分别等次,尽数派给各办事人,以酬其劳,仍汇造清册报会备查云云。相应专函布达,即希查照转饬会计所照数支付为荷。此颂

均绥

董事会启

夏偕复、盛恩颐致公司董事会函

民国九年八月五日(1920.8.5)

董事会公鉴:

接七十六号函开:昨接湖南谭组庵诸君来电,拟向公司通挪洋十五万元,特派罗君良干来商,并由罗君面交谭组翁来函,以所借十五万元如荷惠允,则前请预支股息即可作罢各等因。兹于本年七月三十一日第十二次常会提出,公议:株萍停车,萍矿将次停工,汉炉亦将中辍,铁市生意一落千丈,金融发发,实有不可终日之虞,湘省所请借支十五万元委实无可筹措。惟念组公对于公司遇事维持,交谊甚笃,如代表罗君仍照初议预支股息,虽与公司通例不符,总当勉力设法,以应湘需,即请总、副经理将公司实在困难情形婉达罗君等因。遵即转达,并将困难实情婉告,即商由会计所预支股息二万元交罗君收领,取具收据存案;至股息二万元是否相符,已声明俟发息时核算,少则找补,多则归入下届办理,并一面函复组公婉陈一是矣。专复。祗颂
公安

总经理　夏偕复

副经理　盛恩颐

公司董事会致夏偕复、盛恩颐函

民国十年二月一日(1921.2.1)

总、副经理均鉴:

本公司民国八年第十二届所获盈余,前经本会议决,除提公积、派发股息外,按下余净利提十分之一为办事人酬劳,业经函知在案。兹于民国十年一月二十八日第二次临时会公议:本届应派办事人酬劳,计洋三十二万余元,较上届稍有减少,所有本会董事、查帐暨附属之中文主稿、内部总稽查,应按照上届分派酬劳之数以九折分派。总、副经理统筹全局,擘画辛勤,厥功甚伟,总经理应提给酬劳洋三万元,副经理应提给酬劳洋二万四千

元,其余员司应由总、副经理核定分派云云。相应开具细数清单备函布达,即希查照转饬会计所照数支送为荷。此颂

均绥

董事会启

公司董事会致农商部函

民国十六年二月十四日(1927.2.14)

敬启者:

窃由部派领息员司徒衍出示钧电,本部同是股东,未便独异,仰遵前令,即往妥商等因。查敝公司上年十月间股东大会,佥以公司股票四年无息,其零星小股恃此股息为生活者,生机窘迫,尤为困苦,要求乙卯届商股发给四厘现金、四厘息股,官股则要求大部持保息政策免息等情。其时大部代表王参事治昌在会,曾以此情商恳转陈,迄未奉复,而各商股股东迭次催求,无可解免。论敝公司频年亏折,经济困难,实无发息之理曲,只以各股东既情词迫切,而股票又以频年无息市面抵押价值奇贱,亦与商业前途不无妨碍,不得已筹拨货款,为此维系信用之计,议定本年阴历正月十五日起,所有零星小股先发四厘现金,至各大股东,资本既厚,自可稍延时期,无碍生计,应发四厘现息,则由公司分期填给期票,按期支付,俾得陆续筹备,藉纾财力,业将各大股东邀集会议,众情允洽,并以官股前请免息,既未蒙大部核复,敝公司亦未便事涉两歧,致烦笔舌,亦即公同议定所有各官股发给四厘现息,援照大商股分给期票办法办理,以归一致,定案照办。此次司徒君来沪领息,即将以上议决情形面告,实系竭力顾全,与商股一律待遇,并未独异。理合缕晰奉陈,伏祈大部查核转令司徒君遵照办理,至为感荷。

谨致

农商部

汉冶萍公司董事会孙宝琦等谨启

公司董事会致盛恩颐、潘灏芬函

民国十六年六月二十二日（1927.6.22）

总、副经理均鉴：

接第十号来函，以上海临时法院令查傅副会长所占本公司股份，并令将股东名册送院核办，遵经查明傅董事股份记名傅筱庵者计六百六十七股，开单陈请核议示遵等因。兹于民国十六年六月二十一日第二次临时会提出，公议：傅副会长名下股份既经查明共有六百六十七股，应请经理即行抄单函复上海临时法院查核。至票根册簿甚为繁重，不便检送，请法院派人前来查阅可也。为此备函奉复，即希查照办理。此颂

均绥

董事会启

上海租界临时法院训令

民国十六年十一月三十日（1927.11.30）

令汉冶萍公司。

为令遵事。

本月二十八日奉国民政府财政部第一八一号公函内开：案查接管卷内关于傅逆宗耀在沪产业，奉令交由财政部处分一案，前经中央执行委员政治会议饬令贵院执行查封，并据呈复内称，所有傅逆在沪占有之各银行、公司股份内，除同孚路大中里房屋、三北轮埠公司、通商信托公司三处俟查有端倪再行续报，及查无傅股之华安水火保险公司、祥大源五金号股份内让与在先之虞洽卿等三股奉免置议外，其业已查明之中国通商银行、宁绍商轮公司、上海招商局、华兴水火保险公司、汉冶萍公司、丰盛实业公司、祥大源五金号等傅逆宗耀名下股份，应否更易户名，改隶官股各等情，并奉清折到部各在案。现在本部业将该项逆产予以改归官股之处分，相应录案函达，即希查照，分令中国通商银行、宁绍商轮公司、上海招商局、华兴水火保险公司、汉冶萍公司、丰盛实业公司、祥大源五金号等处，迅将傅逆宗耀原

有股份改归官股,更易名字为"国民政府财政部"官股,另发股票,并于填发
股票之日分登上海各报声明,前存傅逆处股票作废。统请贵院限令各该银
行、公司等于文到三日内办妥,呈由贵院核转,并祈见复,无任盼祷等因。
奉此,合亟令仰该公司一体遵照办理毋违。切切此令。

院长　卢兴原

江苏上海第一特区地方法院命令

民国二十年九月一日(1931.9.1)

为令遵事。

　　查傅宗耀即傅筱庵助逆扰乱挟会营私一案,曾经前上海公共租界临时
法院于民国十六年六月间命令将傅宗耀即傅筱庵所有该汉冶萍公司傅筱
庵户名创字第三四八七号二十六股,优字第八零八零号二百六十股、第八
零八一号一百三十七股,普字第九五一四号一百四十四股、第九五一五号
二十八股、第九五一六号五十股、第九五一七号十股、第九五一八号二股、
第九五一九号十股,合计六百六十七股,每股五十元,共计股本三万三千三
百五十元,悉数查封在案。

　　兹奉江苏高等法院第二分院第二七三号训令内开:为令遵事。案奉司
法行政部第一七七零号训令内开:案奉司法院本年七月十五日第四二八号
训令内开:奉国民政府五月二日训令(第二四二号)开:据宁波旅沪同乡会
委员长虞和德呈称:为呈请事。窃本会会员傅宗耀于民国十六年四月二十
六日奉上海政治分会以助逆扰乱挟会营私等由,奉令通缉,现在所有各政
治犯于本年一月一日既蒙国府明令特赦,仰见政尚宽仁,薄海铭感。惟查
傅会员宗耀通缉期内所有产业先后奉法院令饬扣押在案,兹既明令特赦,
仰应将扣押产业令饬取销,以昭公允。和德等属在同乡,为敢具文代呈,并
将傅宗耀奉令扣押之财产票等附呈清折,伏乞迅赐察核,批令饬遵,曷胜德
感等情。据此,应予照准。除分令行政院外,合行抄发附件令仰该院转饬
遵照办理。此令。等因。奉此,合行抄发附件令仰该部转饬该管法院遵照
办理。此令,等因。奉此,合函令仰该院即便遵办,清折抄发。此令。等

因。计发清折一件。奉此,合将前临时法院查封傅宗耀在沪产业卷四套并抄清折一并令发,仰即遵照办理,俟办毕后仍将原卷呈缴月档。此令。等因。奉此,合行令仰该汉冶萍公司遵照前次查封傅宗耀即傅筱庵所有上开股份一律启封,发还该傅宗耀即傅筱庵收管,并仰该公司将启封情形具复,以凭呈报,切切。

此令

中华民国二十年九月一日

院长　杨肇焜

实业部批

民国二十二年一月七日(1933.1.7)

原具呈人汉冶萍煤铁厂矿股份有限公司董事会,呈一件,为公司拟按照新案呈请设立登记整理股户发生窒碍,请求展期登记,并指示救济办法由。呈悉。查该公司既拟按照新案呈请设立登记,其股东延不开报姓名者可暂依照原股东名簿开列具报,所请展缓登记一节,应毋庸议。

此批

部长

公司董事会致盛恩颐函

民国二十二年一月十八日(1933.1.18)

总经理台鉴:

本会前以公司登记部限已迫,而举办股票登记未能如期集事,无从开报股东姓名,请部展限并指示救济办法一案,呈奉实业部批示,股东延不开报姓名者可暂依照原股东名簿开报,展缓登记应毋庸议等因。经于民国二十年一月十七日第二次董事常会提出,公议:整理股票,部批股东如有延不开报姓名者,可暂依照原股东名簿开列具报,是公司登记自可及早办理。惟各股东散处四方,股票登记虽经展延仍有未能周知者,应再展期至本年二月末日为限,不再转期,由会计师会同本公司法律顾问拟具公告文稿,送会审核,再行送登各报,并声明如再不来登记将来发生法律上纠葛问题,公

司不负其责云云。除呈文部批业经先后抄送外,相应录案函达,请烦查照
办理为荷。顺颂

台祺

董事会启

公司董事会致盛恩颐、赵兴昌函

民国二十四年五月二日(1935.5.2)

总经理、襄理均鉴:

　　民国二十四年五月一日第五次董事常会公议:本公司登记前于去年五
月间据承办是案之童会计师函称,社会局批令补呈从前执照,当将原函并
饬秘书处检同此项文卷一并送请经理转交呈验。查前次股东临时会议决,
俟呈部核准后于最短期间召集股东常会,意在希望速开,今累月经年,部中
尚无消息,若不加呈催请,将来股东质问,实觉无辞以对。且见近日报载,
实部训令各省市主管厅局查报各该地方公司登记情形,具见部中重视此
事,尤宜早日办妥。惟经办之童会计师事务繁冗,应即函请总经理、襄理另
聘徐永祚会计师接办,克日具呈社会局转请实部迅予核准,俾便召集股大
会云云。相应录案函达,请烦查照办理为荷。顺颂

均绥

董事会启

公司董事会致盛恩颐函

民国二十五年五月二日(1936.5.2)

总经理台鉴:

　　民国二十五年五月一日第四次董事常会公议:本公司登记一案,前经
函据经理函复,已遵与徐会计师接洽,并向童会计师索取关于此案文件,惟
童处文件至今尚未交清等语。查此事关系公司立足要点,自不宜过事延
宕,童会计师事务繁冗,对于此等例案文卷不甚重视,如仍未交清,则应请
总经理一面请谢蘅牕先生催取,一面派员前往坐索,务令清交转交徐会计

师接办,是为至要。相应录案函达,即希查照办理是荷。顺颂

台绥

董事会启

上海总商会办事报告

民国二十五年六月二十八日(1936.6.28)

汉冶萍公司与林虎侯君查核帐略案。

(一)原案交议理由书

查汉冶萍公司前因查得林虎侯君所经手公司帐目,除已认缴四万八千余两外,尚有五款为数颇巨。呈奉工商部派委王槐清君来沪,会同汉冶萍董事会所派查帐员朱志尧、刘鹤庄二君,并由董事会函请本会举派查帐议董丁钦斋君、查帐员冯荫三君,邀同林虎侯君在本会调阅帐册,按款查核,实多疑窦。复公举特别查帐员谢纶辉、朱五楼二君各举代表宓松龄、应锦甫二君覆查无异。令日特约林虎侯君到会,将五款帐目因何不明之处详细陈述,其中有无弊混,请诸公评议。

(二)提议时速记录

贝协理宣布开会宗旨毕,并报告本会周总理因系汉冶萍董事,本日未便出任主席,自请回避。公议请贝协理主席商事。

公断处职员沈君仲礼:今日鄙人以公断处评议员之职应召到会,但亦为汉冶萍董事,应请照例退席。

公议:周总理因系主席,故告回避,议董职员如有兼汉冶萍董事者只须请勿发言,无庸回避,沈君乃就席。

工商部委员王君槐清:萍矿弊帐四万八千余两,系鄙人赴萍查出,业经起诉法庭,由林虎侯如数认缴。其余帐目在萍时由萍矿同事缮递呈词及向鄙人面告者颇多,亦有以匿名信函邮递,攻讦者大抵以薪水洋壹元照六钱六分作价及军事损失煤款两项。访查萍矿煤焦兵燹时确有损失,但无如是之巨。目下司法独立,鄙人虽部派人员,无裁判之权,仅于濒行时面嘱递呈,等诸人查明洋价每元作六钱六分是否总公司之意及煤款损失实数而

已。此单内所列五款曾由刘鹤庄君调查帐目,应请其另行报告。

汉冶萍公司董事委任查帐员朱志尧、刘鹤庄君报告:公司自经部员王槐清查得林虎侯君有弊帐四万八千余两,业经诉讼法庭,由林君承认如数归缴外,嗣由陈理卿先生调查林君经手帐目仍有弊端,由公司董事会委任志尧、鹤庄按款查核计。

第一款,光复后萍矿钱号结,该湖南萍洙路局及大汉银行 391 500 余两,又洋 102 900 余元,因无款可还,如数填给股票银洋,两款共合股洋 624 800元,每元扯价□□,以清其款。嗣经林君交出转帐单,则除去原存洋款作抵外,其以银所易股洋 521 846.699 元,按七钱一分计价,每元少作银四分有奇,于是不敷银 20 997.917 复作存款,一存孙遂记湘平银 10 997.917一存赵椿记湘平银一万两,由元旦日起按月七厘起息。

第二款,光复后发给员司薪水,以湖南银票八成现洋二成,工人辛工则以银票八成铜元一成钱纸币一成,凡银票一两作洋一元五角,而流水帐仍照洋元数目开支,复以洋元市价兑换与矿,计侵蚀洋价银 29 300 余两。

第三款,由沪运去现洋十万元,复又陆续运往长沙兑换银票到矿发给薪工。当时湖南现款异常宝贵,每现光洋一元换银票九钱数分至一两不等,以现洋十万元作换银票 95 000 两,每两作洋一元五角,计应余银元 42 500元,平均每元扯价□□,合洋例银 32 900 余两。

第四款,册报损失煤焦共计款 179 000 余两。

第五款,运煤水脚不符银 13 300 余两。

按上五款共计银 275 000 余两,均有证据。

第一款证据:有湖南财政司来单,路局项下湘平银 249 895.643 两,又洋 102 952.301 元。大汉银行项下湘平银 141 614.14 两,共银 391 509.783两。照二月九日市价计算,扣洋 514 467.52 元,总共洋 617 419.821元,内计收到股票 617 000 元余,我现洋清讫。

按矿局钱号实付出股洋 624 800 元又银 20 997 两,据湖南财政司开来清单所收股洋少交去 7 300 余元,至又我银款 20 997 两,不但分毫未收,且不知孙遂记、赵椿记为何如人也。

　　又据钱号司帐姜仲采答复陈理卿先生书内云，股票兑换及孙遂记、赵椿记普记各款，均有林虎侯翁条信拨付，弟无力阻止等语。姜仲采答以无力阻止四字，其情显然若揭。

　　第二款证据：有司帐汪廷六答复陈理卿君书云，奉查九月光复以后至壬子阳历五月流水兑换帐，查此七阅月用款均银洋搭用，逐日轧帐，以银洋统轧，短银一两即以洋一元五角作抵。迨壬子阳历五月仍以银洋统算照帐轧现，如数点交林虎侯先生。至帐上兑换总结悉系林虎侯先生结算交给收支处，应请询问林虎侯先生。所有发给薪水辛工经手者有屠介颐君可证明，诸公询问屠先生。

　　第三款证据：据全矿同人报告书云，辛亥十月间，由沪运来现洋十万元到矿后，陆续运往长沙兑换银票，即以银票作洋发给辛工。自前清宣统三年九月起至民国元年五月止，出入转兑作价实余银有 42 000 余两并未列报等语。

　　查自光复起至壬子五月止，计支用款洋 406 000 余元，均扯以一五成现洋搭发，共应搭现洋六万余元。查封闭官钱号时有现洋二万余元运矿，又汉运矿现洋四万元，足敷一五成支配之用，则沪公司运去现洋十万一款其为运长沙换票无疑。

　　第四款证据：据湖南财政司来单，辛亥九月初十日支交通司领萍煤值省平银 5 500 两。又壬子元年四月一号支交通司领船政处需用煤斤价值省平银 7 998 两。又代鄂省采购萍煤垫发价值省平银 33 000 两。

　　查辛亥报册系壬子五月二次在汉重造，已在湘省付给煤价以后，何以犹称损失？又有林涤泉手条可证。条云此表汉局遭兵，损失煤焦两项，号码原数系林涤泉在萍据汉册核计填写后改之数，系由姚子西、屠永康两君到汉接洽更改造表誊帐，系壬子四月间事。正月十号林涤泉此项表册，现有屠永康君在此可证是否属实，请诸公问屠先生。

　　第五款证据：有水脚而未运煤焦，其水脚从何处而来，应请问林君。

　　帐情如此，证据如此。原查系陈理卿先生，复查朱志尧、刘鹤庄，后又由股东公举谢纶辉、朱五楼两先生，两先生以各有职业请出宓先生、应先生为代表。以上五款均经宓先生、应先生查过，并经谢朱两先生函达公司复查无异，请诸公秉公解决。

屠介颐君报告：顷间刘朱二君报告，谓发给薪水辛工系鄙人经手可令作证。查武汉八月十九光复，林虎侯君于二十三到矿，其时矿无现款，极为危险。林嘱鄙人至沪筹款，虽在沪筹到五万元，因交通不便，无从汇寄，鄙人即于十月十四回矿。长沙系九月初一光复，林君即将收支处现款悉归总局管理。矿局发薪向由收支处凭领单照发，自林君将现款收去后，凡遇发薪归总局将款项及领单转交收支处发给。如是者十阅月，至壬子五月始由总局将款项交出后，发薪仍由收支处凭领单直接发给。矿员薪水二成现洋八成银票，窿工工食一成铜元一成钱票八成银票。至于煤焦损失，鄙人向不接洽，请询屠永康君便知底蕴。

屠永康君报告：煤焦各帐向系林涤泉君办理。前年八月间，正月至八月结总，鄙人随同林君至汉结算，迨至年底汉册已到。因军政府所用煤焦一律作为损失，因此损失加多。

商会公派查帐议员冯荫三、议董丁钦斋君报告：查此帐详核已久，两造各执，前曾以已到之帐目证据观之，所谓无私却有弊，应请将两造问答开会公决，载在卷内。当时林君声称有弊二字，必须指明弊在何处，方甘折服。兹就汉冶萍公司交到经查帐略，并林君答复第一款节略，秉公核计得其要领如下：

（一）该公司经查帐略中所载第一款，自甲至丁四项皆系林虎侯君不应以七钱一分最小之价兑出，而以最大之七钱五分另之价兑入。致钱号空耗洋水 20 997.917 两列收孙赵存款指为弊混，作以下种种不当之手续而质之。林君谓孙赵之款系由吴镜渊收去，已在商会承认，谓为弊混，实所难甘，以致两争不决。平心论之，公司之与矿局暨钱号实二而一者也，公益捐一项无论其前后如何说法，然其数总不出十万元一额。林君既在矿局帐册出支公益捐十万元，似不应再在钱号将兑洋以小作大，致令无形耗失洋水银 20 900 余两之多，仍以公益捐为名列收孙赵款，质言之直是帐两付，盖公司既为矿局认捐公益捐十万元，而钱号复遭耗洋水二万余两，公司更少此一笔余利入款。鄙人等谓为无私有弊，盖即指此。苟欲无弊，应请林君将矿局公益捐照初议改支五万两，在钱号堂堂正正出支公益捐银 20 998.917两，以符七钱一分十万元之额。照以上说，为林君计，似应折服。不料林君又不以为然，谓钱号之兑洋小出大入，实公司有以致之。公司所给股票 724 800 元，系照七钱七分五核作规元付矿局之帐，矿局不甘受亏，故于是年腊月移至钱号，有收总局洋例银 18 000 余两之款，钱号虽属空耗洋水，公司实获利益也。诚能令公司矿局钱号三处出入皆以湘平七钱一分计，则余之冤诬不白自明，且于初次报告盛总理之电亦属符合。鄙人等姑徇其情为之试演如下：

公司名下

收股本洋□十万元讨矿局规元十万两

收兑入湘平银十万两以规元十万两付兑出洋十万元

矿局名下

收公司规元十万两付兑出湘平银十万两以规元十万两

收兑入洋十万元付公益捐洋十万元

付钱号洋十万元

钱号名下

收总局洋十万元付还萍洙路局洋十万元

收兑入湘平银十万两付兑出洋十万元

付还萍洙路局湘平银十万两

付还大汉银行湘平银十万两

照此帐核算，大汉银行原存钱号湘平银十万两，今除付外，尚应存银□万两，嗣即改收赵椿记、孙遂记两户后之支出，谓为应付之款未尝不可。所难解者，钱局既以七钱一分填股票偿欠款与萍洙事前言明，何以该省财政司收到清单只收到股票十万元又现洋□百元，且照是年二月初十日南昌市价以七钱六分一厘合银将欠款如数两讫，其所少交之银票□千元暨钱号所出之银 20 997.917 两归于何处，应请质问林君明白证实方能有效。以上两端仅就帐目大纲而言，其余细节不及缕指。

特别查帐员代表应锦甫君、宓松龄君报告:汉冶萍公司前经查出不符不实各帐,现由鄙人等一再复核,合将已查各情形逐款奉告:

第一款,复查各户存款填股以银易洋,收付之价相区,致有无中生出,孙遂记、赵椿记两户存项与前查所指各节果相符合。

第二款,前年该处光复后,洋元异常宝贵,矿中应发薪金据付长沙银票八成,余者两成分搭银铜元及钱票,凡搭银票八成作洋一元五角,流水簿上依然仍付洋数,一进一出从中之取巧不归于公。逐查每月总揭洋则透存,此即付多收少所致。

第三款,前查所指光复起至壬子五月止,共计支用洋款四十万有零,均扯一五成现洋搭发,只需现洋六万余元。此时两处运矿足有此数,所有沪公司运去现洋十万元易银搭付工资一节,虽无实据,看帐不问可知。

第四五两款,所报煤焦损失,何以长沙财政司查来先后付过三次缴款,其中情弊似可概见。至于运费非予到各处总清簿据查对不可。

林虎侯君:今日会议始于昨晚八点钟接到商会通知书,公司中并未预先通知,以致不及预备,臆度公司欲以迅雷不及手段即在今日断决,然志熙决不能承认顷所呈答。公司查询第一款节略即在此半日间匆促叙出,语多未尽,况公司历来情形异常复杂,即以第一款而论,帐簿并未齐全,诘问情形亦时有不同,公司查帐员今日所报告亦并未当面逐条研究,使我无从答复。现在志熙欲要求者,第一要求公司交完全帐簿。第二要求两方查帐情形即以今所报告为范围,请诸君签字为凭,照录一份交与志熙方可签注答复。光复时公司矿局中人皆于乱处逃至上海,我其时在京,反从平安之域只身至萍乡乱地,种种情形历尽艰难。萍局赖以保全,皆我拼着性命不避难险之力,倘我不冒险前往,今日千余万之萍矿已不知作何景象。彼时奔走各处,帐非我管且无从容稽核之余暇,如果各处员司以及经手银钱之人如何作弊,尽可将帐簿中作弊情形查出当面问我,不该就此报巡捕房使我受无穷之辱,殊非我拼命保全千余万之萍矿时所料到。但仅以印刷之报告看,似果凿凿可据,不知志熙所可以答复之紧要帐簿公司皆未交出,公司查帐员与我皆反对,志熙可以请胡景伊质证此事。历年来所欠第一款各家款项,试问彼时以何现款还,彼经种种之运动始填作汉冶萍股票,所欠各款银子较多,股票票面又系洋元,以上海规元银□克湘平□作洋六十五万数千元。又湘军政府嘱捐饷银,先许五万两,坚不答允,后又改为十万元,有电报及沪总公司金菊帆活口可凭。迨我因奉盛总理复电邀往日本磋商借款,不暇及此,及至回沪已由金菊帆将六十五万余元及筹饷捐十万元共填724 800元股票于十二月间寄往外,以□合银再找银21 000两,故另出凭据。至□与□不符缘故,因当时与金菊帆接头时说明此项票面付萍乡总局帐以七钱一分作银,因非现银故金菊帆并未立时付入帐内。后来总公司付萍乡总局洋724 800元时并未注明价钱,至年底金菊帆忘记前说,致以未补入帐内。此款必须查总公司帐簿方可明白。

贝协理问湖南军政府有无收条。

林虎侯君答称在吴敬仪处。

特别查帐员谢君纶辉:洋水之余是虚数并非实款,洋数出入确是相符,惟公益捐既付银又付洋显有重复,孙遂记、赵椿记两折究系何人应诘问。

林虎侯君答称萍乡局付湖南军政府作价七钱一分,有电报及金菊帆可证。财政司清单系陈理卿先生信中抄来,非湖南财政司所出原收条,不能作凭。孙赵两款萍乡总局系七月间付出,故非查七月份流水簿不可。

贝协理:孙遂记、赵椿记两折前据吴敬仪所述,话语隐约活现出化名情形,令人愈觉可疑。

林虎侯君答称我亦曾诘责吴君谓其语太游移,吴君谓公司欠款本应缴现,何以肯受股票,可知其中情形实属困难。

特别查帐员谢君纶辉:公司汇申之银,均系公司支福康、恒祥两家之票,收林福记帐,其中不无嫌疑。

林虎侯君答称如问福康、恒祥往来与志熙私人有无关系,则内中有十五户划交兴业银行银15 000两,何不往兴业一查?况帐非我自己所司,尚要请诸公原谅。

傅议董筱庵:据林君说簿据未齐,请问查帐员究竟可曾调齐查核否。

商会查帐员答称:昨有交到清单非流水簿,如欲清查非取到流水簿不可。公司查帐员声称七月份流水帐簿刻已寄到。

公议:据林虎侯君称,七月份流水帐簿未曾交会查核,要求送会复查。至洋厘上落有金菊帆君可证,填给股票及公益捐款系吴敬仪接洽,孙遂记、赵椿记两户之款内 15 000 两系向兴业银行取去,应向兴业查询等情。自应按照以上各情复查后再行评议。众赞成。

外附林虎侯君答复查询节略四纸。

公司董事会致盛恩颐函

民国二十五年九月二日(1936.9.2)

总经理台鉴:

民国二十五年九月一日第七次董事常会公议:本公司呈部登记关于承办之童会计师交而未清各文件,业经议请总经理派员前往坐索,令其尽行交出,移送徐会计师接办有案。查上次股东临时会通过修订章程时曾经议决,俟呈部批准后即召集股东常会,自是以来,寒暑迭更,股东中近颇有以久不开会来函诘问者,应请总经理催请徐会计师将公司登记一事积极负责办妥,俾便筹开股会,以慰从股东喁喁之望云云。相应录案函达,请烦查照办理为荷。顺颂

台祺

董事会启

汉冶萍公司呈实业部文

民国二十六年七月二十日(1937.7.20)

呈为呈送股东名册事。

案奉钧部总字第二八四五九号训令,饬迅将公司股东户名及股数先行造册送部等因。奉此,遵即按照钧部指示,将股东户名、股数造具清册一本,随文上呈,并附说明书一扣,谨祈鉴核。为此谨呈

实业部部长吴

附呈股东名册一本,说明书一扣

汉冶萍煤铁厂矿有限公司总经理

[附件] 说明书

一、本公司股票分创办、优先、普通计三种,每股国币五十元,已照票面缴足,共计填出股份三十七万四千二百四十七股,合国币一千八百七十一万二千三百五十元。

一、查股东名册,以前多有只用堂记并无姓名者,自二十二年起,办理登记,声请各股东填注所有人姓名,迄今尚在陆续登记,故清册内有甲乙两种。

(甲)已登记股东共计一千一百八十三户,合计股份二十一万一千一百八十五股,合国币一千零五十五万九千二百五十元。

(乙)除前列登记外,尚有未登记股份十六万三千零六十二股,合国币八百十五万三千一百元,仍照股东名册及原发股票票面抄录。

一、本公司历届所发以息作股之股,尚有未来领取换填股票者,此外有息数不足填股,由公司发给收据,以便合并成股者。两项共计国币二十一万六千七百九十四元,合并声明。

(四) 交通部轨款

公司董事会致交通部函

民国七年三月二日(1918.3.2)

敬启者:

本年一月二十一日奉台函内开:前邮传部垫付贵公司汉阳铁厂轨价洋例银二百万两一款,按照合同每六个月一结,每年六月底及十二月底结算两次,铁厂自收银以后向未照约清算。四年一月,曾由本部将截至甲寅年十二月底止即民国四年二月十三止收支各款连同利息一并开列清单函送贵公司查核在案,迄未准复,嗣后复有扣抵,头绪纷纭,亟应按期结束,以免紊乱。查前单截至甲寅年十二月底止,收支相抵,共欠本部洋例银二百三十四万二千二百三十两二钱四分,兹将乙卯年正月起截至丁巳年十二月底止,即民国七年二月十日止收支各款连同利息开列清单二分函送查核,即请贵公司从速核对,务于阴历年内见复等因。

查预支轨价洋例银二百万两利息并各路结欠轨价以及川粤汉所扣轨价帐单,彼此已结算数次未经解决,民国五年七月间敝公司曾函请大部逾格维持,将所扣轨价尽先还本,其半年一结之息邀免再行计息,各路轨价本息结至四年年底止,预支轨价本息结至五年六月底止,计欠本款一百六十六万五千八百八十六两五钱四分二厘,息款五十九万五千四百六十五两五钱三分六厘,开具清单呈请鉴核。五年十一月间奉十一月十五日复函,彼此免算复利一节,已蒙允准变通办理,所请以所扣轨价尽先还本未荷赞成,并寄来结至四年年底止更正清单一份,属为查核见复。敝公司复于五年十二月七日函请大部仍照前请准以所扣轨价尽先还本,并声明浙路及张绥路帐目不符缘由,未蒙复示,遂致久悬未结。此次承寄来帐单,预支轨价二百万两,仍按六个月一结,照算复利,所云甲、乙、丙、丁四项轨价尚系第一次结算之数,内有浦信轨价,业已照收,惟欠息未算。其川粤汉等处所扣轨价本息清单,敝公司详加核对,内有两款为敝帐所无,当抄单寄交汉阳铁厂与该路局核对,亦云无此两款,想系误收,应即如数剔除。彼此计算利息照民国通例,无论官商,概用阳历,敝公司未便独异。原单所计利息即照阴历复核亦不相符,不知如何算法,其收款日期与敝公司付帐日期往往相差十天或十余天,此乃路局转帐之耽误,敝公司只得认亏不再计较。所有预支轨价二百万两一款免算复利,已蒙大部函复允准,敝公司前请以所扣轨价尽先还本,俟本款还清再将历年积欠利息陆续扣还,实以敝公司迭遭顿挫,财力困难,冀将本款逐渐减少,则担负庶可稍轻,且以制轨应工本以杜漏卮而裨路政。大部之于公司未尝与普通商业等量齐观,仍求始终维持,准照前请,俾彼此帐目得以早日结束。兹按照大部五年十一月十五日开来帐单加以签注,并此次开来川粤汉等处所扣轨价单内误收两款剔除,统结至六年阳历年底为止,计预支轨价洋例银二百万两,又利息七十八万五千四百八十八两九钱四分,各路结欠轨价本息十四万二千零七十一两四钱七分五厘,又川粤汉等处所扣轨价本息八十八万五千一百七十八两六钱五分七厘抵还外,净计结存本款洋例银九十七万二千七百四十九两八钱六分八厘,息款洋例银七十八万五千四百八十八两九钱四分,附呈预支轨价结算本息清单一件,各路结欠轨价本息清单一件,川粤汉等处所扣轨价本息清单一件,并抄附前来帐单一件,其浙路与张绥路数目不符之处加以签注,敬祈俯赐鉴核示复,以便核结清楚,实为两便。谨致

交通部

汉冶萍公司董事会　孙宝琦等谨启

公司董事会致交通部函

民国七年四月十三日(1918.4.13)

敬启者:

顷奉尊函,并附下预支轨价本息清单等件,敬聆一是。查此次来帐,截至六年年底止,计欠大部预支轨价本息洋例银一百七十六万零七百七十九两八钱一分六厘,比较敝公司前寄帐单计欠本款九十七万二千七百四十九两八钱六分八厘,息款七十八万五千四百八十八两九钱四分,计多欠二千五百四十一两零零八厘,内有元年份浙路交轨短镑一千三百三十一两五钱九分九厘,又扣息三百零一两七钱零二厘。敝公司以元年份浙路轨价帐目彼此早已结清,事后忽有短镑之说,不便承认,业经屡次声明,承示从前短镑情形,路员星散,大部亦不甚接洽,惟为数甚微,比之免收复利之数不及百分之一二,仍嘱照认,俾早了结,敢不勉遵台命。此外,张绥路结欠轨价多算三年份一年利息,及存息误作欠息之处,即承抄帐明白宣示,自应照算;惟免计复息一层,仰蒙大部慨允在先,仍恳始终维持,于后准以所扣轨价尽先还本,俟本款还清再还历年欠息。此次结帐截至六年年底止,计欠本款洋例银九十七万五千二百九十两零八钱七分六厘,息款洋例银七十八万五千四百八十八两九钱四分,本年计息即按本款结算,其息款不再计算复息,俾免以后结算有所争执,则受惠无穷矣。谨致

交通部

汉冶萍公司董事会　孙宝琦等谨启

孙宝琦致公司董事会函

民国七年七月十日(1918.7.10)

董事会诸位先生均鉴:

顷准交通部第一九零七号公函开:贵公司应扣还本部垫款本息及各路购用钢铁,事前经往复函商,已将民国六年年底止公司结欠本部数目算清,并经部允免计复利。惟轨价尽先扣本一层尚未解决,并准贵公司函称,每年可供给本部各路钢铁各一万吨等因。查本部与贵公司扣抵垫款,数年以来迄无妥协办法,彼此均有不便,亟应与贵公司双方妥商办法,俾资结束。惟所用钢铁各件之种类数量、制法、价目及交货日期、地点与夫款项如何计算等项,事关技术及会计,拟请贵公司派定技术及会计两方面有权作主之人,授以全权与本部商订办法。贵公司派定何人及会商地点拟在何处,并请查酌速复等因。

查此案数年以来乞无妥协办法,现交通部既请公司派定专员并指会商地点,以便双方商订办法,俾资结束,自是正办。相应函达,请烦查酌办理,并请速复,以凭复部。专此。顺颂
日祺

吴健呈交通部节略

民国七年九月二十日(1918.9.20)

健等此次奉敝公司委任来京,与大部协商扣还预付轨价及供给钢铁各事,于十七号曾准大部函约作一度之谈话,因为迫于时间未能尽意磋商,兹就谈论之点再为陈述。

前承大部以钢铁事业与路政关系至为深切,自应互相维持,以冀共臻发达之至意,允将预付轨价一款复息概予免除,足征大部廑念商艰,实深钦感。惟所请以所扣轨价尽先还本一节,尚未定议,当再从长商酌,以期妥洽。至于供应钢铁各事,健等自应克已求全,以副雅嘱。然有不能不将此中苦情诉之左右以冀原谅者,如现在亚东生铁时价每吨约二百两,以一吨

生铁制一吨钢轨,须加成本二三十两,又除去所废折耗一成有余,复经敝厂及路员剔选除去一成有余,假如每吨钢轨售价二百二十两,较售生铁约吃亏八十余两,如是每吨钢轨实仅得价一百三四十两矣。其他钢件均可以此类推。苟敝公司为图目前利益,宁售生铁而不愿售钢轨矣。然敝公司事业素仰大部维持,供应钢铁是属应尽之责,况系久远交易,纵令吃亏亦当忍痛为之。兹将私下拟就办法数条分陈于后:

一、所欠大部之款共计本银九十七万五千余两,息银七十八万五千余两。拟分六年以货价提还,前三年还本,后三年还息,本银照算利息,息银免计利息。

一、拟订长约供应大部各路需用钢铁,假定每年各乙万吨,每三个月匀交一次,其货请大部先期派员检验,届期即请付价。

一、钢铁之价,欧战之时,以亚东普通时价斟酌略减;欧战终了,俟欧美强制的售价取消后,即照欧美普通价加上来华运费斟酌订价,每年秋冬间由两方面开具订单,议定价值。

一、大部明年所需钢轨八千吨,每三个月交货一次,拟由阳历二月开制,四月底第一次在汉阳交货。

一、拟请即将钢轨花色详细开示,以便定价。

以上所拟仅大纲数条,如蒙定议,再行拟订详细条件。谨呈钧鉴。

交通部致公司董事会函

民国八年五月二日(1919.5.2)

径启者:

准贵公司京字三十五号来函,对于本部所拟扣还预付价办法,未荷赞同。查前邮传部为维持贵公司之故,预付轨价,其分年扣还本息及欠息仍计复利,轨价不敷以现金缴足各办法,合同业经规定,乃贵公司不能遵约办理,致本部受亏甚巨。前因帐目纠葛,本部为民国六年底以前帐目得资结束,并希望贵公司维持本部利益,速谋垫款了清起见,免允将六年底以前所欠息上之息免计,而贵公司对于垫款之清偿仍无办法,上年双方磋议购轨及还欠两事亦未解决。兹准来函,仍请将还欠与购轨二事一同解决,并拟定前三年还息,后三年还本,数目较本部所拟办法本部实损十四万余元,若不能如来表所开年份了清,则亏损更不止此。本部但期互相维持,早清负累,初不欲坚持己见,兹拟商请贵公司照本部所辖各路他人投标所能承办之价值,与路局商订大批轨件,分期交货,以足敷六年内应还本息之数为度。如轨价问题决定,则摊还本息一层,本部即可通融,免计复利,照来表所拟前三年还息,后三年还本办法办理。惟各该年扣轨价如仍不敷表列应还数目时,须由贵公司以现金补足,以免再滋纠葛。本部现已饬京汉兼京绥路局局长丁士源与贵公司磋商订购轨件办法,一俟商定,再由部承认摊还本息之法。此系本部格外从权让步,务希谅察照办,勿再争执,无任企盼,并祈见复。此致

汉冶萍公司董事会孙会长

凌善昭致夏偕复、盛恩颐函

民国九年五月十日(1920.5.10)

总、副经理钧鉴:

查本公司所欠交通部预支轨价,前结至六年底止,共欠本息洋例银一百七十六万零七百七十九两八钱二分,加七、八两年份利息,截至八年底止,计欠本息洋例银一百八十七万七千八百十四两七钱二分。此项欠款去年初次与交部代表丁局长订定:分六年摊还,不计复息。八年份还款办法,以京汉铁路前欠汉厂轨价洋例银三十九万五千二百九十八两四钱九分四成抵付,并交钢轨三千余吨,连利息等,预算可还洋例银四十六万三千三百七十七两零八分,其中以银十三万五千二百九十两八钱八分作为还本,余银三十二万八千零八十六两二钱付还息款。除照上付还外,计尚欠本款银八十四万两,息款银五十七万四千四百三十七两六钱四分,两共欠银一百四十一万四千四百三十七两六钱四分,再分五年摊还,每年约还旧欠银二十八万两。旋因以前欠轨价四成抵付一节交部未允照办,复与丁局长议定改以七成抵付。经此变动,则预算八年份前项可还之款数,计有洋例银五

十八万四千八百八十一两一钱三分,内中以银十九万五千二百九十两八钱八分还本,三十八万九千五百九十两二钱五分还息。照上付还后,计尚欠本款银七十八万两,息款银五十一万二千九百三十三两五钱九分,两共欠银一百二十九万二千九百三十三两五钱九分,分五年摊还,每年约还银二十六万两,并各该年应付之利息。嗣因汉厂交货稍迟,应交钢轨至年终方行交完,未批轨价银十五万八千三百余两,本年一月初始至总公司转帐,是又当列入九年份还款内结算,而八年份可抵还之款只共洋例银四十七万一千五百八十二两七钱二分,与初次议还预算之数相仿,应仍拟以银十三万五千二百九十两八钱八分为还本,余银三十三万六千二百九十一两八钱四分为还息。除照上还款外,截至八年底止尚结欠本款银八十四万两,息款银五十六万六千二百三十二两,两共欠银一百四十万六千二百三十二两。

兹将交各路钢轨价清单一份,与交通部结算本息清单一份,九年至十三年还款数目清单一份,送陈钧核,以便据此与交部先行结束八年份帐款。合将此一年经过情形详晰陈明。专肃。敬叩

公绥

会计所所长　凌善昭

夏偕复、盛恩颐致公司董事会函
民国十三年三月十一日(1924.3.11)

董事会公鉴:

窃查上年十月间奉交通部艳电开:按照八年底订定办法,贵公司近年应付本部预付轨价本息,迄未照拨,本部款项奇绌,应请先行归还十万圆,如贵公司现款困难,即以所出钢铁等项公平作价抵还,亦可以应建筑急需,希从速办理,并先见复等因。当以本公司应付交部预支轨价本息项下,除以历年所交京汉、京绥路钢轨、桥梁价款抵还外,其余存款以之扣抵株萍路积欠萍矿垫付运费及京绥路所欠十年份轨价,尚属不敷,容饬查明细帐,具函详陈等情,请由贵会电复。一面饬会计所遵照八年底部定以货价分年抵还,不计复息办法,查开明细帐目,以凭核转去后,兹据该所开送应付预支

轨价项下,结算本息及还款清单前来,查单开自六年底结欠本息各数起,周年六厘计息,以逐年所交各路订货价款及萍矿垫付株萍运费抵还欠息欠本,分年开列所有扣还各细数,另附清单,计至十二年年底止,除将预支轨价本息全数还清外,交部倒欠公司洋例银三十二万八千六百一两二钱五分,复核无异。理合照抄总结及分项清单,陈请贵会查核送部。现值公司经济支绌之时,并恳转陈交通部,将所结部欠如数拨还,以清款目而资周转,无任感祷。专肃。祗颂

公安

总、副经理

公司董事会致交通部函

民国十三年三月十五日(1924.3.15)

敬启者:

案查敝公司于前清宣统三年六月初六日与邮传部订立合同预支轨价洋例银二百万两,订明由铁厂另立印据,每张十万两,交部款处收执,此项预付之款按周年六厘计息,以各路轨价扣还,签立合同一式两份,各自存执,嗣因时事变迁,路局订轨甚少,以致结至民国六年底尚欠本息一百七十六万七百七十九两八钱二分,叠经往返会商,于民国八年底始议定以各路购轨等价分年抵还、不计复息办法,民国十年复请准以萍矿垫付株萍铁路运费一并划抵息率,亦照部款一律并免复息各在案。

上年十月奉大部艳电饬催还款,或供给钢铁作价抵还,当以各路轨价运费扣抵尚属不敷,容饬查开细帐具函详陈,一面电复,一面饬查去后,兹据敝公司总、副经理函称,饬据会计所遵照部定以货价分年抵还不计复息办法查明细帐开具清单呈核前来,(云云照录至)而资周转等语到会。查敝公司预支邮传部轨价洋例银二百万两既已全数抵还清楚,所有原立合同一份印据二十张应请大部一并检出发还,以便涂销而清手续;其抵还外大部结欠敝公司洋例银三十二万八千六百一两二钱五分,并请俯念商艰迅赐如数拨还,至深感盼。为此抄录总细清单备函奉陈,敬祈大部查核见复施行。谨致

交通部

汉冶萍公司董事会谨启

（五）川路轨款

夏偕复、盛恩颐致川路公司函

民国八年八月二十一日（1919.8.21）

敬启者：

兹因敝公司盛前总理宣怀与前协理李维格于光绪三十四年四月十七日与贵川路公司前总理费道纯订立购轨合同，预付轨价洋例银一百万两，订定长年九厘计息，原订合同系以汉厂钢轨及配件代付本息，嗣因路归国有，合同未经履行，反正后，历年利息亦未算给，故由辛亥年八月一日起至本年七月底止，计利息银七十二万两，合共本息银一百七十二万两。今双方议决止息及本息分期摊还办法，特订立条款如左：

一、川路公司预付轨价洋例银一百万两，又自辛亥八月初一日起至本年即己未年七月底止，计八年长年九厘息，应计息银七十二万两，共计本息洋例银一百七十二万两，经彼此议定停止利息，分期摊还办法，汉冶萍公司须按照新订条件将本息付还川路公司。

一、汉冶萍公司于民国八年阳历九月起至十二月止，每月十五付还川路公司洋例银三万两，年内共计付还十二万两，其余一百六十万两，分作八十个月摊还，即于民国九年一月起，每月十五付还川路公司洋例银二万两，至民国十五年八月还清。

一、应付款项均由汉口交付，设遇到期不能照付时，汉冶萍公司愿照汉市拆息认还利息。

一、付款日期如适逢星期，则于次日交付。

一、汉冶萍公司分立期票八十四张，内四张每张三万两，八十张每张二万两，交与川路公司收执，到期时凭票照付。

一、自双方签订合同之日起,即将前订售轨合同彼此认为无效,川路公司应将预付轨价一百万两之凭据交还汉冶萍公司钩销,以清手续。

惟查民国元年十二月二十四日敝公司接准贵省胡民政长十一月二十二日咨送交通部接收四川川汉铁路合约第二条载明,现存各款中借与交通银行及预付汉阳铁厂两款,由国家担任提回等语。又于民国元年十二月十三日奉交通部元电内开,该公司前在本部预支川路轨价提一百万两,俟川路开工后,应在轨价内尽先扣还归部等语。是此项债权是否移转交通部,抑仍属贵路公司,尚属疑问,以上所议还款办法六条声明未能履行,应由敝公司董事会将上项疑问具陈交通部请示。俟奉到部复,如果债权实已收归部有,则上列还款条件应即取消,并请贵路公司将购轨合同及预付轨价一百万两之凭据送部收执,以便敝公司完全与部交涉;如果债权仍属贵路公司,即照上开条件正式订立合同履行。相应备函声明,即祈查照,并乞惠复。此致

川路公司

汉冶萍公司总经理　夏偕复

副经理　盛恩颐

交通部致公司董事会函

民国八年九月四日(1919.9.4)

敬启者:

准贵公司函开:公司前于光绪三十四年间曾与四川铁路公司订立购轨合同,预付轨价洋例银一百万两,订明本息均以轨价扣抵,除辛亥七月以前息款业已抵清外,改革而还,川路既经停顿,旋又收归国有,以致合同迄未履行。现川路公司经理高钺偕同副经理钟九章、交际员张赓陛来沪索还前款,检查旧案,此项债权尚有疑问。缘民国元年曾准四川胡民政长十一月二十三日咨送大部接收四川川汉铁路合约第二条载明,现存各款中借与交通银行及预付汉阳铁厂两款由国家担任提回等语。又是年十二月间因正金公债票押款曾奉大部元电内开,该公司前在本部预支川路轨价银一百万

两,俟川路开工后应在轨价内尽先扣还归部等因。当与该经理等往复辩论,据云,交通银行之款亦由川路自理,汉冶萍事同一律,未便异议;且高钺等来沪匝月毫无成议,无以对川路股东,要求公司给予信函,声明上叙各节以待部示解决,公司似未便靳而不与。惟查敝公司所欠系预支轨价,按照合同应以轨件扣抵,与存款不同,前既奉有上项文电,今该路经理又持据亲来索还,自不能不先将债权审定,以资解决。究竟大部接收川路时此项债权是否一并移转归部,抑仍属川路公司,理合备函奉询,即祈查明示复,以便酌行。再,此项预支轨价,如大部认为应还川路公司之款,将来川路开工用轨,敝公司既订有承造合同,自应仍由敝公司供给,与此款之偿还与否并无关系,合先陈明等因。查本部于民国元年与前四川川汉铁路公司代表刘声元等订定接收四川川汉铁路合约第二条内开:公司现存之款,照股东会议决办法由公司提回自办实业,此项现款系指分存交通银行、汉阳铁厂、水泥公司及上海、汉口、重庆、成都各处之现款而言,此外重庆铜元局之机料厂房及附属财产均照以上办理。又现存各款中借与交通银行及预付汉阳铁厂两款由国家担任提回等语。以上条文列举各款所有权及债权仍归前四川川汉铁路公司,不因川路收归国有为转移。本部前拟于开工后在轨价内尽先扣还该款者,因铁路公司业已取消,而贵公司一时未能将前项预付轨价清偿该前公司以资结束,为本部与该前公司暨贵公司三方面便利起见,故拟如此办理。至将来川路开工用轨,自应随时酌量情形以品质价格合宜者为准,与贵公司欠该前公司之款清还与否并无关系,本部不因此而有所拘束。再,前四川川汉铁路于民国三年九月由本部正式接收,当即公布将该公司名义及从前奏定商办原案一律取消,连年川事不靖,正式股东大会迄未成立,合并奉闻。此致
汉冶萍公司董事会孙会长

夏偕复、盛恩颐致许恒函

民国十二年四月四日(1923.4.4)

径复者:

接三月二十九日来函,以川路公司内部纠纷现已解决,派会计员来厂

催索转期欠款,请予核示等情具悉。查本公司与川路公司所订还款期票,除还过外,尚欠九十四万两,后因到期无款,商请转期者,自上年九月底至本年六月半,五项计二十六万两,为数甚巨,公司经济万分困难,不惟无力全还,即半数亦无从筹措。筹思至再,惟有将此转期积下之二十六万两,暂从缓置,免计利息,自本年四月份起,仍照订期,按月还款,俟公司财力稍裕,再将转期积下之项,陆续拨还,俾苏喘息。上月湖北官钱局派人来沪索欠,亦系照此办法与之商办,即希执事与川路公司婉切洽商,务请照允,是所至盼。此致

汉厂会计处许副处长

总、副经理

赵兴昌致盛恩颐函

民国十四年十月二十六日(1925.10.26)

总经理钧鉴:

顷据汉厂会计处长潘耀荣函称:查四川铁路公司过期未付债票,截止本月十五号,共计洋例银三十四万两,嗣后按月到期二万两,尚有二十万两,此款移转于川省各军旅作为军需之支配,共有四大部分,一再前来迫索,叠经陈报在案。此次总经理过汉,前途逼迫益甚,曾奉总经理面谕,嘱与对方磋商展缓办法,遵即邀约川督代表暨川军十六师军需官等公同会议,婉商至再,展期一事,已允照办,无论已否逾期之票,均一律依次推后,由公司给换新票,于明年阴历正月起还,仍照原额每月交付二万两,所逾期之票,不论票面过期之远近,均给予三个月利息,以一分计算,付与现金,并要求先筹还现金十万两,以便取赎已经抵押在外之债票云云。谨将磋议情形据实上陈,敬乞核夺,迅予赐示为祷等语。

又据另函陈:查川路公司债权系被川中军阀强迫转移,以为军需之支配,本公司所欠之五十二万两债权有四,刘存厚、刘湘、十六师及铁路公司,闻刘存厚之十八万两均已过期,十六师过期及未到期约十万两,其余归之刘湘及铁路公司两处。我公司财政现值困难之际,究竟能否按期付款,殊

属疑问,倘漫应于前,临时不克践诺,益资为口实。荣意换票一层,仍用记名式,照旧认四川铁路公司为债权人较为妥当,以免别生枝节。自明年正月起,每月付一万两,一年后再每月付二万两,为时从容,或易筹措。过期认息一层,或系中间人之作用,故非付现款不可,不过月份及利息尚有磋商余地。至先付荛款现金,虽索价十万,大约亦非四万以上不可。因无现款,中间人不便向各方启齿,而持未到期票者,亦未必遽肯换票也云云。合据陈请钧裁示复,以便饬遵。专肃。恭叩

公绥

赵兴昌谨启

盛恩颐、潘灏芬致公司董事会函

民国十五年一月八日(1926.1.8)

董事会公鉴:

汉厂赵厂长以砂捐提货,川债逼索,不堪其扰,并开炉停止来沪请示。兹据面称各情形,分项转陈如左:

一、砂捐　自鄂省长派员查提货物以来,汉冶两厂秩序为之破坏,市面因而摇动,虽经董会电请制止,迄未生效,而川路债票亦复效尤,似此扰攘不休,既关信用,复损业务,拟请董会迅派妥员赴鄂商恳省长,先将强制提货命令取消,一面即就所承五角砂捐协议定案,或先应酬小数,俾鄂产清理处藉以过年,再徐商善后之法。

一、川债　川路公司过期未兑债票,截至上年十二月十五号止,共计例银三十八万两,嗣后按月到期者,尚有十四万两。此款移转川省各军旅作为军需,屡来迫索,近鉴于砂捐提货,亦带同买主到厂查货备提,无法对付。据会计处潘处长迭与磋商,拟将所有过期票提出三十四万两,作为整理,除阴历年内付还现金四万两,如现金不足,或付一万五千两,货物三万两外,其余一律换给不记名新票,从明年阴历三月起,约阳历四月底,最初三个月,月还一万两,至三个月后,月还二万两。至逾期票息,不论远近,均给三个月利息,以一分计算,付与现金;其未经换票之十八万两,俟新票归清后,

再为理偿,由川路公司出面用公函保证,并将展期换票减息列表交阅。如蒙照办,既可缓冲,而减息一项可省六万三千二百两等语。兹将该表照抄附呈查核。

一、开炉　查汉厂预备开炉,早经筹备就绪,嗣以萍焦未能畅运,因而停待,员司工匠人等无事坐食,月费不赀,悉属耗费。应否暂时停止,改为保守,请从速决定,免再虚糜。

以上三项,事属重要,情尤急迫,理合据情转陈,即祈贵会迅予议决示复,俾便饬遵,不胜盼祷。肃颂
公安

总、副经理

(六)银行钱庄款项

汉口晋昌等钱庄致夏偕复函
民国六年八月二十一日(1917.8.21)

棣三总经理先生钧鉴:

本年四月十八日奉悉复示,仍然徒托空言,惟是尊处欠款拖延已经数载,函电交驰,舌敝唇焦,良以势力悬殊,未敢过事诘责,欲将置不催问,苦于人不我缓,势处两难,徒唤奈何。此中苦况,谅已早在洞鉴之中矣。查欧战延长,铁价飞涨,非但贵公司利益畅旺,即贵局在事司员,亦莫不同沾余润,逖听之下,健羡奚如。至若所欠庄等之款,实为区区微末之数,但得聊施移挪,即可立告全清。今乃任意长延,未免迹近欺侮。且汉口债权债务近已完全解决,而尊处尾欠不结,牵累庄等实多。如再不蒙原谅,则庄等计无所施,惟有公同晋谒台端,甘受坐索之尤也。专此上渎。敬颂
公安

伫候示复。

汉钱庄　晋昌　谦大　福生恒　衡源　裕通源　公顺　裕恒益

大丰　新昌　百川盛　晋裕　其昌　仁太　谦益　怡康　源成　春元等
同启

[附件]　公司至民国四年底止欠汉口各庄款

百川盛　洋例银九千六十三两

履康庄　洋例银十五万八千七百五十五两一钱一分

大丰庄　洋例银九千二百二两五钱

晋裕庄　洋例银一万五千六十两

晋昌庄　洋例银九千二百二两五钱

新昌庄　洋例银九千九十四两五钱

仁太庄　洋例银三千四十二两

丰成庄　洋例银六千八十四两

春元庄　洋例银三千三十一两五钱

同裕祥　洋例银四千五百八十七两六钱七分

百川盛　洋例银一千九十一两六钱八分

大丰庄　洋例银一千二百三两

新昌庄　洋例银二百九两六分

其昌庄　洋例银二千五十三两九钱八分

晋昌庄　洋例银二千二百八十一两七钱八分

晋裕庄　洋例银三千九百九十二两三钱九分

源盛庄　洋例银五百七十五两九钱

丰成庄　洋例银六十八两六钱七分

保泰庄　洋例银三千三百七十一两一钱二分

仁太庄　洋例银五千七百五两四钱九分

春元庄　洋例银二百八十四两六钱八分

谦益庄　洋例银二千五百二十八两六钱九分

谦大庄　洋例银一千九百一两九钱

公顺庄　洋例银一千二百九十三两

隆泰庄　洋例银四百八十二两一钱三分

福生恒　洋例银九百八两六钱六分

丰泰庄　洋例银一千八百三十六两七钱四分

慎昌庄　洋例银二千八百七十七两五钱六分

庆昌隆　洋例银一千七百四十四两八钱九分

以上汉厂借

晋裕庄　洋例银三千二十四两

衡源庄　洋例银九千一百七十四两

裕通源　洋例银九千三百六十两

裕恒益　洋例银四万六千六百二十两

大丰庄　洋例银一万二千三百八十四两

晋昌庄　洋例银三千四十二两

玉成庄　洋例银二千一百七十一两五钱四分

协成银号　洋例银三千六十五两二分

以上萍矿借

总共计洋例银三十五万三百七十四两六钱六分

原注:汉口钱庄来信履康庄不在内,息付至癸丑年。

赵兴昌、金忠瓚致夏偕复、盛恩颐函

民国六年十月二十六日(1917.10.26)

总、副经理钧鉴:

敬启者,顷奉尊函内开:接汉厂许收支来函,前欠履康庄借款原系一〇三七二库平二十万两,曾于民国三年六月底付还五万两,嗣因无款停止。现该庄两次到厂援各汉庄之例索还,一再磋商,只能照大概以前利息给予股票,至分还之期,以阴历九月底至本年底,每月无利付还七千五百两,明年正月底起,每月还一万,至年底还清,大致与原议相符等因。查公司筹还汉庄各款,既已议定履行,兹履康事向一律,自应援照办理。惟许收支所陈分期还款办法,可否照允,即希议复等因。

查前议筹还汉庄欠款,原定每月一万,嗣因庄户众多,难以分配,故由许收支酌议,改为积三个月为一期,业蒙钧处照准,今还履康庄欠款,拟于阴历九月底至十二月底,每月付还七千五百两,明年正月底起,每月还一万两,至年底还清,确与原议相符,似可照允,仍祈酌裁饬遵。肃复。敬叩
公绥

赵兴昌　金忠讚敬启

夏、盛批:照办。知照许收支。

上海交通银行致汉冶萍公司函
民国七年七月十三日(1918.7.13)

汉冶萍公司公鉴:

接准七月六日惠书,承示所议偿还汉、宁两行欠款办法,均敬领悉。兹查此案业由敝经理与贵公司将应订条件面议妥定,兹特由敝行照录条件一份,备函附奉,至祈察核,正式函复,以便定期签订。至汉、宁两行执存贵公司欠款条据帐目,业已分电催寄。条件内所列本息欠款数目是否相符,应俟两行案卷寄到核对为准。合并声明。即请
台安

上海交通银行谨启

[附件] 偿还汉宁两行欠款条件

上海交通银行(下称银行)、汉冶萍公司(下称公司)辛亥前结欠汉口、南京两银行欠款偿还条件:

一、公司欠汉行帐内截止旧历丁巳年二月底,共欠本息洋例银一百零八万六千一百八十四两四钱一分,又公司欠南京银行帐内截至旧历丁巳年二月止本息计陵二七银六万一千二百零五两七钱六分,两款现结定连前后本息在内,共由公司分批在沪还银行洋例银九十万两,作为了清。其洋例合规元之折价,双方顶[订]定,每洋例一千两,合规元一千零三十两,各无异议。

二、现结定所议银两,除在七年七月间先还银六万两,即合规元六万一千八百两外,其余八十四万两,双方协定,每逢阳历月底,由公司还银行一万五千两,即折合规元一万五千四百五十两,分五十六个月,自七年七月起至民国十二年二月止还清,分立期票五十六纸,交由银行执收,按月凭票向公司收款。

三、条件正式签订之日,公司将应交已到期之现银与期票交与银行执收,银行将汉、宁两行前执存公司所出之欠款票据交还公司。

四、此项分批应还之洋例银,如公司不能按期交付,至迟须于次月应还之一批一并交付,并须认还银行八厘月息,至次月付还之日止。

五、此项条件共订照式两份,银行、公司各执一份。

夏偕复、盛恩颐致上海交通银行函

民国七年七月十七日(1918.7.17)

上海交通银行台鉴:

接准七月十二日惠函并附送议定偿还贵汉、宁两行欠款条件,均已聆悉。当即转知敝会计所核复去后,兹据复称:议订偿还旧欠办法,其还款期限以及规元折合洋例行情,均系彼此议定。惟第一条所载结欠本息之数,非但与公司帐目不符,核与贵行日前来信亦不符合,现既订定作为结欠本息洋例银九十万两,似不必再载明结欠本息之原数,拟将第一条酌改,另纸录呈。又,第四条所载分批应还之款,不能按期交付,须认还八厘月息一节,在公司既订明按期交付,本可勿须讨论。惟现订在条例,不能含糊,八厘月息,未免过大,拟请改为八厘年息等语前来。敝经理等复核无异,相应函达,并将拟改第一条条件另纸录奉,即祈查核示复,即便定期签订为荷。此致。祗颂

台安

汉冶萍公司总、副经理

[附件]

一、公司前欠汉口银行票借洋例银六十五万两,往来洋例银六千八百

七十七两六钱六分;南京银行票借陵二七宝银四万两。两共计本款六十九万六千八百七十七两六钱六分,并酌认利息作为结欠本息洋例银九十万两。订明由公司分批在沪归还。其洋例银合规元之折价,双方订定每洋例一千两合规元一千零三十两,各无异议。

上海交通银行致汉冶萍公司函

民国七年七月十九日(1918.7.19)

敬启者:

接奉七月十八日惠书,敬悉一是。承商还款合同不必载明本息数目,暨嗣后期票到期不付改以年息八厘各节,本日业已邀同贵公司金釴蕃君来行面商,同意一律改正。兹缮呈正式合同稿两份,至祈核明见复,并乞即日连同应交现款期票派员莅临,俾即签订交换,至纫公谊。此致
汉冶萍公司

上海交通银行谨启

公司董事会致夏偕复、盛恩颐函

民国八年七月四日(1919.7.4)

总、副经理钧鉴:

顷接本年七月二日第七十六号来函,以旧欠湖南官钱局息款约二十四万余两,议定认还五成,时分三期,报请核复等因。查此事已磋商多年,现既议定,应准照行,惟必须先令沪行出据允准信函,俟前欠折据一并收回,再行立给期票,以免翻悔。至长沙军用煤价,将来总须在此款内扣抵,请俟帐目算清,即行开单函会,以凭转函张督军查照。此复。顺颂
均绥

董事会启

公司董事会致夏偕复、盛恩颐函

民国八年九月四日(1919.9.4)

总、副经理均鉴:

昨接湖南张督军来函,以湖南船政局所欠煤价,查明数目与帐单相符,拟照减半还洋八千二百九十五元六角三分九厘,由湖南银行清理处垫付归款,请与该处接洽等因。兹于本年九月一日第十四次临时会提出,公议:湖南船政局所欠煤价,现接湘督军来文请以八千二百九十五元六角三分九厘由湖南银行清理处代前总司令等垫还,应请总、副经理即在应还湖南银行清理处息款内如数扣抵,以清积欠,以后湖南无论何处局厂购用煤焦,应按时价收足,不得援以为例云云。除函复湖南督军外,用特专函布达,即希转致会计所查照办理。湘督原函附抄奉览。顺颂
均绥

董事会启

洪钟美①致夏偕复、盛恩颐函

民国八年十月三十日(1919.10.30)

隶三、泽臣先生阁下:

远阔光仪,恒殷渴企,敬惟动履胜常,贤劳茂著为颂无量。兹启者,萍矿局前欠汉口大清银行洋例银五万两,又利息三万五千余两一款,前经迭次催商贵公司,仅认缴本银五万两,并息银九百余两,而财政部令饬至少非另缴一半利息不可。后经往返磋磨,迄无成议。日前凌君潜夫因事来汉,美曾与谈及此事,劝令顾全信用,早了为宜。可一次缴银六万两,作为本利清讫,谅经转达。一面由敝处具陈大部,声明贵公司近因铁价大落,日商预订合同悔约,营业困难情形,并恳李鄩侯次长从中维持。现奉部令,该欠如能一次缴银六万两,姑予通融照准,即与接洽赶办等因,特为函达。敝意贵

---

① 洪钟美(生卒年不详):时任汉口中国银行行长。

公司所欠清行之款,已历八年,迄未清结,近年贵公司借用商款甚多,为顾全商业信用计,自宜早日清还,况此项利息原系三万五千余两,现只缴息一万两,尚不及三分之一,若非李次长从中斡旋,断难办到。贵公司即照六万两之数,一次交还了结,已便宜不少,务祈查照拨还,以便转部销案,而免久延。并盼见复。此布。敬颂

台绥

弟洪钟美启上

王占元、何佩瑢致夏偕复、盛恩颐函

民国九年三月三十日(1920.3.30)

径复者:

接准台函,以贵公司所欠湖北官钱局款项,应将湖北政府欠贵公司煤价各款扣抵等因。查湖北官钱局虽由上级长官管辖,但其营业仍系独立性质,不与其他各机关相涉,各机关有欠贵公司煤款者,当然由贵公司按据索还,但贵公司所欠官钱局之款,钱局只能向贵公司索取,何能代贵公司转向各机关讨帐? 按之情理,殊有未合。相应函复台端查照,希将所欠官钱局款项径与结算。至单开各款,铖钉厂督署电厂之款,无从稽查,船政局不知何属,都督府差轮张毅汉阳南关俱系个人欠款,应由贵公司自行索取,官砖厂亦应由贵公司径与结算,其理财部之合同收条,可由贵公司照抄一份,以便代为另查,总之各归各账。谓省城各机关即系湖北政府名义固有未合,谓各机关欠款官钱局可代划抵,事实更有未通也。除行官钱局知照外,此致

汉冶萍公司总、副经理

王占元　何佩瑢启

交通银行总管理处致汉冶萍公司函

民国九年五月二十五日(1920.5.25)

径启者:

查贵公司原存敝行及中行抵押品陇海债票共计票面四十四万九千元,

除扣抵两行押款本息外,下余之款连同贵公司余存债票一并划抵辛亥年间旧欠敝汉、宁两行之款,曾经商明贵代表陶兰泉君函知,并于五月八日计特一六二号函详叙原由奉达在案。旋准交通部函开:汉冶萍执有陇海短期债票四十九万六千三百五十元,已商妥该公司展期三月,应请暂时止付等因。当以贵公司债票业经扣抵两行欠款,未便再行展期等情函部去后,兹准复开:汉冶萍所执陇海债票既与两行有债务关系,只可照办,所有该项债票展期一节,改由本部与两行直接办理。除函请汉冶萍公司将余存债票四万七千三百五十元仍送贵行点收外,请与接洽办理等因。

查此项债票展期一层既由交部与两行直接办理,自与贵公司无涉,应请仍照前函分别转帐,以资结束。所有贵公司余存债票,兹嘱敝沪行就近提取,即祈照数点交,实纫公谊。此致

汉冶萍总公司

交通银行总管理处启

夏偕复、盛恩颐致孙宝琦函

民国九年五月二十八日(1920.5.28)

慕公会长阁下:

接奉五月二十三日京字四十八号台函:以接交通部函,陇海债票还本到期,既经公司抵还中、交两行债款,前议展期一节,应即取消,请将所余债票点交北京交行,兹特抄函,嘱为照办等因。当饬据会计所查复:本公司所存陇海债票四万七千三百五十元,又第十期息票一千六百五十七元二角五分,已于五月二十二日送交上海交通银行,取有收条等语。理合具复,即祈查照是荷。祗颂

台安

总、副经理

夏偕复致公司董事会函

民国九年七月六日（1920.7.6）

董事会公鉴：

　　窃查汉厂萍矿，于辛亥年结欠湖北官钱局款项，迭经该局催索，初饬汉厂会计处许收支长与该局原经手商议免息还本办法，该局绝对否认，继由会计所凌所长赴汉之便，又与该局续议，援照分期归还川路欠款办法办理，仍无结果。嗣奉湖北军民两长行文催促，于本年二月间函请该局派员来沪，开诚协商，期早解决。嗣准复函，特派清理旧债委员杨润农前来，予以全权代表职务等因。当饬会计所接洽，并与磋议在案。兹据函称，该代表抵沪以来，（云云照录至）实为公便等语，并附合同底稿本息清单各一件到处。查本公司结欠湖北官钱局款项，辛亥迄今已历十年，只以频年筹还湖南、交通各银行，并川路公司旧欠，无力兼顾，遂至拖欠愈久，积息愈巨。此次该局派员议结，商请减息，坚不承认，经会计所磋议四阅月，始将裕宁抵款三万两之息，及息款尾数让去，已属唇焦舌敝，煞费周章。兹订自本年七月一日订约起停息，先付三万两，其余分六十三个月摊还，虽未能如湖南、交通各银行减息，而还期展长，俾应付稍有余裕，似亦只可照此结束。理合报明，并将合同底稿及本息清单抄送，即祈鉴核备案。祗颂
公绥

总经理

公司董事会致夏偕复、盛恩颐函

民国九年八月二日（1920.8.2）

总、副经理均鉴：

　　前因陇海债票押款业已抵还清楚，而中、交两行押据未曾收回。当经函托陶兰君就近向京行索取去后，兹接陶君函称：已代向中国银行将上项十五万两押据取出，随函附上，祈收销；至交通沪行之押据，前已由敝总处函交沪行送还，请与钱新之兄接洽收回可也；又从前施省翁所出之保证函，

应请涂销寄回,以清手续等语前来。合将中国银行押据一纸送请转发会计所查销,其交通银行押据一纸饬向钱新之君索回销废。又施省翁前出保函亦祈饬令会计所检出寄还为荷。此颂

均绥

董事会启

夏偕复、盛恩颐致孙宝琦函

民国十年七月二十一日(1921.7.21)

慕公会长阁下:

　　湖南赵总司令于本年六月间来电,商借九年份湖南公股息金,并派委员王士奇来沪守提,当即转报董会核夺。嗣以该股票抵押在外,屡有粤人开来该公股号数,云系有人出售,能否过户见询。正值商借股息之时,有此波折,不得不出以慎重。商请王委员电湘,能取有受押股票者出具不转售之担保证据,再行商办,较为稳妥。旋奉董会议复,公司九年份盈亏帐略尚未核结,股东每股能分息若干尚无定准。照赵兼省长来电,湖南公股已转押广州华南银行,即须通融预借,亦非执持股票之华南银行来函同意,本会未便为例外之举动等因。遵即复请王委员转达湘省查照。适其时赵总司令又来电,以萍矿局、铁厂借欠前湖南银行款项,除历年归还外,计短欠本银尾数一万七千五百余两,计以前息银二十二万七千四百余两,合计洋例银二十四万四千九百余两,自应由贵公司照数偿还。乃上年张敬尧变更原案,竟照原额减半折收,纯出自个人私擅行为,当然不能生效,其所收之款,又经张敬尧私人提用,此项收条本应一律否认。惟念贵公司与湘政府往来交易已历多年,若将前案一并推翻,法理虽属充分,究于贵公司不无损失,兹特变通办理,务请将欠缴之数照数补偿,以资结束。另电又谓:前项欠款如不刻日清偿,当援照六年成案将所辖萍矿局已出未出煤斤尽拨银行变款各等语。

　　查辛亥旧欠汉口前湖南官钱局票借往来各款,共计洋例银四十六万六千三百八十余两。民国六年八月间,与上海、湖南银行议定停息还本,自是

年八月十五日起分期还本，即于是日停息，至八年三月十五日止所欠本款扫数清偿，业与湖南汉行清理处彼此将帐目核对相符，毫无蒂欠。利息一项，因延期积成巨款，照汉市清理辛亥债务通例，利息本不成问题，因与湖南沪行清理员一再商减，最后议定照还本前结存之息，认还十二万四千八百二十余两，由沪行电经总行清理处复电照允，遂于八年七、八、九三个月照数还清。本息两讫，收回借票，并取有汉行清理处还清利息收据，是此项债务早已完全消灭。兹来电补索息银，并本银尾数，殊堪骇诧。当复以公司清还上项债务系与湘政府协商同意，政府然诺，不能因人变更，且比时湘政府归还公司煤价及租轮等费亦系折半，初未敢于事后请益，若谓事经易手，即可翻议，窃恐中外无此政策，实未敢承，敬求鉴恕等语去后。旋接复电：派本部军需处员王冤琳来沪清算，再凭核办。而该员来晤，并不云及清算帐务，但云如不照付即行扣煤抵债，同时又有株萍路加价之问题发生，业具长字第四号函陈明在案。

　　查湘省始而预借公股息金，进而补索前欠利息，更进而为株萍加价，愈逼愈紧。而加价为永久之担负，利害切身，关系尤重，处于强权范围之下，允固不能，拒亦自困。昨面商熊秉三、谭组安两公，请其疏通。熊、谭两公均谓湘省要求实属无理取闹，惟因经济困顿，逼而出此，股票出售与否，实亦不能担保，不如竟改为借款。前借股息二万元，如再加二万元，作为借款四万元，可担任了结。复告以公司困难情形，加价一层，实属担任不起，万一决裂停运，矿固受损，湘亦未必有益，倘承转圜，能将此议取销，自当商请董会照借四万元，以资解决。熊、谭两公允为疏解，但能否有效，未可预必等语。

　　理合缕晰奉陈，尚乞核示方针，俾资遵率，不胜企祷。除函达董会外，
肃颂
勋绥

　　　　　　　　　　　　　　　　　　　　　　　　　总、副经理

汉冶萍公司致赵恒惕函

民国十年九月一日(1921.9.1)

敬复者：

接奉内字一七七四号公函，以据敝公司前次答复还款翻案一事，令由财政厅转据银行清理处呈称，敝公司清还前湖南驻汉官钱局欠款，认张敬尧为有代表湘政府之人格，不认湘人有驱张自主之宣言为荒谬，还清利息收据为不足据，财政呈转，请援六年成案，扣煤拨缴办法各等语，仍饬将欠息克日清偿等因。展诵之下骇诧至深。查敝公司议还前湖南驻汉官钱局欠款，时在六年八月，湘政府为谭督军。迨至八年五月，还清欠本商减利息时，湘政府则为张督军，敝公司只知承认为湘政府还本还息，原不计及湘政府之代表为何如人也。即以代表湘政府资格而论，张敬尧时以督军兼任省长，不能谓为非湘政府也。是时湘省纳税完粮之商民，不闻因有驱张宣言，即行停止，必俟驱张以后，始行完纳。即敝公司与沪行清理员商减利息时，该清理处亦未告以湘南已宣言驱张，此事应俟驱张后，再行提议之语。何以事经结束二年之后，推翻前案，斥为荒谬，殊属不解。总之，敝公司对于前负湘省债务，业已解除，断无事后再任偿还之理。若如财厅所呈，扣煤拨缴，商人处于强权之下，呼吁无门，雷霆万钧，何施不可？但以发皇民治之省区，而有此自隳威信，不恤商艰之言论见于函牍，不惟无以赞助荩猷，适以为盛德之累为可惜耳。急迫陈词，尚乞鉴恕。不胜大幸。此致
湖南总司令兼省长赵

汉冶萍公司谨启

夏偕复致公司董事会函

民国十一年二月三日(1922.2.3)

董事会公鉴：

湖南赵总司令前借债务翻案要求未遂，令饬禁运萍煤，并向株州硬拖煤焦交币厂变价等情，当以燃料为汉厂命脉，不容久缺，而湘省既以强权为

挟制，决非口舌争辩所能转圜，上年十二月间，李矿长寿铨来沪会议预算，回矿之时特派其赴湘疏通，期早解决。本年一月十一日接李矿长蒸日两电略谓：湘奇×而又意见甚深，极力联络感情始打销债务。赵谓阴历年关非向公司借二十万元不可，必立据缓还。连日苦口陈说，昨减至十五万。再经疏通，非十万在年内交楚断不能了事，候借款定即弛禁，立候示遵等语。当于十三日复元电，十万断难应命，移缓就急，勉借五万元，必请署券为信，并要求株萍运费不加，及正式来函声明前债已清，方能照借等语。时值上游大雪，电线中断，元电去后，李矿长又来电催，仍照元电电复，此后迄无电至。而汉厂存焦只敷兼旬之用，殊深焦急，又电饬驻汉运输所派人前往探询。至二十六日接李矿长二十三日漾电谓，湘事急迫，势将决裂，不得已如数取据交款开运，细情详昨函云云。

旋据一月二十一日函称：湘事今勉强解决，即日通运，试将经过万分困难情形为钧座陈之。铨于本月三号到长遍访当道，谈次对于公司意见甚深，既怪公司不应在张敬尧任内结帐，尤怪上年夏间总部派代表赴沪未得结果，太藐视湘政府矣。几经疏解，始得舍债言借，再由二十万让至十五万。四面窥探情形，非十万不能了，故发蒸电请示，续发真、元、咸电催询。不料大雪，电线中断，际此吃紧之时，无从请示，真无办法。迨十九日奉到元日复电，谓勉借五万元。前途一笑置之，前途始疑公司置之不复，继知线断，暂无复电希望，当质问铨，年内无多日，沪电不通，能负完全责任否？当答以必须请示前途。又云，既然如此，断不累阁下为难，惟有向贵公司借焦炭、油煤各一万吨，变价过年，并嘱造币厂应付煤价，直送总司令部，一面派员带赴株拖运，命令已下。上月铨过湘即止拖运，今日铨在湘忽又拖运，真无办法。当与湘政府争论，如果拖煤，铨即回安敬谢不敏，前途始取消拖煤命令，不得不负完全责任。前途云，既向贵公司出据借，当此万分窘迫时，非十万不能济急，否则，即将前短十二万余元利钱找足亦可。再四思维，如听其决裂，拖煤为数必不止此，且决裂后又如何，若果至汉厂停炉，损失更大。复又磋商数目，一无可减，而时机迫促，不得已允于年内交现款五万元，另交阴正月期票五万元（系以湖南造币厂煤价票拨交），由总司令出一关防借据,交存公司,今已交换两讫,即日开运。至电示株萍不加价及正式来函声明前债已清两层,赵公云,现已出借据,不能再纠缠债务,如贵公司仍注重了债,将来以借据换收据亦可。至贵公司既如此十分困难,株萍何至加价,似不必过虑及此。兹将借据照摹一份,寄呈钧鉴,候示遵行。此次交涉,天时人事交迫,失败异常,抱愧万分,务乞鉴亮。铨现患感冒甚重,准明日回安,合并申明等语前来。

查湘省藉口债务,禁运扣煤,派员疏通,始舍债言借,而必索兹十万元方允弛禁,处于强权之下,实无抗拒之力,果能运费不加,则所糜巨资,尚非掷于虚牝。合将经过情形具函陈报,并照抄蒸、元、漾来去各电及湘省借据一纸附呈察阅。专肃。祇颂

公安

总经理　夏偕复

盛恩颐致公司会计所函
民国十一年七月十九日(1922.7.19)

径启者:

前接高易律师洋文来函,索还愚斋义庄存款一事,当复以此款极应早还,惟公司困于经济,断难遽还如此巨数,拟一酌中办法,自本年七月份起,按月拨还两万两,如宽裕时,仍可酌量多还等语去后。兹续接该律师洋文函,七月现已过半,催请践约前来。除函复外,相应函知,即希查照,按月筹还该款二万两为要。此致

会计所

副经理

夏偕复、盛恩颐致公司董事会函
民国十二年三月二十三日(1923.3.23)

董事会公鉴:

本公司辛亥前结欠交通汉、宁两行款项,于民国七年七月间与交通沪行议定,截至旧历丁巳年二月止,连前后本息共由公司分批在沪还该洋例

银九十万两,作为了清,其洋例折价,每洋例千两合规元一千零三十两。七年七月先还银六万两,即合规元六万一千八百两,其余八十四万两,每逢阳历月底还一万五千两,即折合规元一万五千四百五十两,分五十六个月,自七年七月起至十二年十二月止还清,分立期票,交由沪行按月收款,业经陈报在案。该款还至十年十一月止,因经济困难,迁延未付。该行于去冬向公廨诉追,适偕复由东回国,即向该行洽商,将诉案注销,先还五期,继商以后还款办法,磋议至再,定为将所欠十期票款并过期利息,照前订合同,以按月八厘免除复息结算,共欠规元十六万四千二百八十三两二钱三分。此次另立合同,先还规元二万四千二百八十三两二钱三分;下余十四万两,自本年八月底起,月还五千两,分二十八期还清,仍立期票二十八纸,交由该行按月凭票收款。前立期票收回涂销,前订合同一并作废。业经照议缮具正式合同,于三月二十二日双方签订,所约先还之二万四千二百八十余两一款,亦已付讫。理合陈报,并将新订合同抄稿送贵会备案。肃颂
公安

　　附抄合同稿。

　　径启者,本公司此次与交通银行新订还款合同,已于三月二十二日正式签订,其先还之二万四千二百八十余两一款,亦已付讫,除将原合同发交文牍课存案,并陈报董会外,合行抄稿送请存查。此致会计所。

总、副经理

［附件］ 偿还欠款合同

　　立合同上海交通银行(下称银行)、上海汉冶萍公司(下称公司)订立公司欠银行期票款偿还合同。

　　一、公司欠银行前订合同期票款,自民国十一年五月底起至十二年二月底止为十期,每期应还规元一万五千四百五十两,共计规元十五万四千五百两,又此项过期利息按月八厘计算,截至十二年二月底止,除已付过外,尚欠规元九千七百八十三两二钱三分。两共规元十六万四千二百八十三两二钱三分。

二、前项欠款,订定每阳历月底由公司付还银行规元五千两,于签订合同之日先还规元二万四千二百八十三两二钱三分,其余规元十四万两,自十二年八月底起至十四年十一月底还清。分立期票二十八纸,交由银行执收,按月凭票向公司收款。

三、前项所立期票款均作二月底起期,按照阳历按月八厘计息,于到期时本息一并由公司照付。

四、合同正式签定之日,公司将应付之现银与期票交与银行执收,银行将公司前立期票交还,并将前订合同作废。

五、此项合同共订照式两份,银行、公司各执一份。

上海交通银行
上海汉冶萍公司

民国十二年三月二十二日

夏偕复、盛恩颐致公司董事会函

民国十二年四月五日(1923.4.5)

董事会公鉴:

查本公司所欠湖北官钱局款项,订明本息共欠洋例银六十三万两,月还一万两,分六十三期还清,还至十一年三月十五日止,尚欠四十三万两。因经济困难,自十一年四月十五日起,未能如期照付,算至十二年三月十五日止,积下十二期银十二万两。上月湖北官钱局监理官王君殿元来沪,催索积欠,当与磋商。公司现值铁市疲滞,近况极艰,积下之十二万,为数过巨,一时实无力筹还,极为抱歉。拟请将此过期积下之款,暂行结存,不计利息,仍于本年四月十五日起照约月还一万两,其积之十二万两,容俟财力稍裕,陆续拨还。照此所议,函请王君转陈鄂省当道,恳予照准,尚未得复。昨奉湖北兼省长萧督军江电,催还前欠等因。理合录电,并将与王君洽商情形具陈,即祈贵会查照核复是荷。肃颂

公安

总、副经理

夏偕复、盛恩颐致公司董事会函

民国十二年六月八日（1923.6.8）

董事会公鉴：

昨接湖北省长十二年实字七十七号公函，以本公司应还湖北官钱局期票款，积欠十二期，计银十二万两，已承准予通融，陆续措缴。惟以前过期之息，须克日如数缴清，以后应缴息金，仍须按月于摊还到期本银时，一并照缴等因。查此项息金，既未能豁免，按照合同订明，照汉口市拆认息，每月至多不得过一分，应以月息一分计算，上项积欠截至六月十五日止，计需付息银一万零二百两，以后月需一千二百两。愚见以本款既承通融，陆续措还，此项息金，于票外照付，将来还本时，易起纠葛，拟俟还本时，照票面日期延期若干时，即照付若干时之息，较为直捷。是否可行，合将来函另纸录呈，即祈贵会核复，是荷。肃颂

公安

总、副经理

盛恩颐、潘灏芬致陈嘉谟函

民国十五年五月二十一日（1926.5.21）

敬启者：

上月接奉钧电，以敝公司结欠官钱局款项，派本署顾问王殿元赴沪催提，饬即筹备等因。旋准王君到沪接洽一切。查敝公司结欠官钱局款项，本系订约分期归还，自十一年四月以后，铁市骤落，经济困难，致还款时有愆期，于十三年七月间，商准官钱局延长还期，自是年七月起，每月归还五千两，所有十一年四月讫十二月三月到期未兑之十二万两，提出另作一宗，俟将来分月拨还时，照算息金，至十二年九月起，停算本款之息，请援照敝公司结欠川路公司款项，议定逾期付息办法，凡分期票款，无论逾期至如何长久，于分月拨还本款时，加给按月一分一厘三个月利息，以资弥补，函达官钱局查照在案。原以延长还期，减轻利息俾可稍轻担负，易于筹偿，不料

近年以来,外受时局影响,内受工潮牵制,营业不振,尤甚于前。上年秋,殚尽心力,始将萍矿工会解散,满冀去此障碍,工作大兴,而株萍铁路又复缺车停运,致萍矿不能开采,因之汉冶两厂无煤接济,相继停炉,员司欠薪,工役绝食,窘迫至不堪言状。汉冶近隶仁帡,一经调查,则知所陈情形决非虚饰。现正力筹复工经费及通运事宜,一俟就绪,即当先开萍矿,次及汉炉,俾营业得有转机,金融渐形圆活,则官钱局欠款,自当照约陆续分还。为此据实沥陈,交由王君赍达,伏祈钧座俯恤商艰,曲予容纳,并行知官钱局查照,不胜感悚待命之至。谨致

兼任湖北省长陈

汉冶萍公司总、副经理

盛恩颐、潘灏芬致吉川函

民国十五年七月二十日(1926.7.20)

吉川顾问惠鉴:

径启者,公司于辛亥前积欠湖北官钱局款项,至民国九年七月,经双方结清,改换按月兑票。自十一年四月以后,即时有愆期,后竟停顿。除已兑还者不计外,截至本年四月止,约欠本息银四十余万两。迭经湖北省长函电交催,并此次派员来沪坐索,虽经沥诉困难,请俟复工后,金融稍活,陆续筹兑,而该员以奉委时,曾谕以不准空文销差,坚求设法。因悉公司汉口地产,有坐落堡垣内天都庵水沟铁路营操场止基地一方,计六十二亩一分有零,与官钱局汉口属有之地毗连,商请将该地作价抵还,意甚殷切。论公司现在艰困情形,还债本力有未逮,惟官钱局业经破产,若拖延不理,则该局行使债权,将如砂捐事之强制执行,抑如川路公司期票,移转军阀之手,强来索取,厂矿坐落鄂省,无可抵御,似此于工作上营业上俱受莫大之障碍,不惟公司直接受损,而于正金之债权亦受间接之累。此时如借债还债,仍须乞助于正金,公司不能减轻担负,正金又多出一项借款,不如以不生利之地产,而清负息之债务较为合算。如云该地为东款抵押品之一宗,以之抵偿别债,碍及正金债权,然究其实际,该地自公同保管后,数年以来,并不能

有若何发展，正金方面亦无有丝毫利益，若能变通办理，清此一项积累，俾公司出货及营业所在地不受任何之压迫，当亦正金所希望而赞成者也。为此函恳执事，将以上理由转商制铁所暨正金总行裁夺，如承同意，即可与前途协商作价事宜。此事关系公司前途殊大，尚祈鼎力玉成，并于转商后是何情形，从速见复，至深盼荷。专此布达。顺颂

台祺

总、副经理

盛恩颐、潘灏芬致公司董事会函

民国十七年二月三日（1928.2.3）

董事会公鉴：

径启者，萍矿积欠长沙裕庆和庄款，直接间接，据其抄单，共计二十五万元有奇。嗣于十六年旧历正月，本公司曾付该庄洋四万元，七月内付三千元，八月间又还一万元，先后共付洋五万三千元。余因本公司困于经济状况，未及清偿。该号经理康耀南住矿坐索一年有余，乃上年十一月二十五日、十二月八日忽奉淞沪卫戍司令部通知称，奉国民政府军事委员会令开，据第四十军军部军法处长彭定均等呈称，汉冶萍公司恃势强骗长沙裕庆和钱庄款项不还，致被牵倒军公存款二十三万余元，请令淞沪卫戍部，将该公司设在浦东之堆栈查封，勒令缴清等语。又称本部业经派员查明具复，合亟抄录彭定均等副呈，通知该经理，即便遵照，将所欠长沙裕庆和钱庄之债款，迅速履行，以便该钱庄清偿军公各款，而免纠纷等语。即其第二次通知，亦径云，合再通知该经理，即便遵照，从速了清，并限三日内具文答复等语。当经提交整理委员会会议，一面正筹应付方法，而本年一月十一日，即阴历年底，浦东堆栈竟被发封，汉源小轮亦被带去，并派警驻栈监视，即露天堆存各客货，一概不得出入，内有日商煤炭居其多数，复经商请日本总领事提出抗议，复由总商会煤业公会等一再函请卫戍司令部，始准将客存煤炭出栈，再未准予本栈启封。似此情形，非有正当办法，不能转圜。所有本公司浦东堆栈因债项关系被封经过之情形，理合报告贵会，应请迅予

提议,早谋解决。再,裕庆和原开债款单件,卫戍司令部通知及彭定均副呈、沈栈长函、本公司复卫戍司令部函各件,检同抄送一份。合并声明。此颂

公绥

总、副经理

汉冶萍公司与中国通商银行订立借款偿还契约

民国二十年三月一日(1931.3.1)

兹因汉冶萍公司营业停顿、经济困难,对于欠通商银行及其代理如左列之各户借款计开:

通商银行　元三万两

通商银行　元十五万两

祥大源　元五万两

祥大源　元五万两

源安银公司　元十万两

源记　元二十二万两

中法银公司　元二十四万两

共七户计元八十四万两。自民国十五年十二月以来,迄今利息无力按照原订契约应付,爰另订新契约如左:

一、所有以前未经清付之利息及自本年起各项利息,均改为长年六厘计算,每年十二月二十日为付款之期。

一、以前欠付长年六厘息结至民国二十年二月底止,计共元二十一万三千九百五十六两六钱八分(另详清单)。兹言明本新契约签字后即先付元四万两,其余十七万三千九百五十六两六钱八分不再起息;自本年起亦以每年十二月二十日为付款之期,至少付元一万两,至多付元三万两。总之,不逾八年八个月限期如数付清。

一、订立新契约后,每年应付借款利息及拨还上项欠息,须照数付清,不得拖欠,否则即可将新契约取消,另行再订。

一、新契约除改订利率外，余仍照旧约办理。

一、对于代理其他各户借款，上列改订各项办法如有问题，由通商银行完全负责。

一、本契约一式两份，各执一份为凭。

汉冶萍公司总经理　盛恩颐

中国通商银行总行经理　谢光甫

见证　赵兴昌

王心贯

中华民国二十年三月一日

最高法院民事判决

民国二十二年十二月十四日（1933.12.14）

上诉人　汉冶萍公司（设上海四川路二十九号）

上诉人又右法定代理人　盛恩颐（右公司总经理，年未详，住同上）

诉讼代理人　姚永励（律师，住上海香港路四号二楼二〇二号）

被上诉人　四明银行（设上海北京路八十六号）

法定代理人　孙衡甫（右行经理，年未详，住同上）

右当事人间请求偿还债务事件，上诉人对于中华民国二十二年五月十五日江苏高等法院第二分院第二审判决提起上诉，本院判决如左：

主文

上诉驳回

第三审诉讼费用由上诉人等负担。

理由

本件上诉人盛恩颐为上诉人汉冶萍公司之总经理，其于民国十四年七月三十日向被上诉人借元银三十万两，以该公司所存汉阳铁厂之钢轨一万五千吨分出栈单十五纸作为担保，言明月息八厘五毫，按月照付。自是年十一月起，每月还本银二万两，订有契约，除已还本银及利银各部分外，计尚欠本利共元银四十万零二千七百三十四两八钱八分（内本银二十四万两,余均利息),为不争之事实。此次被上诉人在第一审起诉,系以上诉人等对上述借款本利迄未照约清偿,其原供担保之钢轨又经湖北财政厅提取变卖,以致债权无由取偿等情,请求判令上诉人汉冶萍公司照上述本利数额如数清偿,并就关于本银二十四万两部分,应按约定利率给付,自二十一年十一月一日起至执行终了日止之利息,并命上诉人盛恩颐负清理偿还之责。上诉人等虽辩称,所供担保之钢轨业于契约成立后移转于被上诉人占有,并有被上诉人派人保管,因指两造原订之契约为动产质权契约,被上诉人尽可拍卖质物,就其卖得价金而受清偿,乃坐视湖北财政厅将该质物提取变卖,自系被上诉人未尽善良管理之注意,何能更向上诉人等请求清偿?但查卷附两造不争之借款契约,其第二项载:汉冶萍公司所存钢轨一万五千吨为上项借款之担保(原误称抵押)品,由总公司分出栈单十五纸交四明银行收执,其钢轨仍存汉阳厂,由汉冶萍公司负责保管等语。是上诉人等所述该项钢轨已移转于被上诉人,并由其保管之处,显属虚捏,因而被上诉人对该钢轨不但无保管责任可言,且所质者系上述钢轨栈单十五纸所记之权利,即所谓权利质权并非动产质权,亦极明显。故无论湖北财政厅提卖该项钢轨是否有权处分,要与被上诉人无尤,不过被上诉人原有之权利质权因此而消灭,致有担保之债权变而为普通债权,而被上诉人本于普通债权请求履行,自属正当。第一审查据上述借款契约,判令上诉人等分别负责清偿。原审驳回上诉人等之第二审上诉,均无不合。上诉论旨乃谓被上诉人于湖北财政厅处分该钢轨之际不诉请法院解决,以资救济,致增上诉人等之负担,即属自动抛弃权利云云,显系以应归责于己之事由而归责之被上诉人。其所称前曾经人调解,仍照分期偿还办法一节,未据上诉人释明已得被上诉人同意,原审自可不予置议,上诉论旨以此藉口,并援引民法第三百一十八条之规定指摘原判之不当,亦属无可采取。

据上论结,本件上诉为无理由,依民事诉讼法第四百四十八条、第四百十五条、第八十一条判决如主文。

中华民国二十二年十一月一日

最高法院民事第三庭

审判长推事　　李　莐

推事　　季手文

推事　　汤本殷

推事　　张式彝

推事　　曹凤箫

右正本证明与原本无异。

书记官　　冯泽滔

中华民国二十二年十二月十四日

四明银行与汉冶萍公司和解协定

民国二十六年六月二十八日（1937.6.28）

立和解协定四明银行总行（简称甲方）、汉冶萍总公司（简称乙方）前因甲方对乙方债务涉讼，经上海第一特区地方法院二十二年民字第六五七号判决，应由乙方负责清偿本利银四十万零二千七百三十四两八钱八分一案，兹经友谊磋商，成立和解，特订定条款如左：

一、本借款本金规元二十四万两，折合国币三十三万五千六百六十四元三角三分。

二、本借款所有以前未经清付之利息及以后息随本减之利息，均改为长年六厘计算，以后利息随本分年摊还，至以前欠付利息（按长年六厘计算）自民国十七年一月一日起结至二十六年六月三十日止，计规元十三万六千八百两，折合国币十九万一千三百二十八元六角七分，此项利息不再起息，于原本清偿后分三年摊还。

三、自本协定成立，即于本年七月一日由乙方付还甲方规元四万两，折合国币五万五千九百四十四元零五分抵还本金。

四、自民国二十七年起，每年由乙方于七月一日付还甲方规元三万两，折合国币四万一千九百五十八元零四分抵还本息（另附付款表）。

五、本协定缮具一式二份，双方各执一份。

中华民国二十六年六月二十八日

立和解协定

四明银行总行代表人　协理杨德森(印)

汉冶萍总公司代表人　总经理盛恩颐(印)

证人　徐士浩律师(印)

史乃修律师(印)

汉冶萍公司致四明银行函

民国二十八年十月二十日(1939.10.20)

径启者：

接奉十月九日台函,敬悉——。敝公司因受战事影响,情形困难,为贵行所深悉,曷胜感荷。故虽与贵行同属为难,无如敝公司全部停工已久,曾于上年七月具复贵行通知拨还欠款三万两函内详悉奉告,请为通融展缓在案。兹承来示,通知拨付去今两年应付之本息等因,敝公司厂矿全部仍在停工期内,经济困难,一如上年,实属无法可想,当荷洞鉴,仍祈通融展缓,俟时局平定开工后,再行筹付。至于复息一层,因敝公司拨付延期,系受战事影响,此时固不必论及也。专函布达,即希查照。此致

四明银行总行

汉冶萍公司启

十、抗战时期的公司

（一）国民政府征用

汪志翔[①]致盛恩颐函

民国二十六年八月五日（1937.8.5）

总经理钧鉴：

顷接京友七月三十一日函云,京方以非常时期,所有煤铁矿开采管理或需统制并定专条,正在集议,尚未公布耳等语。查此息出自建设方面,当非子虚,且本厂矿尤为全国所注目,诚恐乘此时机断然处置,似宜未雨绸缪,统筹一切。应如何布置之处,敬乞钧裁,肃此密禀。虔请崇安,诸惟垂察。

职　汪志翔谨禀

韩鸿藻致盛恩颐、赵兴昌函

民国二十六年八月二十八日（1937.8.28）

总经理、襄理钧鉴：

本日准汉阳兵工厂总字第一四八二号公函开:案奉军政部兵工署养成造电,以前方抗战需要,自行铸造钢件甚急,上海炼钢厂在炮火中,不能开工,亟需借用汉阳铁厂,除由本部电请湖北省政府暨实业部分别协助监交外,仰克日前往接收等因,并准湖北省政府敬代电,派建设厅科长伍廷琛、

---

① 汪志翔（1885—?）:字仞千,江苏武进（今常州）人。时任大冶厂矿长。

股长王伯轩前往会同监交,并随时尽量协助办理等因到厂,自应遵办。兹定于本月二十八日上午十时接收,除电湖北省政府转饬所派人员届时莅厂外,特派秘书夏祥惠持函前往接洽,即希查照,迅造机器、工具、材料暨器具、房地产业等项清册送厂,俾凭点收为盼等由。当与夏秘书面洽,以本厂停工已久,现因钢铁需要正谋复工修理,鸿藻仅负保管责任,借用接收一节,应请径与公司接洽云云。除将上项情形函复兵工厂,并另具感急电陈请核示外,理合肃函呈请鉴核,伏候迅示祗遵。虔请

崇安

事务股长兼摄厂长　韩鸿藻谨肃

何应钦致汉阳钢铁厂电

民国二十六年九月一日(1937.9.1)

郑厂长译转汉阳铁厂韩厂长:公密。艳电悉。此次本部接收该厂,以战事紧急,处置一切物品,希照数点交,俟战后清算,并由鄂省府及实业部派员监交。为避免泄漏军事机宜计,现时无庸通知总公司。关于是项不通知之责任由本部完全负之。何应钦。东。兵造。

盛恩颐致公司董事会函

民国二十六年十月二日(1937.10.2)

董事会公鉴:

敬密陈者,八月三十日接准汉厂韩兼摄厂长感电内称:准汉阳兵工厂函,奉兵工署电,以前方抗战需借用汉厂自铸钢件,除电鄂省府暨实部监交外,仰克日接收等因,兹定俭日接收,希造机器、材料、器具等清册,以凭点收等由,除函复请径与公司接洽外,理合电陈鉴核,迅示祗遵等因。准此,正在核办间,九月二日,复接准该兼摄厂长艳电称:俭日兵工厂长郑家俊会同省委来厂势逼,鸿藻无力抵抗,不得不予暂借。郑并嘱造册点交,材料造册加封,各处房地产除外。此系面洽情形。但鸿藻究无借予权,除电呈军政部外,电请核示等因。九月三日,又接准该兼摄厂长函同前因。

查此案经理自接韩兼摄厂长感电后,以事关非常时期,借用商厂,条例久颁,自应遵照听候政府来向公司接洽,一面仍将汉厂停闭多年,炉座机件不堪应用之实在情形,向主管机关声明。乃静俟有日,政府迄未派人前来接洽。复于九月九日接准韩兼摄厂长九月三日函称:二十八日午后,兵工厂厂长郑家俊会同湖北省政府建设厅技正黄祝民、科长伍廷琛、股长王伯轩并武汉警备旅团副连长等来厂监交,非接收不可。郑厂长到厂系午后三时,备述救国抗战,团结一致,所有民间各厂均须借用,贵厂自今日三时以前,系阁下负保管责任,三时以后,归兄弟负责管理;至贵公司方面,有余完全负责,紧急处分,刻不容缓云云。鸿藻无法拒绝,爰再声明,借厂只能限于机器、工具,所有材料、器具暨房地产业等,当然不在借用之列。郑答可将文卷、用具搬出,房地产除外,厂围墙以内归我接管,所有职工巡警全体,着即出厂。鸿藻又反复抗辩,限至月底离厂,划出卫生股暂作办公处,由邻德里出入,将向该厂内门封闭,因时间迫促,仅将文卷搬出,其余被水淹坏及年远者,搬不胜搬。直至本月一日始得粗定等因。并据转抄军政部复电,其文曰:本部接收该厂,以战事紧急处置,一切物品,希照数点交,俟战后清算,并由鄂省府及实业部派员监交,为避免泄漏军事机宜计,现时无庸通知总公司,关于是项不通知之责任,由本部完全负之等语。

查阅该兼摄厂长所陈情形,暨军部复电,事在必行,总公司更无可置辞。嗣于九月十三日接准韩兼摄厂长七日函称:支日奉实业部江电内开,在此抗战之时,国内各制造厂及一切资源,政府有征发或借用之权,人民不得违抗,仰即遵照军政部兵工署令,点交勿违等因。昨已经派员会同实部、省府人员点交,同时郑厂长来邀谈话。郑即将支日部令重言声明,借厂不仅限于厂围墙以内,凡属于厂房地产,不论武阳夏三镇均在借用之列,务须一并接收。鸿藻再三声辩,郑总以部令内开一切以拒绝之,并谓贵公司保管一切责任,由军部负之云云,无能违抗等因。据此次来函,则围墙外房地产业,均包括于借用范围之内。又于同日接准该兼摄厂长九月八日函称:汉阳兵工厂借用汉厂所有机器、工具、材料及器具、房地产业等,均须造册点交,现正点交厂内各件,惟兵工厂交来清册式样,册尾书明接收员、借交员、监交员均须签字盖章等因,应否签字,请示前来。当即复以点交清楚后照签。惟对于厂外及阳夏房地产业等项,另由该兼摄厂长于九月九日代电军、实两部,吁恳不在借用之列。旋准该兼摄厂长九月二十一日函称:奉实业部电,厂旁房屋仍须借用,仰即一并点交等因。此军政部兵工署令汉阳兵工厂借用我汉厂之前后实在情形也。理合详悉密陈。谨请公鉴。顺颂公祺

总经理

何应钦致韩鸿藻快邮代电
民国二十六年十月十七日(1937.10.17)

汉阳钢铁厂韩厂长鉴:上月佳代电悉。查贵厂机器、工具、材料等既已点交,所有厂外产业,属于现在复工计画所必需者,据报称尚有以下四项:(一)所有厂外之栈房、渣砖厂、江边各码头及其一切附属设备与空地;(二)修德里房屋;(三)伯牙台第三号至第八号房屋;(四)大昌里房屋。以上产业均与厂屋有连带关系,不便分开,希一并点交张厂长连科借用,统俟战后清算。除电饬该厂长遵照接收外,即希查照办理为荷。何应钦。篠。兵造印。

翁文灏、钱昌照致蒋介石代电[①]
民国二十七年三月二十七日(1938.3.27)

委员长钧鉴:查江西萍乡煤矿为华中最大煤矿,且因汉冶萍公司关系,向为暴敌所注意。本会奉令整理,自上年二月迄今积极生产煤供给路用,维持军运,幸未陨越。现以赣北战争转紧,该处自不得不及时准备,庶免临事张惶,资为敌用。前次湖北大冶石灰窑各厂矿于江防吃紧中,由钧长密令武汉卫戍总司令部召集有关各方会议,决定各项紧急处置要点如下:一、各厂矿可以拆迁之机器设备,由各厂矿负责限期拆迁,不能拆迁者由军事

---

① 本件录自《南京史料整理处档案》。

机关组织爆炸队于必要时彻底破坏之。二、必需随各厂矿迁移之技工,由各厂矿维持继续雇佣。三、壮丁而非必需随各厂矿迁移之技工,由兵站总监部编组运输队,或由附近管理兵役机关接收,补充新兵。四、老弱工人由各厂矿给资遣散。五、拆迁时之运输由各运输机关切实负责办理。六、以上各条执行如有困难,由当地最高军事当局督令办理。嗣后执行结果颇称妥适。兹萍乡煤矿逼近战区,为缜密处理计,可否仍由钧长依照大冶石灰窑各厂矿拆迁前例,密令江西省政府及当地最高军事当局,预作各种必要之准备之处,敬乞密令祗遵。职翁、钱。

拆迁石灰窑工厂第一次会议记录

民国二十七年六月二十八日(1938.6.28)

日期:六月二十八日下午二时

地点:武汉卫戍总司令部会议厅

出席人员:交通部代表　王　洸

　　　　　经济部代表　彭荣宾

　　　　　迁建委员会　张连科

　　　　　湖北省政府建设厅　旷运文

　　　　　既济水电公司　裘孔殷

　　　　　武汉行营秘二科　朱若愚

　　　　　爆破队　阎夏阳　钟以文

　　　　　兵站总监部　尹伊中

　　　　　工兵指挥部　曾汉光

　　　　　武汉卫戍司令部　叶其蓁　张麟舒　许宝光

　　　　　主席报告人　叶其蓁

主席报告

(一)已办各项

1. 已由本部委派阎夏阳同志为爆破队队长,钟以文为爆破工程师。

2. 已由本部令饬武汉警备司令部派兵一连,随爆破队前往担任警卫事宜。

3. 已由本部呈请军政部发给爆破用材料(由阎队长径行洽领)。

4. 已由本部密电大冶向县长、鄂城范县长,切实协助办理各工厂工人善后事宜。

5. 已由本部密电该地驻军(第三集团军孙总司令桐萱、第二十九军团李军团长汉魂)协助阎队长办理一切事宜。

6. 已由本部电请交通部准备拨大型载重驳船两只、小火轮一只,随时交阎队长运用(此条有变更,参照讨论事项第一)。

7. 已由本部垫款一千元作为办理经费(希阎队长呈请)。

(二)工作分配

1. 请交通部担任拆除铁路铁轨并运输事宜。

2. 请经济部担任大冶启新水泥厂及利华等煤矿机件拆迁之监督执行等事宜。

3. 请迁建委员会担任拆迁汉冶萍公司一切机件事宜。

4. 请湖北省政府建设厅担任拆迁湖北官矿局机件等事宜。

5. 除拆迁者外,其应破坏者,即由爆破队担任爆破,并由工兵指挥部派相当官兵前往协助。

6. 工人善后由武汉卫戍区兵站总监部派员负责办理。其要领如下:

(1)拆迁各厂之工人仍随厂迁地工作。

(2)被破坏部分之工人 甲:强壮者拨二千名归兵站总监部编组运输队,多余者交该兵团管区接收运鄂补充新兵;乙:老弱者给资遣散(给资多寡于本会决定之)。

讨论事项:

1. 运输船只可否由武汉卫戍总司令部或各厂方直接向船舶运输司令部接洽拨派(交通部提)。

决议:(1)工作人员及爆破器材等输送船只(即前办事项第六),改由武汉卫戍总司令拨派。(2)各矿厂机件及随行工人等之运输事宜,仍由交通部负责统筹办理。

2. 关于商办各厂矿拆迁等事宜,应否先预警告或召集各厂矿当事人,予以说明以利执行(行营秘三科)。

决议:(1)由武汉卫戍总司令部命令知照限三星期内拆迁完毕。(2)此命令由阎队长派员面投并加以说明。

3. 拆迁办法应顾虑情况,先拆主要机件(即所谓心脏部分)并注意爆破后所遗钢铁破片,勿使敌便于搬运(迁建委员会提)。

决议通过。

4. 交通部拆除铁路铁轨之时机,须注意厂矿之机件运输不生障碍(建设厅提)。

决议:交通部转饬工作人员注意与各厂拆迁工作人员确保联系。

5. 爆破工作应请工兵指挥部多派工兵予以协助以期迅速案(阎队长提)。

决议:工兵指挥部派官兵二十名。

6. 工人善后问题应考虑:

甲、与迁移各厂随行之工人,厂方如以经费关系不愿携带时应如何?

乙、破坏部分之工人如不愿来汉当兵,应如何?并可否先令登记?

丙、倘工人不满破坏其赖以生活之厂矿,因而发生意外时应如何?

丁、老弱工人之资遣费是否责令厂方(商办者)发给?

决议:甲、俟与厂方接洽。乙、应强制执行。丙、已电令该地驻军协商,应确取联络。丁、暂保留。除上述各项外,兵站总监部应再详拟办法呈核。

7. 本日列席各员因时间仓促无详细准备,且事体重大,亦应请示各该主管决定可否另定日期再开会一次(行营秘三科提)。

决议:(1)定于本月三十日上午八时在武汉卫戍总司令部举行第二次会议(不另行通知)。(2)第二次会议时除本日出席人员仍均列席外,并请各部分担任工作之主要人员列席,以资接洽。

8. 本月三十日第二次会议时对左开各事应请各部决定具体办法(主席提)。

(1) 应迁移机件吨数估计。

（2）拆迁步骤（某种机件先拆，某种机件后拆）。

（3）担任拆迁工作人员及器材之准备。

（4）需要他部分协助（联系）之事项。

（5）开始拆除日期及预定完毕日期。

（6）迁移地点之指定（经济部办）。

（7）工人善后及经费（资遣费）。

（8）运输工具（船只）之准备（交通部办）。

决议：通过。

［附件］ 萍矿迁移办法
民国二十八年四月十日（1939.4.10）

萍矿迁移办法五项：

（1）机件先运祁阳。

（2）存煤悉数西运。

（3）壮丁除需要随迁技工外，余编运输队老弱资运。

（4）派本部高级参谋赵铁公先往督办。

（5）由周线区司令即派得力爆破队到萍，待机彻底破坏。

余复准照办。

（萍乡煤矿局发出，安源王专员电文摘要）

蒋介石致迁建委员会快邮代电
民国二十七年七月二十日（1938.7.20）

迁建委员会鉴：查当此抗战期间，五金材料来源困难，而后方又甚需要，汉冶萍公司内之化铁炉、打风炉及桁架等，希加雇工人积极拆除，运往后方，以供军需之用。中正。号酉。侍参鄂。

钢铁厂迁建委员会呈蒋介石文
民国二十七年七月二十五日（1938.7.25）

奉钧座号酉侍参鄂第 3697 代电，敬悉。谨按兵工署各厂及本会器材，共十余万吨，本年内运输能力已无法全部运达目的地。汉阳铁厂全部拆卸钢料，亦可达十余万吨，今只得择要拆运五万吨。查大冶厂矿之动力及运输等设备，已由本会拆卸，所余之化铁炉等势成孤掌，敌人将来纵欲利用复工，已非短期内所能办到，倘我方拆卸后，不及运走，则反足以资敌，且拆卸该项设备约需技工千余人，为期四五个月，就该地现时情势言之，已无着手可能，拟请准免拆除。是否有当，签请核示。谨呈

委员长蒋

蒋介石致汉阳铁厂迁建会快邮代电

民国二十七年七月二十八日（1938.7.28）

汉阳铁厂迁建会杨主任委员勋鉴：七月二十五日报告悉。汉冶萍公司大冶化铁炉等，既不便拆除，应准备爆破为要。中正。俭午。侍参鄂。

吴玉岚呈钢铁厂迁建委员会运输股函

民国二十七年九月（1938.9）

窃职于本年四月二十五日奉派赴大冶汉冶萍铁厂，办理将本会各股矿在该厂征借器材之装运及本股器材之拆卸事宜，旋于七月六日奉令转奉兵工署汉（二七）字第四四一八号训令，以大冶铁矿厂机件准由本会尽先选择取用，迅速拆运，着即依限遵照办理。同月十四日奉电令停止各项拆卸工程，加紧装运。同月二十八日奉令，路轨着与交通部派员切实合作，尽力拆运，不必限定里数各等因。奉此，查全部任务于八月三十一日完成，除在奉派期间随时分别邮电呈报或面陈请示外，所有自四月二十五日起至八月三十一日止全部工作经过情形，理合择尤胪陈如次：

（一）关于本会器材装运：前后驶冶轮船有二：凤浦轮于六月五日抵冶，同月二十一日装竣离冶，计装运本会各股矿器材九五八吨；三兴轮于七月七日抵冶，同月十四日离埠，计装九四五吨。木驳前后十七批，凡驳船五一只，计装一三二四.五〇三吨。以上轮驳两项，并计共装运三二二五.五〇二吨。凤浦、三兴两轮器材已如期抵宜。驳船除一、二只在汉冶途中遇炸稍受损

失者外,皆已由北平等拖轮分别拖带,或自行驶风上溯,先后抵达宜埠。

（二）关于本股器材选取:本股在冶厂前后计选取器材约九七二吨,内安全运到者七四〇.七〇〇吨。在山峡洗渔洲遇炸四八.一〇〇吨;未运施破坏者一八三.九三九吨。

（三）关于协助拆运路轨:查大冶厂五铁山矿区,铁路干线为二十七公里,有数条岔道系五十五磅之钢轨,其余悉为八十五磅者;垫枕约百分之八十为钢枕,余为木枕;钢架桥凡二十余,但皆系小沟河,而非数栋者。职于七月九日奉谕拆卸该路二十公里,当即招雇叶青山包拆,于十二月在叶家塘车站及厂内天桥动工。十四日旋接电令停止一切拆卸工程,尽力抢运。至七月二十日交通部派刘专员孝勤率粤汉路工务处工务员杨景荣及路工四十四名来冶,继续拆轨工作,商准本会协助雇工,并付应需工款。同月二十八日奉令冶厂路轨着与交通部派员切实合作,尽力拆运,不必限定里数,计自七月二十五日起迄八月二十一日止,拆轨工程全部告竣。计交通部工人与本股雇工合拆三三.九七公里,凡钢轨七.四三四条,钢枕一九.七六四条,鱼尾板一二.九一四块(请参阅附表)。其叶青山包工所拆之钢轨四一四条,业由三兴轮及各驳船垫舱陆续运出。

（四）关于已拆未运器材之处理:已拆未运之器材可区分为三类:一为路轨,二为其他机件,三为趸船码头。

1. 路轨,本会及交通部等均至所需要,其始尚盼轮驳继续能来,后谂交通部预拟派定之拖轮及木驳音信杳然,益以北平拖轮搁浅燕矶多日后始知无望。盖是时寇机在大冶附近一带狂肆轰炸,轮驳相戒不前,故依照八月四日武汉卫戍司令部爆破队召集之最后一次紧急会议之决定,并呈奉核准,为预防异日不测起见,概予散投江心。计自八月十日开始工作,同月二十一日葳事,共投江钢轨五五二一条,钢枕一九一九九条,岔道一〇条,鱼尾板一二九一四块;尚有由下陆至铜鼓地一段七公里半,则由爆破队炸毁;余下钢轨一九一三条、钢枕五六五条,则以驻冶炮兵第十一团第五、六两连征作修筑防御工事,资源委员会工矿调整处、水泥厂洽让均悉照拨与。

2. 机件约五五九吨,以无船运走,不得已与爆破队阎队长商定,小者一律投江,大者一律施以破坏,以失去效用为度。计自八月二十五日起至翌日止,两日内执行竣事。

3. 趸船码头,查由厂以至黄石港大小码头约十余个,但皆非正式石砌之深水码头,而胥藉趸船之助作装卸货物时临时码头之用,本股选用之三号铁趸船,如不设法破坏,异日不测,资敌堪虞。遂于离冶前一日将其底部铲去五铆钉,水即由此灌入,并将系缆放开,让该趸船漂流江心,不旋踵即行没顶下沉矣。

以上所陈,系职在大冶铁矿厂工作之大略经过。理合检同备用金收付对照表、单据,备文呈报。伏乞鉴核,分别准予转呈存查报销。谨呈
工程师兼第一组长唐

转呈运输股股长黄

职　吴玉岚签呈

钢铁厂迁建委员会迁建概况(节录)
民国三十二年三月一日(1943.3.1)

中华民国二十七年三月一日,本会奉令在汉阳成立。当时计划之主要工作为拆卸武汉附近各钢铁厂之机器,以图迁入后方设厂,同时探勘煤铁两矿区即予开采,以求原料之自给,故临时组织,于委员会下分设技术室、会计室及总务、铁炉、钢炉、轧机、动力、建筑、运输等股,并设立直辖之煤矿铁矿两筹备处,分别积极进行工作,同时在后方选择厂址,以便器材迁到后可以着手建设。经多方调查比较,初拟接近两矿,以便原料之接济,惟以(一)煤矿煤质含硫过高,恐不能单独制炼合于冶铁之焦炭,或须与嘉陵江沿岸所产之侏罗纪薄层良煤配合炼焦,又煤矿所产之煤挥发份较低而焦性甚强,殊不合炼钢煤气发生炉之用,势须采用犍为之黄丹烟煤或江北之龙王洞煤,若厂址就近原料,则此种需用配合之煤,运输甚感困难。(二)本会拆运器材,颇多重大之件,计每件重量,有自三吨半以至二十五吨者,此等重件之起卸,须有深水之码头及置有起重设备之囤船。(三)原料运经水道,由主管机关予以整理,据其计划目标,于整理完成以后,则每日之运输

量,可足供本会初步计划所需原料之量,似可不虞水道顺流下运之过远。基上数因,为谋早日生产迅赴事功起见,特觅定现址,着手兴建。迨至二十八年九月,增设直辖之水道运输管理筹备处,以便原料之运输,同时奉令饬将接邻之第三工厂归并本会,于二十九年一月一日正式合并组织,于委员会下设办公厅、工务处、建筑工程处、会计处、购料委员会、职工福利处等,各厅处会以下,分设各课各制造所,同时因本会建筑及冶炼上需用各种石灰石甚多,特于购料委员会下附设采石场一处,供给本会全部石灰石之需要。是年三月,两矿及水道运输管理处正式成立,取消筹备处名义。三十年三月于接近两矿之适宜地点,增设分厂筹备处,俾所需煤铁原料易于取给。三十一年一月一日改定本会编制,将原有之厅会等悉改为处,计设秘书处、总工程师办公处、工务处、建筑工程处、购置处、会计处、职工福利处,处下设课,略有增减,并将各制造所直属于委员会管辖。三月一日设立煤铁两矿联络铁路工程处,筹办两矿间铁道之联络工程,以加强原料之产运。同月十六日成立新厂建设工程处,以便积极筹设新厂,并因冶炼钢铁需用锰矿,经长期间之调查,发现后方有蕴藏甚丰之锰矿,爰于三十一年十二月间成立锰矿筹备处,连前共为七个附属机关。于是体制完备,所需原料均能自给自足,兹将本会迁建工作经过情形分述如下:

甲、拆迁情形

(一)拆卸工作:本会计划中所拆迁之各钢铁厂均已设立已久,且有停工经十余年者,机件陈旧废坏,零件短损甚多,故于本会组织之初,即约集散在鄂湘沪港各地之工程家参加此项艰巨工作,细心筹划,大胆施工,计自二十七年三月开始迄十月二十一日武汉撤守止,在此期内,凡认为可以利用之重要器材,大致已拆卸竣事。(二)迁运工作:迁运之初,值时局紧急,敌机狂炸,船只调用,困难尤多,而大件笨重器材之装卸设备,复属极感缺乏,旋定分段抢运之法,颇见功效。及武汉撤守,鄂西危急,多数重要器材,竟被阻拦于藕池口封锁线以下,幸经多数得力员工详加探查,冒死上行,率将封锁线通过,安达宜昌。宜昌以上,又复分段转运,始渐达目的地。计自二十七年六月初开始迁运,至二十八年底告竣,共计迁运五万六千八百余吨,其中专属本会暨两矿应用者,占三万七千二百余吨(内计沿途失吉及空袭炸毁者约二千余吨)。余则兵工署所属各厂处库及有关厂所委托代运者,达二万吨。(三)运输工具:当时在汉岳宜渝等处由本会征雇自行指挥利用之运输工具,计有海轮十一艘,江轮二十七艘,炮舰二艘,铁驳船四艘,拖轮十七艘,木驳船二百十八只,柏木船七千只,此外并陆续交由汉宜、宜渝两段之商轮,附带运输。(四)转运地点:各项器材由武汉西运抵达宜昌后,即卸存转载运入后方,当因时局紧张航运困难,沿途分囤计八九处,经次第转运,始达厂地。(下略)

黄显淇①:迁建会运输工作回忆录(节录)

(1938.4—1939.12)

(一)迁运前之准备

淇于二十七年三月间,在沪连接士、灏两弟电促,转道至汉,旋知出自君毅②先生之邀,遂不稍踟蹰,欣然就道。三月二十日过港,二十四日抵汉,次日晋谒君毅先生于小西路办事处,承告最高当局已决定拆迁汉冶萍钢铁厂,另在后方创新厂,以树立国防重工业之基础。并垂询:以器材三万吨,由汉运渝,在一年之内能否运藏。淇以汉厂器材尚待细勘,惟就所闻器材单位重量,有至二三十吨者,体积有至二百余方呎者,倘码头起重,不特加设备,轮只、燃料,供求不能相应,恐难依限完成。反之,汉、宜、渝三地码头同时进行,设备、工人、轮只、燃料又能高度得当,适应需要,以淇预计,汉宜段半年可运完。宜渝一段,虽不甚明了川江航线及民生公司情形,未敢遽加臆断,如有关各方能通力合作,即使逾期,谅亦不至甚久也。

汉厂拆迁之议,政府倡之,而由君毅先生主持之。当时和者实寡,良以事业如此艰巨,金认殊鲜成功之望,独先生沉毅果断,排除万难,竭力以赴,使隶于军政、经济两部之钢铁厂迁建委员会,卒告成立。委员凡七人,先生

① 原文注:本文作者黄显淇为迁建运输股长。
② 原文注:君毅乃杨继曾也。任钢铁厂迁建委员会主任委员,德国柏林大学毕业。安徽怀宁人。

任主任委员,余如张连科(驻厂)、杨公北、辉震、程义法、严恩械、胡蔚诸先生任委员,其下凡设技术、会计两室,总务、铁炉、钢炉、轧机、动力、建筑、运输七股,綦江、南桐铁煤两矿。运输股股长之职,先生竟以相属,不佞驽骞远致,固早懔其临渊履冰之惧也。

二十六日到职,首谒驻厂委员张连科先生,次晤各股股长,各矿主任等,并即着手组织。以本股工作范围较广,呈准分设三组办事,第一组管理汉阳铁厂内外一切运输及有关各项技术事宜;第二组管理汉阳至川新厂址沿途船舶运输及水道技术各事宜;第三组管理新厂内外一切运输事宜。旋经聘定唐瑞华为工程师兼第一组组长,林南琛为股员,徐彦翘、沈守康、李润曾等为组员,其后工作日繁,赓又添聘魏子烺为副工程师,黄雪琴为助理工程师。翁专员德壎兼任第二组组长。黄钟声为第三组组长,吴玉岚等为组员。唐工程师技术优长,吴玉岚、林南琛、王幼光、沈守康、孙欣桐、王兴芳、王文泮、徐懋绩、龙仲仁、姚楚良、董德成各员及其余诸人,均始终精勤努力,无忝厥职,诚淇之大臂助也。

本股最初之工作,即积极布置汉阳旧厂原有二、三、四各码头及厂内外铁道与修理机车、吊车、起重机等,一面又派员点收吊运各股、矿交运器材。甫告工竣,即遭敌机轰炸,不得不日夜抢修,而随修随炸,随炸随修,固无时无日不在轰炸威胁之下工作也。嗣以敌海军所遗之铁趸船甚合用途,乃向武汉卫戍司令部洽借应用。至技术工匠与搬抬小工,以京沪流亡西来者甚夥,招雇尚不甚难,承揽包工人,除小户零星不计外,起重工匠,如来自远东运输公司约二百余,各搬运工夫,如闻尹记可纠集千名以上,此千余工人在本股指挥之下,日夜工作,迄于武汉撤守。

汉阳方面一切稍有头绪,淇即于五月十一日抽身偕同翁专员赴宜,略事勘察布置,随又飞汉,以该处事务交由翁君全权主持;重庆方面由会派钢炉股何股长维华设处筹备,本股于七、九两月,亦先后派黄组长钟声并抽调唐工程师前往,秉承办理处务。

本会器材,由本会负责自运,因不采取征用办法,遂由兵工署与长江航业联合办事处及民生实业公司订立运输合同。因时间仓卒,未能臻于完善,致后来颇有窒碍难行之处,所幸长联处沈仲毅、郑鲁齐诸君,遇事开诚,并能尊重署、会两方之意见,听从本股调度,自始至终,浃洽无间。汉宜运输虽困难重重,终能迎刃而解。而民生公司过事苛求,以自己利益为前提,有时不受署方命令,致迁运工作停滞,本会因而虚耗不必要之时日与经济。

我国因工业幼稚,运输措施平时已难,在此非常时期,尤感不易。前方战局,有张有弛,而后方尤其是紧贴前方之器材运输,为敌机所最注目,抢运之成败得失,往往争于斯须之间,怯懦与弛缓因循,未有不偾事者也。

(二)汉冶之迁运

大冶厂矿方面,在本会初意,仅征借机件约四百吨,材料约六百吨。四月二十五日,本股派组员吴玉岚赴冶,主持征借机件之装运及器材之拆卸事宜。五月底,淇获其来电,谓该处码头已搭修就绪,机铁件大半已装箱,移至江边,请即日派轮装运,淇即洽派凤浦轮于六月六月驶往装载。按该轮原为沿海驶行之货轮,其载重在水小时,约一千五百吨,淇满拟凤浦到冶,即能将该处所有器材一次运竣,讵一因各股矿估算重量不尽准确,二因征选远轶原来范围,故该轮于六月二十一日装运九百五十六吨,上驶后,而该处复据报,尚有器材二千余吨待运等语。斯时浔埠以上,相继沦陷,敌机逆江梭巡,滥施轰炸,轮驳遭其毒手者不可胜数,本股员工咸能镇静挣扎工作,迄水陆交通濒于断绝始止,可嘉也。

本股得知冶矿器材尚多,乃一面商洽长联处加派轮只,一面雇集民驳五十余艘,络绎下放,而航联处派定之三兴轮员工,以过于冒险辞不愿往,经淇反复晓喻,责以大义,始允开行。该轮自七月七日迄七月十四日,凡抢装九百四十五吨,而敌机日来飞绕投弹,或低飞扫射,工人逃亡日众,当地爆炸队复以该轮目标过大,迫其开离。是时舱位虽满,而吨位仍是不足,且以仓忙间装舱欠精,船身欹斜太甚,本股驻冶员司及押运员洽商结果,为顾全已装器材安全起见,忍痛开离。

大冶黄石港下游,战氛弥漫,轮驳相戒不前,独本会新雇之北平拖轮奉公恪谨,赴险如夷,所有五十余艘重载木驳,上下悉由该轮营拖。八月六日在山峡、洗鱼洲为敌机所追逐袭击,幸驶避得法,仅所拖之廖洪弼两木驳被炸沉没,损失器材约五十吨,而该轮复因躲避敌机,在燕矶搁浅。当为代雇起重工匠多名,并责成该轮东另行派轮,一并前往营救。

当时下游势虽蹙迫,而我英勇之陆海军仍能节节抵抗,空军亦能不断予敌以无情之打击。大冶既无船只,淇当饬令将剩余器材搬堆三号趸船,一面又洽商长联处加派江汉轮往拖,嗣以黄石港上游加封锁,不果。大冶方面总计抢运成功者,有三千二百五十公吨,其剩余溢征之器材五百六十吨,则不得不遵令实行毁弃矣。

该处同时奉令协助交通部拆运者,尚有联络冶厂与矿山交通之铁道三十四公里,此项工作由七月十三日起,亘三十六天完成之,在此期间几无日不在敌机肆虐之下,抢拆抢运,主其事者,则临危不苟之唐工程师也。

谌家矶六河沟厂炼炉迁运工作,亦相继进行。该炼炉价让成议后,严冶之委员告淇谓机件约三百吨,火砖、锰矿约六百余吨,当派魏宗相前往点收监运。讵交通单久延未备,估计吨量所差亦多,若照原来估计,实不足二船之载。结果先后派出伏龙、长兴、新仁和江汉四轮前往,将其已作准备之器材陆续提运一部分外,尚须益以民驳十艘拖至汉阳,提装大轮上运,盖机件、火砖、锰矿共有三千七百吨之多也。

冶谌两处均以吨量估计不准确,致全部运输不免受相当影响,而汉阳本厂原定拆运三万吨,自五月二十四日三兴轮为第一轮船靠泊汉阳三码头受载后,武汉即处于紧张之中。六月间,主任委员特谕:本会运输工作,应以最大努力加紧进行,是时主任委员并决定各股矿择尤检选,以能抢运一万三千吨为已足,并限每日装运六百吨,如不足数时,即受处分,超则保奖。迁建厂工作,关系抗战前途,不拼死奋斗即不克有成,多数员工,胥能共喻斯旨,黾勉尽职。迄六月底,上运已达一万二千六、七十吨,七月底,已达二万九千二百二十一吨;十月二十二日以前,已达五万六千八百十九吨。主任委员誉为已臻运输最高峰,慰勉有加焉。

淇一方恐一部员工或生骄矜,未即保举,一方实浸于焦忧苦虑之中。所忧虑者,为渝宜两地码头设备,尚茫无头绪,而淇前曾有同时建设之议,既而提出会议,各同僚多谓依照本会与长联处及民生公司所订合同义务,本会只须责其履行足矣。

十月二十二日以前，上运之数实包括兵工署所属沪、宁、巩、株等厂处库之器材，约一万九千五百六十七吨，大件及由外洋新到器材亦在内，因各该处器材约三万吨，亦奉令交本股加入运输计划，短期内指拨轮只予以迁运。该项器材原归船舶管理所拨轮装运，嗣以本会既已成立，遂拒不代运。各厂遗下之笨重机件，因待凑成套，复多泊来新品，故无不尽先派给吨位，予以疏运。虽当时未见谅于同仁，然自武汉撤守，本会尚有少量次要器材，未能运清，而各厂、处、库则一无遗漏，抚心自问亦良慰也。

汉厂器材为量较巨，而估计与实际相差亦有六七千吨之多，本股收到各股、矿交运清单后，即分别派员点收磅核，而后恪遵技术室呈准之运输计划，装轮运出。各股、矿交运清单，除轧机、建筑、动力等股外，率系临时赶制器材，一部分全无标志，或单上有此唛号，而点交人员始终未能指出，究存何处，以致有无法点收者。交运清单本股例须复打若干份，航快寄宜，启碇之时，押运员如不及携带详单，至少随带简明之提单，载明器材种类、件数、吨位。江轮所装器材较为单纯，未派押运员者，亦必分别邮电先期知照，俾宜昌本股第二组得据以点收，规制虽属草创，要以能层次井然，各有专员，无相紊越也。

宜昌二组以合同既已规定，一切提卸工作可委长联宜昌分处办理，惟分处乃一极松懈无力之组织，海轮络绎由汉开抵宜埠，长期不能提卸，又因用人过多，遇事则不免互相推卸责任。汉阳方面，日惟引领以待回航装轮，陷于停顿状态者四十余日。不然淇敢断言，再多运两万吨，亦匪难事也。

本股一面告知汉长联处需船殷迫情形，严催速卸，一面于七月十八日调派副工程师魏子烺率同路工、起重工匠等赴宜，敷设铁道，并专任协助一组装卸笨重器材事宜，同时更洽妥长联处拨派原不在约定列内之长江班轮九艘，加入运输。如船舶管理所能予本会以适当与充分之协助，则长联处尚可尽量增派船只，而轻小之钢铁材料，抢运更多矣。

（三）笨重器材装驳上拖

汉厂轻小之件，问题尚小，笨重器材，如钢炉及庞大之重机等或爆炸危险品,不便装舱,复占地位。淇入厂之初,即思利用木驳,试以两艘扎成一排,以枕木垫平舱底,以钢轨平铺其上。如此,船稍大者,可装火车头一对,或锅炉两只,外加十吨器材一二件。装好交由小轮拖带,以与大轮平行运输,十五吨以上之器材,期于短期内运藏无遗。此项运输方法奉准后,于六月二十三日开始试装,自七月十日起陆续交拖。不幸进行伊始,便值武汉公私物资争向后移,轮船吨位有限,水脚迭经抬高,而仍居奇,不易获得舱位,于是转而伧雇民驳,加以封征,民驳因而相率躲匿汉港,即出重价,亦若无处租雇。旋本股觅得线索,给予较平时略高之租值,在短期内雇得二百余艘。

装驳工作,进行亦速,不三星期已装六十余艘,约载二千吨。八月间,以事实上需要,派遣组员魏宗相驰往塔市驿设站,办理轮驳之联络事宜。迨汉宜航线发生阻碍,乃改调北平、铁狮、铁龙[1]等轮专航汉塔段,利济等轮专航塔宜段,另雇义成、储亨、华通等轮,由汉直航宜昌。

小轮拖驳计划既定,逆料煤炭需要必多,迭经催促总务股预购存煤备用。讵因货缺,不易觅购,秋汛期届,轮驳鱼贯上行之日,煤炭尚在东拼西凑。该股撤移后,购买出纳及其他一切事宜,悉委本股办理,此不啻课本股以分外之种种责任,捉襟见肘,其咎亦半由自取也。

去秋江流湍急,实所罕见觌。本会海轮迭被冲搁浅,怡和、太古两公司轮只为之停航若干日,华中内河公司之储亨、华通两轮稽滞中途,竟达三个半月。本会马力较大之北平轮行抵城陵矶稍上,即感前进困难,余轮更可知矣。而燃料问题,因被燃料管理处统制,不克大量囤储,且该处不予我以好煤,所供应者其效用不及预期百分之二十。不得已,派员搜购,但随购随耗,时虞不继。煤质既劣,江流又急,固为本会小轮拖驳计划之致命伤,而武汉突然自动撤退,与撤退后江防方面未能予敌舰艇以较长期间之封阻,则迥出意料者也。

武汉撤守,迄于十月杪,各小轮均能遵照淇之调度,不避艰险,赓将散

---

① 原文注:北平轮为汉厂轮;铁狮、铁龙,据云为六河沟所有。

泊沌口以上、临湘港以下,本会重驳抢拖至上游较为安全地带,最后三十只,载次要器材约九百吨,亦已拖抵观音洲。而各小轮且将重返营拖之际,霹雳一声,敌之舰艇若封豕长蛇,躞蹀而至,此为本股运输过程中最大无可补偿之损失,然各轮员工无不努力奋斗,迄于航线阻断之最后一刹那,其忠勇良足多也。

(四)武汉撤退

自八月以后,汉阳方面以宜埠起卸濡缓,三码头撤离及空袭频繁诸原因,运输效率稍行低减,但工作从无一日间断。十月中旬,前方战事尚相持于大冶、阳新一带,武汉三镇城防工事,且加紧充实,淇方窃庆汉厂剩余之钢铁料,得与各机关并力悉数抢运。二十日晨忽奉后方勤务部船舶运输司令部万急代电,文曰:"特急。汉口迁建委员会鉴。密。现因加强水上防线,闻金口即将加以封锁,该会尚未运出之各厂机件及铁类,限于二十一日以前一律装妥离汉,万勿延误为要。俞飞鹏。皓酉。船管参印。"

淇奉令后,当即驰谒本署驻汉办事处陈司长东生请示,承面谕,情形确实急迫,本处即撤,该股亦应赶办结束云云。淇知事已不容踯躅,即饬知各部赶办结束,一面派护运队队长胡震明相继向武汉卫戍司令部、警备司令部、湖北省警察局、汉阳县政府等机关接洽,接管汉厂内外防务,均一律见拒,淇始悟撤守为既定策略,各机关亦同时奉令撤离也。

最后两日,淇仍竭力之所及,督促工人抢装,迄船离开为止。二十一日晨,承揽工头闻月瞻遇狙殒命,所属小工乃如鸟兽散,只得临时招募小工百余人,协同本会工人将较要料件,分装凤浦及铁囤铁驳,其预计不及迁移之残余车辆,或推入江中,或拆毁其主要部分,至失却效用为度。留汉员工连眷属尚有六百余人,则洽为分乘江顺、凤浦、清浦三轮成行。一趸一驳,亦交江顺上拖。

二十二日,敌机竟日在武汉上空翱翔,并在刘家庙等处狂投炸弹,江顺乘客十倍平时,数约七千人。以展限一日之期亦已迫届,汉埠已无华轮,遂不待警报解除,即移靠东码头,于半小时内,即挟拖一趸一驳,跋轮而西,且破不夜航之例,昼夜趱程,冒险前行。抵沙市,方知武汉沦陷,而未赶夜行各轮已纷被敌机炸成齑粉矣。

（五）宜昌之苦斗

沙宜轮次，获宜埠翁专员转来本会电令："总工程师翁德銮调渝工作，所遗本会驻宜办事处职务，着由显淇接替"等语。淇抵宜未久，会计室及总务股留宜人员，一再向淇表示彼等留宜似无必要，可否照准汉阳成例，先遣西上，淇以宜埠空袭加多，安全不无可虑，且本股员司骤增，一时或勉足应付，遂允如所请，其他员工眷属凡可以上行者，无不尽量疏散。

十一月间，鄂中寇人蠢动，宜埠陡呈前所未有之杌陧状态，各股矿同人纷集，淇所责以安全保障，建议预留民生一船，专备退却。淇当以春洪未发，敌舰无于此时西犯之理，敌之步骑，度不至单独前来寻死，至必要时撤退，淇自然尽力设法。武汉前事诸君稔知预封船一只，在此运输工具缺乏万分之际，何忍出此，则须求诸君曲谅者也。

宜埠运输长联分处，未能十分负责，已如前述。八月间裕平、三兴、新浦、永亨等轮，先后搁浅，本股翁兼组长德壎，悉力营救，均庆安全，船载无恙。经奉国民政府军事委员会颁发陆海空军甲种二等奖章一座，以示奖励，实本股一荣誉也。

淇抵宜后，以时局转紧，而民生公司轮只吨位俱属有限，粥少僧多，分配甚属困难，经本署驻宜办事处处长陈哲生先生苦心规划，令人钦佩。当时在宜囤存公私物品，为量夥巨，争欲先行，本会部分亦积存二万六千吨，即五个月间转运之数，仅占全部器材百分之十五，陈处长抱定尽量减少单位，凑成整套宗旨，与淇在汉所持者不谋而合。枯水期届，川江轮只除载量较逊之民主、民康等轮外，民元、民本、民风等轮，相继停驶，而本署惟一有吊杆设备之民俭轮，吨位时或不免横遭窝割，加以日间空袭，入夜方能开始卸去上游装来之货，川轮抵宜不载米即载盐，待其卸清时已入午夜。午夜以至昧爽仅数小时，必须将指派器材吨位装足，勿许脱误。一按实际，宜昌本股第二组出口器材，逐件登记其重量，既多根据各股、矿交运单上低估之数，故每次装船，器材件数未完，而公司所规定之水尺已超过矣。

迄至此际，迎头之困难，纷至沓来。今事成陈迹，觇缕述之，以见当时应付之困难而已。（下略）

（二）厂矿停工保管

韩鸿藻致盛恩颐、赵兴昌函

民国二十六年八月四日（1937.8.4）

总经理、襄理钧鉴：

谨呈者，国难日亟，鸿藻为保厂职责所在，爰于七月三十一日集同人会议三点：（一）保厂。不论职工巡警，在此国难期间，一律不准请假，共同负责保守。（二）避难。如战区扩大，不得不筹备地窖以避轰炸之险，除化铁炉出铁场底下一处外，现请费君咸一指导，另相地点一二处，如何设备，由职工等共同进行。如果建筑费大，须请公司补助。（三）经费现除别项开支外，单就职工薪工及警饷一项，月需三千七百元，除公司每月汇寄二千七百元外，尚短一千元之谱，向以房地租弥补，如战事延长，房地租金势必无着，若至不敷开支时，还请公司补给以上各项。一致通过。理合转呈，伏祈鉴核，可否将该经常费提前寄下，并于租金无着时每月准予补给之处，伏候鸿裁。虔请

崇安

事务股长兼摄厂长　韩鸿藻谨肃

汪志翔致盛恩颐函

民国二十六年八月六日（1937.8.6）

总经理钧鉴：

昨准制铁会社大冶出张所函开：敝所人员因事于明日（六日）全体赴沪，所住房屋器俱等祈贵厂代行管理，并请于今日内速派员前来接洽，特此函达，即希查照赐复为盼。敝所现有钱君兆鄂在此有事，向其商谈可也，合并奉告等由。事先曾接钱兆鄂君电话，提前于五日下午四时启行等语。当即遴派事务股职员洪仑、警务股职员何菊生两君前往接洽办理，一面分函

大冶县政府、石黄警察所各在案。兹查该所全体人员已于昨日下午四时乘红叶丸赴沪,同行者除近海船社大冶事务所职员暨小野医生外,本公司之小田襄办亦由红叶丸赴申,以个人名义径向会计处借支国币五百元,由会计处向会计所转帐。所有房屋器具等件,即由派员点收。除已发歌电具报外,理合详陈,仰祈鉴察。肃此。敬请

钧安

职　汪志翔谨禀

汪志翔呈武汉行营、武汉警备司令部文

民国二十六年九月十四日(1937.9.14)

呈为呈明大冶厂矿立场及职员守分工作情况,仰祈鉴核维护事。

窃维大冶厂矿系属汉冶萍煤铁厂矿有限公司之一部,自逊清由官办递嬗而为商办,其后遵照商律股份有限公司之例,呈准前农工商部注册,改称今名,遂为纯粹之商业团体。惟自官办亏折而后,改归商办,卒以股少债多,不敷周转,不得不吸收外资而有举借日债之事。于是订立合同,以铁砂或生铁分年交纳,藉还债款,并向日方聘用工程及会计顾问。光绪季年,日方即在石灰窑分设收运铁砂处所,收砂者,名曰日本制铁会社大冶出张所,运砂者名曰日本近海邮船会社大冶事务所。自实际言之,无非债权债务之关系,而为彼此商业之往来。在公司虽不免受债权之拘束,但主权仍属自操,一切用人行政均由公司主持,不特各技术及事务人员由公司委任,即由合同产生之日员亦系公司聘用,所产铁砂既已分向财政部、实业部及湖北省政府缴纳税捐,出口时复承财、实两部给予护照及许可证,是不特为正当之营业,抑且具有悠久之历史,此实为本厂矿立场之大概情形也。

至厂矿各部员司,类多在国内外大学毕业,学有专长,悉属安分守己,故能久于其职,虽杂以日籍职员三人,亦仅就职务上之接洽,从不涉及政治范围,况各员历职年久,血气已定,自不致有不法情事。此次暴日侵略,尝与各员谈及,无不气愤填膺,对于抗敌后援会各有捐助,并或担任地方救护等职务,则各员爱国无他之忱已可概见。虽处此公司极端困难之际,咸以

钢铁为国防所需,故仍照常工作,以为后方之努力,此又本厂矿职员守分工作之大概情形也。

综上所述,知者固多,不知者容或不免,致有八月二十五日夜半将采矿股长周开基、卫生股长顾南逵、工务所技师金其重、事务员冯树、洪仑、王道平、金润生及工匠易云鹏等八人拘案讯究之事,以为涉有汉奸嫌疑。此案系由驻军第七十七师二三零旅所属之四六零团帮同石黄警察所办理,谓系奉有武汉行营及武汉警备司令部命令,一时人心惴惴不安。所幸承审人员明察,搜索查讯,均无确证,即于二十八、二十九两日先后取保开释。各该员以心迹大白,对于工作益加奋勉,以增生产而期发展,此又各职员并无不法情事之明证也。惟是蛇影杯弓,不无疑惧,而人权保障悉赖恩施。除分呈外,理合披沥上陈,仰祈鉴核俯赐特予维护,则厂矿幸甚,员司幸甚。

谨呈

国民政府军事委员会委员长武汉行营主任何

武汉警备司令部

汉冶萍公司大冶厂矿长 汪志翔

盛恩颐致韩鸿藻函

民国二十六年九月三十日(1937.9.30)

径启者:

佳电并二十六号台函所请此次遣散职工、巡警,拟照从前裁遣办法给予三个月薪工饷项,共计一万二千元等因,具悉。查此次汉厂职工、巡警遣散,系因非常时期政府借用汉厂致有此举,与公司自行裁遣者情形不同,且公司财政来源久绝,窘迫异常,实无力筹措巨款发给三个月遣散薪工饷项,心余力绌,当为贵兼摄厂长及同人所共谅。第念汉厂职工、巡警共事多年,兹于无可设法之中,勉筹薪工饷项一个月,以为临别之赠,将来汉厂收回,仍有机会共事,即希宣告同人为荷。再,现在汇款艰难,此款已函告大冶厂矿汪署厂矿长就近筹拨济用,希将实数开具清单,一面具报公司,一面与汪署厂矿长接洽收取。

再,汉厂产业,若未全行交出,自应酌留经理保管之人,亦希斟酌现情,量为留用,专函具报,以便核夺。至汉厂卷宗、簿据,关系重要,应妥为整理,装箱运往大冶厂矿点交汪署厂矿长代为保存为要。相应函达,即希查照办理。此致

汉阳铁厂韩兼摄厂长

总经理

汪志翔致盛恩颐函

民国二十六年九月三十日(1937.9.30)

总经理钧鉴:

二十七日晨在汉口寄上一禀,谅蒙垂察。所有汉厂拨款经过情形及售煤两事,兹详陈如左:

一、韩厂长前云,除已借六千元外,再有二千元便可维持。二十七日下午到寓留条谓,职员遣散费三个月,尚需四千元,请设法筹备。职于二十八日备函照拨,两次合共拨付汉厂国币一万元,取有收条在卷。旋又云下余二千元暂不用,但仍请预备,用时再函告。此款职已商情怡立公司李主任芝灿于十月初间无论运费扣到与否,再为先筹二千元备拨。兹将致韩厂长函录副呈阅。微闻汉厂遣散职员尚有余波,其理由为工警包围索款,而职员则并无一言,何得一律遣散。在事实上诚不能无人帮办结束,是以前禀有所有结束事宜,似宜由钧处特派干员赴汉会同清理之请。职为公司财产计,是以不敢避越俎之嫌而言之。

二、焦煤一事,前禀曾陈明,俟回厂后再详陈。查汉口烟煤由官厅统制出售,井陉矿务局每吨十三元九角五分,正丰十三元六角八分,六河沟十三元五角,怡立十三元二角三分。石庄以上之煤,现不能来,六河沟、怡立均被水淹。六河沟情节较重,存煤仅六万吨,现在日采六百吨,一半自用,一半出售。怡立情节虽轻,亦需两月方能恢复原状,现在存煤仅五万吨,日采五百吨。此时让出最低限度须能达到买进时之数(即每吨十四元加卸力二角四分),否则未免折阅,职拟相机办理。可否之处,仍乞示遵。肃此。

敬请
钧安

职　汪志翔谨禀

韩鸿藻致盛恩颐、赵兴昌函

民国二十六年十月十日（1937.10.10）

总经理、襄理钧鉴：

　　谨肃者，五日奉到十九号钧示，并今日奉到庚电，均经拜悉。此届遣散职工警，发给三个月薪饷等情，已于三十一号函详陈在案。前奉到十八号钧谕后，本未发表，突因时变事急，职员中早得消息，公司由冶厂矿拨款万二千元，以资遣散。迨二十八日向汪署厂矿长取到万元后，不得已而将钧函发表，已有责难发表之迟，而有民可使由之不可使知之等语。至于预支薪水，本拟照扣，缘夏间盛课长来厂调查时，曾云在厂员司久未加薪，困难已极，嗣后复工加薪时再行扣还，体谅在前，似难照扣。至于公益会款（后改同人协济会）计三千八百元，向由曹、康二君经手，存放生息，以补助小学经费，该款本系同人捐输，今被遣散分摊尽净，无从提回。总之，此次变出非常，鸿藻德薄能鲜，有负钧座委托之重任，惟问心无愧，只有鞠躬尽瘁，以报钧座培植之深恩而已。

　　至于厂内被炸情形，前函尚未详尽，兹再补陈于下：厂中计投八弹，惟车路处一弹最猛，炸毁车头二辆，水箱粉碎，车轴车轮破如刀切，铁轨不但炸断，且洞如蜂窠，旁置大铁板竟飞至车路处屋顶。材料股外投二弹，将红砖栈墙击坍，公事房与各栈之门窗均震倒。试验房外一弹，炸坏房屋二间。余投凉水池及泥地，均无大损。合并附闻。虔请
崇安

事务股长兼摄厂长　韩鸿藻谨肃

盛恩颐致汪志翔电

民国二十七年五月十八日（1938.5.18）

　　大冶厂矿汪署厂矿长：顷接职工篠电，阅悉。公司财力本绌，逐次减少

出砂,勉强维持至今,原为顾念同人,既奉政府令饬停工,自应遵令结束,碍难按月接济,希转知照。盛。巧。

汪志翔致盛恩颐函

民国二十七年五月十九日(1938.5.19)

总经理钧鉴:

　　篠电敬悉。查冶矿奉令停采后,业将第一次会议办法三项于上月有日函陈在案。本月十三日开第二次会议,决议:(1)员工照旧,以后俟公司来款除必需支出外,余款多少,再定薪工成数,储蓄先行发还;(2)五月份原请归入保管时期(有日函),但办法未定,各员司正办结束,工人拆除设备等,公同请求五月份薪金、工资须照常发给。职按实际情形确属如此,拟请俯准照办。十六日职以奉令责成负责人,妥筹善后办法,责无旁贷,复因李、管两君既未便遵照襄座电令赴沪,复提出办法,开会公决办法:(1)照原议本厂矿自五月份起,即为保管期间,应即改称为汉冶萍公司大冶厂矿保管处,除由厂矿长指定保管主任一员外,余均称为保管员,分任保管厂矿余产。(2)员工应即疏散,一律停薪留职,并照汉厂例,各发给疏散费三个月,并发还储款。其名虽请假而实已就职他处者,如工程股长翁德銮、机械工程师徐纪泽、土木科员刘端履、江礼绘、机力科员周立刚、铁采科助理彭荫堂及工食内开支之叶锦礼等员工,只发还储款;制铁股长陈廷纪、技师王拓洲、事务股周应和等,虽未辞职,已领储款,均不再发疏散费;但留任为保管员者,储款可先领取,其应得之三个月疏散费,须俟将来离职时,方准领取。因值此时局不定,如不先为之各筹疏散费,另行存储,恐权衡轻重者,不肯负保管之责。(3)保管员工薪工照原额逾一百元者六折,五十至一百元者七折,五十元以下者八折;拟留员工额数目,厂矿长处三员,会计处三员,工程股六员,制铁股照旧例归并事务股,材料股三员(内由化验科拨一员),事务股五员,卫生股裁撤。以上各处股同室办公,工友六名。石灰窑起卸股留三员三工;下陆车务股留三员六工;采矿股得道湾留三员八工,铁山留二员六工;警务股员警各留十分之六,约共一百二十人。(4)现在计画所留保管员工,尚未确定何人,薪工尚难预计,暂约计数目如下:员留三十一人,以每员平均七十元计,约需二千一百元(少七十元);工留三十一人,以每工平均十六元计,约需五百元(多四元);警务股员以十人计,平均每人五十元,约需五百元;警以一百十人计,平均每人十元,约需一千一百元;电话生(前条未列)酌留六人,平均每人二十元,约需一百二十元。(5)办公费(一切在内)取限制化计画如下:(A)新厂月支一百元,石灰窑、下陆、得道湾、铁山四处,各二十元,共八十元;(B)完纳钱粮及区队等费,平均每月约五百元。以上(4)、(5)两项,统共月需五千元,俟将来确定后,再编造预算,并以此数为限。(6)驻汉转运处及阳新锰矿经费,不在此列,由公司另发。(7)厂矿小学为各员工子弟教育计,暂办至暑假止,下半年请示公司再定,所需经费由地租项下拨用。(8)鄙拟如能通过,则去者可得一笔整款,或另谋他事,或合资经营;所留保管人员,亦不致将来疏散无着,以致欲行不得。(9)附告救国公债券俟公司发下,并将此间收据换到后,由保管处分寄。此案提出后议决,分四处召集员工并请工会派人参加开会,一新厂、二石灰窑、三下陆、四得铁两山,将厂长所拟计画请各职工签名,表示去留,定二十一日同时举行。愿去者领三个月裁薪并储款;留者组织保管委员会,保管公司财产,以后一切均由会负责办理,但每月全部开支连粮税不得超过五千元,如公司有款接济,则临时再会议增加。职按三次会议实无正当解决,且现在情形可分下列两端:(1)员工大多数无家可归,殊属困难,均思共同进退,不愿有人担任保管员名义;(2)会计处因直属会计所,未便与厂矿各股同样办理。职待罪厂矿办事无方,值此残局,剀切劝告,而诚信未孚,第是厂矿不便长此迁延,毫无结束,且政府已来文催索善后办法,又难再缓,兹更拟办法如下:

(一)被裁或愿裁员工,请准照汉厂例,一律发给疏散费三个月,并发还储款,如工人裁薪不足三个月,则不能解决。

(二)倘承公司体念员工为难,除愿裁者外,准予一律留职,或发全薪,或减成发薪,则千余员工咸感再造。如为事实所不许,则厂矿余产不能无人保管,拟请就职员录薪饷表并咨询曾任厂矿要职或调查过厂矿情形者,分别圈出姓名,开单留用,给以新名义,并说明未列名单者一律裁遣,如此则被裁员工自无异言。否则藉词厂矿长未奉公司裁减员工命令,擅自裁减,必不甘服。

可否之处,仍候钧裁,并先电示应留员工姓名。

再,工务所(员工数目前经函报),直隶于总公司,与会计处相同,是以未敢擅拟办法。又,所需款项连五月份经费暨储款,为数约共需十五万元之谱,除会计处表报存数外,余以剩余材料加利变价候令支付。嗣后月需费用,务恳照汇,俾留任员工得以安心保管。合并陈明。肃此。敬请

崇安

职　汪志翔叩上

费相善、费敏士致盛恩颐函

民国二十七年五月三十日(1938.5.30)

总经理钧鉴:

敬陈者,顷接大冶厂矿会计处李处长函陈,自奉令停采,厂矿长综合各方意见,拟就结束办法,已于十九日航寄呈核在案。并悉属处直隶钧所,与其他机关系统有别,拟请另案办理。窃意帐目表册实为公司精神所寄,其重要不亚于财产等物质上之价值,现厂矿长拟就结束办法属处虽不在内,谅公司定予妥筹善后,但如随同解散,则公司物质之保管虽可存在,而精神之运用已失机构,且同人等都已服务年久,一旦失业,际此时局,流离堪虞,赐求为顾全公私两方起见,爰拟办法二项:

(一)属处人员除处长外,与其留甲而去乙,难期公允,不如暂不裁撤,减成给薪。

(二)倘仅留少数人员保管,则应留人数及姓名,依照厂矿长所拟办法,请公司圈定,俾无异言,但为清理帐目银钱及编造帐表等事,属处全部应请延后三月,划归保管。

以上所拟办法,是否有当,理合呈请鉴核转陈总经理裁示,不胜迫切待命之至等情。理合转陈钧核。专肃。敬请

崇安

署理会计所所长　费相善

署理会计所副所长　费敏士谨启

盛恩颐致汪志翔函

民国二十七年六月十日（1938.6.10）

径启者：

　　接准五月皓日函陈结束办法，并改设汉冶萍公司大冶厂矿保管处各节，具悉。已于本月江日电复，厂矿奉令停工结束，应准如拟设保管处，即派贵署厂矿长为处长，督同酌留保管员工，负责保管，名单另寄。未留员工，暂行解散，自六月份起按照现支薪工，各给解散费三个月，储蓄并发，以便另谋生计。其就职他去暨已领储款者，不给此费。即由会计处余款与材料变价开支。留用者，暂不发给。希分别查照办理等语，计达台览。所有留用保管职员，除工务所勿庸派员外，余均派定，其名单随函附致，即希查照转知各员遵照，随同执事将厂矿全部资产文卷，妥为保管，毋负委任。化铁炉及各种机件图样，厂矿如无妥存之处，或存汉口，或专人携沪，请酌量情形办理，是为至要。再，救国公债俟有妥便，即行寄上，统希查照。此致
大冶厂矿保管处汪保管处长

总经理

［附件］　派定大冶厂矿保管处职员名单

　　厂矿长处三员：汪仞千、黄永爵、陈鸿年
　　会计处三员：赵继曾、焦启奎、石洪年
　　工程股六员：罗武、于殿笙、周子旦、郝祖发、霍世廷、张泰乐
　　材料股三员：蒋兆祥、张世寿、叶桢其
　　起卸股三员：郑世康、王道平、金润生
　　车务股三员：陈霓、盛济、李正奎

采矿股五员:赵昌选、陈学源、魏正寿、张克泰、王泽民

事务股五员:管仲嘉、殷玉衡、刘启贤、潘俊民、洪仑

共计三十一员。

朱庆田[①]致盛恩颐、赵兴昌函

民国二十七年十月二十七日(1938.10.27)

总经理、襄理钧鉴:

十月二十四日所发总字十三号禀计达。查汉厂于二十五日下午十一点,被卫戍司令部及警察局最后退走人员破坏,计焚毁总公事房、俱乐部、厂巡处、卫生股、物料库、邻德里、修德里、山边西砖栈房,又三码头大铁架被炸,前部堕入江中。武昌、汉口亦于二十四、五日破坏起火。

再,二十五日午后,安全委员会公推饶神甫为会长,布告将汉口地方,南自江汉路起北至六合路止,东自江边起西至铁路线止,划为安全区域。谨此报告。祗请

崇安

职　朱庆田

盛恩颐致焦启奎函

民国二十九年一月二十六日(1940.1.26)

径启者:

查大冶厂矿系于二十七年五月底停工结束,该厂矿总帐只结至二十六年年底为止,在未结束之前,自二十七年一月起,至是年五月底止,此五个月中之帐目,亟应清理。执事乃原经手人员,堪充清理之任,兹请执事即赴汉口大冶厂矿保管处,从事清理此五个月帐目,所有应用帐籍、卷宗,即与管保管员接洽备用。至清理时间,连执事往返行程在内,限四个月办理完竣,并派大冶保管处职员包凤奎、张世寿、袁文周相助为理。此四个月内,

---

① 朱庆田(1887—?):字竹坡,河北沧县人。时任汉阳铁厂保管员。

所有执事薪水,仍照原支丁等三级,按月支给,并另津贴每月膳宿费三十元。陈函知会计所及管保管员外,相应函达,即烦查照办理,到汉后,先将起程日期具报备查可也。此致
焦启奎君

总经理

十一、与日本的关系

盛恩颐与日铁官员会谈记录

昭和十三年八月二十一日(1938.8.21)

昭和十三年八月二十一日上午十时,汉冶萍公司盛总经理一行在日本制铁本社与中井社长以次会晤,就汉冶萍公司今后事业方针等交换意见。

出席者:汉冶萍方面:盛总经理、费秘书、吉川顾问、大野弘氏;日本制铁方面:中井社长、中松涩泽、坂田各常董、长崎山县桥本各部长。费秘书任翻译。

中井氏:大冶将来如能开工,仍愿接受矿石之供给,若设备等有须由我方供给之要者,自应供给。关于作业方针,如有高见,愿敬聆之。

盛氏:汉冶萍公司之被害程度现虽未详,但在本人出发前,据报汉阳方面机器全被拆卸,大冶方面柴油引擎亦被携去,其余大体无恙,以后情形则不明也。至于根本计划带有统制性质之华中公司已见设立,现在之事业范围虽为江苏、浙江、安徽方面,预料今后必将及于其他方面,惟自从来历史及他关系而论,余以为大冶不应归入华中之内。关于此点贵见若何,亟愿闻教。

中井氏:应使其自华中独立一层,余亦同感,以其既有从来之沿革,又可迅速进行业务故也。惟此事颇有征得各方同意之要,曩日以来即之从事征求各方谅解,但尚未至确定地步。闻华中公司内部颇有归并一起之意见,但不知华中董事会等,有无何项关于此事之议论。

盛氏:本人意见与日铁一致甚好,惟当地之事皆由驻外军部决定,一经决定,变更则难。望由日铁先将从来沿革等详予说明,邀其谅解。

中井氏:此层余意亦同,多日前即已向各方进行谈话,惟尚未至充分谅解程度,正焦虑中。

盛氏:汉冶萍不能与华中合并理由之一,即华中仅以铁矿为目的,而汉冶萍则于铁矿之外,尚以煤炭、焦炭、制铁、制钢为目的;其二则为资金关系,汉冶萍于自有资金二千万元之上,尚有借自日本之款四五千万元,单就资本而言,亦出华中二倍,故仅由此点而论,亦觉不能与华中合并。在余个人希望,如不得已,则作中日合办如何?忆二十一条中曾有日本此种要求。

中松氏:合办之议以前屡经提及。此亦应加考虑,固不待言。惟如设合办公司,则成为华中之外又有一公司矣,统制上必将有“与华中合而为一”之议随之而起。余以为宜将设立合办公司之事,作为将来之问题。照现在情势如由汉冶萍直接独当其事,亦必有所困难,故依愚见,莫若此际根据借款之约款,经汉冶萍、正金、日铁三方协议,委由日铁代行,以作便法之为愈也。

中井氏:此乃根据约款以日铁为代行之名义人,其他各节再行协议之,中松氏意见也。

吉川氏:此乃暂将合办问题搁下,而以根据借款约款进行工作为佳之意见,即对他方面亦可说正依约款行事,余觉此好。

盛氏:诚然此亦一法也。

中松氏:据闻当地自统制的见地而言,当然应将大冶包括于华中之意见甚为有力,而不拘泥过去沿革,应树将来大计之议论亦多。今欲持续日铁与汉冶萍之特别关系,非将汉冶萍由华中隔开不可,为达此目的计,似以采用顷间所述之便法为宜也。

盛氏:是亦不得已也。

中松氏:占领当时,汉冶萍必不能自行开工,彼时若由日铁为之,诸事谅可圆满进行。

盛氏:在明治四十五年及昭和二年之订约,当时原系预料中国内地事变而订之者,至如此次之中日事变,则虽梦想亦未尝一及之矣。

中井氏:诚然主旨如何,姑勿具论,而文书上固无碍也。

中松氏:占领后立即搬运存矿,立即着手开采,余觉既于日铁必要,亦于公司有利。为达成此事计,宜以依照合同条款,由日铁代行为是。

盛氏:据闻军后,有兴中公司附随,如日铁欲为,即请趁早为之。

中松氏:余料蒋介石军必将码头铁路一一破坏而去,恢复旧观,必非易事,实则日铁已在私行准备之中。兹根据代行条款,由与公司有谅解之日铁当其事,即对将来亦觉互有便益。

盛氏:大冶象鼻山共有铁路两条,二者不致俱被拆去,如得使用任何一条即可。唯所虑者,厥为化铁炉之被破坏耳,但若不精此道,破坏亦非易事。关于大冶事,曾否接有矶谷氏何项情报。

中松氏:矶谷氏原系日铁之人,深悉日铁与汉冶萍之关系,但在此时则为华中之人,对于大冶一事,似正煞费苦心中。

中井氏:目下正令八幡香春技师待机沪上,以便大冶一旦可去,即可命其立即出发,如森口氏等亦能赴冶一行,则诸事更可着手进行也。依阁下观察事将何若。

盛氏:蒋军去后,日军随来,如得日军许可,工作必无阻碍。

中松氏:矿夫如何?

盛氏:矿夫勿虑。余将令饬公司同人对于日铁力予协助。

中松氏:香春技师出发前,曾得陆海军谅解而为其嘱托矣,并望公司亦予以援助。

盛氏:必充分援助之,唯引以为虑者,厥为该技师等之安全问题耳。因军队去后,或有土匪袭击等事之虞也。

中松氏:防务一层有陆海军尽力,可勿虑也。

盛氏:今日之谈,望以此程度为止。

中松氏:希望二十六日(星期五)上午十时起再行会晤,正金方面亦有求其谅解之要,拟由我方将大概谈话情形告之可也。

盛恩颐与日铁官员第二次会谈记录

昭和十三年八月二十六日(1938.8.26)

昭和十三年八月二十六日上午十时,汉冶萍盛总经理一行,在日铁本社与中井社长以次行第二次会晤,继续上次交换意见。出席者除一如上次外,日铁方面有八幡制铁所渡边所长参加。

中井氏:上次曾有中日合办之议,兹假定创一中日合办之公司,则其组织应如何规定,公司方面对于股东大会通过之希望如何,我方亦不得不将此层对政府及正金妥为协议,并愿聆阁下关于此中之意见。

盛氏:将来即采合办制,汉冶萍方面亦无何妨碍,虽一部分股东或有反对,然在股东大会总可得多数决之通过。

中井氏:董事会如何?

盛氏:董事会中恐无议论,终将由股东大会决之。

中井氏:董事会长情形现在如何?

盛氏:自孙宝琦氏殁后,位即久悬,原应选补,奈以不记名股东占多数之故,股东大会迄未开成,虽经数次登报公告登记,而其手续尚未完成。

中井氏:公司在象鼻山、纪家洛有无地产?

盛氏:象鼻山土地所有权与开采权俱无。纪家洛方面虽由慈善团体即盛家捐出之财团法人广仁堂之名义置有地产,但无开采权。广仁堂所有地产是否包括矿山全部在内,尚不明确。惟地有之后,颁发矿业条例,遂致发生种种复杂问题,以迄于今。

中井氏:如作中日合办,则何者应加入合办,广仁堂应如何处理,又有日本借款关系,对此种种,尊见何若?

盛氏:余信日本制铁会社与汉冶萍公司合办即可,至于关系,个人或团体之部分应如何处理一层,此乃容易解决之问题,而借款问题亦可与他项琐细问题一并协议决定之。

中井氏:日铁与汉冶萍应行合办意见相同,但欲促成此事,非觅机会不可,至于目下急速提出此事之为适当与否,则有加以考虑之要也。将来俟有适当机会,自当立时抓住,我方一俟机熟,再就细目协议可也。

盛氏:余之理想在于于象鼻山、纪家洛之外,再连高坑煤炭矿区一并归由汉冶萍一手开发,如是,则中国最为重要之资源得入掌握,对于日铁亦可供给原料亘百年之久矣。

中井氏:萍乡情形如何?

盛氏:萍乡之权利全部在我公司固不待言,不过先被红军占据,后被政府接管以至于今,而已其所有权之在汉冶萍也勿论矣,向来采掘之处为萍乡中之紫家冲,其他高坑方面煤量既丰炭质亦佳。

中井氏:阳新锰矿区如何?

盛氏:湖北阳新品质不良,湖南常末品质则佳,常末虽无矿业权,以其向在公司缴纳一定费额得以自行开采,而有所谓批之权利焉。

中井氏:此外尚有可闻之事否?

盛氏:合办之事如机熟时,即希见告,无论何时均无妨也。

中井氏:上次曾言大治设备虽被破坏,而日铁则正从事准备,俾其立得复原。

山县氏:汉冶萍股份盛氏有其过半数否?

盛氏:盛及其一族合有公司股份过半数。

涩泽氏:和平恢复后,中国财界对汉冶萍合办有无投资之望?

盛氏:照现在情形观之,加入华方新资本恐有困难。

中松氏:兹经前后两次会晤所谈情节,可谓大体成立,即双方谅解在于下列二点:

(一)此际由日铁、正金、汉冶萍三方协议,根据约款,委由日铁代行觉为最良方法。

(二)至于将来应如何办理,则俟一有机会,即作中日合办亦可。惟其机构须由日铁与汉冶萍共同组织,不令第三者加入。

关于日铁代行,事因有与华中之关系,固不免种种议论之发生,而为日铁者则决本上述精神进行之。盛总经理倘遇驻外军部及他关系方面征求意见时,即希主张本此精神进行并善为说明焉。

盛氏:合办之事屡与顾问谈及,余信此为最妥善之方案,但对董事会尚未一提是议,他日如遇军部等征求意见,自应主张以合办为最适当也。

中松氏:将来之事暂作别论,兹但请以吾人深信此时日铁之代行,乃最合机宜之措置一语,向关系方面说明之。

盛氏:不待言,余亦此意也。况借款约款中原有如此条项,当时更便,矶谷氏方面亦望令其作同样主张。

中井氏:矶谷氏处将以此意详告之。

中松氏:大冶占领后愿立能运出存矿,开工采掘,务望彼时与我方以充分援助。

盛氏:如通力合作,事不难为也。

朱庆田致盛恩颐、赵兴昌函

民国二十七年十二月三十一日(1938.12.31)

总经理、襄理钧鉴:

十月份二十四日总字十三号函,又二十七日总字十四号函,计已递达。兹将禀报事项列后:

1. 皇军到汉两月有余,职处及人员平安。

2. 产业保管事务,断绝收入已经四月,现在维持会方才成立,一切事项尚在无法进行,市面则略有起色。

3. 汉厂原派临时看守各人,均已停止,缘前此汉阳军区曾经起火之故。现在汉厂一带不能通行,厂内情况不得而知。

4. 汉阳舵落口红砖厂、石泥处,原派看守人仍旧存在。但因承租厂家迁徙,交通断绝,来信要求接济伙食,职处派人持函向宪兵队交涉,该队未收去函,嘱向维持会办理。但亦未得要领。

5. 职处人员薪工,发至十一月份为止,自十二月份起,仅维持伙食。

6. 汉厂及产业保管事项,曾向海陆军特务部及他处交涉,均无眉目,此事请由总公司向武汉当局设法疏托,俾利进行而免窒碍。

以上事项,理合禀报,伏乞鉴核施行。祗请

崇安

恭贺年禧。

驻汉保管员　朱庆田

管维屏①致盛恩颐函

民国二十八年一月三日(1939.1.3)

总经理钧鉴:

上年十一月五日具第一号公函请早川君托海军特务部交飞机带沪,由小田君代呈,谅蒙鉴及。兹再抄原函附呈备查。十二月二十四日奉漾电示,以寄存程宅各项暂时续存;三十一日又奉三十日电开,艳电悉,图底允借,目录抄交一份,均取收条为据各等因,自当遵照。查汉口法租界门禁森严,行人出入须有法国巡捕厅通行证,物件出入须有该厅照会,手续甚烦,且法租界挑夫因无通行证不能出,法租界外间挑夫因无证,又不能入法租界,诸感困难。所幸前起卸股长柳晓明君曾住法租界月余,领有通行证并与该巡捕厅官长相熟,接洽较便,此次制铁社借用图底一大铁箱,即托柳君于三十一日偕保管员冯树(领证甚难,冯系借日人之证)入法租界,办理提取及运输事宜。柳君乃先与捕厅官长说妥,所以运出毫无留难,当即径上明丰丸交江口君带冶。图底目录系由工程股管图员陈廷嚞编造,一因张数太多,再因上年六、七月间,时局紧张,未能办理葳事,由陈携往大冶乡间谢家湾继续办理,职已函陈君赶速造就,以一份交江口君,二份带汉,以便存转并送陈君酬劳三十元。此外,江口君又借去十八年十月所造财产清册一本,二十七年四月份匠工警役辛饷表一本,二十六年四月至二十七年三月年预算一本,二十六年五月起十月止开炉筹备预算一本,二十六年十一月起二十七年三月止开炉营业预算一本,二十五年度采矿股得采处铁采处矿价一览表二张,共计七件。尚需二十四年、二十五年事业概要各一份,二十六年度矿价一览表两份,允俟查得再借。按江口君代日本制铁社借用图样,此为第三次,第一次在上年十二月借去蓝图二十张,由冯树向法租界取出;第二次在十二月九日借去蓝图六百八十六张,由柳、冯两君共同取出,具有名称或号码,因系普通蓝图,故未请示钧处。前后三次均经江口君代

---

① 管维屏(1893—?):字仲嘉,江苏武进(今常州)人。时任公司驻汉保管员。

具临时收条存卷,允再掉换正式收条。所有日本制铁社三次借用图样、册表等情形,理合报请钧处备案。

又,查法租界所存物件,取运既难,每月又须付租金二百二十元,并保管员何子中君薪水四十元,且柳君本月中旬拟赴沪,如果去后取运物件势必更难,可否在柳君未行以前将余存程宅各件,一律运出,以期取用便利,兼可节省费用,敬乞核夺电示,俾可遵行。闻制铁社已由冶运去矿砂三海船,明丰丸、红叶丸仍继续拖驳装运,并由日运来各种材料甚夥,有机车十辆,正在途中。于修复铁路亦在积极进行,电灯、自来水均已恢复,采矿则拟在三月间开工,技师长鹈濑新五等曾赴灵乡勘矿一次。顺此奉闻。敬叩钧安

职　管维屏谨禀

朱庆田致盛恩颐、赵兴昌函

民国二十八年二月三日(1939.2.3)

总经理、襄理钧鉴:

元月一日总字二十七号禀,计已递达。兹谨将近来事项陈报于左:

1. 日本海军征用四美等里房屋事,元月十日经江口良吉君具函斡旋后,已无形取消,职处仍旧安居。

2. 汉阳治安维持会元月十三日布告,以本公司莲花湖等地为公产,收归该会保管征税,职自十五日起分头交涉,并书面说明后,因有人把持,未生效力,现正相持中。除已请管维屏托阿部善三郎向汉口军特务部说明外,结果如何尚难预定,应否由公司方面设法疏托,伏乞核示。

3. 职处经租事务,现尚无法进行,如汉阳莲花湖事可迎刃而解,则前途或有转机。

4. 现正与大冶保管处会商请领护照,或通行证,以便清查各处地产现况,惟职处并无通达日本语文人员,交涉事件诸多不便。

以上事项,理合先行禀报鉴核。祗请崇安

保管员　朱庆田

管维屏致盛恩颐函

民国二十八年四月十三日(1939.4.13)

总经理钧鉴:

　　日本制铁株式会社在汉口组织事务所,择定模范区吉庆街房屋一栋为所址,以新原荣藏君为所长等情,业于四月九日具冶字第八号函陈报在案。兹据保管员冯树面称,闻之新原所长云,汉阳铁厂及武昌纱厂所有机器、铁件,均将由事务所拆除运日,俟该两厂拆毕,然后及于冶厂,如化铁炉、热风炉等均在拆除之列等语。事关本公司产业,除已面告汉阳铁厂朱保管员外,理合陈报。敬叩

钧安

　　　　　　　　　　　　　　　　　　　　　　职　管维屏谨禀

朱庆田致日铁汉口事务所函

民国二十八年十二月四日(1939.12.4)

敬启者:

　　查武昌材料栈所存材料,本月二日曾经钧所派由内田君会同敝处职员黄子廷、胡保定等,前往查点。敝处现接总经理冬(二日)电,故将此项材料交付钧所点收作价。今将日兴洋行运去材料数目及栈内材料概数,分别开列清单送上,请烦许可接收,并向日兴洋行交涉,将运去材料收回,一并作价,以保权益。复查,武昌栈僻处江边,建筑简陋,仅有黄子廷、庄文才二人住栈看守,力量单薄,恐有偷窃情事,反为不美,应请迅速接收,或加派看守人,方为稳便。此节,务请注意。再,查汉阳舵落口红砖厂方面,尚有小铁路等及建筑物,敝处派有童邦杰在彼看守,敝处现闻,盗卖各人有向舵落口方面活动模样,应请钧所预为注意,以免损失为感。

　　以上各节,相应函请察照办理见复,以凭转报敝总公司,是所至祷。

此上

大日本制铁株式会社汉口事务所新原所长殿

附送材料清单一式三份，如果核对无讹，请钧所存留一份，下余二份，请盖章发还。合并声明如右。

谨启

管维屏致盛恩颐函
民国二十八年十二月十九日（1939.12.19）

总经理钧鉴：

日铁大冶矿业所致电日铁汉口事务所，转嘱职携带大冶厂矿地图，赴冶接洽，并职定十二日赴冶等情，已于十日具第十二号函陈报在案。职于十二日晨附商轮赴冶，当夜到达，十三日往矿业所会见代理所长鹤田丰先生及翻译长田阳一先生，知该所将在胜阳港一带扩充码头及铁路，如遇不属我公司之地皮，则出价购买，在该处之民房、坟墓则出价迁移。以职情形较熟，嘱留冶帮同办理，为期约一年，在帮办期间薪水、食宿由所开支等情。当答以职受钧座节制一切，请径商钧座取决，惟有须声明者，个人本职在汉口，不能长期留冶，若厂矿地亩界址，杨曾培、刘启贤、董焕聊（刘、董两人已在矿业所服务）三人均甚明了，可以随时询问。长田先生复谓，关于购地等事，如遇必要时，以电相邀来冶一、二星期能允许否？职答可以遵办，惟须请先向钧座说明，以符手续。长田先生又索借地图，即借以民国九年十月所绘大冶铁矿沿铁道地产图共十张，取有该所印借存卷。十四日介绍杨曾培与鹤田、长田两先生见面，长田先生云，俟雇用时，薪水由该所开支。是日夜间，承鹤田先生设筵款待，并送川资日金五十元，职初不肯受，再三相强，始允暂收，俟请示钧座后再行遵办，乃告辞。于十六日附商轮上驶，十七日抵汉。所有赴冶与矿业所接洽情形，理合陈报，伏乞鉴核。所送川资五十元，应否接受，仍恳核示，以便遵行。回汉后，奉襄理十二日航快信亦系饬职赴冶接洽地亩情事，俟该所下次电召再当前往。合并陈明。肃此。

敬叩

钧安

职　管维屏谨禀

朱庆田致盛恩颐、赵兴昌函

民国二十九年一月十三日(1940.1.13)

总经理、襄理钧鉴：

　　前禀计达。新原所长处，数次晤谈，关于汉阳房屋、汉口地产事，据云：俟其与总座及顾问商谈回汉后，再为进行。按此处情形：

　　1. 汉阳残破房产，被盗窃拆卖者甚多，向官府交涉保护，等于无效，不如自行拆卖，藉以补充经费，但须由日铁名义出面进行，方免波折；其较为完整者，则由日铁张挂木牌保护。

　　2. 汉口地产，向宪兵队收回，亦须由日铁办理，方无困难。

　　3. 新原所长于十三日飞沪，到时请总座与顾问向其面洽，将1、2两项解决情形见示，职再随时进行。

　　4. 武昌材料栈材料交接清册，新原此次约已带去。至于如何作价一层，请公司方面就近办理。

　　以上各节，谨此禀请鉴核示遵。祗请

崇安

职　朱庆田

朱庆田致盛恩颐、赵兴昌函

民国二十九年九月七日(1940.9.7)

总经理、襄理钧鉴：

　　职处对于友邦遇有交涉事件，向系遵照从前办法，商由日铁新原荣长所长共同办理，以资便利。最近因三井洋行谦顺油厂使用汉阳杨家河怀德里地皮，请其交涉起租，情况如左：

　　一、日铁之意须由职处函请总公司来文委托该所代为办理，该所根据委托文件名义，方能进行。此节究应如何办理？伏乞核示遵行。

　　二、三井谦顺使用怀德里地皮及后面空地，共计七百零七方五尺一寸。按职处租地章程，每市方丈月租法币五角，每月法币三百五十三元七角五分,每年计四千二百四十五元(自二十九年二月间起)。八月三十一日职处派人持函与三井大班鹤丸先生面洽,已允起租,但因后面水淌,系该行雇工填平,有要求减租之意,并云俟与日铁洽办。同日接准鹤丸复函,略谓敝行对于贵公司订约付租,须经领事馆谕知,在未奉谕知以前,未便擅向贵公司订约,相应函复等语。似此情形,日铁在未得公司方面委托若何名义之前,诸事之涉及日本方面者,必致无形搁浅,已可预料。究应如何应付? 理合报请鉴核施行。

三、1. 汉口宗关下及堡垣两处地皮,于二十八年九、十月间被宪兵分队认为系属"敌产"或"公产",收归该队保管收租,前后交涉无效,经办人员并被斥责。前者,日铁虽允交涉,但仍未发还。

2. 近据宗关下皮子街地保萧鸿英报告,现在汉口特别市市立家畜交易市场(即日本水产株式会社),在该处钉椿,预备设立牧畜场,本公司地产大半被占。

3. 本年八月间,市政府布告,成立房地清理委员会,市长张仁蠢为委员长。以三个月内为申请登记期限,过期即视为业主不在汉,由该会保管,申请登记手续费为房地时值之千分之一。惟宗关、堡垣地亩,既被宪兵队收管,不登记固属不可,登记又多困难,因文契证件均不齐全。押与正金之地亩,究系某处? 究系若干? 文卷之中均无确数可稽。故日铁对于公司地产有无私人产业在内,言语之间,亦有怀疑。三井洋行对于怀德里用地,已允起租,旋又推诿,其原因即在于此。职处究应如何进行? 殊无把握。关于名义一节,二十七年江口良吉君曾有此项意思,职含糊答复。现在日铁方面又有此意,如何之处,统乞鉴核施行。祗请

崇安

职　朱庆田

盛恩颐致管维屏函

民国二十九年十月二十四日(1940.10.24)

径启者：

日铁董事田尻君视察冶矿，返日过申，谈次，向公司商洽借用冶矿旧人，彼此之意均以执事为最宜，且据田尻君云，渠在汉时，已向执事约略谈及借重之意等语。现在执事在汉，事本无多，往返汉冶，双方并顾，于公司不无裨益，故已面允。惟公司既允借用，则执事须于下月初到冶，何日成行，希就近与汉口制铁所接洽，因暂时当系借用性质，故执事薪水仍由公司开支，此外或致送往返旅费，或致送津贴酬劳，须俟协商后始能发表。至执事在汉主管事务，于执事离汉时，应委托妥员代理，以重职责，是为至要。相应函达，即烦查照，并盼具复。此致
管保管员

总经理

管维屏致盛恩颐函

民国二十九年十一月十九日(1940.11.19)

总经理钧鉴：

在汉寄呈第五号禀，谅蒙鉴及。职于二日附日铁之铁山丸抵冶，当谒见斋藤所长，知渠即于三日赴汉，乘机返国，约于下月初来冶，公出期间职务由总技师户捅晴海及顾问中村新八郎(兼支那派遣军总司令部嘱托)代理。日铁借用职系以地方事务及华籍员工事务相属，明知责任重大，惟有勤慎将事，以冀不辱钧命。连日选择办公地点，近始选定水泥厂之俱乐部，名称为日铁大冶矿业所地方事务办事处，日员为中村、江口、长田、庭野四人，华员为职及刘启贤、王耀宗三人。所有奉命到冶供职情形，理合陈报，伏乞鉴察，如蒙赐谕，乞寄九江转石灰窑邮局转交。敬请
钧安

职　管维屏谨禀

管维屏致盛恩颐函

民国二十九年十一月十九日(1940.11.19)

总经理钧鉴：

　　日铁顾问中村谈及富池口所存阳新锰矿，日铁拟即购买，职答以须先前往调查，究有数量若干，然后报告公司核夺。因前起卸股监工王道平(本年初由宜都来冶，现在窑经商，日铁有约其入所之意，俟所长返冶定夺)，久在码头任事，估计矿量具有经验，乃请其于十四日随同中村、鹤田、江口诸君前往调查。据王君回冶面告，估计该处存矿约有二千吨，并准江口君告以矿样已经取回，须待寄八幡化验后，再向公司商议购买等语。事关售矿，合先陈报，伏乞垂察。敬请

钧安

职　管维屏谨禀

吉川致费敏士函

昭和十八年六月三日(1943.6.3)

敬复者：

　　接二十四日来函，聆悉种切，承蒙寄到正金及兴业年偿金支票，业已分别转交两行，兹将收据附上，希即查收。大冶矿石加价一事，关系各方，议论纷歧，迄未决定。其主要原因，在于自前年九月十八日公布"物价停止令"后，可以加价物品，只限于工资提高和材料加价等具有特别情形者；象大冶矿石一类物品，仅仅属于应付给地主矿区使用费而已，并未含有加价之条件，皆认为只好暂时搁置为宜。所以加价一事，陷于停顿状态。

　　日前毓度君来京小住数日，于二十七日返回京都。

　　各知交前代为问候。

吉川致费敏士函

昭和十八年六月二十一日(1943.6.21)

敬启者:

二十日接到二日来函,敬悉一是。敝人因得上半期津贴,计金额四千零七十六元八十二钱,业于五月三十一日由公司开支,并承存入住友银行敝人存款项下,有劳清神,感激之至。敝人远在东京,亦承发给津贴,实在出乎本人意外。接到通知,实觉惶恐,盛经理前希代致谢。

大冶矿石十七年(即民国三十一年度)价格,至今尚未决定,办事实在缓慢。大野君在沪时,曾托其转达此种情形,想蒙谅察。日本方面主张按照矿石数量区分办法办理,并随数量之增加而递减价格。敝人对于此种主张坚决反对,交涉棘手,迁延不决。日本方面除日铁以外,尚有有关官厅数处,均须接洽,来往奔走,意见纷歧,延至五月底,敝人意见始得承认。商定仍照前年度价格四十万吨以内,每吨一元;四十万吨以上,每吨五十钱。当时申请大东亚省及其他关系官厅正式许可,现在尚未奉到批准通知,想近日定能获得批准。

三月三十日,接到支付三十余万元之外,尚有十九万余元,未蒙支给,呈请大藏省由大冶特别会计项下支给本公司,又因价格问题进行迟缓,想不久可获支给。

以上办理情形,迁延时日,实觉抱歉,尚希转达盛经理予以谅解。

本地近况,乏善可陈,寄上四、五、六各月发行之杂志各一册,以代报告。

吉川致费敏士函

昭和十八年七月五日(1943.7.5)

敬启者:

民国三十一年度大冶矿石价格协定,已与日铁商定,按照三十年度条件和价格办理,曾由日铁申请大东亚省批示,已于六月十六日接到批准通知。

日铁为了办理内部手续,制定协定书两份,送交敝人。兹特送上,请转达盛经理认可,并署名盖章,寄还敝人为荷。

以上协定,磋商经过如下:

当本年度开始时,敝人主张三十一年度价格应照三十年增加二成,即:

矿石四十万吨以内　　每吨一元二十钱

四十万吨以外　　每吨六十钱

以此向日铁提出方案,旋接日铁提出对案:

(一)从别处采购矿石价格,普通都是随数量之增加,递次减低;

(二)大冶之采掘费用,比较起来,当时预估价格过高,因此,需要减低价格;

(三)当然,随采掘数量之增加,弃土增多,矿坑加深,采掘费用自然增加。

日铁自己便这样随便附带地提出一二条理由,主张三十一年度:

四十万吨以内　　一元

四十万以上至六十万吨为止　　五十钱

六十万以上至八十万吨为止　　四十钱

八十万以上至一百万吨为止　　三十钱

一百万吨以上　　二十钱

敝人则认为,现时中国物价暴涨,而公司又仅仅依赖矿石价格维持现状,遂向日铁一再说明困难情况,向其交涉,希望重新考虑,将矿石数量区分办法变为简单,希望:

四十万吨以内　　一元

四十万吨以上至七十万吨为止　　五十钱

七十万吨以上至一百万吨为止　　二十五钱

一百万吨以上　　二十钱

本来正在按照此项条件重新协商,不料于办理之际,日铁之永野购买部长转任钢铁统制会理事,嗣后田中原料课长亦转任铁钢统制会职务,交涉遂暂停顿。敝人继续交涉数次,均无结果。彼时以年度接近终了,遂希望早日支付一部价款,未了之交涉容另行续商。这样,直到三月三十日即年度末期才接到价款三十二万五千四百四十一元,当由大冶存款中转存于公司在正金之存款项下。

似此空耗时日,在公司方面自属损失,但在日铁方面,则不感痛苦。为此,敝人拟撤回加价方案,酌量让步,主张按照前年度条件和价格办理。日铁同意敝人方案,遂即撤销矿石数量区分办法及减价方案,协议成立,申请大东亚省批准,旋于六月十六日接到通知批准定案。

此案虽属简单,绵缠一年,始见解决,敝人则不满足,谅总经理亦不能满意,务望体念交涉经过情形,予以承认,署名盖印为盼。

再者,三十一年度协定书交换以后,即当商议三十二年度协定书,在日铁方面,恐将坚决主张按照上年度数量区分办法及减价方案办理。旧事重提,必然不出敝人所料,总经理对于此案谅必具有高见,尚希赐以指示,以便据以开始交涉。

吉川致费敏士函

昭和十八年八月三日(1943.8.3)

敬启者:

七月十六日函三十一日收到,二十四日函八月一日收到。内附:(一)大冶矿石价格协定书;(二)十八年个人所得金额决定通知书;(三)国债卖出通知书;均已收到。

大冶矿石价格协定书业于昨日(八月二日)提交日本制铁会社。大冶矿石价款因为同大冶矿业所提出之运出数量报告书不相符合,当与大冶往复照会,颇费时日,所以迄今尚未支付。后来数量决定,遂于上月二十六日向大藏省提出支付金额三十五万二千日元之许可申请书,近日谅可获得批准。

关于昭和十八年度即民国三十二年度矿石价格协定,迄未接到台端指示。十七年度协定书早已交换。十八年度也有早日决定之必要,与其等待日铁提出方案,莫若由我方早日提出方案较为有利。因此,敝人以物价暴涨为理由,已于昨日提出方案,声明十八年度矿石价格在四十万吨以内,每吨金额一元五十钱,超过四十万吨,每吨七十五钱。比较前年度,提高五成。但日铁则主张随矿石数量增加,而递减价格,所以,我方主张恐难贯彻。

吉川致费敏士函

昭和十八年九月十三日(1943.9.13)

敬复者:

九月六日来函业已拜读,随函寄到七万零二元支票业于昨日交给正金银行,其收据由该行直接寄交公司。

日铁应付公司矿石价款十四万余元,业经申请大藏省批准拨款并报告在案。上月二十四日接到通知,仅许支付价款一部分,即七万元,实出意外。当往大藏省询问因何只给七万元,有无何项标准? 据复:每月汇往中国汇款总额现已决定,凡申请汇款者,由总额内适当分配,予以许可,因此,本公司价款,仅仅决定为七万元。至于第二次矿石价款,即三十余万元,已到交付之期,敝人当酌量变更理由,从速申请批示。付款稽迟,令人焦急,务希见谅,不胜惶恐。

华中钢铁公司关于日人劫夺大冶铁矿砂数量调查

年份	劫夺数量(吨)
民国二十七年	15 597
二十八年	189 970
二十九年	297 660
三十年	920 459
三十一年	1 413 054
三十二年	979 775

续表

年份	劫夺数量(吨)
三十三年	461 145
三十四年	722 340
合计	5 000 000